KB235547

구한말 근대학교의 형성

古川 昭 著 · 李成鈺 譯

景仁文化社

목 차

서 론

1. 문제의 소재

본서는 구한말 학교교육의 실태와 근대화 문제에 대해 공교육을 중심으로 검토하고자 한다. 연구 대상 기간은 정부에 의해 소학교 등이 창설된 1894년부터 1910년 한일합방까지로 한다. 학교교육의 근대화란 校舍를 건립하고 다수의 학생이 그 곳에서 근대적 지식 즉, 서양지식을 배우는 것을 말한다. 따라서 이와 같은 학교를 근대학교라 부르며 국명은 1897년에 조선에서 대한제국으로 바뀌었으므로 그 이후를 한국으로 하고 그 이전을 조선이라 한다.

1894년은 갑오농민전쟁(동학농민운동)과 조선을 무대로 발발한 청일전쟁의 영향으로 정부의 힘이 전국에 미치지 못하여 國稅를 징수 할 수 있는 지역은 경기도와 강원도 두 곳뿐인 상황에서 국가재정은 파국을 맞이하였다. 게다가 개혁을 위한 일본세력의 간섭은 오히려 개혁을 방해하는 결과가 되었다. 이러한 이유로 갑오개혁은 성공하지는 못하였지만 봉건적 신분제도의 타파와 관료임용제도의 확립으로 인한 교육기회의 균등과 관공립학교의 개설이라는 큰 전망을 보증받는 결과가 되었다.

정부는 구교육을 대신하여 신교육을 보급시키고 근대적 공교육제도를 실현시키기 위해 일찍이 1894년 말에는 한성에 소학교・사범학교 · 외국어학교를 개설하고, 이듬해에는 일본의 교육제도를 참고로 하여 「한성사범학교관제」를 비롯한 각종 관계법령을 정비하고 한성과 지방에 학교를 설립하였으며 일본인의 협력을 받아 교과서도 제작하였다.

그러나 이와 같은 일본인의 교육 참가는 지식인과 민중의 반발을 불러일으켜 근대학교에 대한 국민적 관심을 떨어뜨리는 결과가 되었다. 그러자 일본 세력은 문제를 비껴서 신교육을 추진해야 하는 정부에는 그 적임자가 없고 이를 주체적으로 실행시키기에는 역부족으로 "이 제도는 외국법령의 좋은 점을 참고하였으나, 당시 국정에 적합하지 않고 시설이 거의 없을 뿐 아니라 운용해야 하는 교사가 없는 등의 이유로 거의 유명무실이었다"고 극언하며 구한말 교육상황의 정체를 강조하였다.

하지만 이러한 정체사관은 을사조약 이후 일본의 교육개입과 지배가 한국교육의 근대화를 위해 필요하다고 하여 일본의 교육개입과 지배를 정당화시킨다는 복선이었다. 당시 교육 근대화의 실태가 과연 '유명무실'의 상황이었는지 아니면 교육근대화를 싹트게 하고 내재적 발전이 있었는가를 해명할 필요가 있다. 이것이 본서의 가장 중요한 과제이다.

일본정부는 전승 후 1905년 11월 일본군이 王都를 제압하는 과정에서 제2차 한일협약(을사조약)에 강제로 조인시키고 한국으로부터 외교권을 박탈하는 등 이미 한국 내정에 깊이 개입하고 있던 일본세력은 학부로 하여금 선행 교육법령을 개폐시키고 1906년 이후 새로운 보통학교령이나 사범학교령 등 각종의 관제 · 법령 · 규칙 등을 제정하였다.

그리고 통감부의 학제개혁 방침은, "학제를 단순화하고 그 과정을 간단히 하여 실용적인 면에 적합하도록 한다"고 하였으나 "경험과 소양이 부족한 한국인을 그대로 두면 도저히 개선의 성과를 거두기 힘들 것이므로 새로이 일본인 교원을 채용, 각 공립 학교에 배치하여 학교의 경영 및 수업을 맡긴다"고 하였다(학부, 『한국교육』, 3~4쪽).

학부는 개혁의 중심을 초등교육에 두고 소학교를 보통학교로 개명, 수업연한을 6년에서 4년으로 단축하고, 국어 · 한문 · 산술이나 이과 등에 일본어를 더하여 제1학년부터 학습시키고, 일본인 교원에 한국인 통역교원을 두어 '모범교육'을 실시하였다.

이와 같이 일본어를 강요하고, 일본인 교원을 중심으로 시행된 공교육은 갑오개혁 이래 겨우 이룩해온 근대교육의 첫걸음을 단절시키고 결정적으로 왜곡시키는 결과가 되었다. 이러한 일련의 교육제도는 피지배 민족의 발전을 의도한 것이 아니라 일본세력을 扶植시켜 예속관계를 구축하기 위한 식민지 교육으로 식민지 민중을 일본인으로 동화시킨다는 역할을 맡고 있었다.

그리고 통감부에 의한 교육의 개입과 지배는 구한말 교육 구조의 통일성을 해체하고 관제 공교육과 사립학교에 의한 민족교육이라는 분단적인 교육 구조를 만드는 방향으로 작용하였다. 반일 애국교육을 배제하기 위해서는 친일적 관료를 개입시켜 반일 애국교육을 규제함과 동시에 지방관이나 경찰의 강제력에 의존하지 않으면 안되었다.

이와 같은 관점에서 이 시기에 전개된 신교육 내용을 검토하고 구한말 근대학교의 실상을 명확히 하는 것이 본서의 두 번째 과제이다.

이를 실증하기 위해 구한말 『관보』 · 『독립신문』 · 『황성신문』 등을 주된 연구자료로 하되, 저자는 당시 학교교육의 변화를 알기 위해서는 어디까지나 『관보』를 기초자료로 하는 일관성 있는 자세를 가질 필요가 있다고 생각한다. 학교교육도 법령을 근거로 시행되므로 이는 당연한 문제이다. 실제로 『관보』는 교육제도와 관계법령의 개정 · 폐기 · 인사이동이라는 교육의 식민지화를 향한 편성과정을 해명하기 위한 가장 정확하고 유효한 자료이다.

그리고 번거롭지만 『관보』에 개재된 교원의 任免이동사항을 정리하여 교원조직을 분명히 하고 또한 학사란에 공지된 각 학교 졸업생에 관하여 다시 『관보』를 참고하면 관직으로의 임용상황을 알 수 있다. 더욱이 갑오개혁 이후 공립초등학교의 증설이 각도 관찰사나 각항 監理에 의해 행하여지고 그 요청에 따라 교원을 배치하는 시스템이 되어있었기 때문에 각 학교의 개설시기가 정확히 파악되지 않는다. 하지만 각 학교의 교원배치가 관보의 임면사항에 의해 판명되므로 그 전후에 학교가 설립되었었다고 추측할 수 있다.

『독립신문』은 1896년 4월 서재필에 의해 창간되어 순 국문을 사용하여 문명개화·자주독립·교육진흥 등을 주장하고 계몽주의적인 論陣을 전개하였다. 또한 『황성신문』도 구한말 1898년 5월 서울에서 창간되어 국한문 혼용체를 사용하여 개명적인 논진을 펼치며 정부와 통감부의 압력에 굴하지 않고 시종 일관된 공정한 보도를 하였다.

『관보』와 신문의 검색과 정리는 당연히 시간과 노력을 필요로 하는 작업으로 정밀한 실증적 연구를 목표로 하는 이상 자료에 충실과 정확을 기하지 않으면 안 된다. 이와 같은 방식으로 하여 본서가 구한말 근대 교육사연구를 위한 이해하기 쉬운 자료집으로써 이용되었으면 한다. 바로 이것이 본서가 가지는 세 번째 과제이다.

구한말 근대교육에 관한 최근의 연구실적 중, 본서의 연구와 다소라도 관련이 있는 대표적인 서적은 다음과 같다.

① 尹健次, 『朝鮮近代教育の思想と運動』, 1982년
② 稲葉繼雄, 『舊韓末「日語學校」の硏究』, 1997년
③ 稲葉繼雄, 『舊韓國の教育と日本人』, 1999년
④ 佐藤由美, 『植民地教育政策の硏究[조선·1905~1911]』 2, 2000년

①은 1860년부터 1919년 3·1운동까지 한국 근대교육이 열강의 침략도구로 쓰임과 동시에 항상 정치적으로 이용되어 국민교육 기능이 왜곡되었음을 알리고 권력에 대해 정책전환을 요구하는 폭발적 에너지원이 된 과정을 해명하였다.

②는 종래의 관·공·사립학교라는 구한말 근대학교의 틀에 새롭게 '일어학교'를 자리매김하려고 시도한 연구이다. 만일 일어학교의 연구에만 한정시킨다면 앞으로도 이보다 훌륭한 연구는 생각할 수 없을 것이다.

③·④는 일본인 정치가·학부관료·교사들이 구한말 학교교육에 관여한 것을 해명한 역작이다. 이외에 좀 더 예전 것으로 ⑤吳天錫씨의 개설서가 『한국 근대교육사』라고 번역·출판되어 있다.

이와 같이 어느 저서를 보아도 사례연구나 사상사·정책사를 목적으로 하거나 개설서로 씌여진 것으로 구한말 근대학교의 구체적인 실증적 연구를 목적으로 한 것은 아니다.

또한 이 시기는 식민지시대와 비교하면 자료가 적고, 연구 관심은 합병 후에 집중되어 있으나, 구한말 교육을 식민지시대에 연속시키고 모순을 확대시켜가는 원류로 정착하여 그 교육사적 의의를 명확히 할 필요가 있다. 이것이 본서를 쓰게 된 동기이다.

2. 각 장의 과제

본서에서는 학교 종류별로 장을 구분하여 그 연혁, 교육과정, 교원조직이나 졸업상황 등에 대해 해명하고 근대화 내용을 검토하였다.

제1장에서는 정부가 각지의 소학교를 개설하는 과정을 추적하여

교육내용·교과서·학교재정에 관한 문제점을 분석하고 근대교육 발상의 원점을 명확히 밝힌다. 또한 1906년 소학교를 보통학교라고 개정하고 근대교육을 전개하고자 하였으나 민중의 지지를 얻지 못하였는데, 그 주 원인이 된 일본세력의 침략성을 검토한다.

제2장에서는 먼저 구제도의 한성사범학교에 관하여, 각 회 졸업생의 需給상황을 밝힌다. 또한 1906년 이후 신제도의 사범학교가 보통학교의 신교육에 대응하여 교육내용을 쇄신하는 과정을 검토하고 그 의도를 규명한다.

제3장에서는 관립중학교와 그 후신인 관립 한성고등학교 모두가 초등학교 졸업생을 받아들이려고 설립되었지만 그 성격이 모호한 관계로 관심을 끌지 못했던 사정을 검토한다.

제4장에서는 일어학교 등 각 외국어학교가 다른 학교에 비해 순조롭게 발전한 상황을 밝히고 나아가서 1906년 통합 후 각 어학부의 특색을 비롯하여 교육과정과 졸업생의 진로 등을 비교 검토한다.

제5장은 관립 농공상학교 창설부터 1906년 이후 분리해체까지의 직업교육을 모색하는 상황을 해명한다. 그리고 분리 후의 농림학교가 시행한 일본 농업기술이전과 공업전습소의 기능훈련 내용을 분석하고 식민지화 하에서의 의의를 고찰한다.

제6장에서는 최초의 여자교육기관인 관립 한성고등여학교에 관하여 학생모집, 교육과정, 교원조직 등의 문제점을 해명한다.

제7장은 관립 의학교의 연혁을 명확히 밝히고 서양의학을 도입하는 과정에서 일본인 교원의 역할을 검토한다.

마지막으로 각 장의 역사분석을 총괄하여 본서의 주장을 정리한다. 또한 당시 학교교육의 위치정립에 관해 생각해본다.

제1장 초등학교

1. 소학교

1) 갑오개혁[1]의 의의

1894년 4월 이후 농민운동 확대로 고심하던 조선정부는 청에 원병을 요청하자, 일본군도 공사관과 거류민 보호라는 명목으로 출병하였다. 농민군의 세력이 약화됨에 따라 조선정부는 양국의 조기 철병을 요구하였고, 조선에서의 주둔을 기회로 開戰을 노렸던 일본의 의도는 빗나가게 되었다.

이에 일본군이 주둔할 명목으로 6월 16일 일본측은 청일 공동으로 조선정부의 내정을 개혁하자고 제안하였으나, 내정간섭에는 동조할 수 없다는 청에 의해 거절당하였다. 따라서 일본은 각본대로 단독 내정개혁을 강행하기로 하고 7월 3일 일본공사 오오토리 케이스케(大鳥圭介)가 사안 「내정개혁방안강령」 5조 26항을 정부안으

---

1) 갑오개혁을 개화파 정권에 의한 개혁 전체를 포함해서 넓게 해석한다면, 1894년 개혁뿐만 아니라 1894년 7월 27일의 軍國機務處 설립부터 1896년 2월 11일의 김홍집 정권 붕괴까지 개혁을 말하며, 좁게 해석하면 군국기무처가 폐지된 1894년 12월 17일까지를 말한다. 본서에서는 후자의 의미로 사용하였다.

로 조선측에 제시하였다. 그 중에는 아래와 같은 교육제도개혁에 관한 조항도 포함되어 있었다.

제5조 교육제도를 확정시할 것
　一. 시세를 참작한 학제를 신설하여 각 지방에 소학교를 설립하고 자제를 교육시킨다.
　一. 소학교 설립준비를 기다려 이어 중학 및 대학을 설립한다.
　一. 학생 중 준수한 자를 선발하여 외국에 유학시킨다.

그런데 7월 5일 외무성 정무국장이 정부안을 가지고 한성에 도착하였으나 뒤늦게 정식 정부안으로 바꿀 수 없어 일본공사 오요토리는 정부안의 철도·전신 등 이권에 관련된 부분을 추가하여 체제를 정비하였다(내정개혁방안 항목).

이에 대해 7월 12일 조선정부는 먼저 일본군대가 철수한 후 자주적인 개혁을 실시한다고 하여 다시 한 번 조기 철병을 요구하였다.

같은 달 22일을 기한으로 일본은 청의 철병과 조선과 청 사이의 조약 폐기를 요구하였으나 그보다 强行策을 써야 한다고 하여, 같은 달 23일 이른 새벽 일본군은 경복궁에 침입, 고종을 연금하고 대원군을 앞세워 민씨 일파를 축출하였다(갑오정변). 그리고 일본군의 압제 하에 개화파 김홍집 내각이 성립되었으며 임시 정부대행기관으로 7월 27일 군국기무처가 설치되어 국정을 합의·결정하였다.

군국기무처는 김홍집을 총재로 김윤식·조희연·김가진·안회수·김학우·권영진·유길준 등이 會議員으로 개화파 중심이었다. 이 초정부적 입법기관은 그 해말 폐지까지 짧은 반년동안 200건이 넘는 개혁안을 의결·공포하였다.[2] 개혁안은 종래 봉건사회를 부정하고 근대적 사회를 지향하는 내용이었다. 주요 안을 공포된 순으로 열거해 보았다.

2) 『軍國機務處 草記』 1894.6.28 「議案」.

① 開國紀年의 채용
② 양반, 평민의 평등과 공평한 관료등용
③ 문관, 무관 존비의 폐지
④ 범죄인 가족의 연좌제 금지
⑤ 조혼금지
⑥ 과부의 재혼 허가
⑦ 공사 노비 전적의 폐기와 인신매매의 금지
⑧ 평민의 건의 공인
⑨ 高官 통행 시 평민이 기립 또는 下馬하는 습관의 폐지
⑩ 사직(법관) 이외의 관료가 捕縛처형 하는 것의 금지
⑪ 역인, 배우, 皮色匠의 천민신분 폐지
⑫ 과거제 폐지
⑬ 사법관에 의한 재판
⑭ 도량형 통일
⑮ 신식 화폐의 발행
⑯ 해외유학생의 파견
⑰ 궁내부 관료직과 타 관료직의 겸임금지
⑱ 소학교 교과서 편찬

이 중 일부는 같은 해 갑오농민운동 당시의 요구사항이기도 했다. 개혁은 확실히 이를 의식하고 조선민중의 요구를 반영하는 내용이었다. 일련의 내정개혁은 군국기무처라는 비상시 초정부적 기관을 만들어 국왕과 의정부(내각)의 개입을 배제시키고 법령을 남발하는 등 그 수법이 교묘하였다.

또한 개혁은 형식적으로는 근대적 국가로의 개편조건으로 그 나름대로의 의의는 있었다. 그러나 일본세력이 조선에 진출할 구실을 마련해 주었고 일본군 지배 하에서 일본의 압력에 의한 것이었다는 점은 농민층과 같은 아래로부터의 개혁이라는 내재적 발전을 왜곡하는 결과가 되었다.

그러나 갑오개혁이 조선 근대사의 새로운 전환점이 된 것은 틀림없는 사실이다. 몇 세기에 거쳐 확고히 자리잡은 班常奴婢의 차별

적 신분제도의 폐지는 출신. 가문에 관계되는 보편적 인권의 추구가 되고, 남녀 조혼 금지는 가부장제도로부터 해방이 기대되었다.

한편 과거제 폐지는 문벌에 의한 인재등용과 儒學 일변도의 유교체제를 변화시켰고, 군국기무처에 의한 선거조례와 銓考局 조례의 제정은 근대적 문관 등용제도를 수립하였다.

선거조례는 제2조에서 "국민의 신분상하를 논하지 말고 품행방정으로 재능과 교양을 갖추며 시세를 판단할 수 있는 자를 뽑아"라고 하여 신분본위에서 인물본위로 전환되었다. 또 전고국 조례는 시험방법에 관하여 보통시험은 국문・한문・寫字・산술・내국정책・외국사정・내정외교의 7과목으로 하고 합격자는 적용된 특별시험을 치를 수 있었다.[3] 이와 같이 국문이 시험과목으로 시민권을 얻었고 유학을 배척하여 신학문과 일반교양을 중시한 점은 종래 체제에서는 도저히 생각할 수 없는 개혁이었다.

2) 1894년(갑오) 교육개혁

1894년 7월 30일 군국기무처는 의정부 이하 각 아문관제를 개편하고, 8衙門의 하나로 문교행정담당의 學務衙門을 설치하였다. 학무아문에는 총무국, 성균관 및 庠校書院事務局, 전문학무국, 보통학무국, 편집국과 회계국이 설치되고, 대신 외에 協弁 1, 참의 6(후에 7), 주사 18(후에 22)명이 배치되었다. 이 중 전문학무국은 중학교・대학・技藝학교・외국어학교・전문학교, 보통학무국은 소학교와 사범학교의 일을 관장하였으며, 편집국의 所管은 국문의 철자, 외국어의 번역과 교과서의 편집을 담당하였다.[4]

---

3) 『軍國機務處 草記』 1894.7.12 「選擧條例」 「銓考局條例」.
4) 『舊韓國官報』(이하 『官報』라 한다) 1894.6.28 「각 아문관 재직장」. 더

같은 해 8월 학무아문에 의한 고지에서 이 제도의 제일 급선무로 영재교육을 들고 소학교와 사범학교를 창설하고 반상의 구별 없이 우수한 자를 입학시켜서 經書 등을 공부시키고 인재를 육성하도록 하였으며, 그 다음으로 대학이나 전문학교를 설치하였다.

청일전쟁 발발 후 조선의 사정을 전하는 동경『아사히신문』등의 보도에 의하면, 같은 해 10월에는 한성에 소학교와 사범학교가 개설되었고, 12월에는 일어학교와 영어학교가 개교하였다. 그 가운데 소학교는 壯洞・貞洞・廟洞・桂洞의 4곳에 설립되어 다음과 같이 지리・역사 등 신과목을 도입하여 근대교육에 힘쓴 자세가 보여진다.5)

○諺文 讀法書法錄取　○修身 教師講話 五倫 讀法錄取
○物名辭 眞字諺文 讀法錄取　○朝鮮地誌初步
○萬國地誌初步　○朝鮮歷史初步　○作文 國文
○萬國歷史初步　○算術(加減乘除 珠算 洋算)

하지만 정부의 국고는 바닥이 난 상태로 문무관의 봉급도 3개월이나 체납된 상태였다. 이는 아산을 비롯하여 평양 이북은 전쟁에 휩싸였고, 부산・원산・인천 3항으로 상륙한 일본군이 계속 북상함에 따라 고향을 버리고 떠난 농민들이 많아 가을 수확이 뜻대로 되지 않았고, 충청・전라・경상의 곡창지대도 동학농민운동으로 세금을 거둘 수 없어서 경기도와 강원도의 미약한 세금밖에 거둘 수 없었기 때문이다.

이런 이유로 개교는 하였지만 재정난으로 인해 학교를 일어학교

욱이 편집국 소관 사항 중에서 조선문자의 「국문」이라는 명칭을 주고 이것을 보급하려 했던 것에 유념해야만 할 것이다.

5) 『아사히신문』 1894.11.27 ; 『報知新聞』 1895.1.24.

로 통합하고 각 학교를 하나의 학과로 하여 경비를 합리화한다는 안이 검토되었다. 동경 아사히신문은 1895년 3월 20일 「조선신교육」이라는 다음과 같은 보도를 하고 있다.

> 신교육의 일면으로는 일어학교, 영어학교, 사범학교, 소학교 등이 있으나 이 중 진정한 학교는 일어학교 뿐으로 이것도 일본의 일반적인 소학교 정도보다 약간 높은 수준의 것에 지나지 않으며, 학무아문이 구상하는 신교육확장안은 영어학교·사범학교·소학교에 설치하고자 하는 清語學校 전부를 일어학교에 흡수시켜, 일어학교의 규모를 확대하고 이를 고등보통학교로 하여 청어학교·영어학교·사범학교, 소학교도 그 하나의 과로 한다는 고안이다.

3) 1895년(을미) 교육개혁

1895년 개혁은 갑오년의 개혁에 뒤이어 더욱 구체화되고 심화되었다. 그 해 1월 7일(음력 12월 12일) 고종은 왕족과 관료를 거느리고 종묘에서 誓告文을 고하고 洪範14條[6]를 선포하였다. 목적은 나라의 자주독립과 내정개혁으로, 봉건체제 타파와 근대사회제도의 수립이라는 정치목표를 선언하였다.

게다가 새로운 「公文式」[7]으로 순한글체와 순한문체 및 국한문 혼용체의 세 가지로 작성하여 발표하였는데, 한문 이외의 문체를 사용

---

6) 『관보』 1894.12.12 「宗廟誓告文의 14조 洪範誓告」.

7) 1894.11.21(조선력) 「칙령」 제1호 '공문식' 『관보』 1894.11.22 제14조 법률 칙령은 모두 국문을 기본으로 하며 한문의 역을 달거나 국한문을 혼용한다. 당시 사대주의 사회는 한문을 '眞書'라고 하여 현재의 한글은 민간 문자로써 언문으로 불리워 從의 위치로 가볍게 여겨졌지만 갑오개혁으로 인해 공용문에도 사용되어 '국문'이라고 하는 명칭이 정착되었다(주 4 참조). 『관보』는 1894.6.21(조선력) 창간호 이래 한문을 사용하여 왔지만 1895.1.29(조선력)부터 국한문 혼용체로 간행되었다.

한 것은 각 계층의 이해를 돕기 위한 시도로 획기적인 일이었다.

홍범14조는 제1조로 종주국인 청국으로부터 자주독립을 고하고, 국왕의 친정을 선언, 관제를 개편하고 왕실사무와 국가사무를 분리, 조세법률주의와 예산주의라는 근대적 정치이념을 채용하였다. 또 군제와 법률 내용을 근대화하여 널리 인재를 등용하고 해외 유학생 파견을 시도하였다.

그러나 이미 일본세력은 군사력을 배경으로 조선정부를 좌지우지하였기 때문에 청국으로부터 독립은 일본에 의존한다는 것을 의미하였고, 국왕친정은 일본에 있어서 방해가 되는 명성황후와 대원군을 배제한다는 목적이었다.

1895년 2월 26일, 고종의 「敎育立國詔書」[8]가 발표되어 "세계정세를 잘 살펴보면 부국강병의 여러 나라 국민들은 풍부한 지식을 가지고 있다. 지식의 진전은 교육의 효과에 의해 성립되는 것으로 즉 교육은 국가보존의 근본이다"라고 하여 열강과 같이 우리나라도 교육에 의해 부국강병을 실현하지 않으면 안 된다고 하였다.

이를 위해서는 "정부의 명으로 학교를 널리 설치"라고 되어 있으므로 "전국민은 충군애국의 마음을 따라 전국민의 德, 전국민의 體, 전국민의 智를 길러야 한다"고 하여 충군애국의 도덕을 따르며 德育·體育·智育에 임할 것을 밝히고 있다.

하지만 그 교육은 결코 국민 개개인을 고려한 것이 아니라 "국가를 망하게 하는 것도 국민이요, 국가를 지키는 것도 국민이며, 국가의 정치제도를 바로잡는 것도 국민이다"라고 하여 臣民의식을 강조하는 국가의식 주입이 주안점이었다.

교육조서는 일본 「교육칙어」와 유사하고 공통점이 있다고 할 수 있다. 「교육칙어」는 서양문명을 추구하는 면이 강하여 국민교육을

---

8) '교육입국조서'는 1895.2.2의 『관보』에 의해 국한문 혼용체로 발표되었다.

망각한다는 비판에 응답하여 부진을 면치 못했던 덕육을 만회시키고자 선포되었다. 그러나 그 방침은 국민의 언동을 제약할 수 있는 것이 아니면 안되었기 때문에 유교적 덕목이 이용되었다.

이와 같이 양자는 일상의 규범으로 자리잡은 유교의 핵심을 취한 점이 유사하고 따라서 국민의 내면까지 지배하는 전제군주의 지배체제 강화를 지향한 점을 공통으로 한다.

위의 내용대로 정부의 개혁도 또한 교육제도에 중점이 놓여졌다. 정부는 그 해 4월 학무아문을 學部로 개칭하고 성균관 등 사무국을 폐지, 다음과 같이 학무에 관한 部局을 학무국으로 일체화하여 소관사무로부터 대학교를 제거하고 유학생과 교과서검정에 관한 사무를 덧붙이는 등 조직과 分掌事項을 정리하여 다음의 주요인사를 발령하였다.9)

대신관방	비서과, 문서과, 회계과
학무국	소학교 및 학령아동의 취학 사범학교 · 중학교 · 외국어학교 · 전문학교 · 기예학교와 외국유학생에 관한 사항
편집국	교과용도서의 번역 · 편찬 · 검정, 도서의 구입보존관리, 도서의 인쇄에 관한 사항

학부대신 박정양, 학부협관 고영희, 학무국장 이응익, 편집국장 이경식, 참서관: 조병건, 이상재, 홍우관

새로이 발족한 학부는 그 해 4월 19일, 교원양성을 위한 한성사범학교관제를 제정하고, 이어서 각종 학교법령 등을 제정하였다. 이를 날짜순으로 정리하면 다음과 같다.

1895.4.16 : 「칙령」 제79호 한성사범학교관제(『관보』 제17호 4.19)
1895.5.10 : 「칙령」 제88호 외국어학교관제(『관보』 제36호 5.12)

9) 『관보』 제19호 1895.4.21 「학부 분과규정」 ; 『관보』 제3호 1895.4.3.

1895.7.2 :「칙령」 제136호 성균관 관제(『관보』 제105호 7.4)
1895.7.19 :「칙령」 제145호 소학교령(『관보』 제119호 7.22)
1895.7.23 :「학부령」 제1호 한성사범학교규칙(『관보』 제121호 6.24)
1895.8.9 :「학부령」 제2호 성균관경제학과규칙(『관보』 제135호 8.12)
1895.8.12 :「학부령」 제3호 소학교교칙 대강(『관보』 제138호 8.15)
1896.2.20 :「학부령」 제1호 보조공립소학교규칙(『관보』 제257호 2.25)

이 중에서 소학교와 사범학교에 관하여는 거의 모든 부분이 일본의 학제를 모방한 것이었다. 일본에서는 프랑스 제도에 따라 1872년의 학제에서 소학교를 8년제로 하고 하등소학교(6~9세)와 상등소학교(10~13세)로 나누었으나 지방의 실정에 맞지 않는다는 이유로 1874년에 이를 폐지하고 1879년에 새로운 교육령과 소학교 教則綱領을 공포하여 소학교를 초등과(3년), 중등과(3년), 고등과(2년)의 셋으로 나누었다.

그리고 1890년 새로이 소학교령을 공포하여 소학교를 尋常과 高等의 둘로 나누어 심상소학교의 수업연한은 3~4년, 고등소학교는 2~3년 또는 4년으로 하였다. 심상소학교의 교과는 수신, 독서, 작문, 습자, 산술과 체조로 하고, 현지의 상황에 따라서는 체조를 빼는 것이 가능하였고 일본지리, 일본역사, 그림, 창가, 수공 중 1과목 또는 몇 개 과목을 추가하고, 여자에게는 재봉을 추가시킬 수도 있었다.

또 고등소학교의 교과는 수신, 독서, 작문, 습자, 산술, 지리, 일본역사, 외국지리, 이과, 그림, 창가 및 체조로 하고 여자에게는 재봉을 추가, 현지의 상황에 따라서는 외국지리와 창가를 빼는 것이 가능하였고 기하초보, 외국어, 농업, 상업, 수공 중 1과목 또는 몇 개 과목을 추가할 수 있었다.

여기서 양국의 소학교령을 비교해 보면 일본의 소학교령이 소학교 교육의 목적을 "소학교는 아동 신체의 발달에 유의하여 도덕교육 및 국민교육의 기초와 그 생활에 필수적인 보통 지식 기능을 가르치는 것을 목적으로 한다"로 규정한 것에 대해, "소학교는 아동 신체발달에 따라 국민교육의 기초와 그 생활상 필요한 보통 지식 및 기능을 가르치는 것을 목적으로 한다(제1조)"고 하여 일본의 문헌을 그대로 바꾼 것에 지나지 않는다.

또한 편성도 일본과 동일하게 심상과(3년), 고등과(2~3년)로 하여(제6·7조), 심상과의 교과는 수신, 독서, 작문, 습자, 산술, 체조로 하고 때에 따라 학부대신의 허가를 받아 체조를 빼고 본국지리, 본국역사, 외국지리, 그림, 외국어 중 1과목 또는 몇 개 과목을 추가하고 여아를 위해 재봉을 추가할 수 있었다(제8조).

그리고 제16조에 "아동의 만7세부터 만15세까지의 8개년을 학령으로 정한다"고 규정하고 제17조에서 "각 부군에는 그 관내에 학령 아동이 취학하는 공립소학교를 설치한다"고 하여 의무교육제를 주창하였으나, 당시의 김홍집 내각이 일본을 모방하고 이를 추종하려고 한 결과 국민의 의식과 국가재정의 현실을 무시한 입법이었다.

이로써 1895년 7월 학부는 한성부 내의 장동・정동・계동・묘동에 관립소학교 4학교를 개설하고, 각각의 개교일을 정하여 다음과 같이 광고하여 입학학생을 모집하였다.[10] 더욱이 이들 학교는 일본인 아유카이 후사노신(鮎貝房之進)을 중심으로 운영되었던 乙未義塾의 장소를 그대로 사용한 것으로 지난 해 창설된 4개 소학교는 이미 유명무실한 상황이었다.

10) 『관보』 제126호 1895.8.1 '광고'.

광 고

「칙령」 제145호에 의해 소학교를 한성 내에 관립으로 보통 각과 및 외국어를 교수하므로 학생을 모집한다.
8세 이상 15세의 자는 8월 5~6일간에 본부에 신고하여 허가장을 수령해야한다.
소학교의 설치지역과 개학시기는 다음과 같다.
장동 8월 8일, 정동 8월 9일, 계동 8월 12일, 묘동 8월 13일
개국504년 7월 28일 학 부

그리고 학부는 아래와 같이 각 학교 1명의 교원을 발령하여 개교하였으나, 당초의 학생 재적수는 장동소학교 23명, 정동소학교 76명, 계동소학교 40명, 묘동소학교 48명이었다.[11] 또 동시에 공립소학교가 전국에서 최초로 한성부에 개설되고 교원 1명이 발령되었다. 교원은 누구든 판임관 6등 2급봉으로 월급 14원이었다.[12]

1895.8. 3 任 관립소학교교원 敍判任官 6등 이교승 · 김성진(『관보』 제130호 8.6)
8. 9 임 관립소학교교원 敍判任官 6등 원영의 · 홍성천(『관보』 제135호 8.12)
8.13 임 한성부공립소학교교원 敍判任官 6등 최만장(후에 만종으로 개명)(『관보』 제138호 8.15)

11) 『관보』 제149호 1895.8.28 '휘보' 학사.
12) 1895(개국 504)년 7월 19일 「칙령」 제146호 '관립 공립 소학교 교원의 관등 봉급에 관한 건' 『관보』 제119호 1895.7.22
제1조 관립 공립 소학교 교원의 관등 및 봉급 월액수는 다음과 같다
관립 공립 소학교 교원 관등 봉급 월액표(8월 1일부터 시행)

관 등	1 등	2 등	3 등	4 등	5 등	6 등	7 등	8 등
1급봉	35원	30원	26원	22원	18원	15원	13원	11원
2급봉	33원	28원	24원	20원	16원	14원	12원	10원

학부는 한성내에 4개 소학교를 관설할 때 고시하고,[13] 소학교는 오륜행실, 소학, 본국역사·지지, 국문, 산술과 외국역사·지지 등의 근대교과목을 가르치고 교육방침으로는 "虛文을 소홀히 하고 실용을 존중한다"는 것으로 하여 종래의 교육을 근대적 방향으로 전환하여 긴 시대에 거쳐 자리잡은 유학의 틀에서 벗어나 새로운 틀을 세우려고 하였다.

4) 지방공립소학교의 개설

(1) 독립협회의 계몽운동

1895년 10월 8일 친미·친러세력을 견제하기 위해 한성주재 일본낭인에 의한 명성황후 시해사건(을미사변)은 반일운동의 도화선이 되는 결과를 초래하였다. 그 해 12월 30일(음력 11월 15일) 고종이 친히 머리를 깎은 후 斷髮의 詔勅을 발표하고,[14] 곧 그 실시를 강행하였다. 그러나 단발령은 전통적이고 신성한 조선의 禮俗을[15]

---

13) 1895.9.28「학부 고지」제4호(학부대신 서광범). 이후 1895.4.25의 동경『아사히신문』은 "朴錦陵尉(저자 주 : 錦陵尉란 제25대 철종의 사위 박영효)가 내무대신이 된 후, 훈령을 많이 내려 세상에서 훈령대신이라고 불리웠다. 내무아문 훈사 정폐개혁 사회개량에 관한 훈령88개조를 전국 8도의 지방관에 내렸다"고 하여 88개조를 보도하였지만, 그 중 교육에 관한 것은 다음 조항이었다. 개화파의 중심 인물이 될 사람은 교육개혁으로 유학적 교육을 부정하고 근대적 교육을 추진하여야만 했다.
제8조 학생들은 관료등용시험을 치르기 위한 공부는 그만두어야 한다.
제10조 인민은 우선 본국의 역사와 본국의 문장을 배워야만 한다.

14)『관보』호외 1895.11.15(양력 1895.12.30).

15) 당시의 풍습으로는 남자는 머리를 세갈래로 땋고 뒤로 길게 늘어뜨리며 성장해서 14·15세 때에 관의 의식을 행하고 상투를 틀고 갓을 써

부정하고 일본의 습관을 강요하는 것이라 하여 민중은 일제히 반발하였다.

짐이 신민에 앞서 단발을 하니 신민들은 이러한 짐의 뜻에 따라 다른 나라와 같이 단발을 하라. 개국 504년 11월 15일(각 대신 연서)

단발은 먼저 관료부터 시행하여 이를 거부하는 자는 사직하고, 한성에서는 성문에 가위를 가진 관리를 배치시켜 닥치는 대로 머리를 깎고, 지방에서는 통행인의 머리를 강제로 깎았다. 이리하여 성 밖이나 산으로 피하는 자가 많았고 외출을 하지 않는 자도 있었다.[16)]

일본에 의한 명성황후 시해사건과 고종의 단발령으로 민심은 격분하고 드디어 단발령을 계기로 각지의 반일의병항쟁이 시작되었다. 정부는 친위대의 많은 수를 투입하여 지방의 의병진압에 힘을 썼으나 한성이 위험하다는 거짓을 고해 1896년 2월 11일 새벽 고종이 궁을 빠져나와 러시아 공사관으로 옮겨가(아관파천), 김홍집 내각을 무너뜨리고 친러세력이 정권을 장악하였다.

이 시기에 갑신정변에 참가하여 국외로 도망쳤던 서재필이 망명지인 미국에서 귀국하여 1896년 4월 7일에는 『독립신문』을 창간하였다. 그리고 이상재와 윤치호 등과 함께 독립협회를 창립하고 자주독립, 자유민권, 자강개혁의 국민적 운동을 전개하였다. 친일 개

혼인을 약속한 성인이 됨을 표시하였다. 또한 기혼자는 영감 또는 서방이라 불리며 미혼자는 총각이라 불리며 상투를 틀지 못하였다.

16) 단발에 관한 내부고시 2건 『관보』 제214호 1896.1.4. 단발에 관한 내부훈시 『관보』 제217호 1896.1.9. "인민의 다수는 단발을 싫어하여 이미 단발을 한 자와 자기자신이 솔선하여 단발을 한 자는 극히 소수였으며 많은 사람들은 강제적으로 어쩔 수 없이 단발을 하였다. 그 중에는 머리를 깍이어 대성통곡하는 자도 많았다" 한성 주재 영사보고 『일본관보』 제3375호 1896.2.1.

화파는 이미 사망하거나 망명 등으로 자취를 감추어서 그들에 의해 추진된 갑오개혁 이래 일련의 개혁은 기세가 갑자기 꺾이어 예전으로 돌아가고자 하는 움직임이 있었다.

『독립신문』은 창간사에서 상하 귀천을 구별하지 않고 공평히 국민을 대하고 전 국민을 위해 어떤 일이라도 대변하겠다고 했으며, "우리 신문이 한자를 쓰지 않고 국문만을 사용하는 것은 모든 사람이 읽을 수 있도록 하기 위함이다"라고 하고 "국문을 한문과 비교하면 국문이 한문보다 우수한 점은 먼저 배우기 쉽고 다음으로는 조선의 말이기에 국민이 잘 이해하고 전부를 한문 대신인 국문으로 쓰는 것에 의해 모든 이가 읽고 이해하기 쉽다"고 하여 순국문으로 발간하였다.

독립협회는 자주독립의 국가건설을 위해서는 국민의 교육이 가장 중요한 과제라고 생각하고 『독립신문』도 선진제국에 관한 많은 정보를 제공하였다. 그 중에서도 가까운 일본에 대해서 다음과 같이 일본이라는 작은 나라가 대국인 청에 이길 수 있었던 것은 부국강병 말하자면 학교교육의 덕이라고 하여 근대교육의 필요성을 역설하였다.

> 일본인들이 서양제국의 부국강병의 과정을 알고 즉시 국민의 교육에 힘써서 학교가 없었던 나라에 지금은 공립소학교가 5만여 곳, 중학교가 8천 곳, 대학이 30여 곳 있으며 기선을 만들거나, 철도를 놓거나, 상업을 배우고, 전쟁에 이기고, 돈을 모으고, 1층의 목조건축이 3~4층의 벽돌 건물이 되고, 방바닥에서의 생활에서 의자를 사용한 생활로 변하고, 입기 불편한 옷에서 편리한 양복을 입게 되며, 나막신과 짚신에서 가죽 구두를 신게 된 것, 이 모든 것이 학교에서 교육을 받았기 때문이다.17)

또한 "조선인과 동양의 다른 나라 사람을 비교해 보면, 청국인

---

17) 『독립신문』 1896.4.25 논설.

보다 총명하고 근면단정하며, 일본인보다는 크고 체격이 단단하다. 따라서 교육을 시키고 학문에 비례해서 의식주를 향상시킨다면 동양 제1의 인종이 될 것이다"[18]라고 하였으며, "학교를 세우고 지역주민을 교육하는 것이 정부의 가장 중요한 직무이며 정부는 다른 것보다 먼저 국민의 교육을 우선시 하지 않으면 안 된다"고 근대학교의 조기 개설을 부추겼다.

게다가 『독립신문』은 이 시점에서 일찍이 여자교육을 언급하여 다음과 같이 남자학교뿐 아니라 여자를 위한 학교를 동시에 준비하여야 한다고 주장하였다. 독립신문에는 이를 최초의 논설로 여자의 학교교육이 필요하다는 입장에서 일관되게 여학교론을 전개하여 정부의 결단을 재촉하였다.

> 정부가 남자를 위한 학교를 하나 만든다면, 여자를 위해서도 학교를 하나 짓는 것이 당연한 일로 바라건대 정부는 먼저 조선인민을 공평하게 취급하고 남녀 상하 귀천의 구분을 없애는 것을 하나의 법률로 다스리기를 바란다.[19]

(2) 지방공립 소학교의 개설과 교원배치

정부는 1895년 윤5월 1일, 종래의 경기, 충청, 전라, 경상, 황해, 평안, 강원, 함경 8도제를 다음의 23부제로 바꾸고 府 아래에 郡을 두었다.

> 한성, 인천, 공주, 대구, 안동, 동래, 전주, 해주, 함흥, 경성, 의주, 개성, 충주, 진주, 나주, 강계, 홍주, 남원, 청주, 춘천, 강릉, 갑산, 평양.

---

18) 『독립신문』 1896.5.2 논설.
19) 『독립신문』 1896.5.12 논설.

1895년 5월 26일 「칙령」 제98조 '지방제도개정에 관한 건' 『관보』 제50호 1895.5.28

게다가 정부가 작성한 1896년도 예산서에 의하면 다음 표와 같이 학부소관 예산 126,752원 중, 관립학교의 학교비는 31,219원으로 학부예산 총액의 24.6%를 차지하고 공립소학교 등에 대한 보조비 16,200원은 12.8%를 차지하고 있다. 그리고 각 신설 공립소학교 보조비에 관해서는 세출예산설명서에 "본 항은 본 년도에 신설되고 부마다 하나의 개소에 설치하는 비용은 600원으로 한다"고 되어 있으므로 한 학교 당 600엔을 생각하면 기존의 한성부 소학교 이외에는 각부 한 학교씩 23교를 개설한다는 구상이었다. 하지만 이 예산은 세입이 없는 이론상의 생각에 지나지 않았다.

〈표 1-1〉 1896년도 학부소관 세출예산경상부 (단위: 원)

학교비	31,219	지방학교보조비	16,200
①한성사범학교 부속소학교비	12,221	①한성부공립소학교보조비	600
②관립소학교비	5,568	②인천항일어학교보조비	1,800
③성균관비	7,986	③각신설공립소학교보조비	13,800
④일어학교비	2,042		
⑤어학교비	2,558	유학생비	40,426
⑥법어학교비	844		

학부는 다음 해 1896년 1월 이후, 다음과 같이 각 부·군 11공립소학교의 교원을 발령하였다. 채용된 교원은 모두가 한성사범학교 속성과를 1895년 10월 15일에 졸업한 제1기생이었다. 또 그 전해에 개교한 한성부 공립소학교의 경우는 창립이 빨라 한성사범학교의 졸업생이 아직 없었다.

구 경기도 1896.1.22 인천부공립소학교(이하 학교명은 府郡공립소학교)
변영대 2.4 수원군 이필구, 2.4 강화군 정지석,
2.10 개성군 이종협, 3.20 파주군 이한응
구 충청도 1896.1.29 충주부 황한동, 5.30 공주부 이동현,
7. 8 홍주부 김영제
구 경상도 1896.1.29 대구부 이항선, 6. 8 김영제, 6.22 장성화
구 평안도 1896.5.30 평양부 안영상, 6.22 김봉진
구 함경도 1896.6. 8 함흥부 신병균

정부는 1896년 8월 4일(같은 해 1월 1일부터 태양력을 채용) 23부제를 13도제로 변경하고 각 도에 관찰사를 두어, 한성을 부로 하여 부윤을, 광주, 개성, 강화, 인천, 동래, 덕원, 경흥을 부로 하여 부윤을 두고 제주에는 목사를 각 군에는 군수를 두었다.[20]

경기(수원) 38군 충청북도(충주) 17군 충청남도(공주) 37군 전라북도(전주) 26군 전라남도(광주) 33군 경상북도(대구) 41군 경상남도(진주) 30군 황해도(해주) 23군 평안남도(평양) 23군 평안북도(영변) 21군 강원도(춘천) 26군 함경남도(함흥) 14군 함경북도(경성) 10군 ( )안은 도군

이에 따라 학부는 같은 해 9월 17일 다음과 같이 지방공립소학교의 위치를 정하고,[21] 학교 수를 한성부, 13도 관찰부, 4항(인천, 부산, 원산, 경흥), 2부(개성, 강화), 18군 합계 38교로 하고 각 교 1명

20) 1896.8.4「칙령」제36호 '지방제도 및 관제 봉급 및 경비의 개정에 관한 건'『관보』제397호 8.6.

21) 1896.9.17「학부령」제5호 '지방공립 소학교 위치를 다음과 같이 지정한다'『관보』제434호 9.21.
수원군 공립소학교는 교원 이필구가 1896.2.4에 발령된 후 1898. 6.10에 전라남도 관찰부 공립소학교로 전임되었지만 그에 대한 보충은 없었다(『관보』제974호 1898.6.13). 따라서 동교는 1898.6.10까지는 존속된 것으로 추측된다.

씩 교원을 배치하였다.

그러나 양주군(경기)만은 1901년까지 개설하지 않았고 또 수원군 공립소학교(전출 2.4발령)는 경기관찰부 공립소학교(수원)와는 별도로 법령의 근거없이 별개로 존재하였다. 더욱이 채용된 교원은 모두 한성사범학교 제1기생 또는 제2기생이었다. 항간에 "이와 같은 학교는 시설이 정비되어 있지 않으며 자격이 있는 교사도 없다"[22]고 하는 기술을 볼 수 있으나 전원이 사범학교 출신으로 자격을 가진 자였다.

한성부 경기관찰부(수원) 충청북도관찰부(충주) 충청남도관찰부(공주) 전라북도관찰부(전주) 전라남도관찰부(광주) 경상북도관찰부(대구) 경상남도관찰부(진주) 황해도관찰부(평양) 평안북도관찰부(정주) 강원도관찰부(춘천) 함경남도관찰부(함흥) 함경북도관찰부(경성) 개성부 강화부 인천항 부산항 원산항 경흥항 제주목 양주군 파주군 청주군 홍주군 임천군 남원군 순천군 영광군 경주군 안동군 안악군 의주군 강계군 성천군 원주군 강릉군 북청군

1896. 9.16 경기관찰부공립소학교(이하 공립소학교를 생략) 황한동, 충청북도관찰부 양주성

11. 6 전라북도관찰부 장성화, 전라남도관찰부 조한설, 경상남도관찰부 윤대선, 황해도관찰부 김인환, 평안북도관찰부 정운호, 강원도관찰부 구자홍, 함경북도관찰부 정환교

10.30 청주군(충북) 김계명

11. 6 임천군(충남) 유철수, 남원군(전북) 박치상, 순천군(전남) 이강호, 영광군(전남) 이종

11.16 제주목(전남) 전석규, 경주군(경북) 윤필구, 안동군(경북) 윤보영

11. 6 부산항(경남) 김병천

11.16 안악군(황해) 윤상홍, 성천군(평남) 김창유, 의주군(평북) 정규종, 강계군(평북) 임치형,

---

22) 오천석, 『한국근대교육사』, 고려서림, 1979, 99쪽.

원주군(강원) 이승의, 강릉군(강원) 박희명,
북청군(함남) 이상원

11. 6 원산항(함남) 김봉수, 경흥항(함북) 조재철
재래의 충주부 공립소학교는 충청북도 관찰부 공립소학교로 개칭하고 이하 공주부는 충청남도관찰부, 대구부는 경상북도 관찰부, 평양부는 평안남도 관찰부, 함흥부는 함경남도 관찰부 공립소학교로 개칭

계속해서 다음과 같이 1897년은 김포군(경기)과 통진군(경기)공립소학교에 사범학교 3기생이, 1898년에는 새로 개항한 무안항(전남)과 삼화항(평남)의 2개교에 사범학교 1·2기생이 발령받았다.

1897. 9. 8 김포군(경기) 조관증
〃 11.16 통진군(경기) 최인식
1898. 3.21 무안항(전남) 변지학
〃 3.16 삼화항(평남) 신병균

그리고 1899년에는 다음과 같이 새로이 개항한 옥구항(전북) 성진군(함북)의 2개 港, 덕원부의 1府, 15郡의 합계 18개교에 교원이 배치되었다.

1899. 4.11 진위군(경기) 이교홍, 회양군(강원) 윤필구
5.16 증산군(평남) 최성택
6.16 평양군(평남) 전덕룡, 곽산군(평북) 강익수, 운산군(평북) 박치운, 성진군(함북) 한병수
6.27 문천군(함남) 마희진, 영흥군(함남) 한연수
9. 9 옥천구(전북) 한필수
10.24 던원부 강진군(함남) 이석영
7.22 홍원군(함남) 김현구 강기하, 남양군(경기) 박제현
11. 6 안산군(경기) 김광식, 철원군(강원) 황대성
11.15 정평군(함남) 박희명
12.30 풍덕군(경기) 정규종 안산군은 후에 시흥군으로 편입

하지만 1898년 중에 보조대상으로부터 제외되었다고 생각되는 곳은 수원군(경기), 청주군(충북), 임천군(충남)과 남원군(전북)의 4개교가 있다. 이와 같이 추측할 수 있는 근거는 모든 학교가 현재 재직중인 교원을 다른 학교로 전근을 발령한 채 그 이후의 보충인사를 단행하지 않고 교원의 배치를 중지하였기 때문이다.

한편 제주목(전남), 안악군(황해), 성천군(평남), 강계군(평북), 원주군(강원)의 5개교는 1896년 11월 최초의 교원배치 후 전혀 인사이동의 기록이 없었으므로 설치는 되었지만 존속이 곤란하여 조기에 교원을 철수시키고 보조대상에서 제외시킨 것으로 보인다.

그 결과 1899년 말 학부가 교원을 배치한 공립학교는 51학교로 내역은 한성부 공립소학교, 관찰부 공립소학교 13, 개항장 공립소학교 8, 삼부(강화, 개성, 덕원) 공립소학교 3, 각군 공립소학교 26개교로 추정된다.

이를 기준으로 이듬해 1900년도 학부소관 세출경상부 예산[23] 총액 163,005원(정부총예산의 2.93%) 중, 학부직할의 고등소학교비 740원과 관립소학교비 4,240원 이외의 표와 같이 공립학교 보조비(총액 24,900원)로 한성부, 13부, 9항, 3부와 26군의 52공립소학교에 관하여, 한성부 소학교는 600원, 그 밖의 51개교는 각 360원씩 책정되었다.

〈표 1-2〉 1900년도 공립학교 보조비 (단위: 원)

한성부 소학교 보조비	600
13부 소학교 보조비	4,680
9항 소학교 보조비	3,240
3부 소학교 보조비	1,080
26군 소학교 보조비	9,360

23) 1900년도 예산, 노부오 쥰페이, 『한반도』, 동경당서점, 1901, 320~323쪽.

13부는 13도 관찰부를 말하며, 9항은 인천, 동래, 덕원, 경흥, 삼화, 무안, 옥구, 창원, 성진을 3부는 개성, 강화, 덕원을 말한다. 여기에 창원항(경남)은 1899년에 개항하였으나 공립소학교 개설은 1900년이었다. 또한 덕원에는 덕원항(원산항) 공립소학교와 덕원부 공립소학교의 2개교가 있었다.

1900년 중에는 다음의 10개교에 교원이 발령되었으나 이 중 길성부는 성진군과 길주군의 폐합에[24] 의한 것으로 학교 수의 증감은 없으며, 신설교는 개항장 1개교와 각군 8개교인 합계 9개교였다. 하지만 신설교 중 고원(함남), 안변(함남)의 2개교는 설립 후 얼마되지 않아 현임교원이 전임하여 그 이후의 보충이 이루어지지 않았다. 또한 통진군(경기)과 영광군의 2곳도 동일하게 보충인사가 이루어지지 않았고, 지난 해에 이어 현임교원이 결원인 채로 있는 순천군(전남)과 의주군(평북) 2곳도 보충이 이루어지지 않았다.

그리고 안동군(경북)에 관해서는 1897년 5월 15일에 3대째의 교원으로 송시현이 배치되었으나, 그 후의 이동기록이 없는 채 송시현은 1904년 6월 30일에 충청남도 관찰부 공립소학교로 발령되어 있었다. 하지만 辭令은 전임이 아니라 새로운 채용인 것으로 1900

---

24) 1898년 길주군의 관구를 분할하여 성율균을 신설하고 1899년에는 군산 마산과 함께 개항하여 각국 거류지가 지정되었지만 1900년 길주군민의 반대에 의해 다시 길주군에 합병되어 구 성율군민은 군의 분할을 중앙에 청원하고 양군민이 대립 동년 8월 길주군민은 성율을 습격, 시가의 건조물을 모두 파괴하였다.

①1900.1.23「칙령」제9호『관보』제1480호 1.25

②1900.5.16「칙령」제18호『관보』제1580호 5.22

③1901.10.20「칙령」제19호『관보』제2024호 10.22, 1903.7.3「칙령」제10호『관보』제2557호 7.6

인천, 동래, 덕원, 경흥, 옥구, 무안, 창원, 평양, 삼화, 길주의 각 부가 군이 되다.

④1903.8.8「칙령」제15호『관보』제2588호 8.11

년 경에는 이미 교원배치를 중단한 것이 아닌가 추측한다. 이 결과 1900년 말 보조금대상 공립소학교수는 한성부, 13부, 9항, 3부, 27군의 53개교로 추정된다.

1900. 2.27 양천군(경기) 김규원 3.13 김해군(경남) 한병주
5.23 안변부(함남) 최정식
2.27 부평군(경기) 박희명 3. 5 강서군(평남) 정관해
3.13 길성항(함북) 김창유
10.10 과천군(경기) 주정균 1.27 금성군(강원) 이종산
1.27 창원항(경남) 이필구 5.23 고원군(함남) 김윤정
※과천군은 후에 시흥군으로, 금성군은 후에 금화군으로 편입, 길성항은 후에 길주군

이듬해 1901년에는 다음의 1부 1군의 2학교가 개설되었으나 같은 해 중에 과천군(경기)과 파주군(경기)의 2학교에서는 교원 전임후의 보충이 이루어지지 않았다. 이 결과 1901년 말 현재의 보조대상 공립소학교는 한성부, 13부, 9항, 4부(강화, 개성, 덕원, 광주)와 26군의 53교로 추정된다. 1902년 이후는 1905년까지 학교 신설없이 1906년에는 안성군(경기)과 황간군(충북, 후에 영동군으로 편입)에 2학교가 개설되었으나 그 해 9월 1일 시행된 「보통학교령」에 의해 소학교의 대다수가 보통학교로 바뀌었다.

1901. 1.17 광주부(경기) 심승덕 1906. 1.22 안성군(경기) 이무려
〃 3. 2 양주군(경기) 윤태영 〃 1.22 황간군(충북) 최병희

副教員

정교원의 배치를 중단한 공립소학교에서는 부교원에 의해 학교

를 유지하였으나, 원래 정교원이 배치되지 않고 창립이래 부교원만으로 운영되는 공립소학교도 존재하였으므로 공립소학교에는 (1) 정교원이 연속하여 배치된 보조대상학교 (2)정교원 배치가 중단되어 보조대상에서 제외된 학교 (3)창립이래 보조대상에서 제외되고 정교원의 배치도 없는 학교 3곳으로 구별된다.

(1)의 소학교는 그 운영비가 정부로부터 지급되고 교원의 봉급이 관청에서 지급되었으므로 공립이라고는 하지만 실질적으로는 관립소학교와 다름이 없었다. 하지만 (2)(3)의 소학교는 편의상 공립으로 칭하였지만 정부나 지방에서의 재정적 보증은 없었고, 실질적인 공립학교와는 달랐다.

부교원의 임용은 1897년 7월 한성부 공립소학교 金震植[25])으로부터 시작되어 관보 각호 학사란에 학부가 승인한 임용, 해임, 면임이 공시되었다.[26]) 부교원은 학교소재지 부근에 거주하는 자 중에서 유학을

25) 『관보』 第682호 1897.7.7.

26) 『관보』 각 호 〈학사〉공립 소학교 부교원

경기관찰부 공립소학교　최정래 정주현 최정래(재임) 유인식 신현정 박용근 이승화

충청북도　여규덕 홍희춘 이철응 채규철 이종한 이철응(재임) 심승관 정태영

충청남도　이찬 유익열

전라북도　임종환 박상현 임종환(재임) 이상노

전라남도　기인섭 오의균 신범희 김종열 이석노 이기호 김충집 김상학 주양동

경상북도　이두석 조한구 남준희 이주호 이두석(재임) 이태노 배석하 김춘진 이두석(재재임)

경상남도　정홍제 황병주 지방원 정환성 유진대 유치관

황해도　구봉서 김희선 이달원 구봉서(재임) 최승목 오관영 고백령 양학선 손종호 양태근 박창연 오수환 조정원 고용성 정규영

평안남도　옥주찬 노승익 송구년 박태원 정용순 김경모 손시연 황태용 양대록 황석용

공부한 적임자를 각 도 관찰부 혹은 군이 선발하여 학부의 승인을 얻었으나 학부에 요청하여 인재를 알선해서 받는 경우도 있었다.

부교원은 주로 국한문을 가르치고, 위 (1)의 공립소학교에서는 정교원을 보조하여 학교운영에 참가하고, 정교원의 부재시에는 그를 보완하는 역할을 맡았다. 그러나 때로는 양자가 대립하여 학교운영에 지장을 주거나,[27] 부교원을 믿고 방학 후 신학기가 되어도 좀처럼 귀임하지 않는 정교원도 있었다.[28]

또 (2)(3)의 공립소학교에서는 정교원이 있지 않고 부교원이 단독으로 수업을 하였기 때문에 학습내용은 국한문에 편중되고 수업방법도 서당과 동일한 암기뿐이었다. 따라서 근대학교의 형태나 실태에서는 좀 동떨어진 것이었다. 당시 공립소학교에 관해서 "교원은 대부분 한 사람으로 하여"[29]라고 소극적으로 평가되어 있으나

평안북도 차국경 명이룡 안병흡 김원빈 양학주
강원도 목영신 정일우 이창화 이수헌 정일우(재임) 유하균
함경남도 이택설 이기헌 주종기 오병욱 한상위 한면익 노제근 홍상의 김시봉 박효겸
함경북도 이영진 이규병 서상훈 한명교(사망) 서송훈(재임) 김병우 이득기 허시
-이하 생략-

27) 『황성신문』 1899.9.6 雜報. 김포군 공립소학교 교원 조관증씨는 언사 오만하고 학비를 중간에 갈취하여 해당 군수 장윤환씨와 부교원 이재락씨가 학부에 보고하였다. 학부는 양 교원을 불러 조사하였으나 조씨는 학비에 대해 학부로부터 송금되어온 경비 중 반액은 학비로 지출하고 남은 반액은 교사의 수리에 썼다고 변명하였다. 국고금 매년 360원을 이 학교의 경비로 사용하여 인민의 교육을 하고 있는 중 교원이 서로 반목을 해서는 교육의 성과를 올릴 수 없다. 이러한 학교는 폐지하여도 된다.

28) 『황성신문』 1904.9.16 雜報. 어제 학부는 각 부에 훈령하여 귀군공립소학교 교원이 여름 방학 후 경성에 계속 머물거나 혹은 귀가하여 가을 학기가 시작되어도 부임하지 않고 교무에 임하지 않는 자가 많다고 경고하였다.

이는 (2)(3)의 공립소학교에 관한 한 그대로였다.

부교원의 동정은, 관보 학사난에 의해 추측하는 수밖에 없으나 부교원 중에서는 장기간 근무하는 자가 있는 한편 단기간에 교체되는 일도 많아 그 상황이 안정적이지 않은 학교가 많았다. 부교원의 교체는 다음과 같이 (1)의 공립소학교에서는 1904년 4월 현재, 인천항 14, 양주군 14, 진위군 13, 남양군 13, 황해도 관찰부 13, 양천군 12, 평안남도 관찰부 공립소학교 10명 외에 총 10명 미만에 그치고 있다.

〈경기〉 인천항 14 강화부 2 개성부 2 관찰부 6 김포군 5 진위군 13 남양군 13 안산군 5 풍덕군 9 양천군 12 부평군 9 안성군 4 한성부 2 양주군 14
〈충북〉 황간군 6 관찰부 7
〈충남〉 관찰부 2 홍주군 9
〈전북〉 관찰부 4 옥구항 5
〈전남〉 관찰부 8 무안항 7
〈경북〉 관찰부 9 경주군 4
〈경남〉 부산(동래)항 6 관찰부 6 창원항 9 김해군 4
〈황해〉 관찰부 13
〈평남〉 평양부 4 삼화항 5 증산군 3 강서군 1 관찰부 10
〈평북〉 관찰부 5 곽산군 6 운산군 3
〈강원〉 관찰부 6 강릉군 5 회양군 5 철원군 4 금성군 5
〈함남〉 함흥부 7 관찰부 9 덕원(원산)항 1 북청군 5 정평군 8 장진군 7 영흥군 5 문천군 7 덕원부 4 홍원군 7
〈함북〉 관찰부 8 경흥항 3 성진(길성)항 6

그러나 (2)의 공립소학교에서는 다음과 같이 임천군 51, 순천군 41, 안동군 39, 의주군 38, 강계군 공립소학교 30명을 비롯하여 부교

29) 통감부, 『韓國施政一班』, 1906, 198쪽. "교원은 대체로 한 명으로 하여 단급조직으로 하며 학생 수는 많으면 1학교 50명, 적으면 10명에 불과하지 않는다"

원이 차례로 교체되어 평균적으로 1학교 당 총 20명을 넘고 있다.

〈경기〉 파주군 22 통진군 23 과천군 23 광주부 4
〈충북〉 청주군 6
〈충남〉 임천군 51
〈전북〉 남원군 21
〈전남〉 순천군 41 영광군 6 제주목 5
〈경북〉 안동군 39
〈경남〉 없음
〈황해〉 안악군 14
〈평남〉 성천군 23
〈평북〉 의주군 38 강계군 30
〈강원〉 원주군 4
〈함남〉 고원군 14 안변군 6
〈함북〉 없음

또 (3)의 공립소학교에서도 포천군 43, 상주군 40, 직산군 공립소학교 30명과 같이 부교원이 빈번히 교체되는 예가 눈에 띄게 늘어났다.

〈경기〉 용인군 3 포천군 43
〈충북〉 없음
〈충남〉 직산군(후에 천안군)
〈전북〉 금성군(후에 금산군) 1
〈전남〉 장성군 1 진도군 7 담양군 8
〈경북〉 상주군 40
〈경남〉 밀양군 2
〈황해〉 우산군(후에 김천군과 신계군) 10
〈평남〉 삼등군(후에 강동군) 17 중화군 1 용강군 8
〈평북〉 정주군 4
〈강원〉 평강군 1 김화군 1
〈함남〉 단천군
〈함북〉 종성군 2 명천군 1 회령군 1 경성군 7

이와 같이 부교원이 현지 채용되어도 자리를 잡을 시간도 없이 바로 이임하고 또는 교체에 교체를 거듭되는 상황에 의심을 품었던 학부는 학부대신 민영환의 지시에 따라 관원을 각 학교에 파견하여 근태상황을 시찰하고 근무상황에 문제가 있는 교원을 처분함과 동시에 부교원의 유명무실을 조사하여 유령교원을 일제히 정리하도록 하였다.[30]

그 결과 1904년 4월 먼저(1)의 공립소학교 27개교의 부교원이 연달아 (1)의 공립소학교 3학교와 (2)·(3)의 공립소학교 36개교의 부교원, 합계 66명이 일제히 해임되었다.[31] 그러나 얼마 후 (1)의 공립소학교에서는 많은 학교에 부교원이 부활하였다. 이 경우 부교원은 있었으나 근무에 문제가 있어서 교체된 자도 있었다고 여겨진다.

이에 대해 (2)·(3)의 공립소학교에서는 이후 부교원 임용이 약 반수인 19개교에서만 행해졌다. 이 경우에는 부교원의 근무상황을 규탄하기보다는 근무의 실체가 없는 부교원을 정리하여 종래의 폐단이었던 贈職이라는 관행의 화근을 제거한 것이라 볼 수 있다.

이와 같은 경위에서 추측하면 정교원을 배치한 보조대상학교 외에는 그 대부분이 일찍부터 쇠퇴하여 없어지고 겨우 다음의 26개교 정도가 명맥을 유지했다고 보여진다.

(2) 통진군(경기) 과천군(경기) 광주군(경기) 청주군(충북) 임천군(충남) 순찬군(전남) 영광군(전남) 제주군(전남) 안악군(황해) 성천군(평남) 회양군(강원) 고원군(함남) 안변군(함남) 13개교

(3) 포천군(경기) 직산군(충남) 면천군(충남) 진도군(전남) 상주군(경북) 밀양군(경남) 안주군(평남) 용강군(평남) 삼등군(평남) 평강군(강원) 종성군(함북) 명천군(함북) 회녕군(함북) 13개교

---

30) 『황성신문』 1904.4.9 雜報. 관원을 각 학교에 파견하여 교관 교원의 근무태만을 시찰하고 중학교 교관 신응춘씨 박승원씨를 견책하여 관공립소학교에서는 부교원의 유명무실을 조사하고 일제히 면관 처벌한다.

31) 『관보』 제2797호 1904.4.11 학사 및 제2800호 1904.4.14 〈학사〉.

더욱이 1905년 3월 17일 관보는 학사란에서 북간도 공립소학교에 아래 부교원이 임용된 것을 고시하고 있다. 어째서 같은 학교에 8명이나 부교원이 필요했는지, 교원이 8명 있다면 학생수는 200~400명 정도인 대규모 학교이어야 한다. 하지만 그 사정은 해명되지 않았다.

오재영 김용흡 김성진 최정현 박병휘 노승용 이남섭 김중경

공립소학교 교원배치 상황(자료 = 각년 관보의 발령사항)

◦경기도

인천부(군)

변영대(96.1.22) 조관증(99.9.6) 변영대(00.8.22) 주정균(01.6.4) 정태환(03.5.9) 김홍수(03.12.30) 조관증(05.10.17)

수원군

이필구(96.2.4) (전남도 관찰부 소학교로 전임) 후임 없음(98.6.10)

강화군(부)

정지석(96.2.4) 김봉진(99.9.6) 정지석(99.12.30) 김교희(02.1.22) 최종록(02.2.27) 김연배(05.12.29) 정중근(06.8.16)

개성부

이종협(96.2.10) 민태형(97.5.15) 윤보영(99.9.6) 김규원(00.8.22) 박기형(00.10.10) 양덕춘(05.4.20) 이승균(05.10.17)

파주군

이한응(96.3.20) 결원(98.6.10) 윤태영(00.11.4) 양주군 소학교로 전임, 후임 없음(01.3.2)

경기관찰부

황한동(96.9.16) 이보영(97.4.21) 신병균(99.7.12) 김규원(00.10.10) 엄관섭(01.6.14) 이동현(02.8.13) 김경연(03.12.18) 신병균(04.2.23) 남상순(04.4.21) 신현정(04.11.22) 박치훈(05.10.17) 김병천(05.11.7)

김포군

조관증(97.9.8) 유학수(99.9.6) 윤정규(00.8.22) 엄관섭(06.8.13) 김현구(04.8.18) 남궁섭(05.12.29)

통진군

최인식(97.11.16) 中樞院 議官으로 감, 후임 없음(00.6.23)

진위군

이교홍(99.4.11) 김현구(01.4.8) 윤대선(04.8.18)

남양군

박제현(99.10.24) 최정식(00.6.6) 구자홍(01.3.2) 정운호(02.10.15) 이필구(04.8.18) 박제현(04.11.30) 장용복(05.12.29)

안산군

김광식(99.11.6) 최정하(01.3.2) 김건식(01.4.8) 박지양(03.8.28) 박윤형(03.10.16) 김건식(04.1.30) 정원석(05.10.17)

풍덕군

정규종(99.12.30) 구자홍(02.10.15) 김상동(04.1.30) 주정균(05.10.10) 정지석(05.10.17)

양천군

김규원(00.2.27) 이동현(00.8.22) 이제현(02.8.13) 정운호(04.8.18)

부평군

박희명(00.2.27) 홍순찬(02.8.20) 최용집(03.9.28) 이재경(05.10.17)

서정휘(05.12.15)

과천군

주정균(00.10.10) 인천부소학교로 전임, 후임 없음(01.6.4)

안성군

이무려(06.1.22)

한성부

최만장(95.8.14) 최종록(?) 김교희(02.2.27) 심승덕(04.8.8) 송순형(05.10.12) 박치훈(05.11.7)

양주군

윤태영(01.3.22) 허 환(02.1.16) 황태성(05.12.29)

광주부

심승덕(01.1.17) (결원)(03.11.26) 서정미(04.8.6) 충남도 관찰부소학교로 전임, 후임 없음(05.6.2)

◦충청북도

충주부

황한동(96.1.29)

도관찰부

양주성(96.9.16) 박제현(97.5.15) 서정달(97.6.16) 윤정규(99.6.27) 이강호(00.8.22) 송순형(00.9.26) 종원섭(01.3.2) 정규인(02.8.20) 김병천(05.10.18) 김원우(05.11.7) 조한설(05.12.29)

청주군

김계명(96.10.30) 유학수(97.4.21) 함남부 관찰부소학교로 전임, 후임없음(98.3.16)

황간군

최병희(06.1.22)

◦**충청남도**

공주부

이동현(96.5.30)

도관찰부

윤정규(98.3.17) 남명식(99.6.27) 송시현(04.6.30) 서정휘(05.6.2) 윤태진(05.10.18) 심기섭(06.5.29)

홍주군(부)

김영제(96.7.8) 심승필(96.10.29) 송윤섭(96.11.16) 최정식(01.3.2) 김인형(03.4.20) 박제현(04.8.18) 이필구(04.11.30)

임천군

유철수(96.11.6) 윤정균(97.5.15) 충남도 관찰부소학교로 전임, 후임 없음(98.3.17)

◦**전라북도**

남원군

박치상(96.11.6) 박정동(97.4.21) 관립소학교로 전임,

후임 없음(98.11.3)

도관찰부

장성화(96.11.6) 송순형(97.4.21) 유학수(00.9.26) 유춘희(05.10.18)

옥구항

한필수(99.9.9) 이영식(00.2.27) 심기섭(00.9.26) 이광래(04.11.22)

◦전라남도

순천군

이강호(96.11.6) 경주군소학교로 전임, 후임 없음(99.4.11)

영광군

이종산(96.11.6) 금성군소학교로 전임, 후임 없음(00.1.27)

제주목

전석규(96.11.16)

도관찰부

조한설(96.11.6) 이　헌(97.4.21) 장성화(98.3.17) 이필구(98.6.10)
변지학(00.2.27) 홍병하(02.1.4)

무안항

변지학(98.3.21) 이강호(00.2.27) 마희율(00.8.22) 이희재(00.9.26)
종원섭(02.8.20) 이우정(06.8.16)

◦경상북도

대구부

이항선(96.1.29) 김영제(96.6.8) 장성화(96.6.22)

도관찰부

김영제(96.10.12) 依願免官 (결원) (98.3.28) 박용관(99.5.30) 박희명(02.8.20) 박용관(02.9.1) 김경연(03.2.20) 박용관(03.11.26) 이동현(03.12.18) 엄성구(05.10.17)

경주군

윤필구(96.11.16) 이강호(99.4.11) 이한풍(00.3.5) 조병선(02.5.21)

안동군

윤보영(96.11.16) 신태규(97.4.21) 송시현(97.5.15)

◦경상남도

부산항(동래항)

김병천(96.11.6) 이영식(97.6.16) 이종근(00.3.5) 변지학(01.12.23) 洪淳璨(02.6.5)(淳達을 淳璨으로 개명, 『관보』 제2227호) 박용관(02.8.20) 윤필구(02.9.1) 이한풍(05.10.18) 윤병철(05.12.15) 민관현(06.2.22) 박희명(06.4.18)

도관찰부

윤대선(96.11.6) 신병균(03.1.15) 김경연(04.2.23) 윤필구(?)

창원항

이필구(00.2.27) 허 환(01.7.13) 김경연(02.1.16) 박용관(03.2.20)
김경연(03.11.26) 박용관(03.12.18)

김해군

한병수(00.3.13) 최정하(00.5.23) 김구연(01.3.22) 조병선(?)
김영제(02.5.21) 안 정(02.9.8) 김규원(02.10.9) 이준호(05.3.29)

◦황해도

도관찰부

김인환(96.1.6) 김진세(02.1.9) 심승필(05.10.18)

안악군

윤상홍(96.11.16)

◦평안남도

평양부

안영상(96.5.30) 김봉진(96.6.22)

도관찰부

변영대(99.9.6) 최성택(00.8.22) 의원면관(결원) (03.10.16)
최성택(03.11.4) 박희명(05.10.18) 전덕용(06.4.10)

평양군(부)

전덕용(99.6.16) 최정하(01.4.8) 김기종(01.7.13) 안영상(05.10.10)
강달준(05.10.17) 안동수(05.11.7) 민관현(06.6.13)

성주군
김창유(96.11.16)

삼화항
신병균(98.3.16) 윤보영(99.7.12) 정지석(99.9.6) 김규원(00.1.27)
최성택(00.2.27) 박제현(00.8.22) 황태성(02.8.13) 안 정(02.10.9)
이필구(03.9.28) 엄관섭(04.8.18) 이영식(06.3.17)

증산군
최성택(99.5.16) 최정식(00.3.5) 박제현(00.5.23) 정해관(00.8.22)
이교홍(01.4.8) 강익수(02.3.26) 양덕춘(04.2.11) 박기형(05.4.20)
오유선(05.10.18) 박영용(05.10.31)

강서군
정해관(00.3.5) 김상동(00.10.6) 박윤형(04.1.31) 김상학(06.8.16)

◦**평안북도**

도관찰부(정주→영변)
정운호(96.11.6) 이한응(98.6.10) 최정식(98.7.3) 송 정(00.3.5)
방익수(00.10.19) 전덕용(01.7.13) 이범선(05.8.14) 이도재(05.12.29)

의주군
정규종(96.11.16) 이교홍(97.6.16) 진위군소학교로 전임,
후임 없음(99.4.11)

강계군

임치형(96.11.16)

곽산군

강익수(99.6.16) 김창륜(00.11.13) 윤대선(03.1.15) 김인형(04.8.18)
이준호(04.12.6) 이석범(05.3.14) 면관(결원)(06.6.1)

운산군

박치운(99.6.16) 송시현(01.6.4) 최병희(04.10.11) 윤정규(04.10.11)
이상봉(05.12.29) 의원면관(결원)(06.8.16)

◦강원도

도관찰부

구자홍(96.11.6) 한명교(00.3.2) 정해관(01.4.8) 김인환(02.9.8)
신재균(04.12.6) 김계명(05.10.10) 의원면관(결원) (06.4.18)

원주군

이승의(96.11.16)

강릉군

박희명(96.11.16) 박재형(99.11.15) 김기경(02.6.5) 정해관(03.11.4)

춘양군

윤필구(99.4.12) 이재성(00.3.5) 김규원(01.6.4) 황태성(02.10.9)
이시후(05.12.29) 이철주(06.1.17)

철원군

황태성(99.11.6) 윤정규(02.8.13) 박지양(03.10.16)

금성군

이종산(00.1.27) 한백향(04.4.18) 유한열(05.12.15) 정수영(05.12.29)

◦함경남도

함흥부

신병균(96.6.8)

도관찰부

유학수(98.3.16) 민태형(99.9.6) 이동현(00.7.4) 유학수(00.8.22)
마희율(00.9.26) 이선호(02.3.26) 이석영(?)

원산항(덕원항)

김봉수(96.11.6) 김윤정(97.5.15) 한병수(00.3.26) 이강호(00.9.26)
김학현(02.3.26) 홍재명(05.12.22)

북청군

이상원(96.11.16) 조근하(97.4.21) 한병수(00.9.26) 조근하(01.3.2)
한연수(05.2.27)

정평군

박희명(99.11.15) 한필구(00.2.27) 김광식(01.3.2) 한필수(01.4.8)
이선호(05.4.18)

장진군
이석영(99.6.27) 한병수(02.10.25) 박영용(05.4.18) 양대록(05.8.14) 조한설(05.10.18) 정범시(05.12.29)

영흥군
한연수(99.6.27) 조근하(05.2.27) 한병수(05.4.18)

문천군
마희율(99.6.27) 김윤정(00.6.6) 정해관(02.9.8) 김복경(03.11.4) 한관식(05.11.7)

덕원부
강기하(99.10.24) 한병수(01.3.2) 강기하(01.4.8) 이종은(02.2.5) 민관현(05.10.18) 한동석(06.1.16)

홍원군
김현구(99.7.22) 한병수(01.6.4) 이석영(02.10.25) 한필수(05.4.18)

고원군
김윤정(00.5.23) 문천군소학교로 전임, 후임 없음(00.6.6)

안변군
최정식(00.5.23) 남양군소학교로 전임, 후임 없음(00.6.6)

◦**함경북도**

도관찰부

정환교(96.11.6) 엄관섭(97.4.21) 김창륜(97.5.11) 김윤정(00.3.14)
마희율(00.5.23) 조근하(00.8.22) 한필구(01.3.2) 한명교(01.4.8)
강익수(01.7.13) 마희율(02.3.26) 김창륜(03.1.15) 김창제(03.4.1)

경흥항

조재혁(96.11.6) 이교원(97.4.21) 한명수(97.5.11) 父 夏(결원)(06.8.26)

성진군(부)↔ 길주군(길성부)

한병수(99.6.16) ①김창륜(00.3.13) ②강기하(01.3.2) 송윤섭(01.7.13)
③김종명(03.1.24) ④박재형(04.7.23) 정태헌(06.1.10) (주 19 참조)

5) 소학교 운영상의 문제점

(1) 교육과정

小學校敎則大綱(1895년 8월 12일 학부령 제3호)은, 「소학교령」의 취지를 받아, "지식과 기능을 확실히 하여 실용에 적합하고 일상생활에 필요한 사항을 선택하여 가르치고 반복연습하여 응용을 활용하도록"하여 실용본위의 일상생활에 직결한 지식기능의 교육에 주안점을 두었다.

이를 위해 修身에서는 "쉬운 속담 덕담 및 선행 등을 예시하여 권계한다(제2조)"고 하고, 독서와 작문의 경우 심상과에서는 "쉽고 적절한 사물에 대해 평이한 담화로 언어를 연습하여 국문 독법, 서법, 철자법을 공부하고 차츰 국문의 단문 및 쉬운 한문이 포함된 문장을 가르치며, 점차 독서 작문의 교수시간을 나누어 독서는 국문 및 쉬운 한문을 포함한 문장을 가르치고 작문은 국문 및 쉬운 한문이 포함된 문장 및 일용서류 등을 가르친다"고 하여 한글을 학습한 후에 친숙한 단문을 익히고 그 후에 국한문혼용문과 일용서류 등을 학습시켰다.

또한 고등과에서는 "독서는 한자혼용 문장을 배우고 작문은 한자혼용문 및 일용서류를 배워야 한다(제3조)"고 하여 국한문혼용문과 일용서류를 학습시키고자 하였다.

습자는 심상과에서는 "국문 및 친숙한 한문이 섞인 短句 정도에 통상 인명, 물건명, 지명의 일용문자 및 일용서류를 학습하여야 한다"고 하고 고등과에서는 "전항의 사항을 확장하여 일상 적절한 문자를 증가시켜 일용서류를 학습한다(제4조)"고 하였으나 심상과는 해서와 행서를 고등과에서는 해서·행서 외에 초서를 배우도록 하였다.

산술의 경우 일용계산을 습득하기 위해 尋常科에서는 "처음에는 10단위 이하의 수 범위 안에 있어서 계산법 및 가감승제를 배우고, 점차 수의 범위를 확장하여 만 이하의 수 범위 안에서 가감승제 및 통상 소수계산법을 배운다"고 하여 점차 도량형, 화폐, 시제 등 일상의 응용계산에 익숙하도록 하였다.

한편 고등과에서는 "처음에는 도량형 화폐 및 시각 계산 문제를 연습하고 점차로 간단한 비례문제 및 통상 분수 소수를 병용해서 배워 학교의 수업연한에 응용하여 복잡한 비례문제 등을 배운다(제5조)"고 하였다. 또 筆算 외에 주산을 병용하기로 하였다.

지리는 학생이 생활하는 "향토의 지형방위 등 아동이 일상 보는 사물에서 단서를 찾아 점차로 이 나라의 지형, 기후 및 저명한 도시 및 인민의 생업 등 개략을 배우고", 고등과에서는 좀 더 자세히 취급하여 본국지리 외에 외국지리도 지도하도록 하였다.

그리고 지리 학습에는 "실지의 관찰을 토대로 地球儀 및 지도·사진 등을 보여 아동이 숙지하는 것과 비교하여 확실한 지식을 얻게 하고 역사적 사실과 연결시킨다(제6조)"고 하여 일상 속의 관찰을 유도하여 지구의와 지도·사진 등의 교재를 접하게 하여 생활에 꼭 필요한 사항을 학습시키도록 하였다.

역사는 자국 國體의 대요를 배우고 국민으로서의 지조를 양성하기 위해 "향토에 관한 역사 이야기의 시작으로 점차 건국 체제, 賢君의 盛業, 忠良賢哲의 사적 및 개국 유래의 개요를 배워 나라의 시초부터 지금까지 역사의 대요를 알린다"고 함과 동시에 "아동이 당시의 실상을 상상하기 쉬운 방법을 취해 인물의 언행 등에 관해 배우도록 하고 격언 등에 비추어 옳고 그름을 분별할 수 있도록 한다(제7조)"고 하였다.

또 이과는 "처음에는 주로 학교소재 지방의 식물, 광물 및 자연현상에 관해 아동이 보고 얻을 수 있는 사실을 배우게 하고 그 중에서 중요한 식물의 형상 및 생활발육상태를 관찰하여 그 대요를 이해시키고, 나아가 동식물 및 인생에 관한 관계 및 물리 화학 현상에서 아동이 보는 기계의 구조 작용 등의 이해와 더불어 신체의 생리 위생 등의 대요를 배우도록 한다(제8조)"고 하여 실지의 관찰을 중시하고 표본, 모형, 도면과 그림 등을 주어 간단한 실험도 시행하도록 하였다.

圖畵는 "타 교과에서 수업한 물체 및 아동이 일상 볼 수 있는 물체에 관해 그리고 청결, 정밀한 습관을 양성하도록 한다"고 하여 여러 종의 형체를 그리고 고등과에서는 실물 사생이나 畵本의 묘사 및 간단한 정물화를 학습하는 경우도 있었다(제9조). 체조는 "처음에는 적당한 유희를 시키고 점차로 보통체조를 더하여 군대식 체조의 일부를 배우도록 한다"고 하며 고등과에서는 "군대식 체조를 주로 수업한다(제10조)"고 하였다.

재봉은 도화와 함께 심상과에서 필수 과목은 아니었으나 “심상과의 교과에 재봉을 추가할 때는 먼저 바늘 쓰는 법을 배우고 점차로 간단한 의복의 재봉법 및 평상 의복의 수선을 가르친다”고 심상과에서의 지도의 여지를 남겼다. 그러나 실제로는 심상과의 한정된 수업시간에 재봉을 교육과정에 넣는다는 것은 무리였다.

고등과에서는 “최초의 전항에 준하여 점차 통상의복의 재봉법을 가르친다”고 하였다. 그리고 “재봉의 품목은 일상 필요한 물품을 선발하여 가르치고 그 때 용구의 종류 및 의류보존, 세탁방법 등을 교시하여 절약이용의 습관을 함양하는 것을 요한다(제11조)”고 하여 봉제의 대상을 치마. 저고리 등 상용화된 친숙한 의류로 한정, 후의 가사과에 속하는 의복의 보존과 세탁법에 관해서도 지도하기로 하였다.

교과목에 외국어를 포함시키는 것은 가능했지만(제12조), 외국어는 당시의 국제관계상 일본어를 의미하고 선택과목이라고는 하지만 신교육의 교육과정에 일본어가 포함되었다는 것의 의의는 크다. 물론 심상과에서는 교육과정에 일본어를 부가할 여유는 없었고 조문에 명기되지는 않았지만 이는 당연히 고등과를 예상한 것이었다.

이처럼 학부는 학생의 일상생활에 직결된 실용본의의 교육을 행하는 것을 대전제로 하여 교육현장에 있어서 각 교과의 학습 지도요령를 보여주었다. 그 내용은 오늘날의 수준에서 보아도 목적에 맞는 교육이론에 뒷받침된, 학생의 발달 단계와, 학생의 빈곤한 일상경험과 생활환경을 기초로 하여, 체계적으로 지식과 기능을 교육하고자 한 것이었다.

특히 국문을 중시하고 일용계산을 반복, 학생의 관찰을 유도하여 지리 역사를 가르치고 학생이 일상에서 접하는 체험으로 인해 이과에 흥미를 갖게 하는 등 학생의 실태를 잘 파악하여 장난 수준에 그치는 일 없도록 착실한 교육실천을 추구하고 있다.

역사에서 건국의 대의를 가르침과 동시에 국운을 만회하여 부국강병의 열매를 맺기 위해 체조에 군대식 체조를 도입한 것은 당시의 국제환경에서 보면 당연하다고 하는 배려였다.

〈표 1-3〉 교육과정 매주 배당시간수(심상과)

教　科	1년	2년	3년	계
修　身	3	3	3	9
讀　書	6	6	6	18
作　文	3	3	3	9
習　字	5	5	3	13
算　術	6	6	6	18
地理歷史			3	3
體　操	5	5	4	14
計	28	28	28	84

〈표 1-4〉 교육과장 매주배당시간수(고등과)

教　科	1년	2년	3년	계
修　身	3	3	2	8
讀　書	4	4	4	12
作　文	2	2	2	6
習　字	2	2	2	6
算　術	5	5	5	15
地理歷史*	4	3	4	11
理　科	3	3	4	10
圖　畵	2	2	2	6
體　操	2	2	2	6
日　語	3	4	3	10
計	30	30	30	90

*지리역사는 本國지리, 本國역사, 外國지리.
자료: 李淑子, 『教科書に描かれた朝鮮と日本』, ほるぷ出版, 1985, 70쪽을 참고하여 작성.

그런데 상기의 자료에 따른 교육과정 편성상황을 보면, 소학교

(尋常科)에서는 수신을 매주 3시간 학습하고 독서와 산술에는 각각 매주 6시간을 배분하고 있다. 또 작문은 매주 3시간을 할당하고 습자와 체조는 1·2학년에서는 매주 5시간 학습, 3학년에서는 각각 3시간과 4시간이 배분되고 지리역사는 3년차에 3시간이 배당되었다.

고등소학교에서는 이들 교과 외에 이과 · 도화 · 일어가 추가되어 독서 · 산술 · 지리역사 · 이과 · 일어에 많은 시간을 배분하고 있다. 특히 독서와 산술은 중시되어 각각 매주 4시간과 5시간이 배당되었다. 그리고 지리역사에서는 본국역사 외에 본국지리와 외국지리를 학습하고, 이과와 일어에는 3년간 각각 10시간씩 배당되었다. 수신은 고등소학교에서도 생활지도상 중시되었다.

이중 일어는 고등과의 각 학년에 3, 4, 3시간씩 정해서 합계 10시간이 배분되었으나 심상과에는 일어를 도입할 수 없었다. 하지만 학부는 관립소학교에 일본인 교사를 한 명씩 배치하고,[32] 지방의 공립소학교에서도 일어를 도입하는 예가 있었다.[33]

그렇다면 실제의 교육현장은 어떤 상황이었는지 1903년 일본농상무성에서 한국토지농산조사단의 일원으로 파견된 農商務省 기사 우도우 요시오(有働良夫)의 歸朝보고서에 의하면 1904년 순회중 경상남도 관찰부 소재지 진주에서 진주공립소학교를 방문하였다고 되어있다. 보고의 내용이 귀중한 것이므로 전문을 소개한다.

---

32) 『황성신문』 1906.3.13 雜報. 학부는 관립소학교의 확장에 관해 幣原坦씨와 협의하여, 일어교사 乙訓綱助, 大山一夫, 須永德五郞, 武笠貞幹의 4명을 장차 채용할 것을 결의하였다. 渡韓 비용은 305엔.
『황성신문』 1906.7.14 雜報. 학부는 한성내 관립소학교에 일본인 교사 한명씩 배치하였다. 현 일본인 10인을 섭외하고 그 중 4명은 이미 도래하였고 6명도 이어 초빙한다.

33) 『황성신문』 1900.7.31 雜報. 장진군(함남) 공립소학교는 추계시업부터 일어 한과를 삽입하므로, 일어교사의 초빙을 학부에 신청하였다. 『황성신문』 1906.2.28 雜報. 황간군(충북) 공립소학교는 일어과의 야학을 계획 중. 게다가 황간군은 후에 영동군에 편입되었다.

당시 민중교육의 중심이었던 서당이 작은 방 한칸이라는 협소한 환경에서 종일 수업이 이루어진 것에 비하면 이 학교는 책상과 의자를 갖춘 洋式교실과 韓式교실 외에 교직원실이 있었으며 교정 한편에는 그네와 체조기구가 있어 시설면에서 잘 갖추어져 있다.

한식교실에서의 수업은 교사를 중심으로 학생들이 교사둘레에 빙 둘러앉아 몸을 전후좌우로 흔들면서 큰소리로 박자에 맞추어 음독하는 말하자면 체조 독서법이었다. 학습과목은 독서·습자·역사·지지·산술·체조로 교과서는 『천자문』을 비롯하여 한학에 관한 것이 대부분으로 신교육용 교과서로는 『尋常小學』과 『萬國地誌』의 두 종류뿐이었다. 산술은 사칙계산과 분수까지 학습하였다.

학습이 상급으로 올라가면 『春秋左傳』 등의 고전을 학습하였으므로 서당교육의 한학 일변도에 가까웠다. 그러나 학부가 편찬한 『심상소학』과 『만국지지』를 수업한다는 점은 동네 공부방의 영역을 넘어선 것이었다.

그리고 학생의 연령과 수업연한은 제 각각이고, 학비는 무상으로 문구가 지급되었으며 연간 필요경비는 교원 봉급을 합하여 700원으로 월봉 15원과 20원의 2명의 교사가 근무하고 있었다.

그때 교원 김경연은 1901년 10월 한성사범학교(본과)를 우등으로 졸업하고(제5회 졸업생), 창원공립소학교(경남), 경상북도 관찰부공립소학교, 다시 창원공립소학교, 경기도 관찰부공립소학교를 역임하여 1904년 2월 이 학교로 부임하였다. 그 후는 관립 수하동보통학교로 옮겨 교장을 지내고 1909년 5월 상주(경북)공립보통학교 수석훈도로 전출하였다. 또 부교원인 유치관은 1903년 12월 3일 학부가 임용을 승인한 후 이 학교에서만 근무했으므로 그 당시의 공개수업은 이 사람에 의한 것이라 생각된다.

교실은 책상 및 의자를 구비한 1실과 온돌인 1실이 있고 교원실이 있었으며 교정 한편에는 그네와 철봉 등 체조기구가 구비되어 있고 학생은 연령에 상관없이 십수명이 규율 없이 드나들었으며, 온돌방에서 독서하는 모양을 보면 교사가 정좌하고 벽을 따라 둥글게 앉아 몸을 심하게 좌우로 흔들며 동시에 큰 소리로 음조를 띄고 글을 읽는 것이 마치 중이 독경하는 것과 같았다. 방이 좁아 좌우로 몸을 흔들기가 어려울 때에는 전후로 움직여 일종의 체조적 독서법이라고 칭할 수 있다. 교원 김경연이 말하는 바에 의하면

학과목　독서 습자 역사 산술 지지 운동
교과서　천자문 1권 사략 1권 통감 15권 소학 5권 대학 1권 논어 7권 중용 1권 시전 10권 서전 1권 주역 14권 만국지지 1권 심상소학 3권
산술　가감승제 사칙분수
이상을 습득한 후에 높은 수준의 서적을 읽도록 한다. 예기, 춘추, 좌전, 한서, 주자서 등
입학연령　7, 8세부터 가능하지만 보통 10세 이상인 자가 많고 현재 학생은 20세 미만이다
졸업연한　일정하지 않다. 학생의 습득 정도에 의해 진급한다
학 생 수　40명 읍내 근처 마을의 자가 많다
수업시간　시계도 없어서 일정하지 않다. 매일 학생이 반 이상 출석하면 수업을 시작한다
수 업 료　징수하지 않는다
학비의 급여　종이 먹 종류를 학생에게 지급한다
시　험　연2회 여름 및 겨울
교　원　2명 봉급 1개월 15원 및 20원
본교경비　1개년간 봉급 및 제반경비 합해서 700원
경비지원　관찰사 및 군수로부터 지원 받는다
학생의 진보　아직 깊은 지식을 가진 자가 없다
관찰사의 시찰　가끔 시찰할 때가 있다

그러나 이 보고서로는 한문 이외의 교과가 어떤 식으로 지도되었는지를 알 수 없다. 또 학교 비품으로 시계도 없고, 일과표조차 없고, 매일 매일의 교안이 준비되어 있었다고는 생각되지 않는다. 그

리고 연령차가 큰 학생들 각각의 학습 도달도를 파악하여 어떤 식으로 내용을 정착시키려고 했는지, 시설은 기초학력의 향상에 맞게 되어있으나 교사가 학생의 잠재능력을 알아내거나 지역 환경을 교재화하는 능력을 가지고 있었는지 등이 의문이다.

통감부는 창립 당시의 소학교가 "단지 한학의 음독에 전력을 다하는 한편 습자를 가르치는 정도에 그쳐 역사・지리・이과 등은 모두 읽고 외우는 것에 불과하였으며 산술도 마찬가지로 수업하지 않는 것이 많았다"고 전하고 있으나,[34] 거의 당시의 일반 경향이 이와 같았다고 사려된다.

한편 전라북도 관찰부공립소학교(교원 宋淳鎣)에서는 1899년 7월 미국 유학에서 돌아온 이승구가 총명한 학생 10여 명을 선발하여 매일 수시간 영어를 지도하였다는 보도가 있다.[35] 그리고 또 다른 보도에서는 그 학교가 "고등과 학원 28명 중 2학년 11명, 심상과는 22명 중 2학년 3명으로, 고등과 2학년의 과정은 산술, 사칙, 외국지지, 국사, 국한문, 작문, 철자에 능통한 학원이 다수 있다"[36]고 하였으며 "고등과 학생 중 한대석, 한지용, 채석묵, 권규선 4명은 연령 15·16세로서는 산술의 사칙이상에 정통하고 지문과 만국방편을 널리 배워 호남지방의 문명이 점차 진보되고 있다"[37]고 전하고 있다.

또 변방의 함경북도 관찰부공립소학교(교원 金昌崙)에서도 읍촌의 아이들이 경쟁하듯 입학하여 「산술 및 지리 시무방편」을 배운다는 보도가 있다.[38] 때문에 일부 학교에서는 신과목 학습이 정착되어 교원의 창의노력에 의해 학습효과를 올렸다고 생각된다.

소학교 교육의 기준이 되는 「소학교교칙대강」이, 학교 현장에서

34) 『한국시정일반』, 통감부, 1906, 197쪽.
35) 『황성신문』 1899.8.12 雜報.
36) 『황성신문』 1899.7.8 雜報.
37) 『황성신문』 1899.1.17 雜報.
38) 『황성신문』 1900.1.12 雜報.

는 극히 탄력적으로 취급되어 이를 무시하고 교육과정에 없는 과목을 선정하거나, 배당학년이나 배당시간수에 관해서도 恣意的으로 운용되었다고 보아야 한다. 교칙대강은 우수한 학습지도의 요령을 보여주었으나 학부에는 이를 실제로 지도하는 역량이 없었고 단지 형식만이 있을 뿐이었다.

(2) 교과서

정부는 소학교를 개설하기만 하고 교과서의 준비는 없었으나 학부 편집국은 국어교과서로 1895년『국민소학독본』전1권을, 1896년에는『심상소학』전3권을 편집・간행하였다. 이중『국민소학독본』은 근대교육의 필요성과 이념을 주창한 교육입국조서의 국가주의적 이상을 재현하는 것이었다.

즉 1895년 2월 2일 고종은, 국가의 융성은 교육에 관계가 있어 선인들의 糟糠을 씹는 것과 같은 생활은 실로 원하는 바가 아니며 시대를 인식하지 않고 학문만이 훌륭하여도 사회에는 아무런 의의가 없다. 허명을 버리고 실용을 중시하여야만 한다고 하여 왕실의 안전도 나라의 부강도 국민의 교육에 의한 것이라고 그 심정을 토로하였다.

宇內形勢ヌ還踵スルニ克ク富二强ク獨二雄立皆親ノ諸國八皆其ノ人民ノ知議開明ヤリ 知ノ開明八教育ノ善美ヌ以テス 則千教育八實二國家保存ノ根本タリ 是ヌ以テ執君師ノ位二在リ自ラ教育ノ靑ヌ擂ヒ教育モ又其ノ道アレル虛名富用ヌ先ス分別スヘク讀書皆字掇佁八古人ノ糟タリ 大局二キ者八其ノ文章古今ヌ菱駕スト譬モ一ノ無用ナ八書生二過キス 今朕八教育ノ綱領ヌホス 虛名八是レ法リ實用八是レ用フヘシ … 王室ノ安金八爾臣民ノ教育二在リ 國家ノ富强モ爾臣民ノ教育二在リ

이로 인해 『국민소학독본』은 제1과에서 다음과 같이 기술하여 국가의 부강은 군민의 교육 여하에 관계한다고 교육입국조서의 취지를 밝히고 있다.

> 세계만국에는 독립국이 많으나 우리 대조선국도 그 중 하나이다. 壇, 箕, 衛, 三韓, 羅, 麗, 齊, 高麗가 옛 나라이고 태조대왕이 개국하여 5백년 이상 왕통이 전해져 왔다. 우리들은 이 나라에서 태어났다. 하지만 오늘 세계만국과 수호통상을 하여 부강을 다투는 시대가 되었기에 우리 왕국에 사는 신민의 최급선무는 오로지 학업에 전력을 다하는 것이다. 일국의 부강과 빈곤은 그 나라 신민의 학업 여하에 따른다. 따라서 모든 학동은 열심히 학업에 전념하여야 한다

1896년의 『심상소학』도 1권 제28과에서 다음과 같이 기술하고 우리나라는 기후 풍토 등의 환경조건이 좋으며 국민성도 우수하므로 많이 공부하여 나라를 위해 힘써야 한다고 논하고 있다.

> 우리나라 조선은 실로 좋은 나라로 그 수는 1천5백만으로, 풍속이 풍부하고 수도는 한성으로 대군주 폐하께서 계시는 좋은 조선땅 중 제1이다. 조선은 기후가 좋고 토지도 좋아 여러 곡물이 많이 수확되고 광물도 산출된다. 조선은 예로부터 자애롭고 용맹한 민족으로 유명한 사람이 많으므로 제군도 학교에서 많은 공부를 하여 재예를 갈고 닦아 신체를 충실히 하여 국가를 위해 힘을 다하여야 한다

또 조선의 역사적 인물로, 『국민소학독본』은 조선조 제4대 왕인 세종대왕과 고구려의 을지문덕 장군을 선택하였고, 세종대왕은 농업을 중시하여 『농사직설』과 같은 농서나 유학을 권하여 『삼강행실』 등을 편찬하고, 외국에는 문자가 있는데 우리나라에는 없다는 이유로 훈민정음을 만들게 하였으며 인쇄에 편리한 銅活字를 주조하였다. 우리 대군주 폐하께서는 이와 같은 대 성인의 왕통을 승계하였으므로 우리는 대 성인의 인민으로서 자주독립국의 좋은 인민

이 되어야 한다고 하였다.

을지문덕은 전술은 물론 시문에도 뛰어나서 수나라의 고구려 침략을 물리쳐 되돌려보내 나라를 구한 영웅이다. 수나라에 비할 수도 없는 이 작은 나라가 승리를 얻을 수 있었던 것은, 승전이란 나라의 크고 작음에 관계없이 국민의 기력에 의한 것이므로 우리는 열심히 학업에 임하여 을지문덕과 같은 애국자가 되어야 한다.

이와 같이 『국민소학독본』은, 전41과를 일관되게 尊王愛國의 정신을 고무하고 조선의 자주독립을 교육에 의해 실현하고자 하였다. 그러나 전문이 국한문 혼용체였다고는 하나, 난해한 한자를 많이 사용하였으며 초보자에게 교육입국의 고매한 사상을 설명하여 결국은 심상소학교 단계에서 소화시킬 수 있었는지? 입학자의 연령이 비교적 높고 또 입학 전 서당에서 한학을 배우기도 하였다는 당시상황을 감안하여도 상당한 무리가 있었다고 생각된다.

그렇지만 일본의 심상소학독본과 고등소학독본의 번역이 많은 부분을 차지하였다고는 하여도 발족한 지 얼마되지 않은 학부가 단기간에 이정도의 교과서를 편찬 간행한 것은, 조선근대교육사의 금자탑이라고 할만한 쾌거로 이 일을 높이 평가하지 않으면 안 된다.

이에 대해 이듬해 학부가 간행한 『심상소학』은, 조선의 역사적 인물로서는 조선 초기의 국왕 태조를 비롯한 김지학, 장유, 이시백을 등장시켰으나 이에 덧붙여 일본의 역사적 인물인 「오노 토후(小野道風)의 이야기(2권 제12과)」와 「하나와 호키이치(塙保己一)의 사적(3권 제3과)」을 개재하고 있다.

존왕애국의 교재로써 태조는 紀元節(3권 제15과) 중에서 그 훈공을 기록하고 이 시대의 왕에 관해서는 萬壽聖節(3권 1과)에서 다루고 있으나 이와 함께 일본의 인물을 등장시킨 것은 조금은 당돌한 감이 없지 않다. 이는 『심상소학』의 편찬에 일본인 高見龜와 麻川松次郎이 참가하였기 때문으로 그 강압적인 개입은 일본 교과서의 삽화를 그대로 인용한 것으로도 알 수 있다.

그리고 小野道風은 빗속의 개구리를 보고있는 그림에서 개구리가 버들가지에 달라붙으려고 몇 번이고 뛰며 실패하였으나 결국에는 성공한 것을 보고 감동하여 눈 오는 아침에는 일찍 일어나고, 비 오는 밤에도 늦게 까지 글을 익혀 훌륭한 문장가가 되었다고 한다.

또 하나와 호키이치(塙 保己一)에 관해서는 공부방에서 강의하는 삽화를 그대로 인용하여, 그는 7세에 시력을 잃어 강의를 듣고 이를 외우며 열심히 공부하여 고금의 작품을 통달하여 그를 따르는 많은 제자가 있었다. 어느 밤 호키이치가 강의를 하는데 바람에 등불이 꺼져 제자들이 책을 읽을 수 없게 되자, 그는 "눈 뜬 자는 부자유스런 존재다"라고 웃었다. 호키이치는 앞은 못 보았지만『群書類從』이라는 방대한 양의 책을 편찬하였다고 한다.

또한『심상소학』의 신선한 특징의 제1은 각과마다 삽화를 넣고 교재의 내용을 이해하기 쉽게 하는 것으로 제2에는 문장표현에 관해서도 추상적인 표현은 피하고 될 수 있는 한 평이한 문장으로 독자의 심정에 잘 와 닿게 한 것이다.

그리고 2권 1과「병사」에는 용맹한 병사의 그림을, 2권 제17과「훈련」에는 아이들 6명이 장교와 병졸을 흉내내어 군사 훈련을 하는 그림을 삽입하고, 결국에는 우리의 자식들마저도 국민병이 되어 나라를 지키지 않으면 안 된다고 가르쳤다. 거기에는 우리의 자식들이 행진하며 부르는 장엄한 군가를 삽입하였다.

학부는 소학교 현장에 대하여 학부가 편찬한 소수의 교과서와 기준의 간행물 중, 적당한 것을 추천하는 수밖에 없었으나, 1898년 당시 교재는『공법회통』,『태서신사』,『서유견문』,『중일략사』,『아국략사』,『심상소학』,『세계연계』,『대한지도』,『소지구도』외에는 볼만한 것이 없었다.

신문도 "소학교는 심상고등년급 과정별로 되어 있어도 교과서과목이 일정한 것은 없고 교과가 잡다하여 교과과정이 혼란스러웠다. 한 학교에서 1학년의 교과가 다른 학교에서는 2, 3학년의 교과이거나, 한 학교에서 3학년의 교과가 다른 학교의 1, 2학년의 수업이 된다"고 하여 그의 혼란성을 지적하고 있다.39)

또 이들 교재를 이용하여 어떻게 수업을 전개하면 좋은 지 현장의 교원으로서는 어둠 속에서 길을 찾는 것과 같았다. 앞의 교재 중 『泰西新史』는 국문과 한문의 2종류가 있었으나, 학부는 1898년 11월에 평안북도 관찰부공립소학교(교원 이한응)에 대해 지도하고, 『태서신사』를 학생에게 읽히고 훈령 도착 후 3개월 이내에 과제 10문제에 관해 답안을 작성하여 학부에 제출하도록 지시하였다.40)

설문은 다음과 같이 유럽의 근대사에 관하여 각국의 흥망 과정을 학습시키고 그와 함께 자국이 선진국을 따라잡기 위한 방책을 학생 스스로가 생각하도록 한 것이었다.

① 프랑스 혁명은 왜 일어났는가, 나폴레옹은 어떤 영웅인가
② 영국은 어떻게 세계 1등국이 되었는가
③ 인도가 영국의 속국이 된 이후 자주를 잃은 것은 무슨 이유인가
④ 보불전쟁에서 독일이 이기고 프랑스가 진 것은 왜 인가
⑤ 오스트리아 황제 페르난도는 왜 양위하였는가 국정은 어떻게 되는가
(이하 생략)

학부 편집국이 인쇄 간행한 것은 "公法會通, 萬國地誌, 萬國歷史, 朝鮮地誌, 朝鮮歷史, 泰西新史, 中日略史, 俄國略史, 種痘新書, 尋常小學, 國民小學讀本, 輿載撮要, 萬國年契, 地球略論, 近易算術, 簡易四則, 朝鮮地圖, 小地球圖"41) 등이다.

39) 『황성신문』 1898.12.23 「論說」.
40) 『황성신문』 1898.11.4 「別報」. 학부가 평안남도 공립소학교에 훈령하는 초본은 다음과 같다.
同 11.5(別報) 學部訓令續

그런데 학부가 스스로 편집 간행한 것은 『국민소학독본』과 『심상소학』으로 대표되는 몇 개 뿐으로 그 밖의 것은 명치초기의 일본 교과서가 서구 번역본이었던 것과 같이 청과 일본의 간행물이나 그것들을 번역한 것이었다.

『독립신문』은 일찍부터 출판의 의의를 역설하고 외국과 같이 출판회사가 만들어져 외국의 원서를 국문으로 번역 출판한다면 "농민은 농법을 배우고, 상인은 상법을, 장인은 제법을, 관료는 정치를, 의사는 고도의 의술을, 학생은 각국의 역사·수학·지리·천문학 등을 배운다"고 하여 문명개화에 이런 의의가 있는 사업은 없으며 실업으로도 이익이 큰 사업이라고 주장하였다.42)

그렇지만 당시 시판된 출판물을 연대순으로 나열해 보면, 그 수는 적고, 거의가 번역본이긴 하나, 구미나 청의 역사에 대해 계몽하고, 요리나 양잠에 관한 지식을 공급한 것 뿐 아니라, 『精選算學』·『新訂算術』·『大韓地誌』·『中等萬國地誌』와 같은 산술과 지지에 관한 간행물은 소학교, 중등학교의 교사, 학생의 학습 참고서로써 희소가치가 있음에 틀림없다.

1899년 『重譯中東戰記』 갑오, 을미 2년간 日淸交戰本末 및 아국에 관한 일을 상해에서 발간한 中東戰記初편, 속편 및 작년 청국정변기사, 국한혼용체로 번역, 2권 50전, 발매원(이하 동일) 大東書市

『西洋料理法』 영미 양국의 식물 271종의 조리법, 국문으로 번역, 50전, 독립신문사

1900년 『波蘭戰史』 국한문 혼용체로 번역, 25전, 대동서시

『美國獨立史』 28전, 『和蘭末年戰史』 25전 『法國革新戰史』 30전, 魏敬植紙廛

『精選算學』 외국산서 중 精要한 정의 및 緊着한 문제를 번역, 85전

『정선산학해식』 15전, 魏敬植紙廛

---

41) 『황성신문』 1899.1.14 「論說」.

42) 『황성신문』 1896.6.2 「論說」.

1901년 『淸國戊戌政變記』 무술년 경자 11월 청국사변기재, 국한문 혼용으로 번역, 1원 대동서시
『蠶桑實驗說』 일본 유명학자의 저술을 국한문으로 번역, 70전 廣文社
『大韓地誌』 75전, 『新訂算術』 제1 제2 매책 30전 광문사
1903년 『東史輯略』 3책 일괄판 2원 『中等萬國地誌』 중등교육에 관해 지리학상 필요한 學語 등을 번역, 1원 80전
1904년 『大東紀年』 미국인 홀호스트 저, 상해 미화서관 간행, 순한문 紙貨 1원 25전, 朱翰榮冊肆
『大韓疆域考』 고래의 강역에 관해 조선의 정치경제가로 저명한 丁若鏞이 저술한 것을 장지연이 증보 교정하였다. 2엔 朱翰榮冊肆
1905년 『栽桑全書 부록포도재배 및 양주법』 玄公廉 역, 90전 大東書市 외

(3) 학교재정

시험적으로 1900년도 학부 소관 예산(전출)에 의하면, 학부 세출 경상비는 163,005원으로 정부예산의 2.93%를 차지하고 이 중 학부 본청이 23,366원(14.3%), 관상소 6,010원(3.7%), 학교비 88,069원(54.0%), 공립학교보조비 24,900원(15.3%), 사립학교보조비 7,240원(4.5%), 외국유학비가 13,420원(8.2%)이었다.[43]

그리고 학교비 중 관립소학교비는 4,240원, 고등소학교비는 740원이었으나 공립소학교의 보조비는 한성부소학교 600원 외에는 일률적으로 360원으로 한성부 이외의 보조대상 지방 공립소학교는 13부(13도관찰부), 9항(부산, 원산, 인천, 목포, 진남포, 군산, 마산, 성진, 경흥), 3부(개성, 강화, 광주)와 26군의 51개교였다.

그러나 지방 공립 소학교로의 입학을 권유하기 위해서는 학비가 무상이지 않으면 안되었고 학교를 유지하기 위해서 학생의 식사와

43) 『황성신문』 1900.3.1 ; 信夫淳平, 『한반도』, 1901, 320~323쪽.

물품을 부여하는 것도 일반적으로 행해졌으므로 연간 360원(월 30원)의 보조금으로는 부족하였다. 이를 위해 각 학교의 재정난은 심각하여 학교 부속 전래의 賭租재원과 義援金에 의해 겨우 유지되고 있었다.

그런데 1900년 10월 말, 학교의 존속을 위협하는 사태가 발생하였다. 즉 內藏院이 학부에 대해 校院土는 종래 지방 공립소학교에 부속하여 각 학교의 제반 경비를 支弁하여 왔으나 도·군 소재의 院土는 당원의 소관이므로 그의 수익을 취한다고 통고하였다.[44] 내장원은 궁내부에 소속되어 일본의 御料局에 상당하는 왕실사무를 주관하였기 때문에 그 성격상 왕실을 내세워 강한 세력을 가지고 있었다.

당장 다음 11월에는 충청남도 관찰부공립소학교에서 처음으로 문제가 발생하였다. 종래 그 학교에는 連山院土賭가 부속되어 그 소작료 등을 재원으로 학교를 운영하였으나 내장원이 이를 징수하였으므로 경비의 길이 차단된 것이다.[45]

다음 1901년 3월에는 인천(경기)공립소학교의 운영비로 사용하였던 학교부속 鶴山院土賭租와 柴草를 내장원의 출장원이 징수하였다.[46] 또 그 해 4월에는 경기관찰부(수원) 공립소학교에서도 학교소속의 양토답전(畓은 일본의 水田, 田은 일본의 밭에 해당됨)을 출장원이 조사하여 지난해 분의 수확 50석의 세를 부과하였다.[47]

그 해 6월 수원군수 김용진은 학부에 보고하여 경기관찰부 공립소학교에서는 그 경비를 校屯土賭租를 재정으로 하였으나 지금 내장원이 捧稅官을 파견하여 각 해의 교둔토를 하나하나 조사하여 收

44)『황성신문』1900.11.1 雜報.
45)『황성신문』1900.12.13 雜報.
46)『황성신문』1901.3.23 雜報.
47)『황성신문』1901.4.4 雜報.

刷하였다. 교둔토조는 종래부터 학교경비로 사용한다는 조건으로 학교가 수납하여 왔으므로 이제서야 징수한다는 것은 폐교를 하는 것 외의 다른 방법은 없다고 알렸다.[48]

또 같은 달 정평군(함남) 공립소학교에서도 나라의 부강은 육영에 있다는 국책에 따라 각지에 학교가 설립되고, 공한지가 있으면 예에 따라 봉세로 학교의 비용을 보조해 왔었는데, 이제 내장원의 봉세관 池成海가 와서 군둔전세 전 460량과 소금과 蘆草稅 270량 3건의 收稅條를 모두 거두어 갔다고 학부에 보고하였다.[49]

이를 듣고 학부는 그 해 7월 각 해당 군에 훈령하여 각 부군 공립소학교의 경비는 각 군 소재의 賭租에서 보조해 왔으나 최근 내장원이 봉세관을 파견하여 공립학교에 부속된 도조를 모두 收刷하였으므로 학교가 존폐의 위기에 있음을 알리는 보고가 계속 들어오고 있었다.

그러나 校院土는 원래 儒土로 공용으로 쓰는 것이므로 이후 내장원이 봉세를 요청하여도 이에 응할 필요가 없고 종래와 같이 학교비용으로 하고, 만일 이를 침해할 시에는 즉시 통보하도록 지시하였다.[50]

학부가 이와 같은 대책을 마련하였지만 내장원 관행이 즉시 사라진 것은 아니었다. 그 해 9월에 학부로의 평양 來電에 의하면, 소재 학교원토에 대해 내장원에서 전보지령이 있었는데, 이는 巳亥(1899년)부터 내장원의 소관에 속하고 학부의 소관이 아니므로 捧稅官이 收賭奉承하여 왔기 때문에 조속히 정상적인 상태로 돌리도록 요구하였다.[51]

---

48) 『황성신문』 1901.6.14 雜報.
49) 『황성신문』 1901.6.15 雜報.
50) 『황성신문』 1901.7.1 雜報.
51) 『황성신문』 1901.9.27 雜報.

또 같은 해 12월에도 봉세관이 와서 증산군(평남) 공립소학교 소속의 둔세전 2년분을 억지로 공납시켰다[52]고 보고하였다. 하지만 이 문제는 학부가 강경한 자세를 취하였기 때문에 내장원 요구도 서서히 사라지는 결과가 되었다.

그러나 내장원의 징세와는 별도로 학교소재의 지역주민과 예기치 못한 알력도 발생하였다. 강릉군(강원) 공립소학교에서는 학교부속의 校土賭組 200석을 창립이래 학교비로 쓰고 있었으나, 1900년 10월에 지역의 유생들이 강하게 반대하여 결국 錢 200량 밖에 쓰지 못하게 되었다.[53]

또 이듬해 1901년 9월 경흥부(함북) 공립소학교에서는 지역 향교가 개입하여 학교부속의 補用錢 140량은 향교의 수용비라고 주장하여 士林 3, 4명이 그 인도를 거부하였다.[54]

향교는 군현에 설치된 관립 유학학교로 공자 등의 先聖·선현을 기리는 문묘를 중심으로, 學을 강의하는 명륜당(강당)이 있으며 그 전면 동서 양측에 齊(기숙사 겸 학습실)를 구비하고 학전인 경지를 가지고 있었다. 그러나 당시는 과거제도 폐지와 함께 쇠미해졌다.

그 해 12월 철원군(강원)에서도 공립소학교를 설립하고 아직 윤곽을 잡지 못한 시기에 유생 임백응 등 100여 명이 학부에 대해 교비를 유용하고 있는 논 48두락,[55] 밭 10여 日耕을[56] 향교에 환부하도록 청원하였다. 이 땅은 원래 향교의 학전으로 성묘의 享需費의

52) 『황성신문』 1901.12.4 雜報.
53) 『황성신문』 1900.10.18 雜報.
54) 『황성신문』 1901.10.3 雜報.
55) 斗落은 논의 면적을 표시하기 위해 사용되고, 종자 1두를 뿌리는 넓이로 따라서 산간부, 평야부에 따라, 토지의 비옥함에 따라 면적이 다르나, 1두락은 논 150~300평에 상당한다.
56) 일경은 주로 밭의 면적을 표시하기 위해 사용되고, 소 1마리가 밭을 가는 넓이로, 1일경은 800~1,200평에 상당한다.

재원이었으나 공립소학교로 옮기는 바람에 享祀費가 없어졌다는 것이 그 이유였다.[57)]

학부는 1901년 1월 훈령하여 "각 부군 공립소학교 50개교를 설립한 후 이미 수년을 경과하였으나 지금까지 (학교가) 활발히 움직이는 모습은 거의 보여지지 않는다. 학도는 매일 감소하고 교비도 점점 줄어 문첩(역자주: 文牒, 관청의 서류)만이 왕복하고 성취의 기색은 없다"[58)]고 하였고, 그 해 12월에는 다시 각 학교에 훈령하여 "학교를 설립하여 많은 해를 보냈으나 아직 교육이 궤도에 올랐다는 보고를 듣지 못했다. 단지 듣는 것이라고는 학도가 몇 십명에 불과하고 경비가 부족하여 폐교를 할 형편이다 라는 보고를 들으며 한탄한다. 지금 더욱 교육에 정진하여 실효가 있는 것으로 한다"[59)] 고 편달하였다.

지방 공립소학교가 인기 없었던 것은, 압정을 행한 정부와 지방관에 대한 불신과 경계가 있었고 촌락에는 서당이[60)] 많아서 한문 수업을 고집하는 풍조가 있었으며 더욱이 학생은 빈곤한 자제가 많고 부유한 집안 자제는 입학하지 않았기 때문이다.

그 중에는 옥구군(전북) 進明義塾과 같이 교사 이강호의 전력을 다한 노력으로 운영이 궤도에 오른 사립학교를 같은 항감리 이겸래가 공립소학교에 합설하고자 하여 심한 저항을 받은 예도 있다.[61)]

아무튼 학부의 재정은 빈곤하고 소학교 교육은 정착되기에 어려움이 있었다. 또 현장 교원으로도 계속되는 교비 부족으로 고민하

57) 『황성신문』 1901.12.10 雜報.
58) 『황성신문』 1901.1.24 雜報.
59) 『황성신문』 1901.12.26 雜報.
60) 서당은 초학자를 위한 사숙으로 1교실 1명의 교사(훈장)가 남아에게 한자서적의 통독과 습자를 가르쳤다. 교재는 『천자문』·『동몽선습』·『소학』 등을 사용하였다.
61) 『황성신문』 1903.4.21 雜報.

고 수시로 입・퇴학하는 다양한 학생의 대처에 쫓기어 거의 교육에 전념할 수 없었다.

당시 사립소학교는 그 성격상 지식인과 유지 후원에 의존하였으나, 공립소학교에서는 관찰사와 군수의 의연(의원), 해당 학교 교원의 篤志 외에는 학구내 유지의 금전적 원조는 볼 수 없었다.

1902년 12월 경기관찰부 공립소학교에서는 校舍가 협착 부실하여 폐교의 위험이 있었으나 관찰사 이근명과 副尉 김정택이 공동으로 교사 이설을 위한 은화 100여 원을 지원하였다.[62] 또 1903년 2월 종성군(경북) 공립소학교는 학교설립 후 3년이 지나 경비가 부족하여 폐교 직전까지 갔으나 그 학교의 부교원 한경섭이 1,200원을 지원하여 교비로 썼다.[63]

신문의 보도에 의하면 그 해 삼화항(평남) 공립소학교와 전라북도 관찰부(전주) 공립소학교에서는 해당학교의 교원이 봉급을 나누어 우등생에게 지필묵을 상품으로 수여하고,[64] 덕원항(함남) 공립소학교에서는 교장 유한열과 경무관, 감리서, 전보사, 우체사 삼사의 주사 이하 직원이 돈을 모아 우등생과 급제생에게 지필묵 등의 상품을 보냈다.[65] 전라남도 관찰부(광주) 공립소학교에서도 여름 시험 때에 관찰사 이근호가 식품과 과일을 시상하고 우등생에게

---

62) 『황성신문』 1902.12.10 雜報.

63) 『황성신문』 1903.2.25 雜報.

64) 『황성신문』 1903.7.16 雜報. 삼화항 공립소학교 교원 안정□은 졸업생을 위해 봉급 1개월분을 제공하여 상품을 주었으나, 부임이래 학생들에게 지필묵을 사주고 교재도 사비로 준비하며 열심히 지도하고 있으므로 동교의 교육이 점차 궤도에 올랐다. 이는 실로 그의 공헌이라고 하여 특별히 1등급 승진되었다.
『황성신문』 1903.7.29 雜報. 전라북도 관찰부(전주) 공립소학교 교원 유학수는 심상과와 고등과 졸업생 각 1명과 급제생 각 3명에 대해 봉급을 나누어 지필묵을 상품으로 주었다.

65) 『황성신문』 1903.8.1 雜報.

는 지필묵을 보내 권장의 의를 표시하였다.[66]

(4) 교원의 대우와 복무 등

관립소학교는 이미 설명한 바와 같이 1895년 8월 한성부내 장동·정동·계동·묘동의 4개 소학교가 개교하였으나, 그 후는 학교 증설과 교명 변경이 있어서 1897년 8개 학교에 학생수 4~500명,[67] 1898년 9개교에 학생수 838명[68]을 거쳐 1899년에는 제동·안동·양사동·양현동·매동·정동·수하동·주동의 8개교[69]가 되고, 교동(고등소학교)이 더하여져 1906년 통감부에 의한 학제개혁 전의 관립소학교는 고등소학교 1개교와 심상소학교 8개교였다.

관·공립소학교의 교원은 판임관 1급봉 30원, 2급봉 25원, 3급봉 20원이었으나,[70] 1905년에는 판임관봉급표(연봉)가 다음과 같이 정해졌다.[71] 그러나 판임관 교원의 초임은 8급으로 상한은 3급으로 정해져 실제로는 5급 교원이 최고였으므로 월봉으로는 15원에서 30원의 범위에 있었고, 당시 물가는 백미 1되 12전, 백목면 1반 60전 정도였다.

1급 600, 2급 540, 3급 480, 4급 420, 5급 360, 6급 300, 7급 240, 8급 180, 9급 144, 10급 120

또한 학생의 등하교 시간이 다음과 같이 계절에 따라 자세히 규

---

66) 『황성신문』 1903.8.4 雜報.
67) 『독립신문』 1897.9.21 雜報.
68) 『독립신문』 1898.7.6 「동문교육」.
69) 『황성신문』 1899.7.5 雜報.
70) 1899년 1월 5일 「칙령」 제1호 '관립각종학교교관교원봉급개정'.
71) 1905년 6월 23일 「칙령」 제34호 '관등봉급령 판임관봉급표'.

정되어,72) 교원의 근무시간도 그에 따라 복잡하였으나 1902년부터는 항상 오전 10시부터 오후 5시로 정해졌다.73)

① 입하일부터 입추전일까지 오전 8시 등교 오후 6시반 하교
② 춘분일부터 입하전일까지와 입추일부터 추분전일까지 오전 9시 등교 오후 5시반 하교
③ 입춘일부터 춘분전일까지와 추분일부터 동지전일까지 오전 9시반 등교 오후 4시반 하교
④ 입동일부터 입춘전일까지 오전 10시 등교 오후 4시 하교

관립소학교는 다음의 규칙에 따라 교원이 담임하는 학생의 3분의 1 이상이 진급·졸업할 시에는 학부로부터 褒證을 받고, 이 포증을 2번 받으면 특별히 승급의 기회가 부여되었다.74) 그리고 이와는 반대로 담임학생의 진급이 정액 미만일 경우에는 교원이 견책을 받는 경우가 있었다.75)

---

72) 『황성신문』 1899.3.13 雜報.
73) 『황성신문』 1902.3.25 雜報.
74) 『관보』 제1390호 1899.10.12 「학사」. 올해 하기시험시 각 관립소학교 학원의 진급 및 졸업이 3분의 1을 넘은 교원 이교승, 원영의, 박창동, 심승필, 오유선, 박아상, 박치훈, 김영제, 이명재, 김계명에 포승을 부여한다.
『관보』 제1,910호 1901.6.11 「학사」. 동기시험시 각 관립소학교 학원의 진급이 3분의 1을 넘은 교원 김계명, 이승균, 박영우, 장연필, 엄성을, 박아상, 김봉진, 윤보영, 심승필, 이교승, 박창동, 유춘희, 임영우에 포승을 부여한다.
『관보』 제2915호 1904.8.26 8/24 승 1급봉. 관립소학교 교원 윤보영 승 2급봉 동 박희명 학부령 제10호 제3조에 의해 포증을 2번 받았으므로 승급.
『관보』 제3099호 1905.3.22 승서 2급봉. 관립소학교 교원 이한등 동 정지석 학부령 제10호에 의해 포증을 2번 받았으므로 승급.
75) 『관보』 제2254호 1902.7.17 「학부」. 관립소학교 교원 박치훈, 이승균,

1899년 7월 25일 「학부령」 제10호 '관립 각 학교 교관 교원의 포증 및 승급 규칙'(『관보』 제1,324호 1899.7.27)

제1조 교관교원은 해 학교학기시험을 거쳐 학원의 진취에 따라 포증을 부여한다.

제2조 학원의 진취는 해 교관교원의 교수하는 학원의 상증 또는 진급·졸업이 3분의 1을 넘으면 표준으로 한다.

제3조 교관교원은 포증을 2번 받으면 승급을 얻는다. (이하 생략)

또한 관·공립 어느쪽의 소학교교원도 복무규율을 위반할 경우에는 견책·벌봉·면관 처분이 행해지고 처분이 관보에 게재되었으나, 학부가 교원의 자질향상을 위해 상당히 엄정한 자세를 취하였다고 보여진다.

이중 무엇보다 무거운 면관 처분의 대상은, 다음과 같이 교원이 귀향하여 수개월 이상 귀임하지 않는 경우이거나 마음대로 귀향하여 부임지를 떠난 경우가 제일 많고, 교무 태만과 학부로의 허위보고 등이 그 다음이었다. 당시 교통은 선편 외에 도보, 말(馬)에 의한 것으로 고향에서 부임지까지 길은 상당히 힘들었다고 생각되지만, 그 중에는 발령 후 5개월간이나 부임하지 않은 예도 있었다.[76)]

송순영, 이원규, 엄성구, 장연필, 이용원, 이헌은 진급이 정액미만으로 교육상근에 의해 견책한다.

『관보』 제2417호 1903.1.23 「학부」. 관립소학교 교원 박지석, 장연필, 김봉진은 학원의 진급이 최소이므로 교육상근에 의해 견책한다

『관보』 제3060호 1905.2.9 「학부」. 관립소학교 교원 이원규, 김희□, 남명식은 동기시험시 학원우등수가 적어 교육상근에 의해 견책한다.

76) 『관보』 제3339호 1906.1.2 12/29. 면본관 평안북도 관찰부 공립소학교 교원 이범은 서임이 수개월 지난 후에도 아직 부임하지 않음(임용발령은 8/14).

1901년 전덕용(평남 · 평양부) 허위보고. 김성진(관립) 무단귀향. 한병수(함남 · 덕원부) 사의부당. 강익수(평북관찰부) 학생을 선동. 이재성(강원 · 준양군) 귀가 6개월 폐교. 이종근(경남 · 동래항) 기한이 넘어도 귀임 안함.

1902년 이강호(함남 · 덕원항) 보고의 어사가 온당치 않음. 박재형(강원 · 강릉군) 본부역인의 업무에 비협력. 이희재(전남 · 무안항) 교무태만. 이헌(관립) 상관을 협박. 마희율(함북관찰부) 학부명령에 따르지 않고 매월 학교를 비움. 김인환(황해 · 해주) 부교원과 마찰.

1903년 송윤섭(함북 · 길천항) 교무방기. 장연필(관립) 다일 학교를 비움. 최정식(충남 · 홍주군) 교무방기. 김창유(관립) 무단결근. 김건식(경기 · 안산군) 상관에 무례. 윤정규(강원 · 철원군) 술에 취해 교무태만.

1904년 남상순(경기관찰부) 다월 학교를 비움.

1905년 김규원(경남 · 김해군) 수업을 안함. 송순형(경기 · 한성부) 집무가 온당치 않음. 한백(강원 · 금성군) 무단상경 학교비움. 김학현(함남 · 덕원항) 사의표명. 김상동(경기 · 풍덕군) 집무불능. 전덕용(평북관찰부) 오랜 병으로 집무 안함.

1906년 이범(평북관찰부) 다월 부임안함. 민관현(함남 · 덕원군) 다월부임안함. 이석범(평북 · 곽산군) 이유없이 집무 안함.

학부는 각 군에 훈령하여 공립소학교 교원이 하기 휴업 이후 한성에 머무르거나 귀향하여 가을학기 시작 후에도 부임지에 돌아가지 않는 예가 극히 많다고 경고하였으나, 그것은 당시의 교통사정이 나쁘고 험한 길을 며칠 혹은 그 이상을 걸어야 하지 않으면 안되었기 때문에 좀처럼 귀임이 늦어진 것이 제1의 이유이다. 그리고 다른 이유는 정교원을 배치한 학교에서는 이 외에 현지 주재의 부교원이 채용되었는데 정교원 1명과 부교원 1명의 2인제가 일반적이라고 여겨지나 이에 대해서는 이미 설명하였다.

2. 보통학교

1) 학교증설

한국정부는 1906년 3월, 일본홍업은행과 기업자금 1,000만엔 차관계약을 맺고, 일단 500만엔을 교부받아 그 중 450만을 아래와 같이 도로·수도·병원의 영선, 은행의 보조와 교육확장에 쓰기로 하였다.

도로 개보수 1,496천엔, 교육확장 500천엔, 평양수도 500천엔
계 4,496천엔
인천수도 1,000천엔 농공은행보조 800천엔 병원건설 200천엔
잔액 4천엔

학부는 임시 학사 확장비 50만엔의 사용용도에 있어서 초등교육 확장에 그 중점을 두어 초등교원을 양성하는 관립사범학교의 용지를 선정하고 당시에는 넓고 웅장한 교사를 신축하였다. 게다가 종래 소학교를 보통학교로 변경하고 한성에 관립 10개교, 각 도에 공립 40개교의 보통학교를 개설하는 계획을 세워, 그 해 먼저 다음과 같이 한성에 관립 9개교와 공립 1개교, 각 관찰부소재지에 공립 13개교를 개설하였다.

관립 교동 제동 안동 양현동 양사동 주동 수하동 정동 매동[77]

---

77) 1906.9.1「학부령」제24호. "학부직할보통학교는 9개교로 하고 그 명칭은 다음과 같다. 관립교동보통학교, 관립제동보통학교, 관립안동보통학교, 관립양현동보통학교, 관립양사동보통학교, 관립주동보통학교, 관립수하동보통학교, 관립정동보통학교, 관립매동보통학교"『관보』제

공립 한성 수원 공주 충주 진주 대구 광주 전주 춘천 해주 평양 영변 함흥 경성[78](2)

그 해 9월 1일 다음과 같이 관립보통학교장이 각 학교교원 중에서 발령되고 또 9월 26일에는 공립보통학교장이 각 학교교원 중에서 발령되었으나 해주와 춘천의 두 학교는 이보다 늦은 10월 9일에 발령되었다.

관립 교동 박아상, 제동 김교희, 안동 박제현, 양현동 김진세, 양사동 허환, 주동 윤보영, 수하동 김경연, 정동 김현구, 매동 김용원

공립 한성 박치훈, 수원 김병천, 공주 심기섭, 충주 조한 고, 진주 윤필구, 대구 엄성구, 광주 홍병하, 전주 유춘희, 춘천 김인환, 해주 한관식, 평양 전덕룡, 영변 이도재, 함흥 이석영, 경성 김창제

이 중 관립교동보통학교는, 관립한성사범학교부속보통학교의 대신이었으나,[79] 이듬해 1907년 1월 1일 공립한성보통학교가 관립에 이관되어 관립경교보통학교가 되었고,[80] 그 결과 보통학교는 관립 10개교, 공립 13개교가 되었다. 덧붙이면 『한국교육』, 『한국교육의 현상』, 『조선교육사고』 등은 이 과정을 생략하고 기술하였으며 공립 한성보통학교에 관해서는 언급하지도 않았다.

또 관립주동보통학교는 그 해 1월 4일 관립인현보통학교라고 개

3549호 1906.9.4.

78) 1906. (날짜없음) 「학부령」 제28호. "한성부 및 각 관찰부 소재 공립보통학교의 명칭은 다음과 같다. 공립한성보통학교 (이하 '공립보통학교'를 생략) 수원 공주 충주 진주 대구 광주 전주 춘천 해주 평양 연변 함흥 경성" 『관보』 제3561호 1906.9.4.

79) 1906.9.1 「학부령」 제25호. "광무 10년 9월부터 관립교동보통학교를 관립 한성 사범학교부속 보통학교로 대용한다" 『관보』 제3549호 1906.9.4.

80) 1907.1.1 「학부령」 제29호. "현재 공립한성보통학교를 관립경교보통학교로 개정하여 증설한다" 『관보』 제3655호 1907.1.5.

칭하고[81] 6월 22일 관립양사동보통학교와 관립양현동보통학교는 관립어의동보통학교라고 개칭하였다.[82] 그 결과 관립 보통학교는 1개교가 줄어서 9개교가 되었다.

학부는 다음과 같이 그 해 4월 1일 제2학기 학교증설로 27개교를 개설하고,[83] 5월 1일에는 공립안주보통학교를 추가하여[84](8) 신설 학교는 28개교가 되었다. 그 결과 공립보통학교는 41개교가 되고 관립 보통학교는 9개교로 관・공립보통학교는 합계 50개교가 되었다.

개성, 인천, 안성(경기), 청주(충북), 강경, 홍주(충남), 남원, 군산(전북), 목포, 나주, 제주(전남), 성주, 상주, 경주(경북), 동래, 마산, 울산(경남), 황주(황해), 진남포, 안주(평남), 정주, 의주(평북), 원주, 강릉(강원), 원산, 북청(함남), 길주, 회령(함북)

관립교동보통학교는 관립한성사범학교의 代用 부속보통학교였으나 그 해 9월 학부는 당 학교의 대용을 해지하고,[85] 관립안동보통

81) 1907.1.4「학부령」제1호. "광무 10년 9월 1일 학부령 제24호 학부직할 학교 아홉개의 학교를 열개의 학교로 정하고 관립경고보통학교를 추가하고 관립주동보통학교를 관립인현보통학교로 개칭한다"『관보』제3644호 1907.1.16.

82) 1907.6.22「학부령」제6호. "관립양사동보통학교와 관립양현동보통학교를 합병하여 관립어의동로 칭한다"『관보』제3805호 1907.6.29.

83) 1907.4.7「학부령」제4호. "광무 11년 4월 1일 보통학교령에 의해 개학하는 공립 보통학교의 명칭 및 소재지는 다음과 같다(略)"『관보』제3748호 1907.4.24.

84) 1907.5.1「학부령」제5호. "칙령 제44호 보통학교령에 따라 광부 11년 5월 1일부터 개학하는 공립 보통학교의 명칭 및 소재지는 다음과 같다. 명칭 공립 안주보통학교 소재지 평안남도 안주"『관보』제3781호 1907.6.1.

85) 1907.12.31「학부령」제2호. "융희 원년 9월 1일부터 관립 안동보통학교를 관립한성사범학교부속보통학교로 대용한다. 광무 10년 9월「학부령」제25호를 본일 폐지한다"『관보』제3881호 1907.9.26(주 3 참조).

학교를 이에 대신하여 이듬해 1908년 1월 1일부터 이를 관립한성사범학교 부속보통학교라고 하였다.86) 그 결과 부속보통학교 이외의 관립 보통학교는 1개교 감소한 8개교가 되었다.

학부는 제3기의 학교증설로 다음과 같이 1908년 4월 공립보통학교 8개교를 증설하고,87) 공립보통학교는 49개교가 되어 관립한성사범학교부속보통학교를 제외한, 관・공립보통학교는 57개교가 되었다. 또 그 해 관립경교보통학교는 관립미동보통학교로 개칭하였다.88) 게다가 이밖에 학부는 두만강 연안의 간도 6도구 용정촌에 간도보통학교를 개설하였다. 당 학교는 그 해 7월 1일 개교하였으며,89)

---

86) 1907.12.31「학부령」제6호. "융희 2년 1월1일부터 관립안동보통학교를 관립한성사범학교부속보통학교로 개칭한다"『관보』제3980호 1908.1.25.

87) 1908.4.22「학부고시」제3호. "융희 2년도에 설치된 공립 보통학교의 명칭 및 위치는 다음과 같다. 강화 여주 온양 선천 고부 영암 통영 밀양"『관보』제4063호 1908.5.2.
그러나 그 후『관보』제 4,079호 1908.5.21(正誤)에 의해 '통영'을 '진남'으로 정정.

88) 1908.4.7「학부고시」제2호. "관립경교보통학교를 다음과 같이 개칭한다. 관립미동초등학교"『관보』제4045호 1908.4.11.

89)『황성신문』1908.8.1 雜報. "학부는 간도에 사립보통학교를 설립하고 일진회가 설립한 것을 폐교로 하고 교사를 수리하여 통감부 간도 파출소 사무관 스즈키(鈴木)가 명예교장에 추천되어 지난달 1일 사이토(齊藤) 통감부 출장 소장 이하 사무관 및 한일 유지 150명과 개교식을 거행한 학생은 50여 명" 또 시노다 지사쿠(篠田治策) 편저,『통감부 임시 간도 파출소기요』1909년에 의하면 "교사를 빌려 일본인 교관 1명 한국인 교사 2명을 파견하고 파출소 사무관을 명예교장으로 하여 파출소장 감독 하에 간도보통학교를 설립하고 수신・국어・산술・일어・도화・체조・이화학・지리역사 등을 교수하기로 한다. 당연히 원근에서 입학 희망자가 다수 모집되어 전부 수용한다. 학생의 연령은 최소 8살부터 최연장자는 26세로 이는 교육사상 발달의 현상이다"라고 하였고 명예교장은 사무관 鈴木信太郎(스즈키 신타로), 파출소장은 사이토 키지로(齊藤季治郎)로 간도파출소의 임무는 주로 거주 한국인의 보호에 있다고 말하였으나 오히려 간도 지방에서 일본이 한국을 이

국내 공립보통학교와 동일한 대우를 받았다.

강화, 여주(경기), 온양(충남), 고부(전북), 영암(전남), 진남, 밀양(경남), 선천(평북)

그리고 학부는 부산 개성학교(주 21)의 헌납을 받아, 이듬해 4월 공립부산실업학교를 개설하고 공립부산보통학교를 나란히 설치하였으므로[90] 학부가 개설한 공립보통학교는 50개교가 되었으며 이를 갑종 공립보통학교라고 칭하고 이외에는 을종 공립보통학교라 칭하는 학교가 39개교나 되었다.

갑종 공립보통학교는, 보통학교령에 의해 설립되고 본래 道府郡이 경비를 부담해야 하지만 지방 재원이 없기 때문에 정부가 일본인과 한국인의 교원을 배치하고 봉급 그 밖의 필요경비의 대부분을 국고에서 부담하는 것이라고 하여 공립이라고는 하지만 관립과 거의 동일한 처우가 부여되었다.

이에 대해 을종 공립보통학교는 원래 주민의 발기청원에 의해 소학교령에 의한 소학교로 인가되어 학생모집의 편의성에서 공립이라고 칭하는 것을 묵인받은 것으로 보통학교령 시행 시에 그대로 존속이 인정된 것을 말하며 그 시설 설비는 불충분으로 학부에서 교원을 파견하지 않는 점이 갑종 공립보통학교와 다르다.

한편 학부는 1908년경부터 눈에 띄게 입학지원자가 증가하여 보통학교 한 층을 증설하지 않으면 안되었지만 국가재정에 여유가 없는 관계로 궁여지책으로 1909년 보조지정학교 제도를 창설하고 사립학교보조규정[91]을 제정하였다. 그리고 지역을 선택하여 다음과

용해 청으로부터 영토를 확보하려는 의도가 있었다.

90) 1909.4.9『학부고시』제3호. "경상남도 부산항에 공립부산실업학교를 설치하고 공립부산보통학교를 병설한다"『관보』제4348호 1909.4.12.

91) 1909.8.28「학부령」제14호. "사립학교 보조규정"『관보』제4165호 부

같이 학교의 기초가 확실하고 경영상황이 좋은 사립학교 조직을 보통학교에 맞게 개정하여(제1조), 학부가 일본인교원 1명과 한국인 교원 1명을 파견하여 그 봉급을 지급하는 것으로 하고 그 이외 일체 경비는 해당학교가 부담하는 것으로 하였다.

제1조 사립학교에 있어서 다음의 각 호에 해당하는 자에 대해 학부대신이 필요하다고 인정하는 경우는 예산 범위 내에서 경비를 보조한다.

1. 보통학교령에 의해 설립한 곳 또는 보통학교의 교과과정에 준하는 곳
2. 상당한 교원 및 설비를 가진 곳
3. 설립 후 2개년을 경과한 곳, 단 특별 사정이 있을 시 이에 한정하지 않는다
4. 성적우수 자

그 해의 보조지정학교는, 다음과 같이 을종 공립보통학교 8개교, 사립보통학교 23개교였으나, 국고보조가 금전을 보조하는 것이 아니고 교원을 보조하는 것으로 한 이유는, 금전을 보조하여 교원 임용 인사를 사립학교에 맡기는 것은 교원을 얻기 어렵고 사립학교를 지원하는 취지가 달성되지 않기 때문이었다.

파견된 교원은 일본인은 공립보통학교 본과 훈도, 한국인은 공립보통학교 본과 부훈도로 임용되어 사립학교 근무를 명하는 형식이 취해졌다. 이는 관립 한성사범학교 속성과 또는 강습과 출신인 한국인 교원이 사립학교 교원으로 근무하여서는 의무연한에 포함되지 않기 때문으로 다시 파견교원에 관료의 자격을 주어 직무에 충실하도록 하는 목적이 있었다.

을종 공립보통학교 남양·양주(경기), 진도·담양(전남), 곽산(평북), 철원(강원), 정평·고원(함남)

록 1909.9.1.

사립보통학교 파주군 광홍(경기), 영동군 영동, 옥천군 표명(충북), 증산군 경위, 남포군 청출(충남), 김제군 삼성 함열군 창명(전북), 장흥군 표명(전남), 안동군 안동, 연일군 광남, 청도군 청도(경북), 하동군 하동, 거제군 거제, 동래군 육영(경남), 서흥군 서명, 장연군 우신, 봉산군 경산, 재녕군 양원(황해), 숙천군 숙명, 영유군 이화(평남), 철산군 한홍, 용천군 창명(평북), 명천군 진성(함북)

이어서 이듬해 1910년에는 다음의 을종 공립보통학교 5개교와 사립보통학교 5개교 합계 10개교를 보조지정학교에 추가하여 각 학교에 국고 지원의 교원을 파견하였다.

을종 공립보통학교 금성(강원) 일신(평북) 단천(함남) 종성, 경흥(함북)
사립 보통학교 제천군 부명(충북), 순천군 순천(전남), 대구군 수창(경북), 성천군 동명(평남), 부녕군 청진(함북)

1910년 4월 학부는 한성 내에 있는 관립보통학교 8개교를 공립보통학교로 변경하였다.[92] 그 결과 갑종 공립보통학교는 58개교가 되고 관립은 한성사범학교부속보통학교 1개교만이 남았다. 그리고 을종 공립보통학교는 그 후 설립이 허가된 곳과 사립보통학교에서 변경된 곳, 폐교된 곳이 있어 그 해 학교수는 47개교가 되었다.

2) 여자학급의 신설

『독립신문』은 1896년 5월 12일의 논설에서 "정부가 남자를 위해

---

92) 1910.3.11「학부고시」제4호. "융희4년 4월1일부터 한성내에 있는 관립보통학교를 공립보통학교로 변경하고 다음과 같이 개칭한다. 공립교동보통학교 공립제동보통학교 공립어의동보통학교 공립인현보통학교 공립수하동보통학교 공립정동보통학교 공립매동보통학교 공립미동보통학교"『관보』제4626호 1910.3.4.

학교를 한 곳 설립하면 여자를 위해 한 곳 더 설립하는 것이 당연" 하다고 하여 여자교육의 기회균등을 주창하고 학부도 1895년 7월에 공포된 소학교령에서 다음과 같이 남녀공학에 관하여 규정하고, 학생이 각각의 학급이던지 혹은 남녀동일의 학급으로 학습하는 경우를 상정하고 있다.

> 제12조 소학교 단급 다급제 및 남녀를 구별하여 혹은 혼합하여 교육하는 경우 및 한 교관이 수업하는 아동수에 관해서는 학부대신이 정한다.

이미 당시 한성에서는 기독교 선교회에 의해 여자교육에 박차가 가해져 북감리파의 이화학당과 남감리파의 배화학당 등은 여성교육에 부정적인 유교적 풍토 속에서 여성에게도 교육을 받을 수 있는 기회를 제공하여야 한다고 하고 있었다.

이화학당은 1886년 고아와 하층계급의 불우한 자녀를 기숙시키고 학비와 의식주의 생활비를 전액 학교에서 부담하였다. 얼마 후 후원자와 자비생이 입학하게 되었고,[93] 교육목표를 '모범적인 한국부인의 육성'에 두어 결코 한국인을 외국인화시키고자 하는 것이

---

93) 『이화 80년사』(이대출판부, 1976, 72·65쪽). "초기에는 학생의 학비와 의식주의 비용을 면제하였다. 1890년이 되어 자비생도 모집되었다. 기혼자는 초창기부터 때로는 허가하였으나 점점 늘어나서 기숙의 관계로 거절하여야만 했다. 1905년부터 기혼자도 많이 입학시켰지만 따로 기숙할 수 있게끔 1909년 가을학기에는 20명 정도의 기혼자를 돌려보냈다. 1900년부터는 상류계급에 속하는 기독교 가정의 자각과 개명적인 남편의 권유로 자각이 높아지는 조짐이 보였다. 1909년에 25명의 기혼여성이 입학하였다. 1886년 5월 31일 金夫人이 주로 영어를 가르치고 1889년에는 언문과정이 생겨 생리학 과정이 추가되었다. 1891년에는 성악, 1892년에는 반절, 한문, 영어, 수학, 지리, 역사, 과학이 추가되어 1896년에 가사(재봉 자수)가 생겨났다. 1901년부터 1907년까지는 일시적으로 영어가 해지되었다. 1904에는 중등과가 인가되었다"

아니라 전통적 보수사회를 배려하였다.[94)]

한편 배화학당은 하층의 여성을 제외하고는 대낮에 부녀자가 외출할 수 없다는 당시의 풍조 속에 1898년 이래 적은 수인 30명을 수용할 수 있는 기숙사에 여자아이를 모아 교육시키고, 소수의 기숙생만으로 학교 운영을 해 왔으나 기숙사의 확장과 통학생의 수용이 과제가 되었다.[95)]

그리고 한성 이외 지방도시의 선교회도 뒤를 이어 학교를 설립하고 국내 각지의 지방교회에서도 한국인 신도 스스로의 힘으로 초등학교를 설립하고자 하였다. 그 한편에서는 개화적 지식인에 의해 홍문동소학교와 순동소학교 등 남자의 초등교육을 목적으로 하는 사립소학교가 설립되었고 또 중등교육정도의 남학교도 많이 설립되었다.

이와 같은 개화사상의 침투는 사립여학교의 설립도 촉진시키는 결과가 되었으나 1897년 전후로 한국인 여성에 의해 사립 정선여학교가 설립되고,[96)] 이듬해 1898년 9월에는 부인회가 승동에 순성여학교를 창립하였다.[97)] 그리고 1899년 2월 26일 양성당 이씨가 여자

---

94) 『이화 90년사』(이대출판부, 1986, 52쪽). "우리의 목표는 여자들을 외국인의 생활양식 의복이나 환경에 맞게 바꾸는 것이 아니라 우리는 한국인을 좀더 나은 한국인으로 만드는 것만으로 만족한다. 우리는 한국이 한국적인 것에 긍지를 가지고 기독교와 그 교훈을 통해 완전한 한국이 되기를 희망하고 있다"

95) 『배화 60년사』(1958, 91쪽). "1898년부터 1902년까지는 통학생을 받지 않고 기숙생만으로 학당경영을 하였다. 이 시기에는 한국사회의 문화수준이 유치했기 때문에 부녀자의 외출은 절대로 금지되었으며 게다가 미혼여성은 함부로 거리를 왕래할 수 없었다. 그렇기 때문에 학당에는 기숙사가 반드시 필요하였다. 배화학당의 기숙사는 30명 밖에 수용할 수 없었으므로 1902년 8월에 기숙사의 방을 늘려 통학생을 받아들였다"

96) 『황성신문』 1902.4.14 雜報. "承洞在貞善여학교가 사립이 되어 4년, 가까운 계동 소재 一公廳으로 이설한다"

소학교를 어의동에 개교하여 여자학생 30명이 입학하였다.[98]

그 동안 각 신문은 여성교육을 논하여 여학교의 개설을 주장하고, 지식인과 부인단체도 조기실현을 학부에 청원하였다. 1899년 2월 학부는 여학교 개설의 의지를 굳히고[99] 그 해 세출경상비 예산에 여학교비 3,750원을 책정하였다.[100]

1899년 5월 26일 독립신문은 일면을 할애하여 '여학교론'을 전개하고 그 모두에서 "최근 정보에 의하면 여학교설치 건으로 학부가 정부회의에 의안을 제출하였고 실로 이는 실행에 옮기는 일이며 대한국을 위해 크게 격찬해야 할 점이다"라고 보도하였다.

그리고 다음과 같이 여자 교육의 이점을 들었으나 이를 셋으로 요약하면 ①여성도 국사를 의논할 수 있게 되어 정치가 진보한다. ②여성이 남편을 도와서 문자를 쓰고, 독서를 통해 학문을 논하여 화기애애한 가정이 기대된다. ③어머니에게 학식이 있으면 취학전의 자녀교육이 가능하다고 주장하였다.

> 여성을 교육시키면 국가를 이롭게 하는 점이 많아진다. 먼저 지혜로운 부인도 국사를 논하는 것에 의해 정치가 진보하게 되고 다음으로는 남자가 결혼 후에 가사에 대해 상담하여 가업을 번성시키고, 그 남편을 잘 도와 편지를 대신 쓰거나 문서를 기록하거나 여가 시에는 독서를 하여 학문을 논하고, 이렇게 하여 가정 내에 화기가 충만하고, 백년해로의 부부가 됨과 동시에 인생의 친근한 벗이 되는 것이다. 또 어린 자녀는 거의 10세 경까지는 어머니 품에서 자라고 그 언동을 배우므로 그 어머니에게 학의가

---

97) 『독립신문』 1898.5.15 雜報, 9.9 雜報, 9.15 雜報.

98) 『황성신문』 1899.2.24 雜報. "양성동 이씨가 여학교를 어의동에 사립하여 여학생 30명으로 음력 정월 17일에 개학하고 여가 시에는 재봉기계를 구입하여 바느질을 배운다"

99) 『황성신문』 1899.2.7 雜報. "여학교를 창설해야 할 이유를 몇 번이고 청원하여 여학교를 설립한다고 하는 본 대신의 훈령을 얻었다"

100) 1899년도 세출예산 학부소관 제3관학교비 제14항 여학교비 3,750원 『황성신문』 1899.3.21.

> 있으면 학교에 가기 전에 어머니가 교육하는 것으로 이는 자녀를 교육하는 어머니의 역할이며 나아가 여교사의 역할도 되는 것이다.

그러나 의정부 회의에 제출한 학부의 여학교 설치안은 예상외인 4대 6으로 부결되고,[101] 여학교설립의 꿈은 꺾였다. 또한 이 문제는 각 신문의 논설과 지식인의 계몽운동에도 불구하고 관·공립여자학교가 설립되는 일은 없었고, 1895년의 소학교령에서 말하는 남녀공학도 1908년까지 실행되는 일은 없었다.

그 동안 이화학당은 1904년 중등과(4년제)의 인가를 받았고,[102] 배화학당도 또한 1899년 중등예비과(2년제)의 인가를 받았다.[103] 그리고 지방의 도읍에도 차츰 기독교계의 여자초등학교가 창립되고 얼마 지나지 않아 그 학교들도 중등정도의 여학교로 발전하였다.

게다가 각 선교회는 신도가 본래의 직업을 그만두고 전도활동을 하여, 전도에 필요한 경비를 준비하며, 지방교회가 전도자를 양성하고, 신도 스스로 힘으로 한국식 교회당을 설립한다는 자급, 자치, 자전의 방식을 선교방침으로 하였으므로 각지에 지방 교회가 생겨나고, 이를 기반으로 하여 한국인 신도에 의한 전도와 교육활동이 전개되었다.

예를 들면 1902년 북장로파 선교회가 경상북도 대구에 신명여자소학교를 창립하고, 1907년에는 중등예비과로 인가 받아 대구신명여학교로 된 일[104]과 그 밖에도 1902년부터 1908년까지 대구지방

---

101) 『관보』 제1480호 1900.1.25 「휘보」. 학부로부터 청이 있었던 여학교 설치의 건에 대해 칙령안을 의정부 회의에 제출하는 것을 찬성하는 사람이 4명, 반대하는 사람이 6명이었다.

102) 앞의 『이화 80년사』, 72쪽.

103) 앞의 『배화 60년사』, 91쪽. 2년제 중학교 예비과 설치가 1903년 10월 2일 학부대신 신기선에 의해 인가되었다.

104) 『신명 50년사』(신명여자고등학교, 1957, 25~26쪽에 의하면) "소학교를 설립해서 1907년 3월에 제1회 졸업생을 배출한 신명여자소학교

의 33개의 지방교회가 26개의 초등학교와 7개의 사숙을 스스로 경영하는 일과 같이 교육의 실천과 보급에 열정을 쏟았다.105)

이같이 여성교육의 대부분이 기독교계 학교에 의해 행하여졌으며 기독교계 학교가 아니면 여자 교육을 받을 수 없다고 하는 현실과 여자 교육의 필요를 주장하는 신문의 계몽운동106)은, 점차로 정

로써는 졸업생의 향학열을 충족시키기 위해 중학교를 창설하기로 하였다. 사실상 신명여자소학교를 졸업한 졸업생 중에는 상급학교로 진학하기 위해 서울의 이화여학교 또는 동래 일신여학교에 가려고 하는 학생들이 많았기 때문에 될 수 있는 대로 빠른 중학교 기관이 필요하였다. 게다가 블루엔 여사의 사설 가정교습소에서 배우고 있었던 학생들도 정식으로 중학교에서 배우려고 했었기 때문에 더욱 중학교가 필요하였다. 그리하여 1907년 10월 23일에 신명여자중학교가 생겨났다"고 하여 배화여학교와 같이 2년제 중학교 예비과가 인가되었다.

105) 대구 북장로교회 선교회 대남 남자소학교(1902)
대구 북장로교회 선교회 신명 여자소학교(1902)
금천군 송천교회 양성학교(1903) 외 6학교
선산군 죽원동교회 창성학교(1903) 외 5학교
경산군 신기교회 계동학교(1905) 외 6학교
칠곡군 숭도교회 보흥학교(1907) 외 1학교
고령군 개포학교(1907)
영천군 평천교회 기독양덕학교(1907)
영덕군 장사교회 장사학교(1908)
영천군 우천교회 기독진도학교(1908) 외 1학교
달성군 현내교회 현내학교(1908)
영일군 포항교회 영흥학교(1910)

106) 당시 여성의 사회적 지위에 대해『독립신문』1899.5.26 (논설)은 다음과 같이 말하고 있다. "무지한 백성들은 딸을 낳아 예쁘면 부자의 첩으로 보내는 사람도 많고 창피함을 모르는 남자들은 첩으로 삼아 백년해로를 다짐한 조강지처를 학대하고 또한 첩이라고 하여도 애정이 식거나 늙어 얼굴에 주름이 생기면 하루아침에 버리고 또 다른 첩을 맞이하였기 때문에 그 남자의 음란한 행동은 짐승보다도 못하며 인간을 그렇게 천시하여도 되는 것인가 소나 말은 못쓰게 되면 팔아버리면 되지만 같은 인격을 가진 인간으로서 어떻게 그렇게도 남자들

부를 설득시키는 역할을 하여 1908년 4월 고등여학교령이 공포되어, 그 해 7월 관립한성고등여학교의 창립을 보게 되었다.

학부는 동시에 재정 범위 내에서 관·공립보통학교에 순차적으로 여자학급을 신설하고 1908년 4월 대구군 사립양성여학교(경북)를 공립 보통학교 여자부로 지정,[107] 그 해 안에 기존의 대구(경북), 함흥(함남), 군산(전북) 각 공립보통학교와 그 해 4월 22일 증설된 여주(경기)공립보통학교에 각각 여자학급을 1학급씩 신설하도록 하였다.[108]

여자학급은 남녀7세부동석이라는 습관에서 남학생과는 다른 건물 혹은 격리된 교실, 다른 설비를 준비하지 않으면 안되었다. 이를

로부터 무시 받아도 되는 것인가. 이것은 대한의 여성이 교육을 받지 않았기 때문에 학문도 남자에게 뒤쳐지고 자신의 권리조차도 포기하여 남자들의 천한 첩으로 만족하고 불량한 남자들의 노리개로 전락한 것은 매우 억울하고 불쌍한 일이기도 하다"

또한『황성신문』1900.4.9 (논설)은 양현당 김씨가 여학교를 설립하고 여자교육을 열심히 행하고 있는 것을 예로 들어 "서양에는 남녀평등권이 있고 동양에는 남존여비사상이 있다. 여자를 천시하는 악습으로 인해 교육을 시키지 않고 여자는 학문에 어둡고 지식이 없어서 여자에게 교육을 실시하는 것은 책무이며 하늘의 도리라고도 할 수 있다"고 주장하였다.『황성신문』1906.5.22 雜報는 대한자강회 연설을 소개하고 윤효정씨의 "여성의무교육은 일가의 손실 뿐만 아니라 국가의 대 손실이 된다"는 취지를 보도하였다. 또한『황성신문』1908.2.6 (논설)은 '여성교육'에 대해 예리하게 비판하여 "우리나라의 교육은 오로지 남자에게만 치우쳐 여자에게는 미치지 못하고 여자는 문밖 출입이 불가능하고 실내에 갇혀서 그 일생의 고생은 감옥에 갇힌 죄인과도 같다"고 까지 극언하였다.

107)『황성신문』1908.4.8 雜報. "학부는 대구군에 훈령하여 귀군에 있는 사립양성여학교를 공립보통학교 여자부로 지정하도록 발표하였다. 또한 대구군 양성여학교는 1907년에 창설되어 교사로는 일본 사범학교를 졸업한 西山熊男씨 부인을 초빙하였다"(『황성신문』1907.9.20).

108)『제2차한국시정연보』, 통감부, 1910, 152~153쪽.

위해 근처의 가옥을 빌리거나 사무실을 옮겨서 교실로 사용하는 등 경제적 부담을 동반하였다.

이어서 이듬해 1909년 중에는 관립 어의동보통학교와 평양(평남), 개성(경기), 강화(경기), 목포(전남), 전주(전북), 마산(경남) 6개의 공립보통학교에 여자학급이 한 학급씩 각각 특설되었다. 여자학급의 담당은 남자교원이 아닌 여자교원이지 않으면 안되었으나, 당시 한국여성 중에는 자격을 가진 자가 없었으므로 일본인 여교사가 초빙되었다.[109] 하지만 학부에서는 봉급을 부담할 여력이 없어서 여성교육의 확장은 어려웠다.

한편 1910년 3월에는 을종 공립의 경흥공립보통학교(함북)의 학생모집에 여자 9명이 응모하여 전원이 입학을 허가 받았다. 신문에서는 이를 여자가 입학하여 남녀가 한 자리에서 수업을 받는 것은 우리나라에서 처음이라고 보도하였다.[110]

하지만 자료[111]에 의하면, 1907년 4월 1일 보통학교령에 의해 개교한 군산공립보통학교(전북)는 학생수 100명 이상으로 "현재 평균 출석 학생 50명 중 이를 나눠 심상과 1학년 2학년 2반으로 하고 그 학생 중에는 연령 20세 이상인 자도 30명 이상 있으며 그 중 기혼 남

---

109) 『황성신문』 1909.5.27 雜報. "학부는 작년 울산 대구 및 함흥 3개교 공립보통학교에 여자부를 부설하고 여자교육을 실행해왔고 성적이 대단히 우수하여 이번에 강화 목포 개성 마산 전주 평양 여주 등 각지에 있는 공립보통학교 및 경성의 관립어의동보통학교에 여자부를 설립하였으나 이 곳의 교사로서는 일본인 여교사를 임명하려 준비중이다" 이 기사에 의하면 1908년에 예정되어있던 여주공립보통학교의 여자학급 신설은 다음 해가 되어 실현된 듯하다.

110) 『황성신문』 1910.4.2 雜報. "함북 경흥공립보통학교는 이번 학생모집에 여자 9명이 응모하여 전원 입학을 허가하였다. 보통학교에 여자가 입학하여 남녀가 같이 수업을 받는 것은 이것이 우리나라의 첫 번째 이다"

111) 『富之群山』, 群山新報社, 1907, 92쪽.

녀가 6~7명 된다"고 하여 개교당시에 남녀공학이었음을 알 수 있다.

한말의 개항장은 군산(옥구항)뿐 만이 아니라 부산 이외에는 어디라도 사람의 발길이 드문 마을이나 집들이 점재한 어촌에 불과하였으나 개항과 함께 일과 수익을 찾아 각지에서 상인과 노동자가 몰려들었다. 그래서 그곳에는 오래된 전통이나 인습에 얽매이지 않은 자유스런 분위기가 있었으며 여성이 남성과 함께 학습하는 것에 그다지 저항감은 없었던 것 같다.

때문에 1909년도 말, 보통학교 여학생은 다음과 같이 관립 1개교 67명, 갑종공립 11개교 427명, 합계 494명으로 보조지정학교는 1개교 52명이었다. 그리고 이듬해 1910년도 말에는 갑종 공립 23개교(관립 어의동은 공립으로 이관되고 사립 간도는 공립취급) 936명, 보조지정학교는 7개교 210명이었다. 이밖에 을종공립학교에 83명, 사립 보통학교에 45명의 여자 학생이 재학하였다.112)

〈표 1-5〉 보통학교 여자학생 수 ①공립보통학교

학교명 년도	1909	1910	학교명 년도	1909	1910	학교명 년도	1909	1910
어의동(경기)	67	88	군산(전북)	52	58	진남포(평남)		8
인현(경기)		49	목포(전남)	42	60	정주(평북)	25	17
개성(경기)	41	68	제주(전남)		18	의주(평북)		44
여주(경기)		21	대구(경북)	80	89	함흥(함남)	38	30
강화(경기)	36	40	진주(경남)		33	원산(함남)		80
청주(충북)	8	13	마산(경남)	51	77	성진(함북)		37
강경(충남)		13	황주(황해)		13	간 도		15
전주(전북)	16	14	평양(평남)	38	51	합 계	494	936

자료: 제3차 통감부 통계연보 제88·90표 조선총독부 통계연보 1910년 제408·411표.

112) 『조선총독부 통계연보(1910년도)』, 제413표 제414표.
을종공립보통학교 광주(경기) 22 김해(경남) 16 이천(강원) 45 합계 83, 사립보통학교 전주군 함양(전북) 4 의성군 의성(경북) 5 금산군 황홍(경북) 36 합계 45.

② 보조지정학교

학교명 년도	1909	1910	학교명 년도	1909	1910
동래부육영(경남)	52	84	고원군고원(함남)		15
하동군하동(경남)		34	서천군서천(함남)		20
장연군우신(황해)		16	경흥군경흥(함북)		1
영유군이화(평남)		40	합 계	52	210

자료: 제3차 통감부 통계연보 제88·90표 조선총독부 통계연보 1910년 제 408·411표.

3) 교육과정 · 학교행사 등

1906년 8월 보통학교령113) 및 보통학교령시행규칙114)이 공포되어 그 해 9월 1일부터 시행되었으나, 이와 함께 소학교령과 그 시행규칙은 폐지되었다. 그리고 구 공립소학교는 새로운 교육령에 따라 설립된 공립보통학교로 인정받아 직원도 별도의 辭令 필요없이 해당 공립보통학교 직원으로 임용되었다.115)

보통학교는 다음과 같이 일상생활에 필요한 기초지식과 技藝를 修得시키기 위해 도덕교육과 국민교육을 행하고(제1조), 그 수업연한은 고등, 심상의 구별을 두지 않고 4년으로 한다(제4조).

또 교과목은 수신 · 국어 · 한문 · 일어 · 산술 · 지리역사 · 이과 · 圖

113) 1906.8.27 「칙령」 제44호 '보통학교령' 『관보』 제3546호 1906.8.31.
114) 1906.8.28 「학부령」 제23호 '보통학교령 시행규칙' 『관보』 제3549호 1906.9.4.
115) 1906.9.1 「학부령」 제27호 『관보』 제3549호 1906.9.4.
제1조 현재의 공립소학교는 보통학교령 시행일부터 동령에 의해 설립된 공립보통학교로 인정한다.
제2조 현재의 공립소학교 직원은 보통학교령 시행일부터 따로 사령을 필요로 하여 해당 공립보통학교 직원으로 고용된다.
제3조 현재의 사립소학교로써 학부대신의 인가를 받은 학교는 보통학교령 시행일부터 동령에 의해 설립된 사립보통학교로 인정한다.

畵·체조의 9과목으로 하고 여자를 위해 수예를 넣고 경우에 따라 창가·수공·농업·상업 중 1과목 또는 교과목을 더할 수 있는 것이 가능하도록 하였으며(제6조), 교과서는 학부가 편찬한 것, 또는 학부대신의 인가를 받은 것을 사용하는 것으로 하였다(제7조).

입학자의 연령은 만8세부터 12세로 하고 당분간은 14세까지 입학할 수 있도록 하였다(제7조). 연령을 만 8세 이상으로 한 것은 많은 사람이 5~6세 경부터 서당에서 학습하는 실태를 배려한 결과이나, 실제로는 "거의 모두가 낫 놓고 기역자 모르는 문맹자 즉 한번도 서당에 다니지 않은 자가 다수[116]"의 상황이었다. 그리고 연령의 상한을 14세까지로 늘린 이유는 될 수 있는 한 취학의 기회를 부여하고자 한 까닭이다.

직원은 교장, 교원, 부교원으로 하고(제12조), 관공립 보통학교와 직원은 奏任 또는 判任으로 하였다(제14조)−하지만 실제로는 전원 判任官이었다−교직원은 교원면허장을 필요로 하였으며(제15조), 면허장은 관·공립사범학교 졸업자와 교직원 검정시험 합격자에 수여하는 것이었다(제16조).

제1조 보통학교는 學徒의 신체발달에 유의하여 도덕교육 및 국민교육을 시행하고 일상생활에 필요한 보통 지식 및 기예를 배우도록 하는 것을 목적으로 한다.
제4조 보통학교의 수업연한은 4개년으로 한다.
제6조 보통학교의 교과목은 수신, 국어, 한문, 일어, 산술, 지리역사, 이과, 도화, 체조로 하고 여자에게는 수예를 추가하며 때에 따라 창가, 수공, 농업 및 상업 중 1과목 혹은 몇 개의 과목을 더할 수 있다.
제8조 보통학교의 교과서는 학부에서 편찬한 것 및 학부 대신의 인가를 받은 것으로 한다.

116) 『한국교육의 旣往 및 現在』 학부, 1909, 32쪽. 내용은 한성부 및 각 도 교육 주무주사를 소집하여 1909년 4월 27일부터 5일간 학부차관 타와라 마고이치(俵 孫一)가 훈시한 것.

제10조 보통학교에 입학하는 학도는 만8세부터 12세까지로 하고 당분간은 14세까지 입학하도록 한다.

제12조 보통학교 직원은 학교장, 교원 및 부교원으로 한다.
학교장은 교원을 겸임하고 특별 사정이 있을 시에는 전임 학교장을 두도록 한다.

제14조 관립보통학교 및 공립보통학교 교직원은 奏任 혹은 判任官으로 한다(『관보』 제3790호 正誤).

제15조 許狀을 가진 자를 보통학교교원 및 부교원으로 한다.

제16조 허장은 다음의 자에 대해 학부 대신이 수여하는 것으로 한다.
1. 관립사범학교 및 공립사범학교를 졸업한 자.
2. 보통학교 교원 및 부교원의 검정에 합격한 자.

제17조 허장은 갑을 2종으로 한다.
갑종 허장을 받는 자는 종신간, 을종 허장을 받는 자는 받은 때로부터 만6개년간 유효한다.

제18조 특별 사정이 있을 시에는 허장을 가지지 않은 자를 부교원 및 대변교원으로 채용할 수 있다.

제23조 본령은 광무 10년 9월 1일부터 시행한다.

한편 학부는 동령시행규칙에 의해 다음과 같이 각 교과의 教授要旨를 정했으나 修身에서는 실천도덕을 주안으로, 국어는 일상 언어 환경에 기초를 두고 지도하며, 한문은 古來의 교재를 선택하여 이해하고, 일어는 주변에서 쉽게 실용되는 것을 主로 하였으나 그 밖의 교과목에 관해서도 각각 규정하였다(제9조).

그리고 1학급의 학생수를 50명 이하로 하여(제25조), 1학급에 교원 한 명을 배치하고 교원을 구할 수 없는 경우에는 부교원 또는 代弁교원으로 보충하는 것이 가능한 것으로 하였다(제26조). 또 보습과에 관해서도 규정하여 그 수업연한을 3개년 이하로 하였다(제29조).

보통학교령 시행규칙

제9조 보통학교 각 교과목 교수요지는 다음과 같다.

1. 수신 학도의 덕성을 함양하여 도덕의 실천을 지도하는 것을 요지로 한다.

   실천에 적합한 근처의 쉬운 사항에 따라 품격을 높이고 지조를 堅固히 하여 덕의를 중요시하는 습관을 기르는 것에 힘쓸 것.

2. 국어 일상 알고있는 문자 및 문체를 알아 정확하게 사상을 표창하는 능력을 기르고 겸하여 덕성을 함양하고 보통 지식을 교수하는 것을 요지로 한다.

   발음을 정확히 하여 일상 필수적인 문자, 독법 및 서법을 알고 또한 정당한 언어를 연습할 것.

   작문 및 습자는 각 교수시간의 구별에 특히 주의하여 상호 연락하는 것을 요한다.

   작문은 국어 한문 및 그 밖의 과목에서 교수하는 사항 및 학도가 일상 견문한 사항 및 처세에 필요한 사항을 기술하고 그 문장은 평이하게 하여 취지를 명료히 하는 것을 필요로 한다.

   습자에 사용되는 한자의 서체는 해서 및 반초서로 한 종류 혹은 두 종류로 한다.

   다른 교과목을 교수할 시에는 항상 언어연습에 주의하고 문자를 쓸 시에는 그 字形 및 字行을 정확히 하는 것을 요한다.

3. 한문 보통 한자 및 한문을 이해하고 겸하여 품성을 기르는 것을 요지로 한다.

   賢哲의 嘉言善行을 기술하는 것 및 세상에 회자되는 文詞를 학도에게 이해시키도록 교수하는 것.

   국어와의 연락에 충실하고 때때로 국문으로 번역할 수 있는 것.

4. 일어 가까운 회화 및 쉬운 문법을 이해하고 작문은 실용에 활용되는 것을 요한다.

   가까이 접할 수 있는 회화부터 시작하여 간이한 구어문의 독법, 서법 및 작법을 배울 것.

   실용을 주로 하여 학도의 지식정도에 따라 일상 아는 사항을 선택 발음에 주의하여 정당한 일어로 연습하는 것에 임할 것.

   국어와 연결에 충실하고 때때로 국문으로 번역할 수 있는 것.

제10조 보통학교 각 학년의 교과과정 및 매주 교수시수는 제 1호표에 따르는 것으로 한다.

창가 수공 농업 상업의 1과목 혹은 몇 과목을 더할 때에는 매주 교수시수를 32시간까지 증가하는 것으로 하고 게다가 부족할 시에는 다른 교과목의 매주 시수 중 4시간 이내를 줄여서 시간표를 지정하여 학부대신에 보고하는 것으로 한다.

제25조 학교장은 학년 초에 학도수 50명 이하로 하는 학급을 편성하여 각 학급, 학년의 구별 및 학도 수를 학부대신에 보고하는 것으로 한다.

제26조 보통학교에는 각 학급에 교원 한 명을 두고 교원이 없을 시에는 부교원 혹은 대변교원에게 보충하는 것으로 한다.

제29조 보습과의 수업연한은 3년 이하로 한다.

게다가 각 학년별 각 교과의 지도 時數는 다음과 같이 수신은 매 학년 1시간을 배당하고, 국어, 일어, 산술은 매 학년 6시간이 할당되었다. 그러나 지리역사는 "특별 시간을 정하여 국어독본 및 일어독본에 게재된 곳을 교수하고 독본 중 지리와 같은 교수재료에 관해서는 특히 반복 정확히 설명하여 학도의 기억을 명확히 하도록 힘쓸 것"으로 하여 국어와 일어 수업 중에 지도하는 것으로 하였다.

〈표 1-6〉 보통학교 각 학년 교과과정 및 매주 교수시수표

학년 / 교과	1	2	3	4	학년 / 교과	1	2	3	4
수 신	1	1	1	1	체 조	3	3	3	3
국 어	6	6	6	6	수 예				
한 문	4	4	4	4	창 가				
일 어	6	6	6	6	수 공				
산 술	6	6	6	6	농 업				
지리역사					상 업				
이 과			2	2					
도 화	2	2	2	2	계	28	28	30	30

원래 4년제 보통학교에서 지리역사를 교육과정에 포함시키는 것은 무리였으나 입학 전에 서당교육을 받은 것을 전제로 하여 보통학교 수준을 일본의 심상과와 고등과 중간으로 想定하고 지도교과에 포함시켰다. 하지만 독립된 교과로 취급하는 것은 한정된 지도 시수의 범

위에서는 곤란하였기 때문에 교과서를 준비하지 않고 국어독본과 일어독본의 내용으로 지리역사를 지도하는 것으로 하였다.

또 한문은 매주 4시간을 배당하여 주요교과에 준하는 위치를 차지하였고 이과는 4년제 보통학교에서 교육과정에 포함되는 것이 무리였으나 과학적 지식이 뒤떨어진 생활 문화 분야에 관해서 지도한다는 관점에서 오히려 신교육을 상징하는 교과로써 등장하였다.[117] 여기에 도화・체조・수예(教授時數를 명시하지 않음)를 포함하여 필수로 하고 이 단계에서 창가는 아직 任意 과목이었다.

그리고 학교선택의 임의 과목으로 든 수공・농업・상업은 농공상의 3분야에서의 실업교육을 상정하고 전래의 실업경시 풍조를 초등교육에서도 시정하고자 하는 취지였다.

당시 일본에서는 심상소학교(4년간 의무제)가 수신・국어・산술과 체조를 필수로 하고, 지역의 상황에 따라 도화・창가・수공을 더해 고등소학교(2년간 내지 3년간)에서는 수신・국어・산술・일본역사・지리・이과・도공・창가・체조 외 여자에게는 재봉을 포함시키고 있었다.

---

117) 高橋浜吉, 『조선교육사고』, 제국지방행정학회 조선본부, 1927, 169~170쪽. 三土서기관은 신교육제정회의에 참획하여 지리 역사와 이과를 국어독본과 일어독본 안에서 지도할 것을 주장하였으나 지리역사에 대해서는 이해를 얻었지만 이과에 대해서는 찬성하는 자가 없어 이과는 과목을 설정하여 지도하게 되었고 그 경위에 대하여 다음과 같이 말하고 있다. "한국에서는 일반 이과에 대한 지식이 없기 때문에 농업상 상공업상의 지식도 낮았으며 又乞雨나 祈禱 등의 미신이 성행하여 사회 발전에 방해가 되고 있다. 그렇다면 이과에 관한 지식을 보급하는 것은 한국의 현상에 가장 필요한 것이라고 할 수 있다. 이러한 특별한 사정이 있기 때문에 나 또한 어쩔 수 없이 이과는 제3, 4학년 학생에게만 교과서를 사용하여 따로 지도할 것에 동의하였다. 4년간의 초등교육을 하는 학교에서 이과를 특별히 가르치는 학교는 한국뿐 세계 어느 나라에도 없다."

양자의 내용을 비교하면, 수신·국어·산술의 기초과목과 체조를 중시하고 있는 점이 공통되어 있고 역사·지리·이과나 여자 과목에 대해서는 보통학교가 일본의 심상소학교와 고등소학교의 과목편성을 절충한 발상에 의한 것이다. 이는 일본인이 학부에 참가하여 교육시책의 책정을 크게 이끌었기 때문이었다.

게다가 저학년부터 일어를 매주 6시간 배당해 학습시키는 것은 아직 자국어를 완전히 습득하지 못한 어린 학생들에게 국어와 평행하여 외국어를 학습시킨다는 점에는 무리가 있었고, 가중한 부담이 되는 것은 자명한 일이었다. 따라서 한국인을 일본인화 한다는 비난과 아동에게 외국혼을 주입하여 국민성을 빼앗는다는 비난도 당연한 것이었다.[118]

특히 초등교육의 현장에서는 관립보통학교장 직원회가 "兒孩는 아직 본국어를 잘 이해하지도 못하는데 일어 교과를 학습시키는 것은 좋지 않으므로 14~15세가 되는 것을 기다려 일어를 매일 조금씩 교수하는 것이 타당하다"[119]고 하였으며, 신문에서도 "어리고 아직 본국어도 서툰 자에게 이와 같은 것을 교수하는가, 학부령에도 처음에 이런 과목은 없었고 세계 다른 나라의 소학교에서 외국어과를 두는 예는 전무하므로 학부는 조속히 수정하여야 한다"[120]고 주장하였다.

---

118) 학부는 일어교육에 대한 한국인의 반발은 "한국의 언어를 일본의 언어로 변경하려는 것이다. 말하자면 한국의 국민성을 말살시키려고 계획한 것이다. 또한 하급지방민에 대해서는 일본어를 가르친 후 일본군대로 보내려고 하기 위한 것이다. 일본으로 납치하여 노동자 또는 노예로 삼으려고 하기 위함이다 라는 등의 심한 오해가 있었다"라고 하여 이러한 오해 때문에 지방의 공립보통학교에서는 학생모집이 대단히 힘들고 중류이상 계층의 자녀가 입학하지 않고 사립학교로 가는 것에 대하여 한탄하고 있다(『한국교육』, 학부, 1909, 11항).

119) 『황성신문』 1906.9.11 雜報.

120) 『황성신문』 1906.10.19 雜報.

또 학교교육의 목적이 자국정신의 배양과 충군애국에 있다고 하는 입장에서 "보통학교는 어린 아동을 교육하는 곳으로, 그 사상은 蒙孩하고 사고는 연약하여 단순한 언어와 간이한 문자를 교수하는 것도 제대로 이해할 수 없는데 지금까지 들어보지 못한 외국의 언어를 직접 교수하는 것은 무슨 까닭인가, 그 중에는 총명한 아동이 있어서 외국어를 이해하는 자가 있을지 모르지만 연약한 사고에 자국정신을 배양하는 능력 없이 충애국민을 양성하는 것은 도저히 불가능하다"고 하는 신문의 논설도 있었다.121)

이 문제에 관해서 학부 서기관 미츠치 츄조(三土忠造)는 다음과 같이 한일 양국이 밀접한 관계가 된 현재는 일본어를 이해하는 자는 관료로서 높은 지위에 등용되고 상인도 또한 이익을 얻기 쉬우며 취직에도 유리하다. 그리고 대일무역의 현상에서 보면 일본이 한국에 있어서 제1의 고객인 이상, 일본어를 알지 못하면 불이익을 면치 못할 것이라고 釋明하였다.122)

> 금일 일한 양국의 교통왕래가 빈번하게 되어, 양국인이 서로 제휴하여 公私 사업에 종사하는 시대에는 한국인으로서 일어를 이해하는가 하지 않는가는 생존경쟁 上 현저히 利害事 관계가 있어 즉시 일어를 이해하는 자는 관료로서도 필요시 되어 유력한 지위에 오를 수 있고, 상업에 종사하면 亦利害를 받기 쉬우며, 官界 및 민간 여러 회사 즉 관민간에 직업을 얻는 경우 지대한 便益이 있다. 지금은 일본인이 한국에 왕래하는 일이 점점 많아짐에 따라 일본인과 인사관계가 점점 밀접하게 된다. 차차 한국인으로 일어를 알지 못하고 통역에 의존하여 일본인과 교제, 그 밖의 농공상의 교섭을 하기 위해 혹은 서로 의사를 충분히 소통하기 위해서 혹은 언어불통으로 곤란하여 나쁜 사기에 걸려 필경 한국인의 손실, 불이익인 것은 앞으로 자명한 것이다. (중략) 더욱이 한일 양국의 通商상 한국인이 일어를 알지 못한다면 큰 불이익이다.

---

121) 『황성신문』 1908.2.12 「논설」.

122) 앞의 『조선교육사고』, 172~173쪽.

보통학교령과 보통학교령 시행규칙은 1907년 중에 세세한 수정을 거쳐,[123] 그 해 12월에는 보통학교령의 일부 개정에 의해 교직원의 직명이 학교장, 교감, 本科訓導, 專科訓導, 본과부훈도, 전과부훈도로 바뀌었다.[124] 또 동령 시행규칙도 학급마다 본과훈도 1명을 배치하는 것을 常例로 하는 등의 개정을 하였다.[125]

---

123) 〈正誤〉 보통학교령 중 正誤건. "광무 10년 칙령 제44호 보통학교령 제14조 중 직원은 다음에 (奏任或) 3字를 添入改付票한다"
『관보』 제3790호 1907.6.12.
〈改正〉 1907.12.12 칙령 제4호. "광무 10년「학부령」제20호 사범학교령 시행규칙 제12조, 동년「학부령」제21호 고등학교령 시행 규칙 제11조, 동년「학부령」제22호 외국어학교령 시행규칙 제9호, 동년「학부령」제23호 보통학교령 시행규칙 제21조 별항에 (一乾元節)의 4字를 添入하였다"『관보』 제3,953호 1907.12.19.

124) 1907.12.30「칙령」제83호 '보통학교령 개정건', 광무 10년「칙령」제44호 '보통학교령' 중 다음과 같이 개정한다.
제12조 보통학교의 직원은 학교장 교감 본과훈도 전과훈도 본과부훈도 전과부훈도로 한다.
학교장 및 교감은 본과훈도가 겸임하고 단지 특별한 사정이 있을 때는 전임교장을 두는 것이 가능하다.
제13조 제2항 교감은 학교장을 보좌하고 학교장의 사고가 있을 때는 그 직무를 대행하며 학생의 교육을 담당한다.
제13조 제2항의 다음에 다음과 같은 1항을 추가한다. 훈도 부훈도는 학생의 교육을 담당한다.
제15조 중 (교원 및 부교원)을 훈도 및 부훈도로 한다.
제16조 제2항 二, 외국에서 보통학교에 준하는 학교교원 허장을 가진 자.
제16조 제2항의 다음에 다음과 같은 1항을 추가한다. 三, 보통학교 검정에 합격한 사람.
제18조 중 (부교원)을 훈도로 한다.
부칙
본령은 융희2년 1월 1일부터 시행한다.『관보』 제3974호 1908.1.18.

125) 1907.12.31「학부령」제5호 '보통학교령 시행규칙개정 건', 광무 10년「학부령」시행규칙 중 다음과 같이 개정한다.
제26조 보통학교는 학급마다 본과 훈도 한 명을 두는 것을 상례로 한다.

그리고 1909년 4월에는 보통학교령의 부분개정[126]이 있었고 그 해 7월 보통학교령 시행규칙이 全文 개정되었다.[127] 여기에 동령 시행규칙 중 주요한 항목에 관해서 검토하여보자.

신규칙은 학급의 학생정원 50명 이하를 '약 60명'으로 개정(제20조), 보습과의 수업연한 3년 이하를 '2개년 이내'로 단축한(제26조) 외, 교육방침으로 보통학교령 제1조의 취지에 의해 교육한다고 하여 그 때에 유의할 다음의 다섯 항목을 명시하였다(제7조).

이에 의하면, 각 교과의 지도는 도덕교육과 관련시켜 교재를 정선하여 반복하고 학생의 심신 발달 정도와 남녀 특성에 적합하도록 배려하여 각 교과가 지도 목적과 방법에 따라 교수되고 각 교과의 상승효과가 기대되지 않으면 안 된다고 하였다.

① 도덕에 관련되는 사항은 어느 교과목에서도 항상 유의하여 교육할 것.
② 지식 기예는 일상생활에 필요한 사항을 선택하여 교수하고 반복 연습

제45조 제1항 제1호를 삭제하고 이하를 순차적으로 올린다.
제46조 (생략).
제51조 중 학교장 아래에 (및 교감)의 三字를 添入하여 (상석교원)을 (상석직원)으로 한다.
부칙
(생략) 『관보』 제3980호 1908.1.25.

126) 1909.4.19 「칙령」 제55호. "광무 10년 칙령 제44호 보통학교령 중 다음과 같이 개정한다"
제2조의 2 보통학교는 수업료를 징수한다.
제6조 제1항 중 '국어와 한문'을 '국어 및 한문'으로 개정한다.
제8조 보통학교의 교과용 도서는 학부가 편찬하는 것으로 한다. 단 학부가 편찬하지 못할 시에는 학부대신의 검정을 받은 교과서 또는 학부대신이 인가를 받은 다른 도서를 사용하기로 한다.
부칙
본령은 반포일로부터 시행한다. 『관보』 제4355호 1909.4.20.

127) 1909.7.5 「학부령」 제6호. '보통학교령 시행규칙 (개정)' 『관보』 제4424호 부록 1909.7.9.

하여 응용자재로 할 것.
③ 학도 신체가 건전하게 발달하는 것을 기대하여 어느 교과서에서도 그 교과는 학교의 심신발달의 정도에 적합하게 할 것.
④ 남녀 특성과 장래 생활에 주의하여 각각 적당하게 교육한다.
⑤ 각 교과목의 교수는 목적과 방법이 틀리지 않게 하여 상호 연락하여 보충할 것.

또 각 교과의 교수요지에 관해서는 일부 舊 規則의 文言을 그대로 둔 것이 아니라 더욱 지도내용과 수업에서의 전개에 관해서 더 구체적으로 규정하였다. 예를 들면 수신에 대해서는 다음과 같이 "학도의 덕성을 함양하고 도덕의 실천을 지도하는 것을 요지로 한다"와 구 규칙과 같은 부분의 규정을 두고 한편으로 구 규칙의 "실천에 적합한 근이 사항에 따라 품격을 높이고 지조를 견고히 하여 덕의를 중시하는 습관을 배양하는 것에 힘쓸 것"을 개정하여, 수신의 교재로써 「嘉言善行 및 諺辭 등」을 들고, '국가사회에 대한 책무'를 알도록 수업을 전개하고 여자에게는 '정숙의 덕'을 기르도록 유의하도록 명시하였다.

이와 같이 구 규칙이 수신 교육의 목표를 단지 개인 도덕의 환성에 둔 것에 비해, 신 규칙이 국가 사회에서 개인의 역학과 부덕에 관해 언급한 것은 종래의 사회 통념에서 보면 참신한 것이었다.

또 국어와 한문은 '국어 및 한문'으로 개정되고, 구 규칙이 국어에 대해 "일상 아는 문자 및 문체를 알리고 정확한 사상을 표창하는 능력을 기른다"고 한 것을 답습하여 한문에 "겸하여 품성을 기르는 것"이라고 하고 "賢哲의 嘉言善行을 기술하는 것 및 세상에 회자되는 文詞를 학도가 이해하도록 교수하는 것"이라는 교과 목표가 없어져 문자 상으로는 한문이 국어에 묻혀버린 감이 있다.

원래 일본측은 초등학교에서 한문을 가르치는 것은 반대하였으며 예로부터 한문을 배우면 교육은 충분하다는 풍조와 일단 타협한 것에 지나지 않았으나, "한문을 보통학교에서 가르치는 것을 장래에는 폐지하지 않으면 안 된다"128)는 것이 당국의 본심이었다.

제8조 보통학교의 각 교과목 교수의 요지는 다음과 같다.

1. 수신은 학도의 덕성을 함양하고 도덕은 실무를 지도하는 것을 요지로 한다.
   수신은 嘉言善行 및 諺辭 등에 의존하여 勸戒를 주요시하고 實踐에 적절한 日常近易한 사항을 교수하여 국가 및 사회에 대하여 責務일반을 알고 여자에게는 특히 정숙의 덕을 배양하도록 주의할 것.
2. 국어 및 한문을 일상 須知의 언어 문장을 알고 정확하게 사상을 表出하는 능력을 배양함과 동시에 지덕을 계발하는 것을 요지로 한다.
   국어는 발음을 정확히 하여 일상 須知의 諺文 및 한자의 독법, 서법, 철자법을 교수하고 바른 언어를 연습할 것.
   한문은 平易한 문장을 교수하여 그 章句의 의의를 명확하게 함과 동시에 文理結構에 주의할 것.
   독법, 서법, 철자법은 각 主가 되는 것에 따라 교수시간을 구별하여 하는 것으로 하고 특히 주의하여 상호 聯絡하는 것을 요하는 서법에 사용되는 한자의 서체는 楷書, 行書의 1종 또는 2종으로 한다.
   철자법은 讀法 또는 타 교과목에서 교수하는 사항 및 學徒가 日常 見聞하는 사항 및 處世에 필요한 사항을 記述하고 그 行文은 평이하게 하여 趣旨明瞭하게 하는 것을 요한다.
3. 일어는 平易한 일어를 이해하여 사용하는 능력을 기르고 處世에 資格이 되는 것을 요지로 한다.
   일어는 발음 및 簡易한 會話부터 시작하여 나아가 近易한 口語文의 讀法, 書法, 綴字法을 교수한다.
   일어는 學徒의 지식정도에 맞추어 일상 須知의 사항을 선택하여 교수하고 항상 실용을 主로 하는 한편 발음에 주의하여 국어와 聯絡을 취하여 정확한 회화로 습득하도록 힘써야 한다.

일어는 구 규칙에서 "近易한 회화 및 簡易한 문법을 이해하여 작문은 실용적인 것을 요한다"고 한 것을 고쳐, "平易한 일어를 이해

128) 앞의 『조선교육사고』, 175쪽.

하여 사용하는 능력을 기르고 處世에 資格이 되는 것을 요지로 한다"고 하여 일본어가 처세상 필요하다는 종래의 주장을 강조하였다. 그런데 이 밖의 것은 어구의 배치와 어순을 바꾸었을 뿐으로 구 규칙의 문장표현을 답습한 것이다.

그 밖의 교과에 관해서는 구 규칙과 관점을 거의 동일하게 하여 문장표현도 대동소이하였으나 체조에 관해서는 구 규칙의 "時宜에 따라 체조교수시간의 일부 혹은 교수시간 외의 적당한 야외운동을 행한다"고 하는 조항이 삭제되었다. 이는 점차 각지의 학교가 연합하여 혹은 단독으로 실시한 운동회의 폐해를 걱정하는 시기가 되었기 때문이다.

그리고 각 교과의 수업시수는 제1호 표에서 여자의 필수과목 〈수예〉에 10시간을 배당하였으므로, 여자의 수업시간이 대폭 증가하였으나 그 대신에 여자에게는 〈국어 및 한문〉 4시간과 〈도화〉 2시간을 줄였으므로 총 수업시수가 남자보다 4시간 많은 결과가 되었다.

또 각각 독립 교과인 국어와 한문이 〈국어 및 한문〉으로 통합되어 수업시수가 남자 40시간 여자 36시간이 되었으나, 구 규칙에서도 국어에 24시간(각 학년 매주 6시간)과 한문에 16시간(각 학년 매주 4시간)이 배당되었으므로 授業時數 상에는 변동이 없었다. 그러나 한문이 더 이상 독립교과이지 않은 것은 교육과정상의 지위가 이전보다도 저하된 것을 의미하고 있다.

〈표 1-7〉 (제1호 표) 보통학교 교과과정 및 매주 교수 시수표

학년 / 교과목	제1학년	제2학년	제3학년	제4학년
수신	1	1	1	1
국어 및 한문	남10 여 9	남10 여 9	남10 여 9	남10 여 9
일어	6	6	6	6
산술	6	6	6	6
지리역사				

이과			2	2
도화	2	2	남2 여1	남2 여1
체조	3	3	3	3
수예	2	2	3	3
창가				
수공				
농업				
상업				
계	남28 여29	남28 여29	남30 여31	남30 여31

운동회

마지막으로 학교행사로 가장 중요한 운동회에 관해서 그 동향과 내용을 살펴보기로 한다. 1895년 소학교령에서 체조가 정식 교과로 채용되고, 학교 체조와 兵式체조를 지도하였으나, 1896년 5월에 영어학교 운동회가 개최되고, 독립신문은 "오랫동안 학교에서 勉學한 후 맑은 날에 경치 좋은 곳에 가서 깨끗한 공기를 마시고 운동하는 것은 신체를 단련하는 데 중요하다"[129]라고 이를 칭찬하였다.

이를 계기로 체조와 운동이 학생의 발육상 중요하다는 것이 인식되고 나아가 관·공·사립소학교연합대운동회와 학교단독의 운동회가 각지에서 정기적으로 개최하게 되었다.

예를 들면 1905년 5월 13일 관·공·사립소학교연합대운동회는 훈련원에 수천 명이 참가하여 다음과 같은 종목으로 행하여졌고 각 대신, 協辦, 고등관, 각국 공사·영사, 각 학교장 등이 참석하여 종일 성대하였다.[130]

---

129) 『독립신문』 1896.5.5 雜報.
130) 『황성신문』 1905.5.12 雜報.

1. 100보 장애물경주	2. 200보 장애물경주	3. 提筐경주
4. 넓이뛰기	5. 씨름	6. 계산경주
7. 휴식	8. 높이뛰기	9. 이인삼각
10. 제등경주	11. 連脚경주	12. 투포환
13. 깃발 뺏기	14. 줄넘기	15. 훈시
16. 폐회식		

그리고 1907년 5월 관・사립학교연합대운동회에서는 행진(운동가), 연합체조, 각 학교체조와 기마전 등 신종목이 포함되어 종래와는 다른 내용이었다.131)

그 해 7월 강압에 의한 황제의 양위, 제3차 한일협약에 의한 한국내 정권 장악과 한국군대의 해산은 반일무장결의를 촉진시키고 의병투쟁이 전국적 규모로 확대되었다. 군대 해산의 결과, "학교에 있어서 이를 대신하는 것을 양성하지 않으면 도저히 이 나라를 독립시키는 것은 가능하지 않다"라고 하여 다수의 학교에서, "체조 연습을 위해 전념하고 혹은 야외연습・소풍 등에 전념하여 이를 고조시키기 위해서 나팔이나 북을 치는 고적대를 만들어 연습시키고 행진하는 것을 학교교육의 일환으로 한다"는 풍조가 생겨났다.

1908년 봄 평양이 있는 평안남도와 황해도 연합대운동회에서는 "참가 학교수는 200여 학교, 총인원은 7~8천 명에 달하며, 멀리서는 며칠의 여정으로 참가를 위해 오는 모습은 나팔을 불고 북을 두드리며 악대의 훈련을 흉내내어 행진하였다. 그들은 1주일 내지 10일의 귀중한 시간과 거액의 여비를 들일 뿐 아니라 양복과 목총을 새로이 장만하고 학부형을 동반하는 등의 제반비용을 합산하면 평양에서의 운동회 비용으로는 5~6만 원이라는 거액이 들었다"132)고 한다.

---

131) 『황성신문』 1907.5.3 雜報.

132) 앞의 『한국교육의 旣往 및 現在』, 14~15쪽. 또한 앞의 『조선교육사고』, 301쪽에도 "나팔, 북, 교련 또는 야외 유희의 上達은 모두 이 나라의

이와 같은 운동회의 폐해를 시정하기 위해 학부는 연합운동회를 府郡 단위로 제한하고 특히 한성관사립학교 연합운동회에 대해 별도로 훈령하여 지방에서 참가를 금지하였다. 그러나 이 지시가 전해지지 않아 학생을 인솔하여 入京한 학교도 있었고 훈령을 무시하고 상경한 학교마저도 있었다.

하지만 1908년 5월 13일 한성에서 연합운동회에 참가하려고 상경한 평안남도 영유군 사립 李花학교와 같이 "학생 64명이 참가를 위해 700리(70 일본리)를 교기를 앞세워 短銃을 가지고 曲號(나팔)을 불며 整齊隊伍를 이루어 한성에 들어왔고 연도의 구경꾼은 훌륭하다고 다들 칭찬하였다"[133]고 하는 것과 같이 보호조약체결에 비통해했던 민중은 이를 지지하여 박수를 보내고 일본의 한국에 대한 무례와 압박에 격렬하게 끓어오른 울분을 터뜨렸다.

의병항쟁의 고양에 애를 먹던 일본군은 군사 경찰력을 증강하여 그 진압에 힘썼기에 1908년을 정점으로 다음해 1909년에는 점차 후퇴기가 되었다. 그에 따라 각지의 운동회의 열기도 점차 수그러지고 학부의 당국자들도 안도하였다.

이렇게 하여 1909년 4월 30일 한성관사립학교 연합대운동회에는 칙사로서 시종 이명구가 파견되어 다음의 칙어와 금화 100엔이 내려졌다.[134]

부강을 이끄는 것이라고 하여 덕성과 지능은 개발하지 않고 오로지 체력만을 단련시켜 이 나라의 발전을 기다린다"고 비판을 하고 있다. 하지만 그 반면 1907년 10월 5일 전라북도 전주 鎭北亭에서 개최된 공립전주보통학교와 사립 5개교 연합운동회(참가학생 111명)에서는 행진과 군대식 체조는 없고 다음과 같은 유희적인 종목으로만 이루어졌다.

합동체조, 2인3각, 도보경주, 擬馬, 變步, 1인1각, 戱毬경주, 百足輪脫, 공던지기, 도보, 공줍기, 장애물, 물나르기, 글자줍기, 눈가리고 행렬, 눈가리고 공줍기, 제등, 軍艦, 鯉登瀧. 『황성신문』 1907.10.16 雜報.

133) 『황성신문』 1908.5.16 雜報.

> 짐은 관·사립학교 연합 대운동회의 성대함을 듣고 심히 기쁨을 금치 못하여, 특별히 시종을 파견하여 노고를 치하한다. 학도들은 짐의 뜻을 깊이 새겨 학업에 전념하도록 하여 짐이 바라는 바에 따르라.

또 그 해 5월 12일 관립한성고등여학교의 춘계운동회에서는 황제와 황후가 함께 참석하였다. 그러나 이 시기 일본의 對韓방침은 3년 반에 걸친 보호국 구조를 버리고 보호국에서 합병노선으로 전환시키고자 하였다.

4) 교원조직

1906년 9월 1일부터 시행된 보통학교령에 의해 새로운 보통학교가 발족하였으나, 학부는 각 관공립보통학교에 일본인 교원 1명씩을 배치하도록 하고,[135] 한성 내에 관립보통학교 외에 13도 관찰도 소재지에 다음과 같이 일본인 교원을 배치하였다.

수원 齊藤角治	충주 鹿田哲吉	공주 中村 活	전주 二町經夫
광주 山崎三郎	대구 西山熊助	진주 武笠貞幹	해주 大山一夫
평양 關根義幹	영변 進藤爲次郎	춘천 堀摠次郎	함흥 櫻井英一
경성 油田龜五郎			

이 중 大山一夫, 堀摠次郎, 武笠貞幹는 한성 내의 관립 소학교 시대부터 근무하였고[136] 堀摠次郎(주동소학교)의 전임자로 須永德五

134) 『황성신문』 1909.5.1 雜報. 학부대신도 또한 금화 50엔을 연합대운동회에 기부하였고 학부의 예산은 설비비 7~80엔, 상품 100여 엔, 음료비 100여 엔 합계 300여 엔이었다. 『황성신문』 1909.4.27 雜報.

135) 『황성신문』 1906.9.7 雜報. 각 관공립 학교의 일본교사 한명을 배치하고 합계 20여 명에게 월봉 50원부터 70원까지 우열 순위로 지급한다.

136) 『황성신문』 1906.3.13 雜報. 학부는 관립소학교의 학장에 대해 시데하

郞(교동소학교로 전임)가 있었다.[137] 武笠貞幹은 1899년 12월 원산 일본인 소학교장으로 임명된 후 1902년 1월 동교를 사임하고,[138] 관립소학교를 거쳐 진주(경남)에 부임하였으나, 얼마 후 퇴직하였다. 또 경성(함북)에 부임한 油田龜五郞는 1906년 11월 좋지 않은 일이 생겨 해임되었다.[139]

학부는 이 후에도 각지의 공립보통학교에 계속적으로 일본인 교사를 배치하였으나 선편 혹은 도보가 아니면 말을 이용할 수밖에 없는 열악한 교통 사정과 일본인을 싫어하는 당시의 풍조 때문에 부임지로 부임은 용이하지 않았다.

1907년 5월 강원도 강릉으로 부임한 伊藤藤太郞은 부산개성학교의 보조학교 경부계림일어학교의 주임교사였으나, 부임경로는 경주에서 경상북도의 영일, 흥해, 청하, 영덕, 영해, 평택 각 군을 동해안을 따라 북상하여 울진에서 삼척군까지는 한반도의 척추를 이루는 태백산맥이 동해안 가까이에서 급경사를 이루고 파도치는 험한 곳을 넘어 사람이 거의 없는 지역을 가지 않으면 안 되었다.[140]

한편 이미 기술한 바와 같이 정부는 1907년 12월 보통학교령을 일부 개정하여, 보통학교 직원은 교장, 교감, 본과훈도, 전과훈도,

---

라 타이라(幣原坦)와 협의하여 일어교사 乙訓綱助, 大山一夫, 須永德五郞, 武笠貞幹 4명을 장차 초빙할 것을 의결하였다. 한국으로 오는 경비 305엔.

137) 『황성신문』 1906.6.26 雜報. 鑄洞소학교 조교사 須永德五郞씨를 대신하여 일본인 堀摠次郞씨가 시찰 교수하였다.

138) 高尾新右衛門 편저, 『元山發展史』, 1905, 265쪽.

139) 『황성신문』 1906.11.10 雜報. 경성군 공립보통학교 교사 일본인 油田龜五郞는 교육에 주의태만하고 제반경비를 갈취하였기에 학부는 해당 군의 전보에 의해 이 교사를 즉각 해고하였다.

140) 『황성신문』 1907.5.22 雜報. 학부는 경주, 연일, 흥해, 청하, 영덕, 영해, 평택, 울진, 삼척 각 군에 대해 강릉군 공립보통학교 교사 일본인 伊藤藤太郞이 부임하는 경로에서는 도착시까지 각별한 보호를 하도록 훈령하였다.

본과부훈도, 전과부훈도로 하고, 교장과 교감은 본과훈도가 겸하기로 하였다(제12조). 그리고 교감은 "학교장을 보좌하여 학교장 사고 시, 그 직무를 대신해서 학도의 교육을 맡는다"고 하였다(제13조).

이에 대해 1908년 1월 1일 학부는 관립보통학교 8곳과 공립보통학교 41교(각도 관찰부 소재지 13학교, 그 밖 28교)에 관해서 교원의 인사이동을 발령하였으나,[141] 이 중 교감으로는 다음과 같이 49명의 일본인 교원이 배치되었다.[142]

관립

교　동 萩田 慶吉	제　동 藪內長五郎	어의동 田淵 續
인　현 上野 竹逸	수하동 池田太次助	정　동 笹山 章

---

141) 『관보』 제3982호 부록 1908.1.28.
한국인 본과훈도의 발령
교　동　박아상 유학수 김원우 이윤갑
제　동　김교희 신기덕 김건식 허 환
어의동　이용원 김영배 김종철 김진세 김희 안종렬 안동수 정지석
인　현　윤보영 이정구 박성근 박희명
수하동　유기준 김경연 정윤원 홍순찬
정　동　김현구 김영제 이동현
매　동　신현정 정규열 최용집
경　교　홍순영 백락환 심승덕
수원(경기) 김병대, 충주(충북) 조한설, 공주(충남) 심기섭, 전주(전북) 유춘희, 대구(경북) 엄성구, 진주(경남) 이준호, 해주(황해) 한관식, 평양(평남) 전덕용, 함흥(함남) 이석영, 경성(함북) 김달원, 안성(경기) 이무년, 개성(경기) 민관현, 홍주(충남) 이필구, 강경(충남) 박상환, 군산(전북) 이광래, 목포(전남) 이우정, 경주(경북) 조병선, 마산(경남) 윤태권, 진남포(평남) 이영식, 강릉(강원) 홍준표, 북청(함남) 한연수, 회령(함북) 강준규.

142) 관립보통학교의 교감 겸임 발령은 『관보』 제3988호 1908.2.4. 공립보통학교의 교감 겸임 발령은 『관보』 제3992호 1908.2.8.

매 동 高橋 敬後 경 교 原田 甚內

자료: 『관보』 제3988호 1908.2.4

공립

수원(경기) 齋藤 角治 충주(충북) 慶田 哲吉 공주(충남) 中村 造
전주(전북) 二町 經夫 광주(전남) 山崎 三郎 대구(경북) 西山 熊助
진주(경남) 古市橋之助 춘천(강원) 塚 摠次郎 평양(평남) 關根 義幹
영변(평북) 進藤爲次郎 해주(황해) 大山 一夫 함흥(함남) 櫻井 英一
경성(함북) 黑木 虎男 안성(경기) 筒井松太郎 인천(경기) 原田佐一郎
개성(경기) 妹尾 彰 청주(충북) 山下 義正 홍주(충남) 田上 兵吉
강경(충남) 小佐々峯太郎 군산(전북) 桑島 兼三郎 남원(전북) 照屋 敏夫
목포(전남) 須永德五郎 제주(전남) 橋口龍太郎 나주(전남) 根本 貞吉
경주(경북) 山田民治郎 성주(경북) 吉良 逸世 상주(경북) 高野 寬
동래(경남) 右田 乘辰 마산(경남) 黑木 源二 위산(경남) 家村 甚七
황주(황해) 平泉 弘人 진남포(평남) 上田 富彌 안주(평남) 一瀨 幸雄
의주(평북) 湯本 勵 정주(평북) 石井 淸 원주(강원) 早川 勇
강릉(강원) 伊藤藤太郎 원산(함남) 川口 卯橘 북청(함남) 樋口虎之助
성진(함북) 渡邊政太郎 회령(함북) 大坂金太郎

자료: 『관보』 제3992호 1909.2.8

학부는 위의 기술대로 1908년 4월 갑종 공립보통학교 8개교를 증설하고 각 학교에 한국인 본과훈도와 부훈도 각 한 명을 배치하도록 하는 한편 다음과 같이 각 학교 교감으로 일본인 본과훈도를 발령하였다.[143)]

143) 1908.4.25 임 본과훈도 (『관보』 제4064호 1908.5.4). 또한 『관보』 제4063호.
강화(경기) 김노경, 여수(경기) 이근성, 온양(충남) 신범휴, 고부(전북) 오창근, 영암(전남) 김계식, 진남(경남) 최기승, 밀양(경남) 노백용, 평양(평남) 김태석 ←학급增

강화(경기) 大竹 倜造　여주(경기) 百瀨重四郞　온양(충남) 山下 義正
고부(전북) 瀨戶勇太郞　영암(전남) 淺沼 禎一　진남(경남) 堺 昴
밀양(경남) 黑駒 娛吉　선천(평북) 坂井 敬一

여기에서 1908년 7월 현재 관·공립보통학교 교감인 57명에 대해 살펴보자. 먼저 前任地는 다음과 같이 홋카이도부터 오키나와현까지 22道府縣에 이르고 그 중 동경부의 12명이 가장 많고, 가고시마현의 7명에 이어 오카야마현과 후쿠오카현이 4명, 사가현과 나가사키현의 3명이 그 뒤를 따르고 각 현 2명인 곳이 8현, 각 현 1명인 곳이 8현이었다.

동경부에서 부임이 가장 많은 이유는 문부성이 중심이 되어 渡韓교원 모집을 추진하였기 때문으로, 결과적으로 그 주변의 인물 가운데서 20% 이상의 인재를 발굴하게 되었다. 또 큐슈지방이 전체의 3할을 차지하고, 중 시코쿠지방이 그 다음인 것은 지리적으로 한국에서 가까운 것이 이유였다고 보여진다. 그 밖에 가고시마현은 동경부에 이어 많으나 이는 중앙정계의 정치적 영향이 있었다고 보여진다.

東京府(12) 萩田慶吉　二町經夫　池田太治助　鹿田哲吉　桑島兼三郞　照屋敏夫　淺沼禎一　家村甚七　右田乘辰　大山一夫　湯本 勵　渡邊政太郞
鹿兒島縣(7) 原田甚內 原田佐一郞 岩重善太郞 橋口龍太郞 黑木源二 鹿子木義正 山下義正
岡山縣(4) 田淵 續 山本哲太郞 中西蓑吉 妹尾 彰
福岡縣(4) 櫻井英一 筒井松太郞 早川 勇 坂井敬一
佐賀縣(3) 西山熊助 關根義幹 瀨戶勇太郞
長崎縣(3) 小笹峯太郞 山田民次郞 堺 昴
北海道(2) 田上兵吉 大坂金太郞
旅木縣(2) 齋藤角治 黑駒娛吉

茨城縣(2) 黑木虎男 根本貞吉
新潟縣(2) 樋口虎之助 大竹限造
福井縣(2) 笹山章 高野寬
岐阜縣(2) 土本錄三郎 塚摠次郎
三重縣(2) 藪內長五郎 古市橋之助
香川縣(2) 山崎三郎 藤本玄治
福島縣(1, 이하 동일) 平泉弘人 長野縣 百瀨重四郎 愛知縣 伊藤藤太郎 大阪府 須永德五郎 山口縣 上野竹逸 高知縣 吉良逸世 熊本縣 一瀨幸雄 沖繩縣 中村 造

또 교감의 이전 이력은 다음과 같이 소학교장과 군 시찰관이 반수를 차지하고, 그 밖의 대다수는 소학교 훈도였으나 사범학교 훈도(山本哲太郎), 중학교 교원(藤本玄治, 一瀨幸雄), 농업학교교원(妹尾 彰, 百瀨重四郎)도 소수 포함되어 있다. 그런데 전원이 퇴직하여 渡韓한 것이 아니라 현에 따라서는 재직 중 혹은 휴직으로 보내어졌다.

소학교장 萩田慶吉 藪內長五郎 田淵 續 上野竹逸 池田太次助 笹山 章 土本錄三郎 原田甚內 田上兵吉 小佐々峯太郎 桑島兼三郎 橋口龍太郎 根本貞吉 山田民次郎 吉良逸世 高野 寬 右田乘辰 平泉弘人 齋藤角治 樋口虎之助 淺沼禎一 堺 昴
군시찰관 山崎三郎 關根義幹 鹿子木義明 黑駒鉚吉 坂井敬一 大竹倜造

학부는 공립보통학교를 더욱 증설하여 신교육 확대를 꾀하려고 하였으나 국가 재정에 그만한 여유는 없었고, 이듬해 1909년 중에 증설된 것은 공립부산보통학교(교감 上野竹逸) 1개교 뿐이었다. 여기에 학부는 싼 경비로 모범교육의 결실을 맺고자 기존의 시설을 이용하는 것을 생각하여 을종 공립보통학교 8개교와 사립학교 23개교를 선택하여 보조지정교로 한 것은 위에서 언급하였으나 그 해

5월 이후 12월까지 다음과 같이 일본인 교감을 발령하여 통역교원으로 한국인 부훈도를 배치하였다.144)

을종 공립보통학교

남양(경기)佐土原雄助 양주(경기)多屋智成 진도(전남)笹田德郎
담양(전남)齋藤眞太郎 곽산(평북)串原網五郎 철원(강원)長崎猶作
정평(함남)久場政用 고원(함남)吉永貞

사립보통학교

파주군 광홍(경기) 宮下政興 영동군 영동(충북) 早川勇
옥천군 창명(충북) 大野德市 직산군 경위(충남) 仙波武平
감포군 청출(충남) 田中稔 김제군 삼성(전북) 橋爪亭造
함열군 창명(전북) 續 龜友 장흥군 장명(전남) 高野寬
안동군 안동(경북) 井本爲熊 연일군 광남(경북) 松村恒喜
청도군 청도(경북) 若林勇 하동군 하동(경남) 林田格太郎
거제군 거제(경남) 千家曉三郎 동래군 육영(경남) 池田太郎助
단홍군 단홍(황해) 吉良逸世 장연군 우신(황해) 木左貫喜代助
봉산군 경산(황해)岡村正名 재녕군 양원(황해)松下菊治
숙천군 숙명(평남)小佐々峯太郎 영유군 이화(평남)小松玉六
철산군 한홍(평북)筒井松太郎 용천군 창명(평북)大塚忠衛
명천군 진성(함북)木戶勝

그리고 이듬해 1910년에도 이미 언급한 바와 같이 을종 보통학교 5개교와 사립보통학교 5개교를 보조지정학교로 하고 각 학교에 다

144) 『황성신문』 1909.5.25 雜報. 지방학교 중학부의 인가를 받은 사립보통학교 중 30개교를 골라 일본인 교감 1명을 배치하도록 정해져 있지만 해당 교감은 일본군사학 및 고등소학교장 중에서 채용하여 공립보통학교 훈도 겸 교감의 자격으로 근무하도록 한다. 또한 특별히 한인교사 1명을 통역으로 하여 해당 통역은 관립한성사범학교 속성과 우등 졸업생을 선발하여 채용한다.
일본인 교감 30명과 한인교사들은 날을 정하지 않고 부임한다.

음의 일본인 교감과 한국인 부훈도를 발령하였다.

을종 공립보통학교
금성(강원) 坂井友義　　일신(평북)武光軍藏　　단천(함남)荒木猪熊
종성(함북) 石井勘吾　　경흥(성북)島川信哉

사립보통학교
제천군 부명(충북) 齋藤角藏　　순천군 순천(전남) 田代萬吉
대구군 수창(경북) 大平郡治　　성천군 동명(평남) 岩佐彥二
부녕군 청진(함북) 市川庄五郎

이상의 경과를 총괄하여 1910년 8월 한국 병합 전후까지 인사이동의 특징을 정리해 보자. 먼저 교감의 이동은 관립에서 공·사립으로, 공립에서 관·공립으로 교류인사가 행하여지고 비교적 생활조건이 좋은 남부지방부터 북부지방의 함경도와 평안도로 전임도 있었다.

예를 들면 갑종 공립보통학교의 경우, 齋藤角治(수원에서 원산으로), 古市橋之助(진주에서 의주로), 右田乘辰(동래에서 평양으로), 大山一夫(해주에서 진남포로)가 그러하며 반대로 黑木虎男(경성에서 성주로), 湯本勵(의주에서 청주로)와 같이 僻地에서 불러들이는 예도 있었다. 하지만 川口卯橘(원산), 樋口虎之助(북청), 渡邊政太郎(성진)과 大坂金太郎(회령)의 4명은 모두 함경도 내에 근무하는 채로 僻地에서 떠나는 경우는 없었다.

또한 재임 중에 田上兵吉(홍주), 石井清(정주), 百瀨重四郎(여주), 山下義正(온양) 4명이 불행히도 사망하였고, 進藤爲次郎(영변), 藤本玄治(영변), 須永德五郎(목포), 小松兼吉(제주), 黑木虎男(성주), 一瀨幸雄(안주), 瀨戶勇太郎(고부), 笹田德郎(진도), 久場政用(정평), 小松玉六(영유군 이화)의 10명은 중도에서 자진 사퇴하였다.

영변의 교감 進藤爲次郎와 藤本玄治가 2명 연속으로 자진 사퇴를 한 이유는, 그 지역이 평안북도 관찰도의 소재지였음에도 불구하고 1908년 이를 압록강 하류의 의주로 옮길 정도로 도내 동남쪽의 벽지에 위치하여 교통이 불편하고 겨울에는 바람이 세차고 근무조건이 매우 힘들었기 때문으로 보여진다.

山崎三郎(수원), 關根義幹(평양), 鹿子木義明(정주) 3명은 각 도내의 교육행정을 담당하는 道主事(敎育主務主事라고 한다)로 전출되었으나, 그 전력은 모두 군시찰관이었다. 또 교감에서 해임되어 일반 훈도로 전임한 자는 高橋敬後(매동), 上田富彌(진남포), 川口卯橘(원산) 3명으로 이 중, 川口는 1908년 5월에 공립회령보통학교 훈도로 발령되었으나 실제로는 사립간도보통학교학교 근무였다. 당시는 아직 보조지정 학교제도가 없어서 학부 교원을 사립학교에 초빙하는 것이 불가능했으므로 어쩔 수 없이 반대편의 공립 회령보통학교를 재적교로 한 것이다.

그리고 반대로 일반 훈도에서 교감으로 다른 학교로 전근한 자로는 土本錄三郎(매동으로)가 있다. 또 川口卯橘는 사립 간도보통학교에서 훈도인 채로 근속하여 1910년 4월 그 학교 교감 겸임이 되었다. 최종적으로 교감을 겸하지 않은 일본인 훈도는 上田富彌(어의동), 高橋敬後(평양)와 太鼓矢五一(진성) 3명이었다.

게다가 각 교감의 대우는 판임관 5급봉 또는 6급봉으로 아래 판임관 봉급표에 따라 월 액이 환산되면 각각 30엔과 25엔이었으나, "日韓人 각각의 봉급령을 두어 사정에 따라 본봉을 동일시하고 일본인에 한해서는 상당한 수당을 지급하는 제도를 채용하여 한국관료가 된 일본인의 봉급 및 수당은 대략 재한 제국관료 특히 통감부 관료의 본봉 및 재근봉 합계액을 표준으로 하여 이를 정한다"145)고

145) 『제1차 한국시정연보』 통감관방, 1909, 59쪽.

하여 본봉과 같은 액수 정도의 수당이 더하여졌다.

판임관 봉급표

1급	2급	3급	4급	5급	6급	7급	8급	9급	10급
600	540	480	420	360	300	240	180	144	120

관공사립 보통학교 교감 일람

① 관립보통학교 1908.1.1 발령 1910.4.1부터 공립보통학교로 변경

교 동 萩田 慶吉
재 동 藪內長五郞 08.12.28 해주로 08.12.28 今井猪之助(사범학교부속)

어의동 田淵 續
인 현 上野 竹逸 09.5.11 부산로 09.5.11 二町 經夫(전주)
수하동 池田太治助 09.5.21 동래부사립육영으로 09.5.27 鹿子生儀三郞
정 동 笹山 章
매 동 高橋 敬後 08.5.6 평양(훈도)으로 08.5.6 土本錄三郞(어의동훈도)
경 교 原田 甚內

② 갑종공립보통학교 1908.1.1발령

수원(경기) 齋藤 角治 08.5.6 원산으로 ″. ″. ″ 山崎 三郞(광주) 09.4.9 도주사로 09.8.10 豊田長智
충주(충북) 鹿田 哲吉
공주(충남) 中村 浩 09.5.21 동래로 09.6.12 知覽芳之助
전주(전북) 二町 經夫 09.5.21 인동으로 ″. ″. ″ 守山五百足
광주(전남) 山崎 三郞 08.5.6 수원으로 09.5.21 山本哲太郞
대구(경북) 西山 熊助
진주(경남) 古市橋之助 09.5.21 의주로 ″. ″. ″ 井上嘉六
해주(황해) 大山 一夫 08.5.6 진남포로 08.5.2 中西 蓑吉 08.12.28 홍주로 ″. ″. ″ 藪內長五郞 (재동)
평양(평남) 關根 義幹 09.4.9 도주사로 09.5.21 右田乘辰(동래)
영변(평북) 進藤 爲次郞 08.4.17 의원면직 08.5.15 藤本玄治 09.12.1 의원면직 ″. ″. ″ 大塚忠衛
춘천(강원) 堀 摠次郞

함흥(함남) 櫻井 英一
경성(함북) 黑木 虎男 09.5.21성주로 09.5.31 福寄幸三郎
제2기개설 28곳 1908.1.1 발령

안성(경기) 筒井松太郎 09.5.21 철산군 사림한흥으로 09.5.26 中山源市
인천(〃) 原田佐一郞
개성(〃) 妹尾 彰
청주(충북) 山下 義正 08.5.6 온양으로 08.5.29 岩重善太郎
홍주(충남) 田上 兵吉 08.9.7사망 08.12.28 中西 蓑吉(해주) 10.12.5 의원면직
강경(〃) 小佐々峯太郎 09.5.21 숙천군 사립숙명으로 09.5.21 湯本 勵(의주)

군산(전북) 桑島兼三郎
남원(〃) 照屋 敏夫
목포(전남) 須永德五郎 10.4.8 의원면직 10.5.29 立野新五郎
제주(〃) 樋口龍太郎 09.5.21 원주로 09.6.21 小松兼吉 10.8.26 의원면직
나주(〃) 根本 貞吉
경주(경북) 山田民治郎
성주(〃) 吉良 逸世 09.5.21 단홍군 사립단명으로 〃. 〃. 〃 黑木虎男(경성) 10.6.20 의원면직
상주(〃) 高野 寬 09.5.21 장홍군 사립장명으로 09.5.29 龜山佐右太
동래(경남) 右田 乘辰 09.5.21 평양으로 〃. 〃. 〃 中村浩(공주)
마산(〃) 黑木 源二
울산(〃) 家村 甚七
황주(황해) 平泉 弘人
진남포(평남) 上田 富彌 08.5.6 어의동(훈도)으로 〃. 〃. 〃 大山一夫(해주)
안주(〃) 一瀨 幸雄 9.3.20 의원면직 09.6.12 南 庄之助
의주(〃) 湯本 勵 09.5.21 강경으로 〃. 〃. 〃 古市橋之助(신주)
정주(〃) 石井 淸 08.2.13 사망 08.3.18 鹿子木義明 10.5.18 도주사로 〃. 〃. 〃 森 新助
원주(강원) 早川 勇 09.5.21 영동군 사립영동으로 〃. 〃. 〃 橋口龍太郎(제주)

강릉(〃) 伊藤藤太郎
원산(함남) 川口 卯橘 08.5.16 회령(훈도)으로 08.5.4 齋藤角治(수원)
북청(〃) 樋口虎之助
성률(〃) 渡邊政太郎
회령(〃) 大坂金太郎
제3기 개설

강화(경기) 08.04.30 大竹 僴造
여주(〃) 08. 5. 6 百瀨重四郎 09.8.5 사망 09.10.21 淸水善佐衛門
온양(충남) 08. 5. 6 山下 義正 08.12.18 사망 09.2.3 延 豊次
고부(전북) 08. 5. 2 瀨戶勇太郎 10.4.15 의원면직 10.5.18 曾田 斧次郎
안암(전남) 08. 5.31 淺沼 禎一
진남(경남) 08. 5. 9 堺 昴

밀양(〃) 08.5. 6 黑駒 鍘吉
부산(〃) 09.5.11 上野 竹逸
선천(평북) 08.5. 4 坂井 敬一

③ 을종공립보통학교 13곳 중 18곳(사립보통학교 5곳을 공립보통학교로 전환하였기 때문)

양주(경기) 09.5.24 多屋 智成
남양(경기) 09.6.28 佐土原雄助
진도(전남) 09.5.31 笹田 德郎 09.12.14 의원면직 09.12.14 吉田勝久馬
담양(전남) 09.9. 3 齋藤眞太郎
곽산(평북) 09.7.15 串原網五郎
철원(강원) 09.5.26 長崎 猶作
정평(함남) 09.5.31 久場 政用 10.5.1 의원면직 〃. 〃. 〃 河井 軍次郎
고원(함남) 09.7. 9 吉永 貞
금성(강원) 10.6.23 坂井友義
일신(평북) 10.8.27 武光軍藏
단천(함남) 10.8.28 荒木猪熊
종성(함북) 10.8.27 石井勘吾
경흥(성북) 10.4.29 島川信哉

④관비지급 교원을 둔 사립보통학교

파주군 광흥(경기) 09.6.19 宮下政興 〈10.2.26 공립파주로 전환〉
영동군 영동(충북) 09.5.21 早川勇 〈10.2.26 공립영동으로 전환〉
옥천군 신명(충북) 09.6.20 大野德市 〈10.2.26 공립옥천으로 전환〉
직산군 경위(충남) 09.6.26 仙波武平 〈10.2.26 공립직산으로 전환〉
감포군 청출(충남) 09.7. 9 田中稔 〈10.2.26 공립감포로 전환〉
김제군 삼성(전북) 09.6.25 橋爪亭造
함열군 창명(전북) 09.5.24 續 龜友
장흥군 장명(전남) 09.5.21 高野寬(상주)
안동군 안동(경북) 09.5.31 井本爲熊
연일군 광남(경북) 09.5.31 松村恒喜
청도군 청도(경북) 09.5.25 若林勇
하동군 하동(경남) 09.6.15 林田格太郎
거제군 거제(경남) 09.8. 6 千家曉三郎

동래부 육영(경남) 09.5.21 池田太治助 (수하동)
서흥군 서명(황해) 09.5.21 吉良逸世(성주)
장연군 우신(황해) 09.7. 3 木佐貫喜代助
봉산군 경산(황해) 09.6.15 岡村正名
재령군 양원(황해) 09.8. 6 松下菊治
숙천군 숙명(평남) 09.5.21 小佐々峯太郎(강경)
영상군 이화(평남) 09.6. 9 小松玉六 10.8.28 자진면제
철산군 한흥(평북) 09.5.21 筒井松太郎(안성)
용천군 창명(평북) 09.7. 3 大塚忠衛 09.12.1 영변으로 09.12.24 松尾作治
명천군 명천(함북) 09.7.19 水戶勝
제천군 부명(충북) 10.6.19 齊藤角藏
순천군 순천(전남) 10.5. 2 田代萬吉
대구부 수창(경북) 10.5.12 大平郡治
성천군 동명(평남) 10.5.21 岩佐彥二
부녕군 청진(함북) 10.5.24 市川庄五郞
간도(靑國 간도 6도구 용정촌) 10.4.6 川口卯橘(회령 훈도)

5) 학교운영상의 문제점

학부는 열악한 교육예산 중에서 관·공립보통학교의 교육내용을 충실히 하여 그 모범을 일반에게 보이고자 하였으며 교감은 신교육을 추진하기 위한 모범교육의 책임자로서 "교장 및 그 외 직원을 補導하여 경영 및 교수하는 사실상 학교의 수뇌로 한다"[146]는 임무를 가졌다.

학부는 1908년 1월 이후 각 학교에 배속되어있던 교감 등(관립한성사범학교 부속보통학교 수석 훈도를 포함한 관립보통학교 교감 또는 훈도 11명, 공립보통학교 교감 또는 훈도 49명)을 한성으로 소집하여 한성사범학교를 회장으로 그 해 7월 15일부터 1주간 교감회의를 개최하였다.

그 자리에서 이재곤 학부대신은 다음과 같이 ①선각자로서 한국인 교원의 지도를 바란다. ②사립학교와의 원만한 관계를 구축하기 바란다. ③나팔을 불거나 대운동회를 개최하여 과업을 소홀히 하는 폐풍을 그만두도록 하는 일에 힘써주기를 바란다고 훈시하고 더욱이 "학생을 위해서 뿐만 아니라 일반 인민을 위해서 모범"이 되길 바란다고 덧붙였다.[147]

1. (한국인 교원에 대해) 선각자로서 지도할 바의 길을 걸어야 하며, 한국인의 의향을 살펴 해가 없도록 노력하고 그들의 의견을 존중하며 시대에 맞지 않아도 부정하지 말고 받아들여 오해가 없도록 해야 한다.
2. 보통학교와 사립학교 사이가 조화를 이뤄 원만하여야 한다. 본 대신의 뜻에 따라 항상 그들과 접근하여 상호 의혹을 없애고 서로에게 성의를 보여 협력하며 모범학교가 되도록 노력해야 한다.

---

146) 앞의 『한국교육』, 9쪽.
147) 학부, 『제2회 관공립 보통학교 교감회의요록』, 1908.

3. 최근 교육부흥의 기운과 함께 그들에게 선진국의 형태만을 모방하여 그 실질을 망각하는 경향이 나타나는 것은 대단히 유감스러운 현상이다. 본 대신은 과감히 이런 상황에 뛰어들어 적극적으로 허황된 것을 없애고 실리를 얻어 착실, 근면의 기풍을 조성하는데 노력할 것을 바란다.

이어서 학부차관 타와라 마고이치(俵孫一)도 훈시에서 "교장의 대부분이 신교육 경험이 없으므로 시설 경영의 거의 모두를 교장에게 맡기지 말고 제군들이 협력해야 한다"고 하여 교감이 실무상의 책임자인 것을 강조하고, 또 "단, 학교내의 학도 교육에 그치지 말고 사회 일반의 교육도 한다는 각오가 필요하다"고 하여 교감이 학교 교육뿐 아니라 지역사회의 지도자로서의 자각을 가지기를 촉구하였다.148)

그러나 보통학교에서 행하는 신교육은 민중에게 이해되지 않아 보통학교의 개설을 기뻐하는 상황은 아니었다. 이 때문에 일본인 교감의 고충은 실로 컸으며 그 동안의 사정에 관해 학부는 『한국교육의 현상』을 통해 설명하고 있다.149)

---

148) 주 147)과 같다. 또한 동년 7월 28일에는 曾禰荒助 부통감이 교감 전원을 통감 관저에 소집하여 "한국의 교육은 장래 어떻게 하면 좋은가 하면 될 수 있는 한 虛를 버리고 實을 택하는 것에 귀착하지 않으면 안 된다. 또한 나아가서는 말이 많은 사람을 적게 두고 농상공 등 즉 실업에 종사하는 사람을 많이 두지 않으면 안 된다. 앞으로 30년 정도는 이러한 방침으로 하지 않으면 이 나라는 부강해질 수 없다. 나라가 부강하지 않으면 이 나라는 발전하지 않을 것이다"라고 훈시하고 현실의 한국사회에서는 토론이나 연설을 좋아하고 탁상공론에 빠져 이론만 앞세우고 실천을 하지 않는 악습이 있기 때문에 허를 버리고 실을 택하며 실업교육에 힘을 쏟아야 한다고 역설하였다(동『요록』 부록).

149) 학부, 『한국교육의 현상』, 1910, 20~23쪽.

제1. 정부의 시설에 대한 것. 정부가 새로이 학교를 경영하여 이를 공립보통학교라 칭하고 수업을 개시하였으니 지방 인민은 이를 정부의 시설에 관계된다고 하여 소위 관학이라 한다. 지방의 자제는 사학에서 배워야 하며 관학에서 배워서는 안 된다고 음양으로 반대하는 형적을 인정하였다. 이는 지방 인민이 정부의 건의를 이해하지 못한 까닭으로 종래 한국의 행정이 인민을 중심으로 생각하지 않았으며 관리는 사리사욕을 취하여 수시로 誅求하여 재물을 압수하는 등의 결과, 얼마나 관민의 의사 상소가 반영되지 않았다는 면을 볼 수 있다.

제2. 일본인에 대한 것. 학교 경영의 주된 일본인 교원에 대해서도 당초에는 일반 일본인에 대한 것과 같이 동일하게 혐오감을 갖고 각종 유언을 퍼뜨리며 그 경영을 방해하려 하였다. 즉 어떨 때는 일본인은 보통학교를 설립하여 아동을 교육해 일본인화 시키려 하였고, 졸업 후는 일본에 납치하여 병졸이나 종군 노예로 만들려고 하거나, 일본인의 경영에 관계되는 보통학교에 입학하면 이는 일본인에게 복종하는 것이라는 등의 유언비어로, 중류 이상의 학부형은 이러한 유언을 듣고 그 자제의 취학을 주저하였으며 나아가 지방에 있는 보통학교에 대해서는 중류이하의 자제를 입학시키는 것은 소위 빈민학교가 되는 것이라고 악평을 퍼뜨린다고 까지 하였다.

제3. 교과목에 대한 것. 종래 지방에 있어서는 구학을 중시하고 학교에 있어서는 단지 사서삼경의 문자를 습득하는 것에 그쳤으며, 보통학교의 교과목은 이것과 현저하게 다르다는 것으로 인해 각종 비난을 일으켰으며 즉 신교육은 독서, 산술, 일어 등으로 현재 한국에서 일상 생활상 필요한 것을 학습시켰으니, 언문의 교수에 대해 불만을 말하여 한학의 시간 수가 적은 것을 보고 이것을 악평하였고 특히 일어에 대해서는 각종 유언을 퍼뜨려 이는 일본어를 공부시켜서 한국의 국민성을 말살시키려고 하는 의도가 있다고 하였다.

제4. 수업시간에 대한 것. 구학 시대에는 오로지 경학을 읽어 외우는 것에 그쳐 교사의 면전에 있어서 수업시간을 제한하는 것도 아니고, 교과과정을 설치한 것도 아니며, 아동은 아침에 나가서 저녁에 돌아오는 것을 예로 하여 마치 옛 일본의 서당과 비슷한 형태였으나 보통학교에서는 매일 일정한 수업시간을 정하여 1일 5시간을 부과한 것에 대하여 학도학력의 上進을 우려하였으나 한편으론 학생의 낮시간 귀가를 꺼려하는 경향이 있었다.

이는 말하자면 조선시대의 군현제는 정부가 임명하는 지방관이 2~3년 단기간 재임하고 그 동안 "취임운동비로 군수는 千貫 이상이 필요하고 관찰사는 萬貫 이상이 필요하다"는 매관운동비를 속히 얻기 위해 온갖 횡포를 다하고 "정치는 유명무실한 정도가 아니라 오히려 민중에게 해가 되는 것"150)이었기에 정부가 학교를 개설하여 자제들에게 공교육의 기회를 부여하고자 하여도 그 진의가 이해되어지지 않았다.

또 개항이래 날이 갈수록 증가한 일본인은 미곡을 사들여 수출하여 쌀값의 폭등을 조장하고, 면포 등의 공업제품을 수입하여 土布(역자주: 수공방적으로 생산된 면포)의 생산을 압박하여 민중의 생활을 힘들게 하고, 혹은 곡창지대에 정착하여 위법으로 토지를 매수하는 자가 있었다. 그리고 정치적으로는 외교권을 박탈하고 내정의 실권도 전면적으로 통감이 갖게 된 점에서 배일의 풍조는 점점 커지고 전국에서 반일감정이 일어나는 결과가 되었다.

때문에 한국인 교원뿐 아니라 일본인 교원이 학교의 중심이 되어 운영하는 것에는 저항감이 있었다. 그 뿐 아니라 일률적으로 일본어를 공부시키고 한학의 학습은 소홀히 하고 정자가 아닌 한글을 학교에서 가르치는 것에 납득하지 않았다.

게다가 서당에서는 신체를 전후좌우로 흔들며 종일 큰 소리로 고전을 읽으며 암창하고 저녁 늦게 집으로 돌아갔으나 공립보통학교는 학습시간이 5시간 정도로 짧고, 하교시간이 빨랐으므로 교육효과를 의심하는 것도 무리는 아니었다.

---

150) 앞의 『한국토지농산조사보고－경상도・전라도』, 285·287쪽.
"각 지역 내외의 길 옆에 관료 송덕비를 나열하는 것을 보면 참으로 그 덕을 칭송하고 있지만 관리의 폭정을 조금이라도 덮으려고 하는 저의가 나타나있다고 한다. 관리가 새로이 임명되면 착임하기도 전에 미리 나무판으로 된 가짜 송덕비를 만들어 선정을 칭송하는 문구를 써서 도로변에 세운 것을 보면 그 저의가 명백하다."

또한 모든 학교도 재정이 빈약하여, 학교경영 상 필요한 경비 조달에 고심하였다. 갑종 공립보통학교에서는 교원의 봉급이나 교사의 신축을 비롯하여 중요한 수업 비품 등은 전부 국고보조에 따랐으나, 일꾼의 급료와 소모품비, 연료비, 식전비151) 등, 연간 500~600엔은 지방에서 조달하지 않으면 안 되었다.

보조지원학교에서는 학부가 파견한 일본인 교원 1명과 한국인 교원 1명의 봉급은 나라에서 부담하였으나, 그 밖의 경비는 일체 스스로의 재원에서 해결하지 않으면 안되었다. 따라서 학부 파견교원 이외의 교원 급여를 비롯한 교사의 증개축, 수업용 기구, 책상 의자 등의 경비를 벌기 위해서 그 재원을 學田이나 관례적으로 지방 잡세의 수입 외에 기부금 등에 의존하지 않으면 안되었다.

그러나 학전, 양사전, 양제전 등의 기본재산 외에 정기 시장에서의 물자매매에 과세하여 시장세를 징수하고, 그 일부를 학교의 수입으로 하거나, 영세한 渡船業者에게 과세하여 도선세를 학교 수입으로 한다는 것은 이치에 맞지 않았고, 기부금을 강요하여 자신의 욕심을 채우는 예가 끊임이 없었다.

이와 같이 공립보통학교나 보조지정학교의 경영은 많은 곤란한 문제를 안고 있었기 때문에 학부가 소집하는 교감회의도 다음과 같이 학생 모집에 관한 정보 교환이 제1의 중요의제로, 다음으로

---

151) 군산(전북)에서는 교사가 신축 낙성되었지만 비용이 없어서 낙성식이 취소될뻔 하였으나 지역 유지가 변통하여 기부금을 모아 성공하였다(『황성신문』 1907.11.28 雜報). 공립 군산보통학교는 금월 10일에 교사 신축낙성식을 거행해야만 하지만 그 비용이 없어서 해당 港법무관 보좌 일본인 鈴木林次씨 및 해당학교직원 모두가 교육상 필요한 의식이라고 순회 설명하여 3일만에 기부금이 300엔에 달해서 당일 식장에는 내외 유지 신사 수백명이 합동 참석하고 오전 10시부터 12시까지 의식을 거행하고 식이 끝난 후 식사가 끝난 후 운동회를 개최하여 종일 성대하게 지냈다.

는 필요경비의 재원과 학교를 둘러싼 사회환경의 동정이 논의되었다.[152)]

1. 본년 학도모집의 정황 및 의견 2. 각 지방에서 지출한 경비 및 기본재산에 관한 정황 여하 3. 보통학교에 대한 지방인사의 의견 여하 4. 보통학교의 설비 및 집무상에 관한 각 학교 교감의 의향 여하 5. 사립학교의 정황 및 사립학교와 보통학교의 관계 여하 6. 현행법규에 대한 의견 여하 7. 봉급, 수당, 사택료 지급 절차 개정의 건 8. 하기 휴업중의 학도 교양상의 주의 여하 9. 여름 학도 모집의 시기 여하(1908년 7월 교감회의)

이들 문제에 대해『제2회 관공립보통학교 교감회의요록』에 기록된 각 교감의 보고와 신문보도 등에 의하면, 학생모집에 관해서는 다음과 같이 면장과 군수 등의 협력을 얻거나, 경찰의 강제력을 이용하는 것이 있었으나 학무위원과 서당 교사 등 유력자의 원조도 유효하였다.

학무위원[153)]은 각 관・공립보통학교마다 위촉되어 관・공립보통

---

152)『황성신문』1908.7.17 雜報 교감회의 諮問사항.

153) 1908.6.22 학부훈령 제66호 학무위원 규정준칙.

제1조 관공립 보통학교 소재지에서는 필요에 따라 학무위원을 둔다.

제2조 학무위원은 관공립 보통학교에 관하여 다음 사항에 따라 부윤 군수 학교장을 보좌하고 또한 그 諮問에 따라 의견을 말한다.

1. 입학의 권유 및 출석의 독촉에 관한 사항
2. 설비에 관한 사항
3. 그 밖의 보통교육에 관한 사항

제3조 학무위원의 인원수는 관공립 보통학교 한 학교에 대해 7명 이하로 정한다.

제4조 학무위원은 관찰사 및 한성부윤이 위촉한다.

제5조 학무위원의 임기는 2년으로 한다. 단, 보결취임자의 임기는 전임자의 잔여임기로 한다.

제6조 학무위원은 명예직으로 한다.

제7조 부윤 혹은 군수가 필요하다고 인정할 때, 또는 학교장의 청구

학교로의 입학의 권유를 비롯하여 학교경영에 참가하는 역할이 기대되었다. 또 졸업생과 재학생을 이용하여 입학을 권유하거나 신문광고와 전단지, 가두연설, 악대를 이용하는 등 다채로운 행사가 펼쳐졌다.

> 면장을 소집하여 권유에 전력을 다해 효과를 올릴 것을 알리고 군수와 협력하여 각 면에 5명 앞으로 의무적으로 학생을 입학시키도록 한다(전북・남원). 군수에 의뢰하여 강제적으로 모집(충주・충북)
> 해주공립보통학교의 학생 모집의 경우 해당 군민정의 불안정한 정세로 응모자가 없었으나, 황해도 참사관 박희로는 이때 교육을 폐지하는 것은 인정할 수 없다고 하여 강제적으로 학생을 모집하였다(『황성신문』 1907.9.12)
> 학부형을 유치장에 가두고 그 자식을 학교에 보내는 조건으로 석방하였다(高橋濱吉, 『조선교육사고』, 209쪽)
> 경찰력을 빌려 강제적으로 모집(춘천・강원)
> 학무위원 그 밖의 유지에게 모집의 원조를 받았다(관립 교동)
> 서당의 교사를 이용(나주・전남)
> 졸업생이 의무적으로 적어도 1명의 입학생을 소개한다(관립 교동)
> 학생을 이용하여 상을 주어 이에 전력을 다한다(청주・충북)

또 일본인 교원은 항상 한국인 사회와의 융화에 노력하였다. 小佐々峯太郎교감(강경)은 한복을 상용하고 한국어에 능통하였다. 그는 후에 사립숙명보통학교로 전근하였고 일어독본의 한국어 번역에 관하여 "한역을 지금 부훈도 한 사람에게 맡겼으나 간간이 틀린 점이 있으므로 학생의 이해상 좋지 않고 오역의 결과 정정에 곤란함을 느낀다"고 하여 교감이 직접 독본 8권을 한역하여 학교에 구비하였다.[154]

가 있을 때는 학무위원회를 연다.

제8조 학무위원회는 부윤 혹은 군수가 회장이 되어 학교장 및 교감이 참여하여야 한다.

大坂金太郎(회령)와 串原綱五郎(곽산)도 또한 한국어를 습득하였는데, 伊藤藤太郎(강릉)는 한국어를 잘하여 지도교과목 중 어느 것 하나 잘 못하는 것이 없어 박학다식하다고 존경받았다.[155] 학부도 일본인 교원에게 한국어를 습득시킬 필요성을 인정하고 하기휴업 중에 일본인 교원을 소집하여 한국어를 강습하는 것을 검토하였으나,[156] 실시하지 못하였다.

그리고 한국인 교원의 실태는 사범학교에서 단기 속성된 본과훈도와 본과부훈도(통역교원)를 중심으로 하여 검정을 받은 본과 또는 전과(한문)의 훈도와 부훈도였기 때문에 수업의 방법에 있어서는 실제로 훈련하여 재교육할 필요가 있었다.

교감은 먼저 교안의 작성에서부터 직접 지도하여, "교안기재 방법에 관해 대략 종료하였고 이 달부터 매주 1회 교재의 연구를 시작(남양)"하고 "매월 1회 실제 모범교수법을 습득시키고(파주)", 교감의 모범수업을 견학시켜 실제의 수업을 비평·훈련하였다. 게다가 이는 교내에서 그치지 않고 "지방 사립학교는 교원을 당 학교에 소집하여 매일 교수법을 참관시키고 1~2시간 정도 교수를 하여 방과 후에 이를 비평"한다고 하는 방법으로 부근의 사립학교 교원까지 참가시켜 교육 수준의 향상을 꾀하였다.[157]

---

154) 『학사상황보고 제6회 요록』, 학부학무국, 1910.

155) 『황성신문』 1908.5.5 雜報.

156) 『황성신문』 1908.7.10 雜報. 또한 학부는 집무상의 편의를 도모하기 위해 일반직원을 대상으로 한 한국어, 일본어 강습회를 개최하였지만 모두 바쁜 관계로 일시 중지되었다가 1910년 3월6일 다시 재개되었다. 한국어과(오전)는 일본인 관리 29명, 일본어과(오후)는 한국인 관리 16명이 참석하였다. 한국어 강사는 현헌과 이완응 두 명, 일본어 강사는 高木善人과 隈部一男 두 명이었다(『황성신문』 1910.3.5, 3.8). 강사의 현직명은 현헌이 학부편집관 및 학부번역관, 이완응은 학부번역관, 高木善人는 학부편집관 보좌, 隈部一男는 학부주사였다.

157) 앞의 『학사보고 제6회 요록』.

그리고 학교와 가정과의 관계를 밀접하게 하여 신교육을 이해받는 것이 중요했으므로 관립보통학교에서는 1907년 3월 수하동보통학교에서 제1회 보통 교육장려회를 개최하여[158] 학생의 부모를 초대해 학교의 본 모습을 참관하도록 하였다. 각지의 공립보통학교에서도 부형회를 개최하여 교육의 상황을 공개하고 필요에 따라서는 교원이 가정을 방문하여 관계를 밀접하게 하고 학생의 출석 장려 등을 권하였다.

또 각 학교에서는 학예회나 전람회를 기획하고 학부형에게 신교육의 실적을 알렸으나, 호남평야의 거대한 곡창지대의 공립 군산보통학교(전북)에서는 농사시험장에서 "볍씨의 기부를 신청하여 이것을 보습과 중 농가의 학생에게 5升(되)씩 분배함과 동시에 각종 채소 종자를 학교에서 배분하고 같이 시험 재배하여 수확기에는 그 수확물을 일정한 장소에 모아 품평회를 개최하며 또한 학예에 관한 성적품도 진열하여 소전시회도 개최한다"고 하여 부근의 사립 옥구진명학교와 사립 보홍학교에도 참가를 요청하였다.[159]

6) 1910년 교육상황

당시 한국인 사회는 신교육을 이해하려 하지 않았고 무조건 공립학교에 반감을 가지고 자녀를 사립학교에 입학시켰으나, 일본인 교원이 끊임없는 노력으로 한국인을 계몽한 결과 드디어 공립보통학교를 참관하여 신교육의 실황과 학생의 학습성적을 보거나 학생의 실습작품과 수공품을 접한 후 차차 그 인식이 바뀌었다.

---

158) 『황성신문』 1907.3.21 雜報.

159) 앞의 『학사보고 제6회 요록』. 하지만 1909년은 근래 보기 드문 흉작으로 배부한 볍씨가 거의 말랐기 때문에 계획은 중지되었다.

그리고 당시 일본이 한국을 지배하여 교통·운송·통신 등 기간산업 전부의 실권을 장악하게 되고, 조선에 거주하는 일본인의 수도 1905년에 42,000명에서 1910년에는 126,000명으로 증가하였다. 한국인은 일본세력에 대항하여 반일투쟁에 전념하거나 혹은 반대로 반일투쟁을 억압하는 편에 서거나 또는 방관자로 있거나의 선택을 하여야 했다.

1909년 말 한국인 순사는 3,259명, 헌병보조원 4,392명이고 여러 관청의 판임관이나 용원의 채용에 있어서도 일본어를 아는 자가 유리하였다. 게다가 1910년 8월 신문보도에 의하면 순사보의 채용시험에 舊군장교의 참위나 부위가 다수 응모하였고 헌병보조원 시험에 군수 경험자의 응모도 또한 많았다고 한다.[160]

세상의 흐름은 일본어를 잘 하는 자가 직업을 얻고, 신교육을 배운 자가 유리하게 취직하는 상황이 되었기 때문에 결국은 일본인 교원을 미워하고 일본어 교육을 반대하였던 사람들도 보통학교에 대한 평가를 고쳐 이를 환영하게 되었다.

그 결과 사립학교에서도 일본어를 학습하지 않으면 학생모집이 곤란하거나 일본어를 교육과정에서 제외시킴으로 인해 학생이 일제히 학교를 그만두어 학교 당국이 급히 일본어를 부활시키는 장면도 있었다.

학부차관 타와라 마고이치(俵孫一)의 술회를 보면, "다수의 학교가 특별한 노력을 하지 않고 한편의 모집광고에 의해 지원자가 모여들었으며 특히 일반 사립학교 재학자가 보통학교로 전학을 희망하는 사례가 많아, 오늘에 이르러 다수의 지원자 중 그 가정형편을 조사하여 중류 이상의 자제를 선발하여 입학 허가를 하고 그렇지 못한 자는 거절할 수밖에 없었다"고 하고 있다.[161]

160) 『황성신문』 1910.8.16 雜報.
161) 앞의 『학교교육의 현상』, 27쪽.

〈표 1-8〉 관공립 · 보조지정보통학교 학생수

년차	관립		공립		보조지정		합계	
	학교수	학생수	학교수	학생수	학교수	학생수	학교수	학생수
1906	9	1,062	13	862			22	1,924
1907	9	1,681	41	3,166			50	4,847
1908	9	1,781	50	5,962			59	7,743
1909	9	2,256	51	8,658	31	2,332	91	13,246
1910	1	263	59	12,469	41	4,214	101	16,946

자료: 『한국교육의 현상』, 28쪽. 매년 6월 현재 단, 1906년 공립보통학교와 1909년 보조지정 보통학교는 12월 현재.

그리고 보통학교 학생수는 위의 표와 같이 1906년에 겨우 1,924명이었던 것이 1909년에는 7배에 가까운 13,246명으로 증가하고 이듬해 1910년 6월 현재에는 16,946명에 달하였다. 그 내역은 관립 1개교 263명, 공립 59개교 12,469명, 보조지정 41개교 4,214명으로 공립 보통학교 1개교 당 학생수는 211명이며 보조지정 보통학교에서는 1개교 당 102명이었다.

그렇다면 이렇게 급증한 보통학교 학생의 졸업 후 진로는 어떠한가 보기로 한다. 개설 당초의 중등교육기관도 보통학교와 같이 관설이기 때문에 의혹을 가지고 있었으며 일본인 교원이 중심이었고 일본어를 학습시키는 것을 좋게 보지 않았기에 학생을 모집하여도 입학지원자를 모집하는 일이 곤란하였다.

하지만 앞에서 말한 바와 같이 시대가 급변하고 취업이 쉬운 이들 학교로의 입학지원자가 쇄도하는 상황이 되었기에 1910년 3월 보통학교 졸업자의 진로조사에 의하면 전국 졸업자의 20%가 취직 또는 가업종사를 희망하고 80%가 상급학교로 진학을 희망하였다.

중등학교가 집중되어 있는 한성부의 경우, 다음과 같이 고등학교로의 진학희망자가 약 35%를 차지하고 상업학교 약 25%, 공업전습소 16%, 외국어학교 약 15%였으나 사범학교와 농업학교로 진학

희망자는 저조하였다.

사범학교	5.5	고등학교	34.7	외국어학교	14.6	상업	24.5
공업	16.0	농업	3.6	의학교	0.7	보습과	0.4

학부는 중등교육기관이 한성에 집중되어있는 점에 따른 폐해를 피하기 위해 관·공립학교를 각 도로 분산시키는 방침을 취하여 평양에 관립고등학교를 두고, 인천과 부산에 관·공립실업학교를 개설하였으나 그 밖은 모두 농업계 학교였기 때문에 경기도와 경상남도를 제외한 곳은 보통학교 졸업자의 농업학교지원이 많아지는 결과가 되었다.

그런데 관·공립 중등학교는 그 수가 적어서 급증하는 지원자에게는 입학은 좁은 문이었다. 관립한성사범학교(16.8배), 한성고등학교(10.0배), 한성외국어학교(5.1배), 평양고등학교(2.1배), 인천실업학교(1.8배)뿐 아니라 공립농업학교에서도 대구(3.8배), 진주(3.6배), 춘천(2.9배), 공주(2.3배), 함흥(2.3배), 전주, 평양(2.2배) 등 모두 경쟁률이 2배를 넘고, 사립인 선린상업에도 입학정원의 8배가 되는 입학지원자가 몰렸다.

그리고 이후는 보통학교 졸업자의 상급학교 진학이 한층 가열되는 것이 예상되므로 관공립 중등교육기관이 더욱 부족하고 급히 이를 증설할 필요에 이르렀다. 하지만 정부재정은 힘들어 이에 대응할 여유가 없었다.

단지, 하나의 타개책으로 앞으로 기대되는 것은 1909년 4월에 창설된 지방비로, 지방비의 실시가 궤도에 올라 증가한다면, 공립보통학교의 경비를 지방에 부담시켜 거기서 발생하는 국고의 여력을 가지고 중등교육기관의 확충에 충당하는 것이 가능하게 생각되었다.

지방비

정부는 1909년 4월 1일 법률 제12호 「지방비법」[162]에 의해 한성부와 각도에 공공사업을 위해 지방비를 설치해 그 재원은 "지방비에 속하는 재산 겸 수입, 지방비 지불사업에 속한 수입 및 賦課金"을 가지고 이에 충당하는 것으로 하였다(제1조).

지방비의 주된 재원은 賦課金으로 그것은 지세부가금, 시장세, 도장세, 도축세, 토지가옥 소유권 취득세 등이었으나, 많은 학교는 종래부터 관찰사나 군수의 인가를 얻어 시장세의 일부를 학교의 수입

---

162) 1909.4.1 법률 제12호 「지방비법」 『관보』 제4340호 1909.4.2.

제1조 한성부 및 각도에서는 공공사업을 위해 지방비를 마련한다. 지방비는 지방비에 속한 재산 및 그 수입 지방비 지원사업에 속한 수익 및 부과금을 여기에 충당한다.

제2조 지방비를 지원할 수 있는 목록은 다음과 같다. 단, 지방비 지원에 속한 것과 국비 지원에 속한 것의 구분은 내부대신과 도지부대신이 협의하여 내부령으로 정한다.

一, 청사의 건축 및 수선에 관한 경비

二, 토목에 관한 경비

三, 위생 병원 구휼에 관한 경비

四, 권업에 관한 경비

五, 교육 및 학예에 관한 경비

전항 각 호외에 법령에 의해 지방비 지원에 속한 경비 및 지방 공공상 필요한 사업에 관한 보조금.

제3조 지방비에 충당시킬 부과금의 종류는 종래 지방에서 징수할 세금 중에서 정한다(이하 각조 생략).

지방비 실시에 대해서는 각지에서 민중의 저항이 있어 특히 평안남북도에서 심한 반발이 있었고 순천군(평남)에서는 시장세 징수를 둘러싸고 군민이 격분하여 일본인을 다 죽여버리라고 외치면서 몽둥이와 단도를 휘둘러 재무서장 일본인 野澤辰三郞, 금융조합이사 渡邊泰三郞, 우편취급소장 大野憲太郞 3명이 살해되었으며 일본인교사와 한국인 순사 각 1명이 중상을 입었다. 또 용산군에서도 시장세 반대로 시장을 열지 않고 재무서원에게 폭행을 휘둘러 경찰관과 헌병이 출동하였다(『황성신문』 1910.2.1 續報 2.2, 5).

으로 하거나 도선업자로부터 그 수입의 일부를 학교에 납입하도록 하여 이를 학교 경비로 충당하여왔다. 그러나 지방비법에 의해 잡세는 학교재원으로 자격을 상실하는 결과가 되었다.

더욱이 종래 학교경영의 재원인 학전, 양사전, 양제전에 관해서도 1909년 4월 2일 법률13호 「공익을 위해 설정한 지방재산에 관한 건」163)에 따라 이의 귀속을 변경하여 지방비의 수입으로 하는 방침이 타결되었다.

이과 같이 지방비법의 시행에 의해 많은 학교가 재원을 상실하고 존폐의 위기에 처해지는 결과가 되었으나, 지방비는 "창사의 건축 및 수선에 관한 경비, 도목에 관한 경비, 위생, 병원, 구휼 및 자선에 관한 경비, 권업에 관한 경비, 교육 및 학예에 관한 경비(제2조)"로 지출되는 결과가 되었으므로 공립이라고는 하지만 개설이래 필요 경비를 전면적으로 국고에 의존해온 공립 보통학교로써는 지방비로부터 상당액의 보조를 얻어 다소 공립다운 존재가 되었다.

1910년도 지방비의 세출상황을 보면, 총액은 746,306엔이고 다음과 같이 토목비(40.7%), 위생 및 병원비(4.7%), 구휼비 및 자선비(0.5%), 권업비(14.0%), 교육비(22.0%), 그 밖(18.1%)으로 배분되어 교육비에는 164,238엔이 책정되었다.

163) 1909.4.1 「법률」 제13호 '공익을 위해 설정한 지방재산에 관한 건' 『관보』 제4,340호 1909.4.2.

제1조 공익을 위해 설정한 재산임으로 종래 관찰사가 관리하였던 것은 내부대신과 도지부대신이 협의하여 이것을 지방비에 편입할 수 있도록 한다.

제2조 공익을 위해 설정한 재산임으로 종래 군수가 관리하였던 것도 또한 前조의 예에 의하지만 단, 그 재산을 설정한 군의 공공사업용으로 충당해야만 한다.

6토목비	위생 및 병원비	구휼 및 자선비	권업비	교육비	그 밖	합계
303,464	35,281	3,600	104,458	164,238	135,265	746,306

한편 1910년(1~12월)세출예산에서는 관립 한성사범학교 부속보통학교를 제외한 관립 보통학교 8개교의 필요경비 29,304엔(1학교당 평균3,663엔), 갑종 공립보통학교 50개교(51개교였으나 부산보통학교 경비는 부산실업학교 경비에 포함되었기 때문에)의 필요경비 129,972엔(1학교당 평균2,599엔) 합계 159,872엔이 계상되었다. 그리고 그 중 136,311엔(85.6%)은 국고로부터 10,541엔(6.6%)은 지방비 등, 12,324엔(7.8%)은 학교재산, 기부금 그 밖의 수입에 의한 것이었다.

다음의 갑종 공립보통학교의 필요경비 12,972엔의 내역을 살펴보면, 교직원의 급여가 98,736엔으로 총액의 76.0%를 차지하고, 나머지 31,236엔(24.0%)이 학교 운영비에 쓰였다. 운영비를 1학교 당 환산하면 624엔 27전으로 당시의 물가수준에서 보면 연간 지출경비를 꾸려나가기에 충분한 금액이었다.

운영비의 내역은 다음과 같이 학교운영에 필요한 비목을 전부 망라하였으나 국고부담교원 이외의 직원의 급여 등에 쓰이기 위해서 잡급 잡비 200엔 정도를 계상하여 비품비, 연료 그 밖의 소모품비에도 각각 100엔 이상을 배분하여 책상 의자, 교수용 기구의 보충과 난방에 배려하고 졸업식 등의 식전비와 운동회의 필요경비까지 계상하고 있다.

	비품비	필발묵 문구	소보 품비	통신 운반비	잡급 잡비	영선비	의식 운동회	임시비	예비비
갑종공립	119.9	32.2	102.9	20.0	209.7	52.4	60.1	20.9	6.6
보조지정	128.2	16.8	59.2	9.8	428.9	50.7	31.8	92.8	10.1

자료: 1910년도 조선총독부 통계연보 제419,420표.

또한 보조지정학교 41개교에 관해서는 예산총액 75,784엔 중 국고 지출의 교원급여가 41,820엔(55.2%)으로 33,964엔(44.8%)이 운영비로 충당된다. 운영비는 1개교 당 828엔이 배분된 계산이나, 그 중 반 가까이가 국고지출교원 이외의 교직원급이나 잡비에 해당되었다.

어떻든 갑종 공립보통학교나 보조지정 보통학교는 지방비의 실시에 의해 필요경비에 충당하여야 하는 학교재원이 증가하고 종래의 국고보조와 더불어 그 운영에 다소의 여유가 생겨났다. 그러나 한편으로 당시 그 수가 4~5천 학교라고 말해진 사립학교 중 종교학교를 제외한 많은 학교가 관습적인 잡세나 학전 등에서 들어오는 수입을 빼앗기고 존립의 재정적 기반을 잃는 결과가 되었다.

이를 위해 사립학교에서는 새로운 귀속재산을 구하여 상호 재산을 쟁탈하고 기부금을 강요하여 그 존속을 꾀하고자 하였다. 이에 정부는 1909년 2월 이를 금하고자 「기부금품모집취체규칙」[164]을 제정하고, 기부금 모집에서는 내부대신과 주무대신의 인가를 받도록 하였고, 기부금 모집에 대해 엄중한 단속을 시작하였다.

이보다 먼저 정부는 1908년 8월 「사립학교령」[165]을 제정하여 종

164) 1909.2.27 「閣令」 제2호 '기부금품모집규제규칙' 『관보』 제4313호 1909. 3.1.

제1조 기부금 그 외 명의 어떠한 금품을 모집하는 자는 다음과 같은 사항에 따라 내무대신과 모집 목적인 사업의 주무대신에게 청원하여 허가를 받아야만 한다(이하생략).

165) 1908.8.26 「칙령」 제62호 '사립학교령' 『관보』 제4,165호 1908.9.1.

제2조 사립학교를 설립하고자 하는 자는 다음의 사항에 따라 학부대신의 인가를 받아야만 한다.

1. 학교의 목적 명칭 및 위치
2. 학칙
3. 校地校舍의 평면도
4. 일년간 수지예산

래 그 존폐의 상황마저 파악되지 않았던 사립학교에 관해 인가를 출원하는 것을 의무화하였다. 그리고 인가의 기준을 간단히 하여 인가를 출원한 학교는 쉽게 인가하는 방침으로 당면의 목표를 학교 대장 조정에 두었으므로 1910년 5월 현재 인가된 학교의 수는 2,250교(보통학교 16, 고등학교 2, 실업학교 7, 각종학교 1,402, 종교학교 823)에 달하였다.

사립학교의 설립자의 대다수는 국운이 쇠퇴하여 보호조약으로 잃은 국권을 회복하기 위해서는 일본세력에 대한 항일투쟁만으로는 안되고 널리 학교를 부흥시켜 정부에 의존하지 않고 자제를 교육하고 민족의식을 높이는 것이야말로 국가의 위급을 구하는 것이라고 확신하였다.

그러나 그 중에는 겨우 1~2개의 방이 있는 민가에 5~6명의 학생을 모아 학교라 하였고 한 마을에서 학교를 만들면 곧 옆 마을에서도 따라서 경쟁하듯이 생겨나면서 학교의 모습을 갖추지 않은 학교가 많았다. 그리고 나팔을 불고 북을 두드리는 군대식 연습을 행하여 사기를 고무하고 정치와 사회문제를 논하게 되어 학생은 수학의 길에서 벗어나 정치문제에 열중하는 상황이 벌어졌다.

정치와 교육과의 혼동은 학교에서 사용하는 교과서 중에 정부의 무위무책을 비난하거나 일본의 보호정책을 비난하는 글을 실어 현재상태를 개혁하기 위해 결의하여 봉기하여야 한다는 식의 내용이 많았고, 마치 정치논문의 느낌이 들었다.

---

5. 유지방법
단, 기본재산 또한 기부금에 대한 증빙서류를 첨부하여야만 한다.
제6조 사립학교에서 사용하는 교과용 도서는 학부가 편집한 것 또는 학부대신의 검정을 받은 것 중에서 선택한다. 사립학교에서 前項이외의 도서를 선택할 때에는 학부대신의 허가를 받아야만 한다.
더욱이 1908.8.28「학부훈령」제2호 '사립학교령 시행상 주의건' 도부군 앞으로『관보』제4165호 1908.9.1.

이 같은 이유로 학부는 사립학교의 감독이나 교육의 개선에 관해 관용의 자세를 취하면서도 교과용 도서에 관해서는 엄중하게 대응하여 사립학교령 제6조에 의해 학부 편찬 교과서 또는 학부대신의 검정을 거친 것 이외는 그 사용에 대해 학부대신의 허가를 받아야 한다고 하였다.

여기에서 학부는 교과서 편찬의 작업을 서두름과 동시에 1908년 8월 「교과용도서 검정규정」[166)]을 제정하고 교과서 검정의 수속을 정하여 다음과 같이 정치, 사회, 교육 3개의 관점으로 심사의 기준을 세워 교과서 검정과 인가에 전념하였다.

1. 정치적 방면
(1)한국과 일본과의 관계 및 양국의 친교를 방해하고 비난하는 것이 없어야 한다.
(2)한국의 질서와 안녕을 해하고 국민복리를 무시하는 말이 없어야 한다.
(3)한국 고유의 국정에 위반되거나 그 같은 기사가 없어야 한다.
(4)기고에서도 잘못된 애국심을 고취하는 것이 없어야 한다.
(5)배일 사상을 고취하거나 특히 한국인으로 일본인 및 그 밖의 외국인에 대한 악감정을 가지게 하는 기사 및 어조가 없어야 한다.

2. 사회적 방면
(1)음란하고 난잡하여 풍속을 어지럽히는 언사 및 기사가 없어야 한다.
(2)사회주의와 그 외의 사회의 평화를 해하는 기사가 없어야 한다.
(3)황당무계한 미신에 속하는 기사가 없어야 한다.

3. 교육적 방면
(1)기재사항에 오류가 없어야 한다.
(2)정도 분량 및 재료의 선택은 교과서의 목적에 부합해야 한다.
(3)편집과 기술 방법은 적당해야 한다.
자료: 高橋浜吉, 『朝鮮教育史考』, 178~179쪽.

---

166) 1908.8.28 「학부령」 제16호 '교과용 도서검정규정' 『관보』 제4165호 부록 1908.9.1.

그 결과 내용 오류와 교재 선택이 적당하지 않고, 수준과 분량을 배려하지 않고 단지 만연하게 기술된 것이 눈에 띄었다. 수신, 국어, 한문과 역사의 저작에 자국의 현상을 걱정하여 자주독립을 논하고 배일사상을 고취하여 호언장담하고 배외적인 애국심을 도발하는 것 같은 교과서로 부적당한 것이 특히 많았다.

따라서 다음과 같이 1909년 5월말 현재 수신, 국어, 한문과 지지 지문의 과목에 검정 불합격과 조사중인 것이 많았고, 또 사용인가를 신청한 저작도 수신(66% 불인가 이하 동일), 국어(59%), 한문(31%), 일어(35%), 역사(63%), 지리(25%)와 교육(33%) 교과서가 인가받지 못할 정도로 많았다.

〈표 1-9〉 교과용 도서 검정상황(1909년 5월말 현재)

	修身	國語	漢文	歷史	地誌地文	理化	數學	博物生理
출 원	12	16	13	16	20	8	6	14
인 가	3	4	3	6	7	7	4	12
불인가	5	2	2	3	5	-	1	-
조사중	1	10	8	7	8	1	1	2

	體操	農工商	敎育	日語 他	法制經濟	辭書	計
출 원	1	2	1	5	2	1	117
인 가	1	1	1	3	2	1	55
불인가	-	-	-	-	-	-	18
조사중	-	1	1	2	-	-	44

자료: 高橋浜吉, 『朝鮮敎育史考』, 177쪽.

학부는 1905년 2월 시데하라 타이라(幣原坦)를 학정참여관으로 채용하고 교육에 관한 모든 사항에 참가시켰으나 현안 교과서 편찬이 나아질 기미를 보이지 않아 1906년 2월 해임 귀국시켰다. 후임으로 채용된 미츠치 츄조(三土忠造)는 주로 교과서 편찬을 담당하고, 통감부 서기관 타와라 마고이치(俵孫一)가 학부 촉탁으로 교육행정 전반의 실무를 담당하였다.

학부는 미츠치 츄죠를 중심으로 보통학교용 교과서의 편찬을 서두르고 1907년 7월에는 수신서(전2권), 국어독본(전4권), 한문독본(전2권), 일어독본(전4권), 도화임본(전2권)을 완성하여 「학부편찬 보통학교 교과용 도서발수 규정」[167)]을 제정하고 필요로 하는 학교로 학부가 직접 배포하였다.

하지만 제3차 한일협약 제5조의 규정에 따라 타와라 마고이치는 1907년 8월 9일 한일관료에 임명되고, 학부차관으로 취임하였다. 또 미츠치 츄조는 1907년 12월 13일 칙령 제54호 「학부관제」에 따라 학정참여관이 폐지되어 이듬해 1908년 1월 1일 학부 서기관으로 발령되고, 동시에 관립 한성외국어학교장을 겸임하였다.

미츠치 츄조는 중의원 의원입후보를 위해 1908년 4월 8일 자진사퇴하여 귀국하였으나 재임 중 교과서 편찬사업을 정열적으로 추진하여 그 해 안에 수신서, 국어독본, 한문입문, 한문독본, 일어독본, 이과서, 도화임본의 전권이 완결되었다. 이듬해 1909년에는 산술(교사용)과 습자책, 1910년에는 창가집 제1집이 완성되었다.

---

167) 1907.7.3 「학부령」 제7호 '학부편찬 보통학교 교과용 도서 發售규정' 『관보』 제3813호 1907.7.9.

제1조 공립보통학교 혹은 사립학교에서 본부 편찬 보통학교 교과용 도서를 학생에게 사용하도록 할 때, 해당 학교장은 다음 사항을 본부에 청원할 것.

학교규정 학과목 및 그 정도 및 수업연한

학생 총 인원수 및 교과서를 사용하는 학생 학년별 수

교과서의 종류 및 학년 별 지정

교과서를 사용하는 학년의 담임교원의 이력서

제2조 교과서 교부인가를 받을 때는 다음의 定價表에 의한 가격을 본부에 납부해야만 한다. 교과서는 돈을 받은 후에 교부한다.

국어독본 전4권 10전, 일어독본 전4권 10전, 한문독본 전2권 7전, 수신서 전2권 8전, 圖畵臨本 전4권 8전.

〈표 1-10〉 1908.9.15 학부편찬 교과용 도서발매 광고

수신서 전4권 10전	한문입문 전1책 11전	도화임본 전4권 12전
국어독본 전8권 12전	한문독본 전4권 10전	
일어독본 전8권 12전	이과서 전2권 13전	가격은 매1책발매대가최고액

자료: 『관보』 제4,179호 〈광고〉 1908.9.17.

게다가 교과서 편찬은 학부 참여관실 사무관의 田中玄黃, 小杉彥治, 上村正巳 등이 중심이 되어 須永德五郎(관립 교동보통학교)와 松本宗治(관립 한성사범학교교수)가 협력하였다. 松本宗治는 1908년 4월 10일 사범학교 교수로 발령되어 본 업무를 하면서 이과교과서를 집필하였으나 이과서는 일본어로 간행되었다.

교과서는 관립보통학교와 갑종 공립보통학교의 학생에게는 무상으로 지급되었으나, 1909년부터는 대여하는 것으로 바꾸어 보조지정학교 학생에게는 사비로 사립학교는 「학부 편찬 교과용 도서판매규정」168)에 의해 각지의 발매인에게서 구입하는 것으로 하였다.

168) 1908.9.15 「학부령」 제18호 '학부편찬 교과용 도서 발매규정' 『관보』 제4178호 1908.9.17.

제1조 학부편찬 교과용 도서를 발매하기 위해 전국 필요한 곳에 약간의 발매인을 둔다.

제2조 발매인이 된 자는 학부대신의 허가를 받아야만 한다.

발매인이 업무를 폐지할 때는 속히 학부대신에게 보고하여야만 한다.

제4조 발매인에게는 교과용 도서를 매회 200권 미만으로 지급한다.

제5조 교과용 도서의 서목, 권명 및 발매 대가 최고액은 관보에 공고한다.

신규정은 1908년 10월 1일부터 시행되었으나 일찍이 다음 4명이 동일부로 허가 제1호의 발매인이 되었다.

경성 북부 소안동 16통 8호 대한서림 정운복, 同 本町 2丁目 40番號 일한서방 森山義夫, 同 남부 대황교 27통 4호 滙東서관 고유상, 평안남도 삼화항 억량기 2통 3호 노백린.

마지막으로 학부편찬교과서의 내용에 관해서 그 특색과 경향을 검토해 보고자 한다.

수신서는 인물을 중심으로 한 과가 많고 등장인물은 중국의 사마온공 순거백, 장공예, 안평중, 난상여, 염파, 여몽정, 장진국 외 워싱턴, 프랭클린, 나이팅게일, 二宮尊德 등의 외국인이 대부분으로 우리나라의 역사적 인물은 태조고려황제, 광종, 서필 3명에 지나지 않았다.

수신서는 미츠치 츄조가 집필하여 이를 한역하였으나, 항목 편성은 일본의 국정교과서에 준거하여 등장인물과 사회환경을 바꾸는 정도였고 일본의 수신서와 비슷한 내용이었다. 그러나 다음과 같이 한국의 풍속 습관을 비판하는 부정적인 기술도 있었다.

> 우리나라 사람들은 의복은 열심히 세탁을 하나, 목욕은 하지 않는다(권2). 우리나라에서는 일을 할 때에도 근면하지 않고 … 일을 하는 것이 아니며, 길을 걷는 것도 아니며 담뱃대를 입에 물고 게으름을 피우는 자가 매우 많고 국민에게 활기가 없다. 이와 같은 나쁜 습관은 하루라도 빨리 고쳐야 한다(권3).

보통학교에서는 지리역사를 교과로 하여 지정했으나 그를 위해 교과서는 만들지 않고 국어독본의 내용을 가지고 국어과에서 학습하는 것으로 하였다. 그 결과 국어독본은 저학년을 빼고는 지리역사의 교재를 많이 배열하고 이를 계통적으로 학습하면서 동시에 국어력을 기른다고 하는 다른 곳에서는 찾아볼 수 없는 특색이 보였다.

먼저 지리 분야에서는 권4부터 지세, 기후, 해안, 하천, 교통, 산업, 물산 등 외의 경기도 이하 13도에 관해서 기술하고 학생이 단계적으로 학습하도록 배려하고 있다. 그 연장으로 다음과 같은 기술이 있다.

> 우리나라와 일본과 청나라의 가옥은 대다수가 나무로 만들어졌고(권2), 우리나라에서는 목면・견사・마사를 짜서 만드는 의복을 입는다(권3). 우리나라의 사람들은 의복은 잘 세탁하나 목욕은 하지 않는다(권5).

이와 같이 국어독본의 내용이 단지 지식의 주입에 그치지 않고, 학생의 주변에서 접하는 환경과 생활습관에 눈을 돌리게 하는 점이 중요하다고 할 수 있다. 그리고 권5와 같이 부정적인 기술마저도 학생에게 문제의식을 가지게 하는 의도가 있다면, 이는 학교교육의 근대적 수법의 싹이라고 해도 좋을 것이다.

한편 다음의 역사 분야에서는 건국전설로, 고조선의 단군과 기자가 등장하고, 고구려의 초대왕 주몽, 백제 건국시조 온조, 신라의 시조와 혁거세, 신라의 왕자로 일본에 귀화한 天日槍(아메노히보코)를 과제로 하고 있다.

다음으로 조선의 태조, 세종(4대), 영조(21대), 고종(26대), 고려의 태조, 의종(18대), 충렬왕(25대), 충선왕(26대), 공양왕(마지막 왕), 백제의 의자왕(마지막 왕), 신라의 진흥왕(24대) 그리고 고구려의 고국원왕(16대), 소수림왕(17대) 등을 등장시켜 위정자의 사적과 도의적 감계와 정권의 성쇠를 기술하고 있다.

또 장군으로는 수나라 양제의 대군을 물리친 고구려의 명장 을지문덕, 문관 우위의 고려에서 쿠데타를 일으켜 정권을 획득한 무장 정중부가 있으며 문신 김속명, 일본으로 한자를 전해준 왕인박사, 고려말기의 성리학자 이색, 이성계의 정권획득을 비판하여 죽임을 당한 정몽주, 신라에 불교를 전해준 고구려의 승려 혜량과 백제에 불교를 전해준 마라난타와 미술공예의 이녕, 이광필, 곽예, 고유방의 이름이 보인다.

일어독본은 보통학교 1학년부터 일본어를 학습시키는 것에는 여론의 반대가 있어서 일본에 관한 것은 억제하여 기술하고 있다. 그리고 4학년의 교과서에서는 다음과 같이 일본이 이웃나라의 은혜를 받은 것 등을 솔직히 기술하고 있다.

> 그 때 조선은 일본보다도 더 문명국이어서 일본에서도 조선 사람을 고용하여 여러 일을 배웠습니다. 처음 일본에 가서 일본 사람에게 한자를 가르쳐 준 사람은 왕인이라는 사람이었습니다(권7).

그렇지만 한편으로는 일본이 아시아에서 가장 근대화되었고 강국 중의 하나이며 청일전쟁에서 승리한 일본의 부국강병을 칭찬하는 기술도 있었다.

> 일본은 작은 나라이지만 일찍부터 새로운 학문을 받아들여 강한 나라가 되었습니다. 일본의 해군은 매우 강하여 청일전쟁에서는 청의 군함을 격침시키거나 잡아들였습니다(권8).

그리고 일어독본 중에는 한국에서 홍수가 많은 것은 산의 나무를 마구 베어 나무가 없어졌기 때문이다. 다른 집의 과일을 따거나 길에서 변을 보거나 하는 것은 창피한 일이다 라는 등의 기술이 있다(권6). 이과 같은 노골적인 기술에 대해 "만약 한국인의 주권에 의한 교과서였다면 교재로는 사용되지 않았을 것이다"169)라는 생각에는 전적으로 동감한다.

어찌 되었던 당시 상황은 관·공립학교가 부족하였으므로 이를 보충하기 위해 사립학교가 나름대로 역할을 하고 있었다. 또 서당도 공교육의 예비적 보완적 시설로써 그 존재 의의가 있었으며, '개량서당'170)은 한문 외에도 국어를 가르치고 교수방법을 개량하여 건강을 위해 수업시간을 단축하고 생활지도를 행하거나 교실의 청

---

169) 이숙자, 『教科書に書かれた朝鮮と日本』, ほるぷ出版, 1985, 245쪽.

170) 1908.8.28「학부훈령」 제3호 '書堂監理上要項件' 『관보』 제4165호 1908. 9.1.

결정돈에 유의하여 사립학교와 함께 양쪽 모두 민족교육기관으로 그 힘을 보존하며 병합을 맞이하였다. 하지만 결국에는 조선총독부의 규제에 의해 사립학교가 감소하고 그 반대로 서당이 늘어나 자주적 애국교육의 거점이 되었다.

補註

1910년 한국합병전후의 갑종공립보통학교장

교동(경기)	박제현
제동(경기)	김교희
어의동(경기)	김현구
인현(경기)	이영식
수하동(경기)	정윤원
정동(경기)	김진세
매동(경기)	신현정
미동(경기)	최용집
홍주(충남)	이필구
공주(충남)	심기섭
음산(전북)	이광래
전주(전북)	유춘희
경주(경북)	조병선
동래(경남)	이한두
진주(경남)	이준호
부산(경남)	福士德平
진남포(평남)	유학수
춘천(강원)	김인환
북청(함남)	김연수
회령(함북)	강준규

제2장 師範學校

1. 漢城師範學校

1) 연혁 · 교육과정 · 졸업생의 배치

1894년 10월 學務衙門은 갑오개혁의 첫걸음으로 한성에 소학교와 사범학교를 개설하고 사범학교 교수로는 정운경을 임명하고 이외에 안영중(일본어학교 조교수)과 일본어학교 졸업생 한 사람으로 사범교육이 시작되었다. 학생수는 40명으로 번역서 등을 사용하여 다음과 같은 교과목을 가르치고 소학교 교사를 빌려 야학으로 출발하였다.[1)]

諸文綴字法 國文記事論說 眞文記事論說 漢學 朝鮮 및 萬國歷史 經濟學一般 法律學一般 理化學一般 博物學一般 算術(加減乘除比例)

그러나 이듬해 4월에는 관제개편에 의해 학무아문이 學部로 바뀌고 동교는 한성사범학교로 그 내용을 일신하게 되었다. 즉 1895년 교육개혁에서는 한성사범학교 관제가 다른 여러 학교보다 일찍이 그 해 4월 16일 칙령 제79호로 제정되었다.[2)] 내용은 다음과 같

---

1) 『아사히신문』 1894.11.27, 12.14.

이 한성사범학교에 본과(2년제)와 속성과(6개월)를 두고 교원을 양성하고 심상과(3년제)와 고등과(3년제)를 가진 부속소학교에서 아동을 교육하고 직원은 학교장, 교관(2명 이하), 부교관(1명), 교원(3명 이하), 서기(1명)로 학교장은 학부참서관이 겸하였다.

제1조 한성사범학교는 교관을 양성하기 위한 곳이다
제2조 한성사범학교에 본과 및 속성과 2과를 설치한다
제3조 본과는 2개년에 졸업한다
제4조 속성과는 6개월로 졸업한다
제5조 한성사범학교에 부속소학교를 두어 아동을 교육한다
부속소학교는 심상과와 고등과 2과로 각과는 3년에 졸업한다
제6조 한성사범학교에 다음의 교원을 둔다
학교장 1명 奏任
교관 2명 이하 奏任 또는 判任 부교관 1명 判任
교원 3명 이하 判任
서기 1명 判任
제7조 학교장은 학부참서관이 겸임하고 학부대신의 명을 받아 교무을 정리하고 소속직원을 감독한다
제8조 교관은 학생의 교육을 담당한다
제9조 부교관은 교관의 직무를 보조한다
제10조 교원은 부속소학교 아동의 교육을 담당한다
제11조 서기는 학부주임이 겸임하고 학교장의 명을 받아서 서무회계에 종사한다
제12조 본과, 속성과 및 부속소학교의 학과정도는 학부대신이 정한다
제13조 본령은 개국 504년 5월 1일부터 시행한다

이에 따라 학교장 이응집, 교관 정운경, 부교관 한의용, 교원(부속소학교) 박지양, 최정덕, 한명교, 서기 이필균의 발령이 있었고,[3]

2) 『관보』 제17호 1895.4.19.
3) 1895.4/27 任漢城師範學教 副教官 敍判任官 5等 韓義容
임한성사범학교 교원 서판임관 6등 박지양 최정덕 한명교 『관보』

학교장과 서기는 학부겸임으로 교관, 부교관, 교원은 전임이다. 하지만 곧 부교관 한의용은 자진 사퇴하고 그 대신으로 현백운이 발령되었다.[4] 이와 같이 발족 당시에는 전임교관과 부교관 각 1명의 진용이었다. 그리고 5월 1일 개교에 맞추어 다음의 광고와 같이 본과생은 연령 20세 이상 25세 이하, 속성과는 연령을 20세 이상 35세 이하로 하여 학생모집을 하였다. 모집학생의 연령을 20세 이상 혹은 22세 이상으로 높인 것은 소학교 입학자의 연령이 높아질 것을 예상하여 교사로서 사람을 가르치는 입장에 서기 위해서는 상응하는 연령에 달하지 않으면 안 된다는 전통적인 사고가 있었기 때문이다.

> 사범학교학원권부광고 (『관보』 제17호 1895년 4월 19일)
> 금회 칙령에서 분포하는 한성사범학교가 5월 1일부터 개교하여 본과학생(2년 졸업) 100명 및 속성과 학생(6개월 졸업) 60명을 權赴함에 있어서 입학을 원하는 자는 본 월 25일까지 본부에 알리고 27일에 본부에 출원하여 입학시험을 치러야 한다
> 개국504년 4월 19일 학 부
>
> 사범학원시험규목
> 1. 본과입학자의 연령은 20세 이상 25세 이하로 정한다
> 2. 본과생의 입학시험은 다음과 같다. 국문의 독서 및 작문 한문의 독서 및 작문

제34호 1895.5.9.

5/5 겸임한성사범학교장 학부참서관 이응익

임한성사범학교교관 서주임관 6등 사범학교교수 정운경 『관보』 제32호 1895.5.7.

겸임한성사범학교서기 학부주사 이필균 『관보』 제33호 1895.5.8.

4) 윤 5/21 자진사퇴 본관 부교관 한의용, 임한성사범학교 부교관 현백운 『관보』 제72호 1895.윤5.24.

3. 속성과 입학자의 연령은 22세 이상 35세 이하로 정한다 4. 속성과생의 입학시험은 다음과 같다. 국문의 독서작문, 한문의 독서 작문, 조선지리, 조선역사

또 입학시험 과목은 국한문의 읽기와 작문이었으나, 응모자가 서당 등에서 배운 한문은 괜찮다고 하여도 국문(한글)은 다시 공부할 필요가 있었다. 속성과에서는 조선지리와 조선역사를 시험과목에 포함하여 6개월의 단기양성으로 즉시 교단에 설 수 있는 인재를 선발하고자 하였다. 속성과로 인기가 몰려 정원을 넘어섰으나 본과는 대폭 정원을 줄어 본과 40명과 속성과 60명이 입학하였다.[5)]

학부는 1895년 7월 「한성사범학교규정」[6)]을 제정하여 사범학교 교육 요강을 알렸다. 규정에 의하면 본과의 학습과목은 수신, 교육, 국문, 한문, 역사, 지리, 수학, 물리, 화학, 박물, 습자, 작문, 체조로 하고 시간에 따라 한 과목 혹은 여러 과목을 줄이는 것이 가능하였다. 그리고 속성과 학습과목은 수신・교육・국문・한문・역사・지리・수학・이과・습자・작문・체조로 하고 상황에 따라 과목을 줄이기로 하였다(제3조).

학급의 학생수는 약 20명 이상 60명 이하로 하고(제7조), 학년은 7월 21일부터 12월 25일까지 전기와, 1월 16일부터 6월 15일까지 후기인 2학기제로 하여(제8, 9조), 연간 42주 매주 28시간의 수업을 하도록 하였다(제10조). 또 입학자의 연령을 본과 20~25세, 속성과 22~35세로 하고 시험과목은 국어・한문・조선역사・지리로 하였다(제14조).

학습과목 정도는 본과에서는 다음과 같이 규정하였다(제11조).

---

5) 『관보』 제137호 1895.8.14.

6) 1895.7.23 「학부령」 제1호 '한성사범학교규칙' 『관보』 제121호 1895.7.24.

수신 인륜도덕의 요지 및 그 교수법
국문 강독
한문 강독
교육 내외 교육의 연혁 및 저명한 교육가의 전기와 교육 및 교수원리를 가르치는 것과 함께 부속소학교에서 실제수업방법을 연습한다
역사 본국 및 세계역사
지리 본국 및 세계의 정치 지리와 지문 초보
수학 산술 및 대수기하의 초보와 교수법
물리 물리상의 긴요한 현상과 정률
화학 보통화학상의 현상, 긴요한 원소와 무기화합물의 성질
박물 동식물의 생리와 위생
습자 해서 행서 초서의 3체 및 그의 교수법
작문 일용서류 기사문 및 논설문
체조 보통체조 및 兵式體操

속성과 학습과목 정도는 다음과 같으나(제21조), 본과생에 비하면 내용이 간략화되어 각 분야 최소한의 필요한 사항을 학습하여 그 대의를 파악하는데 그치고 있다. 신설된 소학교에 필요한 교원을 급히 양성하여 각 학교에 배치하기 위해서는 졸속하지만 어쩔 수 없는 조치였다.

수신 인륜도덕의 요지 및 그 교수법
교육 내외 교육사 및 저명한 교육가의 전기와 함께 실제 수업방법을 연습한다
국문 강독
한문 강독
역사 본국역사 및 세계역사대요
지리 본국역사 및 세계지리대요
수학 산술
이과 대의
습자 해서 행서 초서의 3체 및 그의 교수법
작문 일용서류 기사문 및 논설문
체조 보통체조

동 규칙은 교육방침으로 다음의 5항목을 열거하였다(제13조).

1. 정신을 단련하고 덕조를 기르는 것은 교육자에게 중요한 것이며 학원인 자는 평소에 유의 할 것.
2. 존황애국의 사기를 갖는 것은 교육자에게 중요한 것이며 학원인 자는 평소에 충효의 대의를 명확히 하여 국민의 지조를 환기시킨다.
3. 규율을 지키고 질서를 유지하고 師表의 威儀를 기르는 것은 교육자에게 중요한 것이고 학원인 자는 평소에 위의 명령 및 훈회에 복종하고 몸가짐과 언동을 바르게 할 것을 필요로 한다.
4. 신체의 건강은 성업의 기본이 되며 학원인 자는 평소 위생에 유의하고 체조를 열심히 하여 건강을 증진하는 것이 필요하다.
5. 교수방법은 교육자에게 적절하고 소학교 교칙에 합당한 것을 주지로 한다.

이와 같이 그 해 5월 1일 입학한 속성과 제1기생은 그 해 10월에 졸업하고, 28명의 이름이 다음과 같이 관보에 게재되었다. 그 내역은 우등 4명과 급제 24명으로 우등의 박치훈과 이만규는 이듬해 11월 3일부로 관립소학교 교원으로 발령되고,[7] 우등의 오유선과 장연필도 이듬해 1896년 1월 29일 관립소학교 교원으로 채용되었다.[8]

우등생 이외로 관립소학교에는 유춘희 · 유태진 · 이원규의 3명이 발령되고, 1896년 11월 6일까지는 전원의 부임지가 결정되었으나 이사덕만은 채용되지 않았다. 게다가 관립소학교 외에는 경기가 7학교 7명으로 가장 많고 함북을 빼고는 각 도 각 1명씩 배치되었다.

1895.10.15 제1회 졸업시험방－속성과－(『관보』 제192호 1895.10.19)
우등 4명 박치훈 이만규 오유선 장연필

---

7) 『관보』 제206호 1895.11.6 11.3. 임관립소학교 교원 서판임관 6등 박치훈 동 이만규(급2급봉 14원).
8) 『관보』 제236호 1896.1.31, 1.29. 임관립소학교 교원 서판임관 6등 오유선 동 장연필(급2급봉 14원).

급제 24명 유춘희 윤태진 변영대 정지석 황한동 이원규 김영제
김봉진 이항선 장성화 양주성 이필구 신병균 조한우
이한응 김구연 윤대선 김인환 정운호 이종협 이동현
이사덕 구자홍 안영상

계속해서 그 해 10월에는 다음과 같이 속성과 제2회 졸업생 41명이 발표되어 연내에 21명이 공립소학교 교원으로 발령되었다. 그 배속지는 충남, 전남 각 3학교, 경북, 평북, 강원, 함남, 함북 각 2학교, 충북, 전북, 황해, 평남, 함남 각 1학교로 처음 교원이 배치된 함경북도에는 우등생 정환교(함경북도관찰부 공립소학교)와 조재혁(경흥항 공립소학교)이 발령되었다.

이듬해 1897년 4월에 2명이 관립소학교로 발령되었으나, 다음의 제3회 졸업생이 나올 때까지 채용된 자는 약 반수인 23명뿐으로 공급과다 현상이 일어났다.

1896.10.29 제2회 졸업시험방-속성과-(『관보』 제469호 1896.10.31)
우등11명 심승필 김계명 정환교 이명재 김병천 김봉수 조재혁
유철수 박아상 이강호 이종옥
급제30명 홍순달 전석규 이원섭 윤필구 윤보영 윤상홍 정규종
임치형 김창유 이승의 박희명 이상원 정규연 김대희
전우규 이응현 김달원 조동현 이용무 이호경 변지학
박제현 이응원 황대성 전풍규 이승균 이공우 이용원
김상종 박기영

1896년 11월 속성과 입학자 중 이듬해 1897년 4월에 졸업한 자는 다음의 44명이다. 이 중 우등 15명은 그 해 6월까지 전원 채용되었으나 우등생 이외에는 김창륜・김윤정・조관증・최인식의 4명이 그 해 중에 채용되었을 뿐이었다. 이는 졸업생 수의 증가에 비례하

여 이들을 수용할 수 있는 학교의 증설이 늦어졌기 때문이다.

게다가 함경북도에서는 도관찰부 공립소학교 교원 정환교와 경흥항 공립소학교 교원 조재혁(모두 제1회 졸업생)이 그 해 4월 21일 자진 사퇴하고 같은 날 제3회 우등졸업생 엄관섭과 이교원이 후임으로 발령되었으나, 두 사람 모두 벽지로 가는 것을 꺼려하여 부임하지 않아 5월 11일에 자진 사퇴가 되고 또 그 후임으로 같은 제3회 졸업생의 김창륜과 한명주가 발령되었다.[9)]

1897.4.20	제3회 졸업시험방－속성과－(『관보』 제618호 1897.4.23)
우등15명	신태규 유학수 송순영 이 헌 박창동 조근하 엄관섭 이교원 한명주 민태형 송시현 윤정규 이영식 서정달 이교홍
급제29명	허 환 이의혁 김창륜 윤홍식 이희재 최인식 김윤정 이종옥 이기석 이주응 김현구 서상구 윤태영 조종락 이홍구 정해관 심승덕 최정식 이한풍 주정균 송병구 정태희 이인우 조관증 이범기 오정선 송윤섭 이우성 이재성

학부는 1899년 4월 2년제의 본과를 4년제로 바꾸고,[10)] 모집요강에 관해서도 연령을 22세 이상 40세까지로 올리고, 시험과목도 국문의 독서작문, 한문의 독서작문, 본국지지와 본국역사의 4과목으로 변경시키고 5월 10일에 입학시험을 실시하였다.

이보다 먼저 4월 1일 본과생의 졸업시험이 처음 시행되어 4월 8일에는 학부대신 신기선씨가 동교에 부임하여 독서 작문을 추가하

---

9) 『관보』 제635호 1897.5.13, 5.11. 임함경북도관찰부 공립소학교 교원 서판임관 6등 김창륜, 임경흥항 공립소학교 교원 서판임관 6등 한명주.

10) 1899.4.21 「학부령」 제8호 "개국 504년 7월 23일 학부령 제1호 한성사범학교 규칙 제4조 한성사범학교 본과 학원수업 연한 2개년을 4개년으로 개정한다" 『관보』 제1,244호 1899.4.25 『관보』 제1,248호 1899.4.29

고 다음의 우등 14명과 급제 12명을 정하였으나 4명이 낙제하였다.[11] 그러나 우등생 심기섭은 졸업증서 수여시에 발생한 悖妄한 언동으로 졸업이 취소되었다.[12]

졸업생 중 그 해 6월까지 최성택·백낙환·전덕룡·박치운·한병수·양익수·남명식·이석영·한연수·마희율의 10명이 임용되고 그 후 그 해 말까지 한필수·강기하·박재형·엄성을 4명이 채용되었다. 강기하는 입학전에 부교원의 경험이 있었다.[13]

1899.4.8	제4회 졸업시험 방-본과-(『관보』 제1,234호 1899.4.13)
우등 14명	남명식 백낙환 박치운 심기섭 이석영 윤태권 마희율
	엄성을 안정□ 민관현 김광식 최정하 박재형 한연수
급제 12명	강기하 전덕룡 이승묵 강용규 김기송 최성택 강익수
	한병수 한필수 김학제 이재성 김규원

> 한성사범학교학원권부광고
>
> 이번 한성사범학교 본과 4개년 졸업생을 선발하므로 입학을 원하는 자는 5월 8일까지 본부에 신청하고 5월10일 본부로 출원하여 입학시험을 받는다.
>
> 광무 3년 4월 21일 학부
>
> 1. 입학자의 연령은 22세 이상 40세 이하
> 2. 입학시험은 다음에 따른다. 국문의 독서작문, 한문의 독서작문, 본국지리, 본국역사

입학시험 수험자는 100여 명이었으나 합격자는 16명에 불과하였다(『황성신문』 1899.5.11 雜報).

11) 『황성신문』 1899.4.10 雜報.

12) 『관보』 제1,238호 1899.4.18 〈학사〉 “사범학교 졸업증서 수여시 졸업생 중 심기섭은 제멋대로 행동하여 규칙에 크게 위반하였으므로 사범학교 제4회 졸업시험 방에서 심기섭을 지울 것.”

13) 『관보』 제901호 1898.3.19 〈학사〉 원산항 공립소학교 부교원 강기하 임용, 『관보』 제934호 1898.4.27 〈학사〉 부교원 강기하 해임.

이 학교는 그 해 10월을 맞아 낮 시간이 약간 짧아진 점을 감안하여 학생의 학습시간을 오전 7시부터 오후 4시까지로 변경하고 또 학습과목에 「지구개론」을 추가하였다.[14] 그 해 11월 14일 부교관 이용상(영어담당)이 사퇴하여 그 후임으로 동교 학생 이상익이 부교관으로 발탁되었다.[15] 공립소학교의 재학생이 그 학교의 부교원으로 등용된 예는 몇 있었으나,[16] 사범학교 재학생에 있어서는 선례가 없었다. 이상익은 1905년 2월 20일에는 교관(판임)으로 승진하였다.

학부는 1899년 4월 「관공립 학교교원 서임시 시험규칙」[17]을 공포하고 교원의 임용에 있어서는 학부가 사전에 특별임시시험을 시행하고 한성 사범학교과정에 의한 시험과목을 부과하여 채용자를 선발하는 것으로 하였다. 또한 사립학교교사에 있어서도 이 특별시험을 거친 후에 허가받도록 하였다.

이에 따라 그 해 5월 학부는 각 군 공립소학교 교원을 서임함에 있어서 사범학교 각 회 졸업생 등을 학부에 모아, 독서·작문·지

---

14) 『황성신문』 1899.10.14 雜報.

15) 『관보』 제1,420호 1899.11.16 11/14. 자진사퇴 본관 한성사범학교 부교관 이용상, 임산성사범학교 부교관 서판임관 6등 이상익.
『황성신문』 1899.11.9 雜報.

16) 『황성신문』 1902.3.4 雜報 전개. 운산군(평북)공립소학교에서 재학생 최락성을 부교원으로 추천.

17) 1899.4.12 학부령 「관공립 학교교원 서임시 시험규칙」 『관보』 제1,237호 1899.4.17.
제1조 교원에 졸업생을 임용하기에는 본부에서 특별임시시험을 거쳐 나중에 서임할 것.
제2조 시험과목은 한성사범학교 과정에 의한 것.
제3조 특별시험을 시행할 때는 본부가 미리 광고할 것.
제4조 졸업생이 사고가 있어서 시험을 치를 수 없었던 자는 다음 기회의 수험을 허가함.
제5조 사립학교교사도 본부시험을 거쳐 후에 인가할 것.

리·산술 시험을 치르고 채용후보자 89명을 선발하였다.[18]

1901년 10월의 졸업생은 이번 기에 한해서 관보의 학사란에 게재되었으나, 기재된 사람은 우등 3명 만이었다. 하지만 그 후 인사이동에서 이종은(함남 덕원부)·이선호(함남관찰부)·김복경(강원 강릉)이 같은 기에 해당된다고 생각된다.

1901.10　　제5회 졸업시험 방-본과-(『관보』 제2,028호 1901.10.26)
우등 3명　홍병하　김경연　김진세
급제 6명　기재없음

1903년 1월 졸업생 24명 중 우등생은 명부순으로 채용되고 그 후에 다른 졸업생이 임용되었다. 우등수석의 김종명은 1903년 1월 24일 제일 빨리 발령되었으나 부임지는 벽지인 함경북도 길주항으로 교무를 방치하여 면관처분된 송윤섭의 후임이었다.

다음으로 우등 차석인 김창제가 4월 1일 함경북도 관찰부 공립소학교 교원으로 채용되었으나, 전임의 김창륜은 1897년 5월 이후 6년간이나 함경북도 내에 근무하고 김창제와 교체하여 관립소학교로 전임하였다. 명단순으로 가장 마지막인 양대록과 이범선의 발령은 2년 후 1905년 8월이었으나 이범선은 평안북도에 몇 개월동안이나 부임하지 않아 12월 말에 면관되었다.[19]

---

18) 『황성신문』 1899.5.4 雜報.

19) 『관보』 제3,219호 1905.8.16, 8.14. 任평안남도 관찰부 공립소학교 교원 서판임관 6등 이범, 任장진군 공립소학교 교원 서판임관 6등 양대록. 『관보』 제3,339호 1906.1.2 12/29 免본관평안북도 관찰부 공립소학교 교원 이범, 서임 후 몇 개월이 지나도록 학교에 부임하지 않아 면관조치함. 장진군(함남)으로 부임한 양대록도 1905년 10월 14일 자진 사퇴하였다(『관보』 제3,277호 1905.10.23).

1903.1.2 제6회 졸업시험 방－본과－(『관보』 제2,402호 1903.1.6)
우등 7명 김종명 김창제 김인형 정원석 이재경 최명집 박윤형
급제 17명 김홍수 양덕춘 한백원 남상순 강달준 김희제 정윤하
이광래 이찬호 신현정 신재균 김하영 이석범 박영용
서정미 양대록 이범선

1905년 10월의 졸업생은 다음과 같이 23인으로 먼저 10월 31일에는 이윤갑이 관립소학교 교원으로 임용되고 그 밖의 졸업생도 각각 순조롭게 채용되어 이듬해 1906년 1월 22일 이무년의 안성군(경기) 공립소학교 교원임용을 마지막으로 전원이 모두 발령받았다. 이 기의 졸업생은 4명이 관립소학교 교원으로 채용되고, 또 윤정로는 한성사범학교 교관으로 임용되었으나,[20] 이는 전례에 없는 일이었다.

1905.10 제7회 졸업시험 방－본과－(『관보』 제3,290호 1905.11.7)
우등 1명 이윤갑
급제 22명 안동수 강관식 김원우 윤병철 길승규 유한열 윤정로
홍재명 이시후 남궁섭 장용복 정수영 김연배 이상봉
김종길 안종열 정범시 이도재 정태헌 한동석 이철주 이무년

1906년 6월의 졸업생은 겨우 3명이었으나 8월 16일에 무안항(전남), 강서군(평남), 강화부(경기) 공립소학교 교원으로 임용되었다.

1906.6 제8회 졸업시험 방－본과－(『관보』 제3,496호 1906.7.4)
우등 1명 이우정
급제 2명 김상학 정중근

한편 학부간행의 『한국교육의 旣往 및 現在』[21]는 사범학교에 관

20) 『관보』 제3,330호 1905.12.22.12/19. 한성사범학교교관 서판임관 7급 윤정노, 판임관 7급봉은 연봉 240엔, 소학교 교원 초임은 8급 180엔.

해 "사범학교는 형체가 있어서 가옥이라 하여도 미미한 설비에 그치고 겨우 24, 5명의 학생을 수용할 수 있는 1교실이 있으며 학생들은 3년의 수업연한을 수료하면 새로이 모집한다. 학과 과정은 주로 한학이고 다른 보통학과는 거의 없다"고 하여 제도는 있지만 실태가 동반되지 않는다고 평가하고 있다.

이는 각 도의 신임교육담당 주사를 학부가 소집하여 1909년 4월 27일부터 5일간에 걸쳐 俵孫一(타와라 마고이치) 차관이 훈시한 내용을 인쇄 간행한 것으로 학부 간행물이라고는 하나 국한문이 아니라 일본어로 기술되어 1906년 이후 일본세력의 교육개입에 의한 근대교육으로 기여를 강조하기 위해 정체된 실태를 매우 과장하여 제3자적 입장에서 논평하고 있다.

이것과 동일하게 학부 간행물인 『한국교육』[22]도 또한 사범학교를 포함하여 "그 제도는 외국법령을 참고한 것에 지나지 않으며 당시의 국정에 적합하지 않고 시설 등도 좋지 않아 이를 운용할 교사들도 이런 이유에서 거의 유명무실하다"고 혹평하고 있다.

또 『한국시정일반』[23]은 한성사범학교는 "수업연한에 따라 혹은 1년에 마치기도 하고 1년 반에 졸업하기도 하며 학과에 따라 많은 담임교사는 한학 읽기를 주로 하고 실제로의 교수 연습을 위한 것은 없다. 학교 설비도 극히 불완전하여 교사는 협소하고 교실 하나가 있을 뿐이다"라고 구체적으로 지적하고 있으나 이들 기술에 일관된 것은 제1이 학교라고는 하지만 교실이 하나밖에 없는 것과 제2로는 수업이 한학에 편중되어 있다는 점이다.

당시는 재정난이 심해서 시설설비 등 교육환경이 열악하고 교수진도 한학자를 제외하면 사람을 구하기 어려웠다고 여겨진다. 그러

---

21) 『한국교육의 既往 및 現在』, 3쪽.
22) 『한국교육』, 1쪽.
23) 『한국시정일반』, 199쪽.

나 관립소학교를 비롯한 각지의 소학교에서는 사범학교의 졸업생에 의해 독서·작문·습자·산술·지리·역사 등의 수업이 이루어졌고 사범학교 졸업생을 대상으로 한 학부에 의한 교원 서임시 시험도 '독서·작문·지리·산술' 등에 관해 시행되었다[24]는 것을 감안하면, 한성사범학교에서 학습지도는 일단 모든 것을 망라하여 행하여졌다고 보여진다. 단지 자료에 의하면 이과·도화·음악의 3과목에 관해서는 교관을 구할 수 없는 관계로 과목의 개설은 총감부시대 이후부터였다.[25]

또 위 간행물의 '3년 수업연한을 수료하면 새로 모집하고'에서 '3년 수업연한'이란 것은 잘못으로 처음 본과의 수업연한은 2년제이고, 1899년부터 4년제로 이행되었다. 제1기의 본과생은 1895년에 속성과 학생과 동시에 입학하였기 때문에 속성과가 존속한 1896년 10월까지 하나의 교실에서 수업이 이루어졌다. 그러나 그 후로도 하나의 교실밖에 없었으므로 1899년 4월 본과의 첫 번째(학교로써는 제4기생) 졸업에서는 5월에 신입생을 입학시키는 것과 같이 졸업생을 배출하지 않으면 '새로 모집을 할 수 없다'는 상황이었다.

그리고 재학생의 졸업을 기다려 신입생을 입학시킨다는 공식을 참고로 다음 표에서 본과생 입학과 졸업을 정리하면 1899년 5월의 입학생이 1901년 10월에 졸업하고, 이를 기다려 이듬해 1902년 1월

---

24) 『황성신문』 1899.5.4 雜報. "학부는 사범학교 1, 2, 3회 졸업생을 각 군 공립소학교 교원으로 서임함에 있어서 해당 부 대신이 본부에 집합시켜서 독서·작문·지리·산술의 시험을 시행하여 우수한 자 89명을 선발하였다."

25) 『황성신문』 1906.9.8 雜報. "한성사범학교는 도화 1과목을 증설하여 도화교사 兒島元二郎를 채용한다"
『황성신문』 1907.6.22 雜報. "학부는 관립사범학교에 음악과정을 설치하고 학생에게 교수하기 위해 외국음악을 교수하는 교사로서 군부소관 군악대의 군악을 잘 이해하는 사람을 채용한다."

에 신입생이 입학하고 있다. 이 본과생은 다음해 1903년 1월에는 졸업하였다.

하지만 졸업시험의 낙제자가 잔류하게 되었기 때문에 학생을 모집하지 않고 1904년 5월이 되어 신입생을 입학시키고 이 학생 등이 1905년 10월에 졸업한 후에 11월과 12월 2회 입학시험을 치르고(응모자가 적어서), 신입생을 입학시켜 이 학생이 이듬해 1906년 7월에 졸업하였다.

〈표 2-1〉 학생의 입학 · 졸업상황

〈속성과〉입학시험	졸업	〈본과〉입학시험		졸업	입학시험			졸업
1895 5/1입학	10/15①	1895	5/1 입학	-	1901	-		10월⑤
1896 3/7음 10/5	10/29②	1896	-	-	1902	1/20		-
1897 -	4/20③	1897	4/5	-	1903	-		1/2⑥
		1898	-	-	1904	5/19		-
		1899	5/10	4/8④	1905	11/27	12/25	10월⑦
속성과는 3회 모집 입학, 3회 졸업		1900	-	-	1906	-		7월⑧

이를 보면 본과의 수업연한은 법령상 4년제이지만 학생이나 사회환경의 실태에서 보면 어쩔 수 없이 "1개년에 졸업하기도 하고 1년 반에 졸업하기도 한다"라는 것이 실상임을 증명할 수 있다.

당시 학생은 하루라도 빨리 취직하여 급여를 받고싶다고 생각하고, 사회도 또한 장기적인 면학보다는 빠른 취직을 바라는 풍조가 있었기에 수업연한이 원하는 대로 해석되어 성적이 만족할 만한 정도가 되면 졸업을 인정하였다.

그래서 이와 같이 본과가 실제로는 1년이나 1년 반이라는 단기 양성기관이었기에 속성과의 학습내용이나 수업기간과 큰 차이 없었고 이를 위해 양쪽의 대우에 차등을 두는 이유도 없었으므로 초임시의 관등 봉급은 판임관 6등 3급봉으로 양쪽은 동일한 대우를 받았다.

2) 교원조직

한편 사범학교 교장은 학부의 참서관, 학무국장, 편집국장이 겸무하였다. 교관과 부교관은 다음과 같이 발령되었으나 정운경·김형제·이인순·이상익은 5~6년간 근속하였고 주도환·이용우·이용상의 3명은 1년여 근무하였다. 그러나 그 밖은 1~8월 정도의 단기간에 퇴직하였다. 이 결과 1906년 9월 관제개정 직전의 교원조직은 교장 채범석 외에는 교관(주임) 이기, 교관(판임) 윤정로·현공렴의 3명이었다.

교관(주임) 정운경 1895. 4 ~1900. 3.26 사망
〃 김영순 1896. 1.15 ~1896. 2.22 자진사퇴
〃 이상설 1896. 2.22 ~1896. 3.25 자진사퇴
〃 윤헌섭 1896. 3.20 ~1896. 6.19 자진사퇴
〃 박은식 1900. 3.31 ~1900.11.15 모친상
〃 김형제 1900.11.17 ~1905.12.20 자진사퇴
〃 이 기 1906. 4.25 ~
교관(판임) 주도환 1896. 6.19 ~1897. 5. 6 교관(주임)~1897.6.9 자진사퇴
〃 한홍이 1897. 6.24 ~1897. 7.29 자진사퇴
〃 최 찬 1897. 7.29 ~1897.11. 1 자진사퇴
〃 이인순 1897.12.28~1904. 2.6 면관(장기간 교무를 돌보지 않음)
〃 김기년 1904. 2.6 ~1904. 8.31 평리원 주사로
〃 심응택 1904. 9.12 ~1905. 2.20 자진사퇴
〃 윤정로 1905.12.19 ~
〃 연 준 1905.12.22 ~1906. 4.25 자진사퇴
〃 현공렴 1906. 3.20 ~
부교관 한의용 1895. 4.27 ~1895.윤5.21 자진사퇴
〃 현백운 1895.윤5.21~ ?
〃 이용우 1895. 5.15 ~1898. 8.30 사망

〃	이상익 1899.11.14	~1905. 2.20교관(판임)~1905.12.14	자진사퇴
〃	심상철 1905. 2.20	~1905. 3.20	자진사퇴
〃	유진억 1905. 3.20	~1905. 5.24	자진사퇴
〃	안택중 1905. 5.24	~1905.10. 9	자진사퇴

사범학교의 경상비 예산은 다음과 같이 1896년도 12,221원은 별도로, 개략적으로 3,000원 전후의 예산이 계상되고, 1904년도 이후는 점차 증가하고 있다. 또한 사범학교 예산액이 학부소관예산총액에서 점유하는 비율은 거의 2% 정도였으나 1904년도 이후 3~4% 정도로 증가하고 있다.

1896년도의 예산액(실현되지는 않았지만)이 돌출된 것은 소학교 교육을 보급하기 위해 사범학교의 중요성을 고려한 것이지만 예산서에서는 예정된 비용항목의 상세가 불명확하다.[26]

1896	12,221(9.64%)	1900	2,840(1.74%)	1904	4,252(2.96%)
1899	2,790(1.97%)	1903	3,051(1.85%)	1906	6,793(4.38%)

2. 관립한성사범학교

1) 연혁 · 교육과정 · 졸업생의 배치

1906년 8월 27일 칙령 제40호 「학부직할학교 및 공립학교관제」에 따라 그 해 9월 1일부터 교명이 관립한성사범학교로 개칭되었다.

학부는 1906년 8월 「사범학교령」[27]을 공포하여 9월 1일부터 시

26) 예산설명서에 의하면 학생의 문구비에 관해서 '지필묵비는 사범생 1명당 연액 4원80전, 부속소학교 학생 연액 3원'으로 한다(『관보』 제226호 부록 1906.1.20).

행하였으나 종래의 「한성사범학교관제」와 다른 점은 사범학교에 본과 외에 예과, 속성과, 강습과를 설치할 수 있었고(제4조), 수업연한은 본과 3개년, 그 외는 1년 이내로 하여(제5조) 본과의 수업연한 4년이 1년 단축되었다.

입학자격에 관하여는 본과는 연령이 15세 이상의 남자로, 보통학교 졸업이상의 학력을 갖는 자로(제6조), 졸업 후 보통학교로의 직무종사의무(제7조)를 규정하고 교과서는 학부대신의 인가를 받은 것을 사용하는 것으로 한다(제8조).

이와 동시에 학부는 「사범학교령 시행규칙」[28]을 제정하고, ①총칙, ②학과목 및 요지, ③학년교수일수 및 휴업일, ④설치 및 폐지, ⑤입학 퇴학 휴학 및 징계, ⑥종료 및 졸업, ⑦학자 및 유숙, ⑧졸업생의 복무, ⑨부속보통학교에 관하여 규정하였다.

이 중 총칙에서는 1학급 학생 정원을 40명 이하(강습과를 제외)로 하고(제2조), 제4조에서 구 규칙 제13조와 같은 취지의 「사범학교교육의 요지」를 기술하고, 더욱이 5항목을 추가하여 그 교육방침을 명확히 하였다.

1. 정신을 단련하고 덕행을 연마하는 것은 교원이 되는 자의 제1의 중요한 급무이며 따라서 학원으로서 항상 주의하여 정신과 덕행을 양성하여야 한다.
2. 존군애국의 사기에 충만한 것은 교원이 되는 자의 가장 중요한 급무이며 따라서 학원으로서 항상 충효의 대의를 숭상하고 국민의 지조를 고취하여야 한다.
3. 규율을 엄수하고 질서를 지켜 師表가 되도록 威儀를 갖추는 것이 교원이 되는 자의 필요한 임무이며 따라서 학원으로서 손윗사람의 명령과 훈회에 복종하여 언어와 행동을 정직하게 하여야 한다.

---

27) 1906.8.27 「칙령」 제41호 '사범학교령' 『관보』 제3,546호 1906.8.31.
28) 1906.8.27 「학부령」 제20호 '사범학교령 시행규칙' 『관보』 제3,547호 1906.9.1.

4. 신체의 건강은 작업의 기초가 되므로 학원으로서 위생에 주의하고 체조를 열심히 하여 건강을 증진시켜야 한다.
5. 교수는 교원이 되는 자에게 적당하여 보통학교의 취지에 부합하여야 한다.
6. 교수는 항상 그 방법에 주의하여 학원으로서 수업시에 교수방법을 이해하도록 임하여야 한다.
7. 언어의 명확은 교원이 되는 자에게 극히 필요한 것이며 따라서 교수시에 학원으로서 그 언어를 명확히 하여 어법을 연습하도록 임하여야 한다.
8. 학습방법은 교수에게 편중되지 않도록 하고 학원으로서 스스로 습득하고 학의를 진취하여 기예를 연구하는 습관을 양성하도록 하여야 한다.
9. 학과는 소정의 교과서에 따라 교수하여야 한다.

그런데 여기에서는 구 규칙과 동일하게, 의연히 「정신교육」과 「덕육」이 가장 중요한 교육내용이라고 되어 있어 근대교육도 유교 도덕에 부합하는 것이 아니면 안되었다. 또한 尊君愛國과 충효의 유교적 덕목이 강조되어 유교적 권위주의와 함께 근대학교에 있어서의 교육을 아직 '敎化'라고 인식하고 있는 느낌이 있다.

그러나 교과서 부족과 교사의 근대지식 부족을 극복하고 교사자신이 교수방법의 반성을 통하여 교사측에서 학생에 대한 일방적인 주입주의를 배척하는 점은 약간이나마 신선미를 느끼게 한다.

본과의 교과목은 수신·교육·국어·한문·일어·역사·지리·수학·물리·화학·박물·도화·음악·체조로 하고 음악은 당분간 하지 않기로 하였다. 또 이 외에 '농업·상업·수공' 중 1과목 또는 몇 개의 과목을 추가하는 것이 가능하여 이 경우에는 1과목을 학생에게 선택학습시키는 것으로 하였다(제5조). 이 단계에서는 「수공」이 기술과목으로 판단되어 실업과목 범주에 속하게 되었다.

그리고 제6조에서 각 과목의 교수요지를 구체적으로 나타내었으나, 부속 보통학교에서 학생에게 체험수업을 하게하고 교관이 그 수업을 감독 비판하거나 때로는 교관 스스로 수업을 행하여 모범을 보이도록 규정하였다. 그 외의 주된 사항으로는 본과·예과·속성과의 교육과정을 별도의 표로 나타내고,[29] 매주 수업시수를 30시간 이상 34시간 이하로 하여(제7조), 일본의 제도에 따라 학년을 4월 1일부터 이듬해 3월 31일까지로 하여(제9조), 이를 3학기로 나누었다(제10조). 또 입학시험과목을 국문 및 한문·일어·산술·역사·지리·이과로 하고 당분간은 그 중에서 1과목 혹은 여러 과목을 빼는 것이 가능하도록 하였다(제19조).

또 일본의 예에 따라 본과와 속성과 학생에게는 학자·식비·피복 잡비를 지급하고(제36조), 급비생에게 기숙사 입사를 의무화하고(제38조), 급비졸업생은 교직의 복무를 의무화하며 그 기간은 본과가 6년, 속성과는 2년으로 하였다(제39조).

〈표 2-2〉 사범학교 본과 교육과정표

학년 교과목	시수	제1학년	시수	제2학년	시수	제3학년
수 신	1	인륜도덕요령	1	인륜도덕요령	1	인륜도덕의 요령
교 육	3	교육의 원리심리논리의 대요	3	전학년교수의 원리	3	전반년 교육법령 및 학교관리법 후반년 실제수업
국 어	3	강독문법작문습자	3	강독문법작문습자	3	강독문법작문
한 문	3	강독	3	강독	3	강독
일 어	4	독법해석회화습자	4	독법해석문법회화	4	독법해석문법회화번역
역 사	2	본국사	2	외국사대요	2	전학년의 계속

29) 사범학교속성과교육과정표

수신	1	인륜도덕의 원리	역사지리	3	본국과 외국 역사지리의 대요
교육	5	교육원리, 교수의 원칙, 교육법령 및 학교관리법 실제수업	수학	4	산술(정수 분수 소수 비례 및 백분산)
			이과	4	식물, 동물, 광물 및 자연현상
국어	3	강독, 문법, 작물, 습자	도화	2	자유화(臨寫 및 眞寫)
한문	3	강독	체조	3	보통체조 및 병식체조
일어	4	독법, 해석, 회화, 습자	음악	2	단음창가 및 악기의 사용법

지 리	2	본국지리 및 지도묘법	2	외국지리 및 지도묘법	2	전학년의 계속 및 지문의 대요
수 학	3	정수분수소수	3	전학년의 계속 및 비례백분산	4	대수기하의 초보
물리화학	2	물리	2	물리 및 화학(중요광물)	3	화학(중요광물 및 실험)
박 물	2	인신생리식물 및 동물	2	식물 및 동물		
도 화	2	자유화	2	자유화	2	자유화 용구화
체 조	3	보통체조병식체조	3	보통체조병식체조	3	보통체조병식체조
음 악	2	단음창가	2	단음창가악기사용법	2	단음창가악기사용법
농 업	②	농사의 대요	②	농사의 대요 수산의 대요	②	농사의 대요 수산의 대요
상 업	②	상업의 대요	②	상업의 대요	②	상업의 대요
수 공	②	목죽지의 세공	②	목죽지의 세공	②	목죽지의 세공 및 점토세공의 대요
계	34		34		34	

한편 상기의 본과교육과정표에 따라 각 과목 3개년간 매주 수업시수를 비교하면 국어와 한문이 모두 9시간인 것에 대해 일어에는 12시간이 배분되어 있다. 이는 보통학교에서 제1학년부터 일본어를 학습시키는 것에 의한 것이다.

역사와 지리가 모두 6시간인 것에 대해 수학은 10시간을 배분하고 있다. 이는 신학제에서 보통학교의 산수가 중시되어 국어·일어와 함께 매주 6시간 수업이 되었기 때문이다. 체조도 보통학교에서는 매주 3시간 수업으로 비교적 중요한 과목이었기 때문에 사범학교에서도 10시간을 할당하고 있다.

다른 나라가 부국강병에 힘써 학교교육에서 체육을 중시한 것을 본받아 한국에서도 그 기운이 보이기 시작하였다. 그리고 '교육'에서는 교육원리·교육심리·교수법·교육법령과 학교관리에 관해 학습하고 최종 학년에서 반년간의 실제수업을 하여 사범교육을 완결하고 있다.

이보다 먼저 그 해 5월 학부는 각 보통학교에 배치된 일본인 교수의 통역교원 양성을 위해 사범학교 교원 임시양성과를[30] 관립

일어학교 내에 설치하고 수료 후에는 부교원으로 일본인교원에 의한 모범교육을 보조하기로 하였다.

이를 위해 교관 1명, 강사 5명, 서기 1명을 학부관원으로 겸임시키고 학생 40명을 교수하도록 정하여 여기에 필요한 예산액 1,678원은 교육확장비 50만엔에서 지출하도록 하였다.31)

교원임시양성과는 학생정원을 50명으로 하고 교과서는 교육・외국어・수학・이과・지지・역사・체조의 7과목으로 하고 입학자의 연령을 18세 이상 30세 이하로 하여 이미 일본어를 학습한 외국어학교 졸업생 또는 동등학력을 갖는 자를 선발하여 3개월의 단기교육을 행하였다. 일어학교졸업생 중에는 윤상호・강대균(모두 1906년 6월 졸업)과 같이 졸업과 동시에 교원임시양성과에 입학한 자도 있었다.

교원임시양성과는 1906년 6월 14일 개교하여,32) 3개월 후 그 해 9

---

30) 1906.5.17 「학부령」 제18호 '관립 한성사범학교 교원 임시양성과규칙' 『관보』 제3,461호 1906.5.24.
   제1조 관립 한성사범학교에 교원 임시양성과를 둔다.
   제2조 학원은 50명으로 정한다.
   제3조 수업연한은 별도로 정한다.
   제4조 휴업일은 다음과 같다 萬壽節 犍鞦慶節 開國紀元節 일요일.
   제5조 교과목은 교육 외국어 수학 이과 지리 역사 체조 7과목으로 한다. 단 수시로 필요한 과목을 추가하기로 한다.
   제6조 다음의 자격을 갖는 자는 시험을 거쳐 後입학을 허가한다.
     1. 연령 18세 이상 30세 이하.
     2. 신체 건강한 자.
     3. 품행 단정한 자.
     4. 외국어 학교 졸업생 또는 동등한 학력을 갖춘 자는 허가한다.
   제7조 재학중에는 서적을 대여하고 관비 및 지필물용으로 매월 9원씩 지급함.

31) 『황성신문』 1906.5.9 雜報.

32) 『황성신문』 1906.6.14 雜報.

월에는 전과정을 수료하고 제1회생 31명이 각지의 보통학교 부교원으로 발령되었다.[33] 그 후는 다음과 같이 1907년 3월 제2회생 32명, 1908년 3월 제3회 30명의 수료생을 배출하였으나 이것으로 통역교원의 양성을 중단하고 교원임시양성과는 폐지되었다.

1906.9 교원임시양성과 제1회 졸업생 방.『관보』제3,557호 1906.9.13
윤상호 이겸성 김봉진 강태균 장순응 유철상 김제학 남상찬 홍의식
민병익 이근항 김제국 이기수 이규영 이석희 정재필 박두성 김익수
김창희 김홍구 성희경 이종목 남상익 박종선 최익하 황우방 양재극
박용후 이동주 현세영 31명

1907.3 교원임시양성과 제2회 졸업생 방.『관보』제3,735호 1907.4.9
최세명 김수영 김봉오 장도빈 이춘빈 최선동 최정노 손경서 차인화
오희철 정린원 김진성 이용성 한석린 지홍유 송완섭 오규영 김건주
윤달수 최재용 강신성 최성찬 박송걸 최경렬 이호건 조정환 원정룡
탁수화 김학서 곽용태 이강의 한부경 32명

1908.3 교원임시양성과 제3회 졸업생 방.『관보』제4,079호 1908.5.21
김은설 한명우 조경호 변상흠 최주욱 이용경 이기석 지영호 송찬규
심상덕 안익선 신재남 조재을 우등13명
전봉호 고상용 조병참 김영상 안경근 임순수 윤병두 오용진 박윤병
이흠목 차익진 김현두 강창용 박봉훈 백병원 강재옥 배두성 급제17명

학부는 이 학교의 부지가 좁고, 현재 땅에서는 교사를 확장할 여

33) 『관보』제3,557호 1906.9.13 외.
제1회 교원 임시양성과 수료생 강태균은 교직에 두지않고 營繕가능한 기술자로 임명하였으므로 학부는 궁내부에 조회하여 졸업증서를 받은 날로부터 2년 교무에 종사한 후 학부대신의 허가를 받아 다른 공무에 종사하는 것을 승인하도록 한다는 것은 규칙으로 명백한 것이다. 해당자는 (의무 연한) 미만이므로 즉시 해임시키고 규칙에 위반되는 일 없도록 통고하였다(『황성신문』1907.5.8).

지가 없기 때문에 임시학사 확장사업으로 새로이 부지 4,400여 평을 선택하여 목조 2층 건물 교사 240여 평 외 물리화학교실·우천체조장·식당·기숙사를 합쳐 건평 610여 평과 부속 보통학교 교사 80여 평을 신축하였다.

여기에 쓰인 공사비 총액은 62,500여 엔에 달하였고 이 때 교구·기구·기계·표본·도서 등을 새로이 구입한 비용은 4,500여엔이었다. 준공 당시 이 학교는 그 외관과 시설 설비가 뛰어나고 다른 학교를 압도할 정도로 한국 제일의 위용을 자랑하였다.

학부는 보통학교 교원의 수요증가에 즉시 대응하여 1908년 9월 사범학교 강습과 규정을[34] 제성하여 학생 정원을 50명, 연령제한을 20세 이상 30세 이하, 의무연한을 2개년으로 정하고 다음의 광고에

---

34) 1908.9.14 학부령 제17호 「관립 한성사범학교 강습과 규정」『관보』 제4,178호 1908.9.16.

제1조 관립 한성사범학교에 강습과를 둔다. 강습과의 개시일 및 수업기간은 그 때에 공지한다.

제2조 강습과 학원 정원은 약 50명으로 한다.

제3조 강습과 학과 과정 및 매주 교수시수는 학교장이 정하여 학부대신의 인가를 받아야 한다.

제4조 강습과에 입학이 허가된 자는 다음의 자격이 갖추어져야 한다. 국어·한문·일어·산술의 학력시험에 합격하는 자.

1. 연령이 20세 이상 30세 이하인 자.
2. 신체건강하고 품행방정한 자.

제5조 강습과 학원의 재학 중에는 학자금을 한 명당 1개월 금8원으로 한다.

제6조 사범학교령 시행 규칙 제8장 중 속성과 졸업생의 복무에 관한 규정은 강습과 수료생에 적용한다.

제7조 관립 한성사범학교장은 본 규정 시행을 위해 필요한 상세 규칙을 정한다.

부 칙

제8조 본 규정은 공포일로부터 시행한다.

의해 학생을 모집하자 50명 정원에 대해 응모자 420여 명이 쇄도하였다.

광고 관립한성사범학교 강습과 약간명 모집 『관보』 제4,180호 1908.9.18
1. 시험과목: 국어, 한문 사서, 국한문교작, 산술 사칙, 일어 독법 회화 번역 등에 숙달된 자
2. 연 령: 20세 이상 30세 이하
3. 시험기일: 9월23일, 24일
4. 시 험 장: 관립한성사범학교 각도 공립보통학교
5. 위 시험 합격자는 본교에서 신체검사를 받은 후 입학을 허가함
6. 수업기간은 6개월로 하고 수료 후는 보통학교부훈도의 자격을 갖는다
7. 재학 중은 식비로 월 6엔을 지급하고 서적 문구 그 외의 필요한 것을 지급 또는 대여한다

학부는 강습과 규정 제1조의 규정에 따라 강습과의 개시일을 그해 10월 8일로 하고 수업기간을 6개월로 하는 요지를 고시하여,[35)]수업을 개시하였다. 강습과 제1회생은 1908년 10월에 입학, 이듬해 1909년 3월 다음의 31명이 수료하고 4월 8일에는 김창선이 관립 보통학교 본과 부훈도로, 그 밖의 전원이 공립 보통학교 본과 부훈도로 발령되었다.[36)]

그리고 김창선은 관립 한성사범학교로 그 밖의 자는 공립 보통학교로 20명(그 중 보조대상 을종 공립보통학교로 5명), 사립보통학

35) 1908.9.14「학부고시」제7호『관보』제4,178호 1908.9.16.
융희 2년「학부령 제17호 관립한성사범학교 강습과 규정 제1조에 따라 제1회 강습과를 개시한 그 날 및 수업기간을 다음과 같이 정한다.
1. 개시기일: 융희 2년 10월 8일, 1. 수업기간: 6개월.

36)『관보』제4,362호 1909.4.28.

교로 10명 배속되었다.37) 공립 보통학교 훈도와 부훈도의 사립 보통학교로 배치는 사립학교 보조규정에 의한 인건비 보조에 따른 것이었다.

1909.3 강습과 제1회 졸업 『관보』 제4,380호 1909.5.19
김창선 박창화 황창현 김석우 송종호 민갑훈 이원홍 임종한 박익준
최영학 서성선 김두현 최자중 이택재 성낙필 이성규 유래형 서극순
이천구 박영희 이진□ 최기문 이규정 최진하 조극환 강희원 신윤석
한원동 김병용 이강해 이종하 31명

또한 속성과도 1909년 3월 다음의 제4회생 29명이 수료하고 4월 8일에는 김돈식이 관립 보통학교본과 부훈도로 발령되고, 그 밖의 전원이 공립보통학교 본과 부훈도로 발령되었다. 그리고 김돈식이 관립 한성사범학교로 배속되고 그 외의 자도 공립보통학교로 13명, 보조대상의 을종 공립보통학교로 2명, 사립보통학교로 13명 배치되었다.

1909.3 속성과 제4회 졸업 『관보』 제4,380호 1909.5.19
김돈식 김철선 권태원 김응규 김상오 임봉현 김달식 정일온 강재관
최준기 이희도 서상기 오정모 황문주 서상필 이종모 민재길 이응락
이승□ 김재용 곽정준 오필영 김용진 김강윤 최동규 이기용 박응성
오영순 최장옥 29명

37) 『관보』 제4,374호 1909.5.12 관립 보통학교로 1명, 공립 보통학교로 15명 발령.
『관보』 제4,466호 1909.8.30 을종 공립보통학교로 5명 외 보조대상 사립보통학교로 다음의 10명을 발령.
5/24 이택재, 김두현 5/26 이원홍, 박창화, 민갑훈, 황창현, 김석우, 이성규, 강희원, 박종한.

더욱이 강습과는 1909년으로 끝나고 학부는 그 해 10월 강습과 규정을 폐지하였다.[38] 그리고 동시에 속성과 규정을[39] 정하고, 속성과 수업연한을 1개년으로 하여 속성과 학생의 學資보급에 관하여 규정하였다.

한편 이보다 먼저 그 해 4월 학부는 사범학교령을 일부 개정하여,[40] 교과서에 대해 규정하고, 사범학교의 사용교과서는 학부가 편찬한 것 또는 학부가 검정한 것을 사용하며 이같은 것이 없을 때, 혹은 어쩔 수 없을 때에는 학부대신의 인가를 받아 다른 것을 사용하는 것이 가능하도록 하였다.

그리고 그 해 7월 사범학교령 시행규칙을 개정하여,[41] 1학급의 학생 정원 40명을 50명으로 늘리고(제2조), 교과목 중 '국어・한문'을 '국어 및 한문'으로 하고 새로이 '수공'을 필수 과목에 더하며 실업과목을 가설할 시에는 농업과 상업의 1과목 또는 2과목으로 하고

---

38) 1909.10.20「학부령」제7호 '관립 한성사범학교 강습과 규정 폐지'『관보』제4,512호 1909.10.23.

39) 1909.10.20「학부고시」제12호 '관립 한성사범학교 속성과규정'『관보』제4,512호 1909.10.23.

제1조 관립 한성사범학교에 속성과를 둔다.

제2조 속성과 수업연한은 1년으로 한다.

제3조 속성과의 학원에는 학자금을 보조 지급한다. 전항의 보조지급령은 별도로 정한다.

40) 1909.4.19「칙령」제51호 "광무 10년 칙령 네41호 사범학교령 중 다음과 같이 개정한다"

제8조 사범학교의 교과용 도서는 학부가 편찬한 것 또는 학부대신의 검정을 받은 것을 사용할 것.

전항의 도서가 없을 시 또는 이미 가지고 있을 경우는 학교장은 학부대신의 인가를 받아 그 외의 도서를 사용할 수 있도록 한다.

부칙

본령의 공포일로부터 시행한다.『관보』제4,355호 1909.4.20.

41) 1909.7.5「학부령」제3호 '사범학교령 시행규칙'『관보』제4,424호 부록 1909.7.9.

이 경우에는 학생은 그 중 1과목을 선택 이수하는 것으로 하였다(제4조).

구 규칙에서는 수공이 실업과목이었으나 신규칙에서는 도화와 함께 예술과목이 되었다. 그러나 학부에서 수공이 실기과목이라는 인식은 뿌리깊이 박혀있었다.

구 규칙은 제4조에서 '사범학교 교육의 요지'를 말하며 정신교육이나 덕육이 가장 중요한 교육내용이라고 하여 존군애국과 충효 등의 유교적 덕목을 강조, 체육의 중요성을 설득하여 사범학교 교육의 근본 방침을 규정하였으나 개정 규칙에서는 이를 전면 삭제하였다. 당시 한국사회에서는 나라의 사주독립을 위해 인론이 민족정신을 고취시키고, 국민의 체력을 향상시키기 위해 공사립학교에서는 병식체조를 시키고 대운동회를 열어서 학생의 사기를 고무하였다. 이와 같은 환경 속에서 구 규칙과 같이 정신주의를 찬양하고 존왕애국의 사기를 고양하고 국민의 체력 향상을 목표로 하는 자세는 일본세력에 의한 교육지배에 모순을 알게 되어 무조건 일본을 향한 반발을 강하게 하는 것은 자명하였다.

그리고 구 규칙 제6조 각 학과목의 요지는 그 요지를 답습하여 개정 규칙 제5조에서 보다 상세하게 규정하였으나 그 중 주요한 것을 들어본다.

수신은 교과목 중에서 가장 중시되었고, 구 규정이 단지 실천 도덕을 요지로 하는 것만을 규정한 것에 대해 다음과 같이 도덕사상을 함양하여 실천도덕을 장려하여 장래 교사의 자질을 배양하고 더불어 실제수업에 준비하는 것으로 하였다. 그리고 중점을 孝悌忠信·修身齊家·忠君愛國·利用厚生에 두었다.

또 일어는 구 규칙에서는 회화에 숙달하고 해석 외에 때때로 번역과 작문하는 것만으로 규정하였으나, 다음과 같이 "보통일어를 이해하고 사용하는 능력을 기른다"고 목표를 정하고, 이것이 처세상 필요한 지식의 증진으로 이어지도록 하였다. 그리고 이 학습내용은 일본어의 독법 · 해석 · 강독 · 회화 · 쓰기 · 습자 · 작문 · 문법의 전반에 미치고 나아가서는 번역을 추가하기도 하였다.

이와 같이 일어학습목표가 높이 설정된 것은, 말할 필요도 없이 보통학교에서 일본어를 저학년부터 학습시키고 보통학교 학생에게 "쉬운 일어를 이해하고 사용하는 능력을 기른다"는 것이 요구되었기 때문이다. 그래서 학부는 이미 일본어의 습득이 "처세에 필요하다(보통학교령 시행규칙 제8조)"고 인식하여 한층 더 일본세력의 침투를 예기하고 있었다.

〈구〉수신　궁행 실천을 요지로 하고 따라서 이론에 편중하지 않는 것을 요구한다.

〈신〉수신은 도덕상 사상 및 정조를 양성하고 실천수행을 권장하여 사표가 되는 위의를 구체적으로 하여 보통학교의 수신교수에 필요한 지식을 가르치고 그 교수방법을 습득하는 것을 요지로 한다.

수신은 효제충신을 주요 요지로 하고 처음은 학원일상의 행위에 곤란하여 도덕 요령을 교시하고 또한 예법을 교수하여 나아가 수신제가의 길을 가르쳐 충군애국의 의의를 바르게 하고 공덕을 중하게 여기고 이용후생의 길을 항상 알려 현행제도에 관한 필수 사항의 대요를 교수한다.

〈구〉일어　발음에 주의하고 회화에 숙달하여 바른 국어를 가지고 해석하며 때로는 번역 작문을 하여야 한다.

〈신〉일어는 보통 일어를 이해하고 사용하는 능력을 얻어 처세상 필요한 지식의 증진을 겸하고 보통학교의 일어교수 방법을 얻는 것을 요지로 한다.

일어는 독법 · 해석 · 강독 · 회화 · 쓰기 · 습자 · 작문 및 문법의 대요를 교수하고 나아가 번역을 하게 한다

또한 제8조는 구 규정이 교과서는 학년 초 2개월 전에 학부대신의 인가를 받는 것으로 하였으나, 이를 개정하여 학년 초 30일 전에

학부대신에게 '보고'하면 좋은 것으로 되었다. 학년(제9조), 학기(제10조)와 입학시험(제19조)에 관해서는 변경이 없고, 퇴학처분에 관해서 제26조에서 "1. 성행불량하여 개선의 여지가 없다고 인정되는 자. 2. 질병 혹은 학력이 안정되지 못해 성업의 희망이 없는 자(제24조)"에 "정당한 사유 없이 연속하여 1개월 이상 결석하는 자 또는 항상 출석하지 않는 자"를 추가하였다.

그리고 구 규정에서는 기숙사의 입사의무에 관해서 본과생과 속성과생 전원을 감독하기 위해 기숙사에 기숙시키기로 하였으나(제38조), 이를 개정하여 본과생만 전원을 기숙사에 넣어 단체생활을 보낼 수 있도록 하였다(제39조). 사비생에 관해서는 종래와 같이 통학을 허가하였다.

이와 같은 방침에 의해 다음의 교육과정이 편성되었으나 각 교과목의 매주 수업시수를 구 규칙과 비교하면, 교육은 제1학년부터 매주 3시간 배분하여 있던 것이 제2학년 이후에 학습하는 것으로 변경되어 총 수업시수가 1시간 감소하였다.

〈표 2-3〉 사범학교본과교육과정표

학년 교과목	시수	제1학년	시수	제2학년	시수	제3학년
수 신	1	실천도덕	1	상동	1	상동및현행제도대요
교 육			3	교육원리(심리논리의대요포함)교수법	5	교수법교육법령학교관리법학교위생
국어및한문	6	강독작문문번습자	4	강독작문문법	4	상동
일 어	6	독법해석회화쓰기습자	6	강독해석회화쓰기문법작문	6	독법회화쓰기문법작문
역 사	5	본국역사외국역사	4	외국역사		
지 리	5	본국지리외국지리지도묘법		외국지리지도묘법	1	지문
수 학	6	산술	2	대수기하	2	상동
박 물	2	생리위생식물	2	식물동물		
물리및화학			3	물리화학(중요광물포함)	4	상동및실험
도 화	3	자유화	3	상동	3	상동 및 용구화
수 공		여러종류의세공		상동		상동
음 악	2	단음창가	2	상동및악기사용법	2	상동

<table>
<tr><td>체 조</td><td>3</td><td>유희학교체조</td><td>3</td><td>상동</td><td>3</td><td>상동</td></tr>
<tr><td>농 업</td><td></td><td></td><td rowspan="2">②</td><td>토지비료농구작물 및 실습</td><td rowspan="2">④</td><td>조림양축양잠원예농업경제 및 실습</td></tr>
<tr><td>상 업</td><td></td><td></td><td>상업산술부기상업지리</td><td>부기상업문상사요강 및 실습</td></tr>
<tr><td>계</td><td>34</td><td></td><td>33
②</td><td></td><td>31
④</td><td></td></tr>
</table>

종래의 국어(매주 3시간으로 합계 9시간)와 한문(매주 3시간으로 합계 9시간)을 합쳐 '국어 및 한문'이라고 하여 합계 14시간을 배분하였기에 총 수업시수가 4시간 감소하였다. 그러나 일어(매주 4시간 합계 12시간)는 수업시수가 증가하여 매주 6시간, 합계 18시간을 배분하였기 때문에 일어와 국어의 중요성이 역전되었다.

역사(매주 2시간 합계 6시간)와 지리(매주 2시간 합계 6시간)는 조합하여 총 수업시수가 2시간 감소된 합계 10시간이 배분되었다. 수학은 변동없고 물리화학과 박물도 총 수업시수에 변경은 없었으나 부가과목인 수공(매주 2시간 합계 6시간)이 필수 과목에 포함되어 도화(매주 2시간 합계 6시간)와 조합하여 매주 3시간, 합계 12시간이 배분되었다.

또 음악과 체조도 변경은 없었지만 부가과목은 실업과목인 농업과 상업 2과목으로 하고 학교가 부가과목을 두는 경우에는 학생은 그 중 하나를 선택하여 합계 6시간을 제2~3학년에서 학습하는 것으로 하였다.

1908년 3월 다음과 같이 제9회 본과졸업생 27명이 탄생하였고, 4월 25일에는 그 해에 신설된 각 학교에 김노향(강화), 신범휴(온양), 노백용(밀양), 오창근(고부), 최기승(통영), 김계식(영암) 6명이 배속되고 이기현(영변), 권익상(원산), 조중휘(원주), 유치희(강릉), 윤정식(광주), 유지령(상주), 이한두(동래) 7명은 졸업하자마자 「본과훈도겸교장」으로 발령받았다.

그 외 박제준과 조병린 2명이 사범학교 부속보통학교로 배속되고 이근성(여주), 김태식(성률), 이송년(남원), 유제민(위산), 장성교(제주), 이기봉(성주), 김진구(나주), 김백식(황주), 김진국(정주) 10명은 지방 읍촌으로 발령받았으나, 박승호와 조종률 2명에 관해서는 보직의 발령이 없었다.

1908.3 제9회 졸업생 방-본과-『관보』 제4,079호 1908.5.21
박제준 박승호 조종률 김노향 신범휴 노백용 이기현 우등 7명
권익상 오창근 이근성 조중휘 유치희 최기승 김태식 윤정식 이송년
유제민 유지령 이한두 조성교 이기봉 김계식 김진구 김백식 김진국
조병린 김재정 급제 20명

부임에 있어서 학무국장은 4월 29일 전원을 학교로 소집하여, 제군은 지방보통학교 훈도로 서임되고 부임 후는 학생을 잘 지도해주기 바란다고 격려하였다.[42] 그러나 평안북도의 공립 영변보통학교 본과 훈도 겸 교장으로 부임한 이기현은 학생을 소집하여 시사문제를 논하고 불온한 거동을 하였다고 하여 이듬해 1910년 2월로 면관처분되었다.[43]

학부는 학부대신명으로 한성부윤과 각 도 관찰사 앞으로 다음과 같이 훈령하여,[44] 교원과 학생이 본분을 잊고 정치와 사회문제를 논의하고 이에 몰두하는 자가 있다. 학부는 이 일에 대해 여러번 경

42) 『황성신문』 1908.5.1 雜報.
43) 1910.2.12 면직 겸직. 공립 보통학교 훈도 겸 교장 이기현 공립영변보통학교 재직 중 융희 3년 12월 18일 학생을 교실에 소집하여 시사문제를 논의하고 불음한 거동을 행하였기에 교육관의 직분을 위반하여 이에 관원 징계에 따라 본관과 겸관을 면직한다(『관보』 제4,605호 1910.2.17).
44) 1910.1.28 「학부훈령」 제1호 『관보』 제4,592호 1910.2.2 학부대신 이용식으로부터 한성부윤, 각도 관찰사.

계하도록 알려왔으나 이번에 다시 경고하여 관공사립학교에 훈계하므로 귀관들도 엄중히 감독하여 달라고 엄명하였다.

무릇 학교직원인 자는 법령이 정하는 것에 따라 교육에 전념하고 교직원 및 학생은 열심히 면학에 힘써 착실히 선량한 사람이 되어 교육이 국민의 생활을 풍요롭게 하도록 신경을 써야 한다. 그러나 교직원 및 학생은 자주 그 본분을 망각하여 직무태만과 경거망동을 일삼고 때로는 정권에 이론을 말하며 또한 사회문제를 논하거나 언동 행동이 상식을 벗어나는 자도 있다. 이와 같은 일은 교육상 한탄할 일로 이런 교직원 및 학생의 장래를 위해 깊이 생각해야 하며 사회의 질서를 어지럽히고 국가를 위해서도 이런 일은 옳지 않으므로 본부가 자주 훈계하여 교육과 정치를 혼동하지 않도록 엄중히 주의를 주어왔고 다시 주의 경고가 필요하다고 보여진다. 일반 관공사립학교에 대해 이를 교시한다. 귀관은 이 취지를 깊이 이해하여 교육에 종사하는 자와 교육을 받는 자가 만일이라도 본분을 잊고 정치에 깊이 관여하여 일탈하거나 다른 일로 가벼운 행동을 하여 국가에 나쁜 영향을 미치는 일 없도록 교직원 및 학생 모두에게 엄중히 주의하고 조금이라도 실수 없도록 신경쓰기 바란다.

이와 동시에 학부는 학부대신명으로 관공사립학교에 訓諭[45]하

45) 1910.1.28「학부훈령」제1호,『관보』제4,592호 1910.2.2 학부대신 이용식으로부터 관공사립 각 학교.
이에 앞서 1908년 10월 19일, 학부차관 타와라 마고이치는 한성사범학교 강당에서 사립학교와 학회 대표를 소집하여 사립학교령과 학회령 그 밖의 법규에 관련하여 훈시하였으나 그 중에서 "세상의 청년학생들은 근로에 견디고 연구를 더하여 학문에 열중한다. 과거 정권의 입장에서 정치를 논하고 학문 연구에 열을 다하지 않고 관심이 있는 정치에 관한 일을 말하는 등이 허가된다면 누구든지 학문에 열심히 매진하는 자는 없을 것이다. 그 결과 수학의 길을 방치하고 정치문제에 열중하여 학생들은 무학자가 되었다. 그 청년의 앞날은 사회에서 인정받을 수 없고 결국은 사회적 지위를 얻지 못하여 일생을 불평과 불만 속에서 마치는 일이 된다. 이와 같이 청년학생들의 불행은 학생들 뿐만 아니라 학교설립의 목적에도 위반된다"고 하여 정치와 교육을 혼동하면 안 된다고 강조하였다(『조선교육의 연혁』, 조선총독부,

여, "혹 현재의 정치상 및 사회상 문제를 기술한 도서를 교과서와 공유하고 혹은 학교직원 및 학원 학도가 직무와 학업에 태만해지고 浮言流說에 솔깃하여 서로 모여 시국을 비방하는 자가 있어 … 대신은 청년자제가 자기수양에 전념해야 할 시기에 솔선하여 시사에 대해 참여하는 것은 하나도 이익이 되는 일이 없다"고 하여 학생이 기로에서 우왕좌왕하는 일이 없도록 교원의 솔선수범을 주장하였다.

이듬해 1909년은 졸업생이 없고, 다음해 1910년 3월 제10회생이 졸업하여 4월 6일에는 전원이 본과 훈도로 채용되고 각각의 부임지가 정해졌으나 이규방(사범부속), 임정득(사범부속), 김종대(개성), 김연영(교동), 정국채(영암), 유근수(성진) 6명은 6급봉(당분간 월봉 22엔)으로 발령되었다. 그 외의 자는 모두 7급봉(월봉 20엔) 이었다.

1910.3 제10회 졸업생－본과－『관보』 제4,678호 1910.5.14
이규방 김종대 김연영 임정득 최철악 정국채 유근수 한용구 홍경섭
윤상언 유세영 유필수 송병성 박래윤 최능섭 강성주 이종령 심상연
이익화 이선섭 한대현 신상우 송기옥 이종수 윤웅모 함락영 송순탁
육영하 이영우 29명

동시에 다음의 53명이 속성과를 수료하고 4월 6일에는 45명이 본과 부훈도로 채용이 되어 봉급은 15명이 7급봉(월봉 20엔)이고 30명이 7급봉(당분간 월봉 17엔)이었다. 그러나 동일 부임지의 발령이 있었던 것은 36명으로 이 중 공립보통학교로 29명, 보조대상 을종 공립보통학교로 4명, 보조대상 사립학교로 3명 배속되었으나 보통학교 학생수의 증가에 따라 고부(백남규, 이기춘), 광주(김상우, 이용전), 강경(백주수, 노상봉, 김병홍), 정주(계석명, 문천웅) 각 학교에는 복수의 부훈도가 배치되었다. 그 후 남은 전원이 차례로

1926, 302~306쪽).

추가 발령되고 마지막 변견룡과 김창언의 발령은 그 해 8월 27일 이었다.

1910.3 속성과 졸업생 『관보』 제4,678호 1910.5.14
손일봉 이학윤 서정집 박남규 박순룡 송창한 유진탁 조문중 박응서
송기재 변종기 남궁작 박종훈 백남규 변경룡 유황익 김상우 변영주
김세준 문여성 신언갑 양호창 이기춘 전영택 안용석 성세경 김도수
송문화 김창언 백주수 민병교 조영식 소진근 이용전 함진오 박정순
김사현 김응선 차상익 노상봉 노 장 김인영 김병로 계석명 문천웅
이상구 김병홍 박필환 최영원 이태노 정규형 박기영 서홍순 53명

2) 교원조직

1906년 9월 1일 시행하는 관제개정 후에는 교관, 부교관의 정원을 7명으로 규정하고,[46] 다음과 같이 발령하였으나 이듬해 1907년 말까지는 전원이 한국인이었다. 그런데 1906년 4월에는 처음으로 일본인 교사 1명을 채용하여 일어·교육·교수법 등을 담당시키고 9월 이후는 1명 더 증원하였으며 고등학교 교사를 겸하게 하여 박물 수업을 개시하였다.[47] 또한 그 달부터 도화 수업을 시작하기 위해서 일본인 교사 兒島元三郎를 고용하고 1907년도부터는 음악교육을 시작하기 위해 일본인 교사 小出雷吉를 채용하였다.[48]

그런데 1907년 7월 제3차 일한협약 제5조의 규정에 의해 일본인을 한국관료로 임명할 수 있게 되었으므로 1908년 1월 이후는 다음과 같이 다수의 일본인이 동교 교수·부교수로 발령되었다. 덧붙이

46) 1906.9.3 「칙령」 제45호, 「칙령」 제45호, '학부직할 학교직원 정원령(개정)' 『관보』 제3,553호 1906.9.8.
47) 앞의 『한국시정일반』, 222~223쪽.
48) 『황성신문』 1906.9.8 雜報, 1907.6.22 雜報.

면 교수·부교수의 정원은 1908년 1월 1일부터 9명이 되고,[49] 1909년 2월 4일부터 14명으로 증원하였다.[50]

교관(주임) 이 기 1906. 9. 3~1907. 4.13 수감
교관(주임) 박성규 1907. 3.22~1907.12.31 관제개정
교관(주임) 김성희 1907. 5.13~1908. 1. 1 교수(주임)
교관(판임) 현공렴 1906. 9. 3~1906.12. 7 자진사퇴
교관(판임) 윤정노 1906. 9. 3~1908. 1. 1 자진사퇴
부교관 팽종헌 1906.10.10~1908. 1. 1 부교수
부교관 윤순용 1906.12.25~1907.12.31 관제개정
학 감 增戶 鶴吉 1908.1.1
교수(주임) 齋籐 欽二 1908.1.1
교수(주임) 松本 宗治 1908.4.10~(사망)
교수(판임) 兒島元三郎 1909.2.4
교수(판임) 福島 百歲 1909.3.25
교수(판임) 三國谷三四郎 1909.4.12교수(판임) 萩原 擴 1909.5.31
교수(판임) 芋川 泰次 1910.4.27
교수(판임) 橫地捨次郎 1910.5.13
부교수 小出雷吉 1908.1.1~1909.2.4 교수(판임)
부교수 김정희 1908.1.16~1909.3.15 자진사퇴
부교수 前田勘太郎 1908.5.27~1909.2.4교수(판임)~1910.5.13 평양고등학교교수(판임)로
부교수 윤붕식 1908. 6.22~1909.1.8 자진사퇴
부교수 정태진 1908.12.28
부교수 박제준 1909. 4.12
부교수 김원우 1909. 4.12
부교수 최익상 1909. 4.12

49) 1907.12.13「칙령」 第56호 '학부직할학교직원 정원령'『관보』1907.12.18 호외.
50) 1909.2.4「칙령」 제8호 '학부직할학교직원 정원령(개정)'『관보』 제4,299호 1909.2.12.

일본인 교원 봉급	
增戶 鶴吉	주임 6급 700엔(연액)
齋藤 欽二, 松本 宗治	주임 7급 600엔
芋川 泰次	판임 2급 540엔
荻野擴 三國谷三四郎	판임 3급 480엔
橫地捨次郎, 小出雷吉	판임 4급 420엔
兒島元三郎, 福島 百歲	판임 5급 360엔

일본인 교원은 고등사범학교 출신자가 많고, 그 봉급은 위와 같이 학감 增戶 鶴吉(주임 6급)의 연봉 700엔을 최고로 하여 최저 兒島元三郎, 福島 百歲(판임 5급) 2명이 연봉 360엔이었으나, 관공립 보통학교에서는 일본인 교감 중 최고인 사람이 판임 5급 360엔이었다.

봉급은 한국인 일본인 모두 동일하였으나 일본인에 관해서는 별도의 추가 봉급을 지급하고 주임교수로는 본봉의 10분의 5가, 판임교수와 조교수에게는 본봉의 10분의 8이 추가 지급되었다.

이와 같은 과정을 거쳐 1910년 한국병합 직후의 교직원 조직은 다음과 같이 교장 이하 16명중, 일본인이 11명을 차지하고 한국인은 교수 1명, 부교수 3명, 서기 1명인 겨우 5명에 불과했다.

교장사무대표 桑原護一	교수(판임) 芋川泰次	교수(판임) 小出 雷吉
부 교 수 김원우	학 감 增戶 鶴吉	교수(판임) 荻原 擴
교수(판임) 兒島元三郎	부교수 최익상	교수(판임) 齋藤 欽二
교수(판임) 三國谷三四郎	교수(판임) 福島 百歲	서 기 오규명
교수(판임) 김성희	교수(판임) 橫地捨次郎	부교수 정태진
서기 古藤 力彌		

관립 한성사범학교는 1911년 11월 1일을 기해 폐지되고,51) 동시

51) 1911.10.10(일본) 「칙령」 제257호, 조선총독부 『관보』 제342호 1911.

에 관립 한성사범학교 본과는 관립 경성고등보통학교 부설임시교원양성소가 되었다.[52]

10.16
법학교, 성균관, 관립 한성사범학교 및 관립 한성외국어학교는 폐지한다. 부칙 본령은 명치 44년 11월 1일부터 시행한다.

52) 1911.10.20「조선총독부령」제116호 '경성 고등보통학교 부설 임시교원양성소 규정' 조선총독부『관보』1911.10.20 호외 (본문 생략)

부칙

본령은 명치 44년 11월1일부터 시행한다.

관립 한성사범학교 본과는 경성고등보통학교 부설임시교원양성소로 변경한다.

補註:『독립신문』은 학부가 1896.11.30 한성사범학교 속성과 일어담당 부교관의 채용시험을 실시한다고 보도하였다(『독립신문』1896.11.28). 그러나 당 학교 교육과정에는 일어가 없었으며 또한 그와 같은 인물의 발령도 찾아볼 수 없었다.

제3장 중학교 · 고등학교

1. 관립중학교

구한말에는 개화지식인에 의해 많은 사립학교가 개설되었으나, 중등정도의 학교로는 1896년 3월 1일 부산개성학교를[1] 처음으로 1898년에는 흥화학교,[2] 광흥학교,[3] 한성의숙(후에 낙영학교)[4]이 1899년

1) 부산개성학교는 원 경무관 박기종과 이내옥 · 배문화 · 변한경 · 이명서 5명이 4,500여 엔을 출자하고 荒浪平次郎가 교무전반을 담당하여 1896년 3월부터 일어학교로 수업을 개시하였다. 그 후 부근 각지에 지교와 보습교를 설치하였으나, 1909년 주위의 정세로부터 그 학교를 정부에 헌납하고 그 해 4월 그 장소에 공립 부산실업학교와 공립 부산보통학교가 설립되었다.

2) 『황성신문』 1898.10.25(음력9.11)(광고) "西署新門안 홍화문 앞 五宮洞 契上園洞에 사립 興化학교를 설립하고, 과정은 영어, 산술, 지지, 역사, 작문, 토론 및 체조 등으로 입학시험은 음력 10일부터 시작되고 개교는 이 달 15일로 한다. 그 후도 입학지원자의 입학을 허가하며 야학을 설치한다. 제군은 내교하여 시험을 거치고 규칙을 질문하시오. 국한문을 전혀 모르는 자이거나 보증인이 없는 경우에는 본교의 입학을 허가하지 않으므로 이를 잘 이해한 후 기일까지 오도록 한다. 교장 민영환 · 교사 임병구 · 정 교 남순희" 개교 음력9.15일은 양력10.29.

3) 『황성신문』 1898.11.3(음력9.20)(광고) "사립 광흥학교는 신문외유동 앞 기영집사청으로 이설하고 과정은 일어 · 산술 · 역사 · 지지 · 법률 · 경제 · 행정학 · 강연 · 작문 · 체조이다. 입학시험은 음력 본월 20일부터 23일까지로 하고 국한문 독서 및 작문이다. 개학은 9월 24일(음력

에는 시무학교,[5] 우산학교,[6] 세천야학교(후에 한양의숙),[7] 배영의숙,[8] 광성학교,[9] 낙연의숙[10] 등이 설립되었다. 이들 민족계 사립학교는 구

11월 7일)이지만, 그 후도 입학지원자의 입학을 허가하므로 제군은 기일까지 오기 바란다. 사립 광흥학교주 박예병, 교장 이건호, 교사 신해수 어용선 임용제 권봉주 남순희" 동교의 설립은 독립협회가 대중운동에 진출한 동년 중에 한다.

4) 『독립신문』 1899.3.22(광고) 『황성신문』 1899.3.20(광고) "본 塾은 학과를 확장하여 학원을 모집하므로 입학을 지원하는 제군은 음력 3월까지 본 塾 사무소로 오기 바란다. 단, 연령은 18세부터 30세까지로 과목은 경서, 일어, 지리, 역사, 산술, 작문, 물리학, 화학, 경제론, 정치학, 국제법 입시과목 한문, 독서, 국한문작문, 한성의숙 중서좌순청 교사 강홍수 지승준 변하진"

5) 『황성신문』 1899.2.4 雜報 "이틀 전 오후 5시 시무학교에서 개교식을 열어 교장 민영기씨 교사 어윤적, 윤방현씨 등이 시무에 적절한 연설을 하였다" 『황성신문』 1899.1.26(광고) 3.30(광고) "본교는 이번 춘기 시험을 거쳐 학원을 많이 선발하므로 입학지원자는 양력 4월 10일까지 중서전 중학으로 오도록 단 연령은 18세 이상 30세 이하. 시험 독서 한문 작문 국한문, 교장 민영기, 교감 성지운, 교사 어윤적 윤방현 김성진 강홍수"

6) 『독립신문』 1899.4.18 雜報. 학교를 창설하고 서학 30명, 야학 10명, 『황성신문』 1899.4.18 雜報.

7) 『황성신문』 1899.4.22 雜報 "남서동 견세천동에 야학교가 개설되고 학교주인은 최진씨, 학교명은 세천야학교, 과정은 일어 및 산술, 학생 20명 정도 4월 15일 개교" 『황성신문』 1899.8.29 雜報 "8월 남서조동으로 이설하고 학교명을 한양학교로 변경" 동 1899.9.9(광고).

8) 『독립신문』 1899.5.5(광고) "본 塾은 북송현 김익승씨 집에 설립하고 수업은 야학으로 한다. 시험일시는 본월 20일 … 단 연령은 15세 이상, 과목은 經學 일어 산술 물리학 화학 정치학 법률학 지지(본국만국) 역사(본국만국) 시험 작문 국한문혼용 독서 한문"

9) 『독립신문』 1899.7.25, 『황성신문』 1899.8.22 雜報. "남대문안 상동지에 사립 광성학교는 음력 7월 20일에 개학하여 업무로는 서학과 여유가 있는 사람을 위하여 야학을 둔다" 음력 7월 20일은 양력 8월 25일 『황성신문』 1900.2.22(광고) "본교는 음력 1월 27일에 개학한다. 광성상업학교장 박기양"

10) 『황성신문』 1899.8.8 雜報 "소립동의 김봉기씨 집에서 낙연의숙을 창

교육기관과는 달리 일어 · 영어 · 지리 · 역사 · 물리 · 화학 · 법률학 · 경제론 · 국제법 등 근대적 과목을 가르치고 모두 근대학문의 도입에 중점을 두었다.

이와 같은 개화사상 침투는 중등학교의 관설을 촉진하는 결과가 되었으나 정부는 1899년 4월 4일 칙령 제11호로 중학교 관제를 공포하고 장래 실업의 길을 가고자 하는 자에게 正德, 利用, 厚生의 길을 가르치고 중등교육을 보급하고자 하였다(제1조). 그리고 중학교에 심상과(4년제)와 고등과(3년제)를 두었고(제2, 3조), 교과목과 그 내용 그 밖의 규칙은 학부대신이 정하는 것으로 하였으며(제4조), 직원은 교장, 교관(7명), 서기(1명)로 하였다(제5조).

제1조 중학교는 실업에 종사하고자 하는 인민에게 정덕 이용 후생을 위해 중등교육을 가르치는 곳이다
제2조 중학교에 심상과 및 고등과를 따로 둔다
제3조 중학교의 수업연한은 7년으로 정하고 처음 4년은 심상과, 후의 3년은 고등과로 한다
제4조 중학교의 학과, 정도 및 그 밖의 규칙은 학부대신이 정한다
제5조 중학교에 다음의 직원을 둔다. 학교장 1명 주임, 교관 7명 주임 혹은 판임, 서기1명 판임 〈이하 생략〉

이에 따라 그 해 5월에는 겸임 교장 김각현(학무국장)이 발령되었고, 교관에 민달식, 박승원, 이응식 등이 차례로 임용되었으나, 그 대부분은 1~2개월 혹은 1개월 미만으로 경질되었다. 11월에는 전임교장 이필균(학부주사에서)이 발령되었으나, 개교하기 전임에도 불구하고 교관의 경질이 계속되어 10일 전후 혹은 며칠마다 임명과 면직이 반복되었다. 그의 대부분은 형식상의 임용으로 복무를 동반

립하여 일어를 가르치고 있으나 학생이 점차 증가하여 일본인 교사 尾田滿씨는 교무에 열심이라고 한다."

하지 않고 광범위하게 '중학교 교관'의 贈職이 이루어졌다.

그리고 이듬해 1900년 10월 개교시의 교장은 이필균으로 교관으로는 민달식, 박승원, 강홍희, 김달하, 구일모, 이하영, 김병연 7명이 발령되었으나 이 중 민달식과 김달하는 주임관이었다.

학부는 그 해 9월 3일 학부령 제12호 「중학교규칙」을 제정하였으나, 그 주된 내용은 다음과 같다. 중학교는 중학교관제 제1조의 취지에 따라 국민에게 필요한 중등교육을 실시한다(제1관 제1조). 중학교 재학중에는 교과서를 대여하고 필요한 지필묵을 지급한다(동 제2조). 교과서는 학부가 편찬한 것 또는 학부대신의 검정을 거친 것을 사용한다(동 제4조). 심상과의 교과목은 윤리, 녹서, 작문, 역사, 지지, 산술, 경제, 박물, 물리, 화학, 도화, 외국어, 체조로 하고(제2권 제1조), 수업시간은 체조와 실습시간을 제외한 매일 5시간으로 하였다(동 제4조).

입학 시기는 매년 봄가을학기초로 하고(제4관 제1조), 입학자격은 고등소학교를 졸업하고, 연령이 만17세 이상 25세 이하로 신체 건강한 자로 하였으나, 당분간은 외국어학교 졸업생과 문장과 계산에 조금 뛰어난 자와 재능과 지식이 총명한 자에 관하여 특별 입학을 허가하였다(동 제2조).

관립중학교 학원권부광고 (『관보』 제1,680호 1900.9.15) 금번 관립중학교 학원을 모집하므로 입학을 원하는 자는 본 월 25일내 (음 윤8월 2일)로 신청서를 본부에 제출하고 동 일 본부에서 입학시험에 응할 것 광무 4년 9월 11일 학 부 중학교 학원 시험과목 1. 국문독서 작문 쓰기 1. 산술 질문 1. 지리 질문 1. 한문독서 작문 쓰기 1. 역사 질문 1. 입학자의 연령은 17세 이상 25세 까지로 한다

학부는 1900년 9월 11일 위와 같이 학생을 모집하고 국문, 한문, 산술, 역사, 지리의 시험을 거쳐 이듬해 10월 제1기생이 입학하였다. 중학교관제 공포로부터 중학교규칙 제정까지 1년 반이나 경과하여 겨우 개교한 것은 중학교 개설이 사범학교와 같이 절실하지 않았기 때문이다. 창설 당시 교관 이헌씨 술회에 의하면 "그 당시에는 준비와 여러 일로 인해 실제 개교하기까지 1년 또는 2년이 걸리는 것은 보통의 일이었다고 생각합니다"라고 말하고 있다.[11]

관립중학교는 김옥균 자택의 터에 벽돌건물의 교사를 신축하고 10월 3일 개교하였으나 입학한 학생은 교관과 연령이 비슷하였다고 한다.[12] 그리고 입학자를 동반과 서반으로 나누어 소학교 졸업자를 서반으로 하고 그 이외의 자는 동반으로 하여 교육시켰다. 게다가 그 해 7월 10일 관립 소학교에서는 심상과(3년제) 제5회 55명과 고등과(2년제) 제2회 15명의 졸업생을 배출하였고,[13] 몇 명은 신설 중학교로 진학할 수 있었다.

학부는 중학교 직원조직을 강화하기 위해 일본인 幣原坦(시데하라 타이라)(야마나시현립 중학교장)를 월봉 200원, 도항비 및 준비비 300원으로 고용하고 그는 1900년 12월 15일 임무를 시작하였다.[14] 그러나 신문의 보도에 의하면 7명의 교관이 임무에 충실하지 않고 이 중 유한용은 휴가가 끝나도 귀임하지 않아(1개월의 감봉으로 처리[15]), 시데하라 타이라 교사의 수업 통역을 박승원씨가 대신하였으므로 경제학 통역과 만국지지를 교수하는 자가 없었다고 한다.[16]

---

11) 경성공립 제1고등보통학교, 『학우회지』, 소화 10년, 77쪽(개교35주년 기념회원과담회).
12) 앞의 『학우회지』, 78쪽.
13) 『관보』 제1,665호 1900.8.29.
14) 『황성신문』 1900.10.10 雜報, 1900.11.9 雜報, 1900.12.27 雜報.
15) 『관보』 제1,916호 1901.6.18.

1901년 10월 중학교 교관들의 태만에 고심하던 학부는 교장 이필균의 보고에 의해, 교관 민달식·유한용·임인호 3명을 1주간 감봉처리 하고 교장 이필균을 견책하였다.[17] 이와 같이 교원의 복무 규율위반은 중학교에 한정된 것이 아니라 일반적인 풍조였다고 보여지며 학부는 이듬해 1902년 연두 각 교장에게 "국가의 기초는 학교의 興旺에 있고 인재의 開進은 교육의 성실과 부지런함에 있다. 교수의 직에 있는 자는 각각 중대한 책임이 있음을 알아야 한다. 학교를 설립하여 몇 년이 지난 최근 교수가 태만하여 학생이 모이지 않아 학교의 흥왕을 방해하고 있다. 이로는 성취가 가능하지 않다. … 복무규칙에 따라 실천하고 각각 맡은 일에 전력을 다하라"고 훈령하였다.[18]

그러나 원래 중학교 교육이 실무에 취업하는 것을 목적으로 하였지만 그 내용은 일반 보통과목으로 당시 사회에 인기가 없었으며 학생 또한 학습의욕이 없었다. 때문에 학생의 자퇴나 학교측의 퇴학처분에 따라 학생수가 줄어 1902년 5월 실수 조사로는 항상 출석하는 학생수는 겨우 30명 정도였다.[19]

그리고 이듬해 1903년 4월에도 경제학 담당의 교관 박승원이 귀임하지 않고 화학담당의 교사 시데하라 타이라는 출근했지만 통역을 하는 박승원이 출근하지 않아 수업을 할 수 없고 또 작문담당의 교관 신응선은 수업을 하고자 하였으나 학생이 나가버려 수업이 불가능하였다.[20]

---

16) 『황성신문』 1901.5.17 雜報. 신문은 중학교 교관 7명이 "7인 7령" 혹은 '7령 8락'의 상황이라고 보도하였으나, 이는 교관 7명이 따로따로 되어 전부 없어졌다는 의미.
17) 『황성신문』 1901.10.16 雜報.
18) 『황성신문』 1902.1.10 雜報.
19) 『황성신문』 1902.6.4 雜報.
20) 『황성신문』 1903.4.23 雜報. 시데하라 타이라의 전공은 역사였으나 한

이와 같이 학교내의 규율은 전혀 나아지지 않았고 학부는 그 해 6월 다시 교장 민영오에게 훈령하여 "규칙을 지키지 않고, 진보없이 뒤로 후퇴만 하는 근무태도로는 학생이 점점 줄고 급기야 모이지도 않는다. 성실히 수업하지 않으며 게다가 태만이 계속된다면 처벌을 면치 못한다"고 경고하였다.[21]

이보다 먼저 1900년 10월 정보는 다음의 "외국어학교 의학교 및 중학교졸업자를 해당 학교에 수용하는 관제"[22]를 공포하여 이 학교들의 졸업생을 출신학교의 교관으로 임용하는 길을 열었다. 이 규정에 따라 먼저 외국어학교 졸업생이 외국어학교 교관으로 발령되었으나, 이는 이론에 그쳤다.

> 第1조 외국학교 및 의학교 및 중학교 졸업자를 해당학교의 교관에 서임하는 건은 해당학교 교관에 결원이 있거나 보충하기 위해 졸업생을 교관으로 서임할 때는 특별시험을 거친다.
> 第2조 본령은 반포한 날부터 시행된다.

1904년 3월 학부대신 민영환은 최근 학교교육의 보급을 감안하여 이를 개정하고 그 대상을 확대해야 한다는 학무국장 장세기의 의견에 따라 「각 학교 졸업자 수용규칙」안[23]을 정부회의에 제출하

문, 수학, 이과 등에 있어서도 박학하였다.

21) 『황성신문』 1903.6.4 雜報.

22) 1900년 10월25일 「칙령」 제40호. "외국어학교 및 의학교 및 중학교 졸업을 해당 학교에 수용하는 관제" 『관보』 제1,716호 1900.10.27.

23) 『황성신문』 1904.3.23(관보). 각 학교 졸업인 수용규칙안
第1조 自今 국민은 모두 소학교에 입학하여 졸업 후는 중학교에 진급하여 중학교 졸업 후는 본부 시험을 거쳐 그 자격에 의해 각 관아에서 견습하고 상당한 직업에 채용되었다.
第2조 現今 그 학문재질에 따라 추천 채용하는 것으로 3년 혹은 5년 이후는 관공사립학교는 물론 졸업증서를 갖는 관직에 채용한다.
第3조 외국에 유학하는 자도 상당 자격에 의해 임용한다.

였다. 정부는 개정안에 관하여 심의하고 일부 수정한 후에 그 해 4월 2일 칙령 제10호에서 다음의 「각 학교졸업자 수용규칙」을 공포하였다.[24]

제1조 관공사립 각종전문학, 중학사범 및 외국유학의 졸업증서를 가진 자는 그 자격에 따라 각 관청에서 상당한 직에 순차적으로 임용되므로 학부의 시험에 합격한 후 채용한다
제2조 본령은 반포한 날부터 시행된다

드디어 개교 4년 후 1904년 7월 1일에는 관립중학교 심상과 제1회 졸업식이 거행되었고 학부대신 이재극이 임석하여 각부 대신과 미국공사가 열석하여 20명에게 졸업증서가 수여되었다.[25] 졸업생은 모두 6월 24일부로 중학교교관으로 발령되었으나,[26] 전술과 같이 복무를 전제로 하지 않는 이론상의 임용으로 형식적인 것에 지나지 않았다. 그런 와중이라 김하정, 윤태무, 정영진, 이필선 4명은 그 후 정식으로 교관에 등용되었다. 또 임신재는 그 해말 탁지부 주사로 채용되었고 그 외로는 관계로 진출한 자도 있었다.

1904.6.23 중학교 심상과 제1회 졸업 방 (『관보』 제2,862호 1904.6.25)
김하정 윤태무 강대철 황의민 김정진 정영진 우등 6명
이필선 김진현 방종헌 원책상 안기영 이능우 우중명 윤주혁
홍승준 채성석 김병술 조성근 이경화 임신재 급제 14명

이듬해 1905년 6월에는 심상과 제2회 졸업생을 배출하였으나 그 수는 겨우 다음의 7명에 지나지 않았다. 관립중학교에는 고등과가

---

24) 『관보』 제2,792호 1904.4.5.
25) 『황성신문』 1904.7.2 雜報.
26) 『관보』 제2,863호 1904.6.27.

설치되지 않고 심상과를 개설한 것 뿐이었으나 졸업하여도 진학할 수 있는 상급학교가 없고 사범학교나 외국어학교와 같이 실용가치도 없었다. 때문에 사회가 중학교에 거는 기대는 크지 않았고 학생의 응모상황도 소극적이었다.

중학교 제2회 졸업 방 (『관보』 제3,179호 1905.6.30)
허 섭 이완응 이용호 이혁노 황윤동 박준병 변태순 급제 7명

졸업생 7명은 6월 28일부로 형식적으로 중학교교관으로 발령되었으나,[27] 이 중 허섭만은 나중에 정식 채용이 되었고 통감부 개설 후는 위의 1기생 김하정 · 이필선 · 정영진과 함께 한성고등학교 교관으로 임용되었다.[28] 또 이완응은 졸업과 동시에 학부 주사로 채용되었다.

그 해 1월 시데하라 타이라는 학부고문으로 임명되어 학정참여관으로 노력하였으나 이듬해 1906년 6월 7년 간에 걸친 한국근무를 마치고 귀국하였다. 신문은 "학정에 위배되는 사항이 많아 통감부가 사퇴를 권고하였다"고 보도하였다.[29]

중학교 초대교장은 학무국장 김각현이 겸무하였으나 제2대 교장부터는 다음과 같이 전임제가 되었다. 그러나 전임 교장 이필균은 학부주사에서, 민영오는 한성우정사 주사에서의 등용으로 관립중학교장의 지위가 중시되었다고는 생각지 않는다.

또한 교관(판임) 중 이필선 · 윤태무은 이 학교 1회 졸업생으로 허섭은 제2회 졸업생이었다. 이 3명은 위에 기술한 바와 같이 졸업

27) 『관보』 제3,179호 1905.6.30.
28) 『관보』 제3,530호 1906.9.5.
29) 『황성신문』 1906.6.7 雜報. 시데하라 타이라는 우수한 교육자였으나 행정관의 경험이 없었고, 또 담당한 교과서 편찬이 진행되지 않았기에 학정참여관 취임 1년 4개월만에 경질되었다.

시에 '任中學校 敎官'의 이름뿐인 사령을 받았었기 때문에 다시 발령받는 일은 없었고, 정식 채용에 대해서는 그 뜻을 통지하여 받아들이는 것에 그쳤다.

교관(주임) 중 김하정도 이 학교 제1회 졸업생이었으나, 처음부터 주임관으로 채용되었는데 이 학교 출신자 중에는 이례적인 일이었다. 당시 통례로는 본인이 상당한 문벌출신이었기 때문이었다.

1906년 중학교 마지막의 교원조직은 교장 이원용, 교관(주임) 강홍수, 주영환, 김하정, 교관(판임) 박승원, 이필선, 허섭 7명이었다.

겸임교장 김각현 1899. 5. 6～1899.11.27(자진사퇴)
전임교장 이필균 1899.12. 8～1902. 2.16(예식원 참리관으로)
전임교장 민영오 1902. 2.17～1904. 9. 9(도지부 참서관으로)
전임교장 이달용 1904. 9. 9～1904.12.29(비서원승로)
1905. 1.16～1905. 4.24(자진사퇴)
전임교장 이원용 1905. 4.24～
교관(주임) 민달식 1899. 4.25～1902. 9.20(중구원의관으로)
교관(주임) 김달하 1900. 3. 9～1906. 2. 9(자진사퇴)
교관(주임) 강홍수 1900. 3.22(판임)～1905.6.15(주임)～
교관(주임) 유한용 1901. 3. 7～1903. 9. 3(자진사퇴)
교관(주임) 신응선 1902. 9.22～1905. 6.15(자진사퇴)
교관(주임) 김한규 1903. 9. 3～1905. 2.20(외국어학교 교관으로)
교관(주임) 주영환 1905. 2.27(판임)～1906.4.1(주임)～
교관(주임) 김하정 1906. 2. 9～
교관(판임) 박승원 1899. 5. 1～1901. 8. 6(의학교교관으로) 1901.11.14～
교관(판임) 강세원 1899. 9.22～1900. 4.10(자진사퇴)
교관(판임) 이찬영 1899. 9.22～1900. 5.28(자진사퇴)
교관(판임) 이원정 1899.12. 8～1900. 9.19(중구원의관으로)
교관(판임) 구일모 1900. 7.20～1905. 2. 4(자진사퇴)
교관(판임) 이하영 1900. 9.21～1901. 4.14(공사관 3등참서관으로)
교관(판임) 홍석현 1900.10.19～1901. 3. 4(중구원의관으로)

교관(판임) 서병규 1901. 4.18～1901.11.14(자진사퇴)
교관(판임) 임인호 1901. 8. 6～1905.10.31(자진사퇴)
교관(판임) 신대영 1905. 6.15～1905.10. 9(자진사퇴)
교관(판임) 이필선 1905.12.12(受牒)～
교관(판임) 허 섭 1906. 1. 1(受牒)～
교관(판임) 윤태무 1906. 2.17(受牒)～1906. 7.13(자진사퇴)

2. 관립한성고등학교

1) 연혁 · 교육과정

정부는 1906년 8월 「학부직할학교 및 공립소학교관제」[30]를 공포하고 관립중학교를 관립한성고등학교로 개칭함과 동시에 「고등학교령」[31]을 공포하고 9월 1일부터 시행하였다.

고등학교령은 다음과 같이 고등학교의 목적을 남자를 위한 고등보통교육에 두고(제1조), 고등학교는 관·공·사립의 3종으로 하여(제2조), 본과(4년) 외에 수업연한 1년 이내의 예과와 보습과를 두는 것으로 하였다(제4·5조).

또한 본과의 입학자격을 연령 12세 이상으로 보통학교 졸업자 혹은 동등의 학력을 갖는 자로 하고(제6조), 교과서는 학부대신의 인가를 얻어 사용할 것(제7조), 수업료를 징수할 것(제8조)으로 하여 시행세부 규칙은 별도 학부대신이 정하는 (제10조)것으로 하였다.

---

30) 1906년 8월 27일 「칙령」 제40호 '학부직할학교 및 공립학교관제' 『관보』 제3,546호 1906.8.31. 게다가 1906년 9월 3일 「칙령」 제45호 '학부직할 학교 직원정원령' 『관보』 제3,553호 1906.9.8 관립한성고등학교 교장 1명, 교관 및 부교관 8명, 서기 1명.

31) 1906.8.27 「칙령」 제42호 '고등학교령' 『관보』 제3,546호 1906.8.31.

제1조 고등학교는 남자에게 필요한 고등보통교육을 시행하는 목적으로 한다.
제2조 고등학교는 관립 공립 사립의 3종으로 한다. 국고의 지원으로 설치하는 것을 관립으로 하고, 도 혹은 부 및 군의 비용으로 설치하는 것을 공립으로 하며, 개인의 비용으로 설치하는 것을 사립으로 한다.
제3조 공립 및 사립고등학교의 설치 및 폐지는 학부대신의 인가를 받는다.
제4조 고등학교에 예과 및 보습과를 설치한다.
제5조 고등학교의 수업연한은 본과는 4년, 예과 및 보습과는 1년 이내로 한다.
제6조 고등학교 본과에 입학할 수 있는 자는 연령 12세 이상으로 보통학교를 졸업한 자 혹은 이와 동등한 학력의 자로 한다.
제7조 고등학교의 교과서는 학부대신이 인가를 거친 것으로 한다.
제8조 고등학교는 수업료를 징수한다.
제9조 본령에 해당하는 학교는 고등학교로 칭하기로 한다.
제10조 본령 시행에 관한 규정은 학부대신이 정한다.

부칙
제11조 본령은 광무 10년 9월 1일부터 시행한다.
제12조 본령에 저촉되는 종래의 여러 규정은 본령 시행일을 기해 폐지한다.

본과 입학연령을 종래 17세 이상에서 12세 이상으로 낮춘 것은 구 령에 의한 초등교육이 8세부터 15세까지를 학령으로 하고 수업연한을 소학교 심상과 3년, 고등과 2년 또는 3년으로 한 것을 신령에서는 심상・고등의 구별을 없애고 보통학교 4년제로 개정하여 8세이상의 학생을 수용하는 것으로 하였기 때문에 보통학교 졸업자를 받아들이는 연령을 12세로 할 필요가 있었기 때문이다.

관립중학교 당시 학생수는 4학급 59명에 불과하였으나, 고등학교로 발족에 있어서 구 관립고등소학교 제3학년생과 일반의 응모자 합하여 28명을 본과 제1학년으로 편입시켰다. 또 당분간 보통학교 졸업생을 배출하기까지 예과를 두고, 구관립고등소학교 제1·2학년생 중 희망자와 일반 응모자 합하여 54명을 예과에 입학시켰다.

학부는 1906년 8월 「고등학교령 시행규칙」[32]을 제정하여 고등학교교육의 세부규칙을 명시하였고 그 주된 것은 다음과 같이 교과목의 편성과 각 과목의 교수요지였다.

본과의 교과목은 수신, 국어, 한문, 일어, 역사, 지리, 수학, 박물, 물리, 화학, 법제경제, 도화, 음악, 체조로 하고 법제경제와 음악은 생략할 수도 있게 하였다(제4조).

수신은 성실 온화한 품성을 기르고 실천도덕을 중시하여 무조건 언론에 빠지는 폐단을 꾸짖고 국어는 언어문장의 이해력과 표현능력을 기르며 한문은 문장을 이해하고 일어는 회화 학습을 통해 일본어를 이해하는 것을 주안으로 하였다.

또 역사는 역사적 사실에 따라 문화의 유래를 지도하고, 지리는 생활에 밀접한 사항이나 한국과 관계 깊은 외국지리를 학습시키며, 수학은 쉽게 접할 수 있는 계산력을 키우고 암산과 속산 외에 대수, 기하, 부기에 관해서도 그 대요를 지도하는 것으로 하였다.

박물, 물리, 화학은 일상생활과 직업에 필요한 이과적 지식을 얻게 하고, 법제경제는 일상생활에 도움이 되는 법규와 경제의 초보를 지도하며 도화에서는 관찰력과 묘사력을 기르고 음악은 노래하는 것을 통하여 인간성을 높이고 체조는 심신을 연마하여 규율과 협동을 존중하는 습관을 기르는 것으로 하였다.

> 제4조 고등학교의 본과 학과목은 수신 국어 한문 일어 역사 지리 수학 박물 물리 화학 법제경제 도화 음악 체조로 한다. 단, 법제경제와 음악은 생략할 수 있다. 예과 및 보습과의 학과목은 본과에 준해 학교장이 정하고 학부대신의 인가를 받을 것
>
> 제5조 고등학교 각 학과목의 교수요지는 다음과 같다
>
> 1. 수신 : 성실 온화한 품성을 기르고 躬行실천을 주로 하여 언론에 편중되지 않도록 한다

---

32) 1906.8.27「학부령」제21호 '고등학교령 시행규칙' 1906.8.27『관보』제3,548호 1906.9.3.

2. 국어 : 보통언어문체를 이해하고 정확 자유로이 사상을 표현하는 능력을 기른다
3. 한문 : 문리맥락으로 주의하고 문의를 정확하게 이해하도록 한다
4. 일어 : 회화에 열중하고 명확하게 일어를 이해하여 항상 발음에 주의하고 때때로 정상적인 국어로 번역하는 것을 요한다
5. 역사 : 사실의 관계에 주의하여 문화의 유래를 알도록 한다
6. 지리 : 인생에 적당한 사항을 알기 위해서이며 주로 외국지리는 우리나라와 중요한 관계가 있는 곳을 자세히 보고 지문은 우리나라의 사실에 따라 그 일반적인 지식을 알도록 한다
7. 수학 : 산술은 친숙한 일상생활에 적당한 문제를 연산하고 이유를 상세히 하여 암산 및 속산법을 습득하여 대수 기하 및 부기는 그 대요를 알도록 한다
8. 박물 : 동물과 식물의 상호관계 및 인생에 대한 관계를 관찰하고 인체의 화성과 생리 및 위생의 대요를 알려 일상생활 및 생업에 적용하기 적당한 것을 실물표본 등을 가지고 확실한 지식을 얻도록 한다
9. 물리화학 : 근접한 현상을 이해하고 일상생활 및 생업에 적용하기 쉬운 실험을 통해 정확한 지식을 얻고 자유로 응용할 수 있도록 한다
10. 법제경제 : 법규의 대요 및 극히 간단한 경제현상의 대략을 알고 일상생활에 적용하도록 주의하여 고상한 언론에 빠지지 않도록 한다
11. 도화 : 물체를 정밀하게 관찰하여 정확하고 자유롭게 그리는 능력을 키우고 그 진화를 주로 하여 임화 및 의장화를 더해 용기화에서는 간단한 幾何畵를 교수하도록 한다
12. 음악 : 가곡을 부르고 미적여운을 느끼고 발산하여 심정을 고결하게 하고 덕성을 함양하도록 한다
13. 체조 : 신체를 건강하게 하고 정신을 쾌활하게 하며 규율을 지키고 협동하는 습관을 길러 주로 보통체조와 병식체조를 적당히 교수하도록 한다

그리고 다음과 같이 별도의 표에서 교육 과정을 명시하였으나, 각 교과목 4년 간의 배당 시간수는 수신 4, 국어한문 26, 일어 24, 역사지리 12, 수학 16, 박물 8, 물리화학 8, 법제경제 3, 도화 4, 음악 3, 체조 12시간이었다. 이 중 국어와 한문이 '국어한문'으로 26시간 배당된 것에 비해 일어는 이와 동등한 24시간이 배당되어있는 점이

눈에 띈다.

이는 통감부가 설치되어서 일본세력의 지배가 학교교육까지 미치게 되어 일본어가 처세에 있어서 유리하다고 보통학교령에서 초등교육의 처음 단계부터 학습시키고 여기에 국어와 동일한 수업시간을 배분하였다.

〈표 3-1〉 고등학교교육과정표

학년 과목	시수	제1학년	시수	제2학년	시수	제3학년	시수	제4학년
수 신	1	도덕요령	1	상 동	1	상 동	1	상 동
국어한문	7	강독문법작문습자	7	상 동	7	상 동	5	상 동
일 어	6	독법해석 회화쓰기습자	6	독법회화번역쓰기작문문법	6	상 동	6	상 동
역 사	3	본국역사	3	동양역사	3	서양역사	3	본국역사 외국역사
지 리		본국지리		외국지리		상 동		상동지문
수 학	4	산술	4	산술대수	4	대수기하부기	4	상 동
박 물	2	동물	2	동물식물	2	동물생리위생	2	광물지질
물리화학	2	물리	2	물리화학	2	상 동	2	상 동
법제경제							3	법제경제
도 화	1	자유화	1	상 동	1	자유화용기화	1	상 동
음 악	1	단음창가	1	상 동	1	단음복음		
체 조	3	보통체조	3	상 동	3	상 동	3	상 동
계	30	병식체조	30		30		30	

자료: 『관보』 제3,548호 1906.9.3

역사와 지리는 '역사지리'로 물리와 화학은 '물리화학'으로 모두 각 학년 3시간씩 배분하였으나 보통학교에서는 4년제이기 때문에 역사와 지리 과목을 둘 여유가 없었고 이과도 겨우 4시간밖에 학습하지 않았다. 때문에 고등학교에서의 계통적 학습지도는 용이하지 않았다고 보여진다.

또 보통학교에서는 산술을 중시하고 국어 · 일어와 함께 산술에도 같은 24시간을 배당하고 있으나 고등학교에서도 수학에 비교적 많은 16시간을 배분하여 산술·대수·기하를 학습하지만 이에 더하여 부기를 수학과목으로 하고 있다. 그러나 부기에는 실업과목으로써의 목적이 있어서 독자의 기술을 가지고 있기에 이를 수학의 범주에 넣어 수학과 교원에게 지도하게 하는 것은 무리였다.

그리고 법제경제에 3시간, 도화는 각 학년 매주 1시간, 음악은 제3학년까지 매주 1시간을 배당하였으나, 실제로는 1909년 9월까지 음악 수업은 시행되지 않았다.[33] 또 체조는 종래와 같이 중시되어 매주 3시간이 배분되었고, 보통체조 외에 병식체조가 포함되었다.

또 다음과 같이 입학시험에 관해서 규정하고 본과생과 예과생에게는 신체검사와 학력시험을 치르게 하고 시험과목은 국어·한문·산술·역사·지리·이과로 하되 당분간은 일부 과목을 제외하는 것이 가능하도록 하였다. 그리고 입학자 선발에서는 보통학교 졸업자를 우선시 한다고 규정하였다(제18조).

> 제18조 본과 및 예과에 입학하는 자는 다음의 입학시험을 시행한다. 당분간 학교장은 학부대신의 인가를 받아 학력시험과목 중 한 과목 혹은 여러 과목을 줄일 수 있다.
> 一. 신체검사
> 一. 학력시험 국어 한문 일어 산술 역사 지리 이과
> 보통학교 졸업자는 다른 지원자보다 먼저 본과 제1학년으로 입학하는 것을 허가함
> 보통학교 졸업생 중 모집정원을 초과하는 때에는 시험을 시행한다.
> 제19조 제2학년 이상으로 입학을 허가하는 자는 상당한 연령이거나 이전 학년과정을 수료한 자 및 동등 학력을 갖는 자로 한다.
> 이전 항 입학자의 학력은 이전 학년 과정의 각 학과목의 시험을 거친다.

---

33) 『황성신문』 1909.9.16 雜報. 관립한성고등학교에서는 1주간 1시간씩 창가를 가설한다는 계획이었으나 교사가 없어서 사범학교 창가교사 일본인 小出씨를 겸임교수로 하도록 동 교장 홍석현씨가 이틀 전 학부로 청원하였다.

이 기회에 정부는 1909년 4월 고등학교령을 일부 개정하였으나,[34] 그 주된 개정은 다음과 같이 예과를 폐지하고(제4조), 현지의 사정에 따라서는 3년제 고등학교를 인정하는 것으로 하였다(제5조).

예과의 폐지는 보통학교 졸업자의 증가에 따른 것으로 학부는 그 해 4월 1일부터 종래의 관립평양일어학교를 관립평양고등학교로 개칭하였으나,[35] 제5조의 규정에 의해 이를 3년제로 하였다.

또 교과서에 관하여는 구 령이 학부대신의 인가를 얻어 사용한다고 하는 규정에 그쳤으나 개정에서는 교과서는 학부가 편찬한 것이나 학부의 검정을 받은 것을 사용하며 이외의 것은 학부대신의 인가를 받아 사용하는 것으로 하였다(제7조). 이 시기에 이미 학부는 본국지리 · 일어독본 등 일부의 교과목에 관해서 교과서를 편찬하였고 또 학부의 검정에 합격한 교과서가 시중에 나와있었기 때문이다.

---

34) 1909년 4월19일 「칙령」 제52호 "광무 10년 칙령 제42호 고등학교령 중 다음과 같이 개정한다" 『관보』 제4,355호 1909.4.20. 게다가 예과를 폐지하지만 우선적으로 입학한 보통학교 졸업생 중에 학력이 부족한 자가 있으면 관립 교동보통학교로 전학시키고 졸업 후에 본과로 입학시키기로 하였다(『황성신문』 1909.3.12 雜報).

35) 1909년 3월 22일 학부고시 제2호. 융희 3년 4월 1일부터 "관립평양일어학교의 조직을 변경하고 관립평양고등학교로 개칭한다" 『관보』 제4,333호 1909.3.24. 더욱이 관립 평양일어학교는 다음의 학원모집광고를 하여 고등학교 학생을 모집하였다. 『관보』 제4,431호 1909.4.3.

> 금번 본교는 오는 4월1일부터 고등학교로 조직을 변경하는 것에 대하여 본과 제1학년 생도 50명 및 제2, 3학년 보결생 약간 명을 모집하므로 입학지원자는 입학 청원서에 이력서를 첨부하여 오는 4월14일 이내에 제출하여 동 15일 오전 10시까지 내교하여 다음의 과목에 의해 응시할 것
> 본과 1학년생 시험과목　국어 한문 산술 일어 역사 지리 이과
> 　단 관립사립보통학교 졸업생은 무시험으로 입학을 허가함
> 　본과 제2, 3학년급의 보결시험은 각 그 학년의 정도로 시행한다
> 　입학청원서 및 이력서 용지는 본교에 청구할 것
> 　　융희 3년 3월　　　　관립평양일어학교

제4조 삭제
제5조 고등학교의 수업연한은 4년으로 한다. 단 토지 정황에 따라 1년을 단축할 수 있도록 한다. 고등학교에 1년 이내의 보습과를 둔다.
제7조 고등학교 교과용 도서는 학부가 편찬한 것 또는 학부대신의 검정을 받은 것으로 한다. 학교장은 학부대신의 인가를 받아 이전 항 이외의 도서를 사용하기로 한다.

그리고 학부는 고등학교령 시행규칙을 전문 개정하였으나,[36] 그 주된 개정점은 다음과 같이 교과목의 명칭을 일부 변경하여 선택과목으로 외국어를 추가하고 실업과목을 신설한 점과 각 교과목의 교수요지를 더욱 상세히 규정한 점이다.

즉 국어와 한문은 '국어 및 한문'으로 하여 물리와 화학은 '물리 및 화학'으로, 법제경제는 '법제 및 경제'로 바뀌었다. 또 음악은 '창가'로 개칭되었으나 법제 및 경제와 창가는 빼는 것이 가능하도록 하였다.

또 선택과목으로 영어 · 프랑스어 · 독일어와 한어 중 1개 국어를 더하고, 실업과목으로는 농업 · 상업 · 공업 중 어느 것이든 학교선택에 의해 학생에게 학습시키는 것으로 하였다.

실업과목의 신설에 관련하여 보면, 학부는 중학교를 고등학교로 개칭하여 대학의 예비단계가 아니라 고등학교를 최종학교로 하는 의도가 있었고,[37] 이를 위해 고등학교에서 조금이라도 직업교육을

36) 1909년 7월5일「학부령」제4호 "고등학교령 시행 규칙" 전문개정『관보』제4,424호 1909.7.9.

37) 앞의,『조선교육사고』, 227쪽. "당시 한국인은 부국강병의 실현을 위해 교육을 보급하지 않으면 안 된다고 주장하여 초등교육을 마친 자는 고등단계의 학교로 입학하고자 하는 자가 대단히 많았다. 더구나 한국의 상황은 장기간에 걸친 정치 부패와 인심 타락에 의해 인민의 재력과 노동력은 고갈되고 국운도 쇠퇴하여 국가인민 모두 피로하고 곤란한 상황에 처하였으나 많은 학과와 높은 질을 바라며 그들이 주창하는 부국강병은 어떻게 실현시켜야 하는지에 대해서는 깊이 생각하지 않았

행하여 졸업 후는 사회의 수요에 즉시 대응하는 인재를 양성하고자 하였다.

그리고 별도의 표에서 교육과정 및 매주 교수 시간을[38] 정했으나, 4년 간의 매주 수업시간의 합계는 수신 4, 국어 및 한문 24, 일어 24, 역사 · 지리 10, 수학 19, 박물 8, 물리 및 화학 7, 실업 12, 도화 4, 체조 10시간으로 필수과목의 합계 시간은 122시간으로 그 외의 과목은 법제 및 경제(2), 창가(2)와 외국어(11) 합계 15시간이었다.

더욱이 3년제 고등학교의 경우에는 수신 3, 국어 및 한문 14, 일어 18, 역사 · 지리 8, 수학 14, 박물 7, 물리 및 화학 7, 실업 13, 도화 4, 체조 7시간으로 필수과목 합계시간은 95시간으로 그 밖의 과목은 법제경제(1) 창가(2)와 외국어(6) 합계 9시간이었다.

다. 따라서 학부는 고등교육기관, 즉 현재의 중등교육기관을 상급학교에 진학하는 예비단계가 되지 않도록 최종교육기관이 되도록 하였다."

38) 〈제1표〉 고등학교 학과과정 및 매주 수업시간표

과목 \ 학년	1년	2년	3년	4년
수 신	1	1	1	1
국어 및 한문	6	6	6	6
일 어	6	6	6	6
역 사	3	3	3	
지 리				1
수 학	6	5	4	4
박 물	4	2	2	
물리 및 화학			3	4
실 업	1	3	3	5
도 화	1	1	1	1
체 조	3	3	2	2
법제 및 경제				(2)
창 가	(1)	(1)		
외국어	(2)	(3)	(3)	(3)
계	31(3)	30(4)	31(3)	30(5)

제4조 고등학교의 학과목은 수신, 국어 및 한문, 역사, 지리, 수학, 박물, 물리 및 화학, 법제 및 경제, 실업, 도화, 창가, 체조로 한다. 단 법제 및 경제, 창가는 뺄 수도 있다.

이전 항 외의 선택과목으로 외국어를 추가한다. 단 외국어는 영어, 불어, 독어, 한어 중 1개국어로 한다.

실업은 농업, 상업, 공업의 3과목으로 하고 토지의 상황에 따라 그 1과목 또는 2과목을 더하거나 그 2과목을 더할 경우에는 학원은 그 중 1과목을 배우는 것으로 한다.

공립 또는 사립고등학교 예비과의 학과목은 본과에 준해 학교장이 정하고 학부대신의 인가를 받는다.

제5조 고등학교의 각 학과목 교수의 요지는 다음과 같다.

一. 수신은 도덕상의 사상 및 정조를 양성하고 착실하고 건강한 중등 이상 사회의 남자에게 필요한 품성을 기르고 실천궁행을 권장하는 것을 요지로 한다.

수신은 처음 가언선행으로 학원의 일상행위에 따라 도덕의 요령을 교시하고 나아가 자기, 가족, 사회 및 국가에 대한 책무 일반을 알린다.

二. 국어 및 한문은 보통 언어문장을 이해하고 정확한 사상을 표출하

〈제2표〉 수업연한을 단축한 고등학교 학과 과정 및 매주 수업 시간표

과목 \ 학년	1년	2년	3년
수 신	1	1	1
국어 및 한문	6	4	4
일 어	6	6	6
역 사 지 리	3	3	2
수 학	6	4	4
박 물	4	3	
물리 및 화학		3	4
실 업	1	5	7
도 화	1	1	2
체 조	3	2	2
법제 및 경제			(1)
창 가	(1)	(1)	
외국어	(2)	(2)	(2)
계	31(3)	32(3)	32(3)

는 능력을 얻어 지덕을 계몽하는 것을 요지로 한다.
국어는 현대문장을 강독하고 실용적이고 간단한 문장을 만들어 문법의 대요 및 습자를 교수한다.
한문은 보통문장을 강독하고 句意, 章意를 명확히 하여 문장과 이해에 주의한다.

三. 일어는 보통 일어를 이해하고 사용하는 능력을 얻으며 처세 상 필요한 지식의 증진을 기르는 것을 요지로 한다.
일어는 독법, 해석, 강독, 회화, 받아쓰기, 습자, 작문, 문법의 대요를 교수하고 학교 수업 연한에 따라 번역하도록 한다.

十. 실업은 처세상 필요한 지식 기능을 얻고 생업을 중시하여 근로를 반기는 습관을 양성하는 것을 요지로 한다.
실업은 실업개설 및 농업, 상업 또는 공업에 관한 사항을 교수하고 실습을 한다.

또 각 교과목의 교수요지는 구규칙의 취지를 답습하여 변경은 없었으나, 신규칙에서는 한발 다가서서 지도요령을 좀 더 상세히 명시하였다. 그 중 주된 것을 보면, 위와 같이 수신은 "중등이상 사회의 남자에게 필요한 품성을 기르고"와 같이 실천도덕의 기준을 중류계급 이상에 두고 "자기, 가족, 사회, 국가에 대한 책임 일반을 알린다"고 하여 생활환경을 존중하고 공중도덕에까지 눈을 돌리고자 하였다.

국어는 구규칙에서는 문장을 이해하고, 표현능력을 기르는 것을 주안으로 하는 것만을 나타냈으나, 신규칙에서는 현대문을 읽도록 하고 실용적이고 간단한 작문 · 문법 · 습자를 지도하도록 하는 것과 같이 더 구체적으로 표시한다.

일어는 구규칙에서는 회화의 학습을 통하여 일본어를 이해하도록 하였으나 신규칙에서는 일본어의 학습이 "처세상 필요한 지식을 증진한다"고 하여 일본어의 오늘날 의의를 강조하고 독해나 회화 외의 문법 · 받아쓰기 · 습자 · 작문을 지도하도록 상세히 알려주었다.

실업은 신규칙에 처음으로 추가되었고 과목의 목표를 "처세상 필요한 지식 기능을 얻고 생업을 중시하여 근로를 반기는 습관을 기른다"고 한 것은 당시 사회일반에서 노동을 천대하여 학교 졸업 후는 경쟁하듯 관직에 들어가려고 하는 상황을 직업교육에 의해 개선하고자 하는 의도가 있었다.

그러나 고등학교의 교육과정이 교양과목을 중심으로 하여 편성되고, 실업과목은 실습을 포함하여 졸업까지 12시간이 배당된다고 하지만 필수과목 총 수업시간의 9.8%를 차지하는 것에 불과하다고 하는 것을 보면 실사회에서 금방이라도 도윾이 되는 지식 기능을 수득하는 것은 바라지 않았던 것이 아닐까.[39)]

한편 1909년 10월 학부는 「관립한성고등학교 학칙」[40)]과 「관립평양고등학교 학칙」을 고시하였으나, 한성고등학교에서는 다음과 같이 수업연한을 4년(제2조), 학생정원을 500명(제5조)으로 하고, 평양고등학교에서는 수업연한을 3년, 학생정원을 200명으로 한 것 외에 양자의 말은 전문 동일하였다.

제1조 본교는 고등학교령 및 동령 시행규칙에 따라 남자에게 필요한 고등보통교육을 시행하는 것을 목적으로 한다.
제2조 수업연한은 4년으로 한다.
제3조 휴업일은 다음과 같다.
개국개원절 즉위예식일 단천기원절 묘사경고일 개교기념일 일요일

---

39) 그 외 개정규칙에서는 체조부터 '병식체조'를 제외하고 '학교체조'로 하였으나, 이미 1907년 여름 일본세력이 강제로 군대를 해산하고 반일무장봉기의 싹을 잘라버렸다는 배경이 있었다. 1909년 4월 15일부터 체조 수업에서 풍금을 사용하여 맨손체조를 하는 것으로 지도내용을 바꾸었다. 『황성신문』 1909.4.17(잡보).

40) 1909년 10월 20일 「학부고시」 제15호 '관립 한성고등학교 학칙' 같은 날 「학부고시」 제16호 '관립 평양고등학교 학칙' 『관보』 제4,513호 1909.10.25.

춘계휴업 4월1일부터 10일까지
하계휴업 7월21일부터 8월31일까지
동계휴업 12월29일부터 이듬해 1월7일까지

제4조 학과과정 및 매주 교수시간은 별도의 표와 같다.

제5조 학원의 정원수는 500명으로 한다.

제6조 입학을 허가하는 학원의 인원수 및 기일은 학교장이 정하고 미리 공고한다. 단 학원의 보결을 위해 임시로 입학하는 경우에는 공고를 할 것.

제7조 입학지원자는 제1호 서식의 입학청원서를 학교장에게 제출한다.

제8조 입학허가를 받은 자는 제2호 서식의 서약서를 학교장에게 제출한다.

제9조 보증인은 학원의 친족 또는 이에 대신하여 일절의 책임을 지는 자로 한다.
학교장은 보증인이 부적당하다고 인정할 시는 이를 변경할 수 있다.

제10조 퇴학하는 자는 그 사유를 세부적으로 기재하여 보증인의 서명 후 학교장에게 청원한다.

제11조 평소에 근면하고 학업에 우등이며 품행 방정한 자는 이를 표창함.

제12조 교칙을 위반하거나 학원의 본분을 망각하는 자는 그 경중에 따라 징벌한다.

제13조 수업료는 징수한다.

그리고 별도의 표에서 교육과정과 매주 교수시간을 규정하였으나, 한성고등학교는 위와 같이 실업에 관한 과목은 상업을 선택하고 외국어는 영어를 학교선택으로 하였다. 또 법제경제와 창가의 2과목을 필수과목으로 하고, 수학과 박물의 수업시간을 기준보다도 1시간씩 증가시켰다. 때문에 필수과목의 총 시간은 128시간, 선택과목은 8시간이었다.

평양고등학교에서는 실업에 관한 과목은 농업, 외국어는 영어를 학교선택으로 하였다. 또 법제경제를 필수과목으로 하여 창가는 뺄 수 있도록 하였기에 필수과목의 총 수업시간이 기준보다 1시간 증가하여 96시간이 되어 선택과목은 외국어의 6시간만이 되었다.

〈표 3-2〉 관립한성고등학교 교육과정표(학칙별표)

학년 / 과목	시수	제1학년	시수	제2학년	시수	제3학년	시수	제4학년
수 신	1	실천도덕	1	상 동	1	상 동	1	상 동
국어및한문	6	강독작문문법습자	6	상 동	6	강독작문문법	6	상 동
일 어	6	강독해석 회화받아쓰기	6	상동및작문문법	6	강독작문문법	6	상동및해석
역 사	3	본국역사	3	외국역사	3	상 동		
지 리	3	본국지리	3	외국지리	3	상 동	1	상동지문
수 학	6	산술대수	6	대수산술	4	대수기하부기	4	기하부기
박 물	4	광물식물8	2	동물생리	3	생리위생		
물리및화학					3	화 학	4	상동및물리
실 업	1	실업개설	3	상사에관한사항	3	상 동	5	상동및실습
도 화	1	자유화	1	상 동	1	상동및용기화	1	용기화
체 조	3	학교체조	3	상 동	2	상 동	2	상동
법제및경제 창 가	1	단음창가	1	상 동			2	현행제도경제대요
외국어	(2)	독법해석받아쓰기습자	(2)	독법해석회화 받아쓰기	(2)	상동및문법	(2)	상동및작문
계	32		32		32		32	
	(2)		(2)		(2)		(2)	

자료: 『관보』 제4,513호 1909.10.25
*외국어는 영어로 하고 선택과목으로 한다.

2) 교원조직 · 학교재정

다음의 한성고등학교의 직원조직을 정리하면, 1906년 9월 다음과 같이 중학교부터 전임교장 이원용, 교관(주임) 강홍수, 김하정, 주영환, 교관(판임) 이필선, 허섭, 정영진 7명이 수평이동으로 취임하였으나, 그 후 강홍수와 이필선이 사임하고 교관(주임) 여규형, 교관(판임) 이용호, 이윤희가 취임하였다.

이듬해 1907년 4월 교장 이원용은 학부참서관으로 전임하여 홍석현과 교체되었다. 또 교관의 명칭은 1908년 이후 교수와 부교수로 바뀌었으나, 그 전해 7월에 체결된 제3차 한일협약 제5조에 의해 일본인을 한국관료로 임명하는 일이 가능하게 되어 1908년 1월 학감 高橋亨, 교수 內山愛助, 부교수 兒島元次郞 3명이 발령되었다.

이에 이어 부교수 横地捨次郞(체조)가 채용되고 이듬해 1909년에는 兒島元次郞(도화)가 한성사범학교로 전임, 본교교수(판임)를 겸무하였다. 또한 그 해 교수(판임) 森爲三, 大谷顯太郞가 임용되고 이듬해 1910년에는 横地捨次郞가 한성사범학교로 전임, 부교수 김교한이 발령되었다.

전임교장 이원용 1906. 9. 3~1907. 4.12(학부참서관으로)
홍석현 1907. 4.12~1910. 9.30(자진사퇴)
학감(주임) 高橋亨 1908. 1. 1
교관(주임) 강홍수 1906. 9. 3~1907. 6.27(자진사퇴)
김하정 1906. 9. 3~1908. 1. 1 교수
주영환 1906. 9. 3~1908. 1. 1 교수
여규형 1907. 6.27~1908. 1. 1 교수
內山愛助 1908.1.1 교수
교관(판임) 이필선 1906. 9. 3~1907. 5. 4(자진사퇴)
허 섭 1906. 9. 3~1908. 1. 1 부교수
정영진 1906. 9. 3~1908. 1. 1 부교수
이용호 1907. 5.14~1908. 1. 1 부교수
이윤희 1907. 5.14~1908. 1. 1 부교수
兒島元次郞 1908.1.1 부교수~1909.2.4 사범학교로 (겸)교수(판임)
森爲三 1909.4.19 교수(판임)
大谷顯太郞 1909.6.28교수(판임)
横地捨次郞 1908.8.19 부교수~1909.2.4교수(판임)~1910.5.13 사범으로
김교한 1910. 3.11 부교수

또 관립 평양고등학교에서는 평안남도 관찰사 이진호가 교장을 겸무하고 학감으로는 전 평양일어학교학감 美爾嘉衛七가 취임하였다. 그리고 다음과 같이 교수(주임) 眞籐義雄, 교수(판임) 大西祐八 · 今井半次郞 · 平山磐夫 부교수 楢木末實 · 조낙홍 · 나영곤이 발

령되었다.

그러나 그 후 楢木末實는 한성외국어학교로 전임, 나영곤은 서기로 전임하여 부교수를 겸무, 前田勘太郎가 교수(판임)로 취임하였으므로 교수진은 일본인 6명에 대해 한국인은 2명이었다.

관립 평양고등학교		
겸임교장	이진호	1909. 4. 2~
학감	美禰嘉衛七	1909. 4.26
교수(주임)	眞籐義雄	1909. 4. 1
교수(판임)	大西祐八	1909. 4. 1
교수(판임)	今井半次郎	1909. 6.18
교수(판임)	平山磐夫	1909. 7.17
교수(판임)	前田勘太郎	1910. 5.13
부교수	楢木末實	1909. 4. 1~1909. 6.18(한성외국어학교로)
부교수	조낙홍	1909. 4. 1~교수(판임)
부교수	나영곤	1909. 4. 1~1909. 5.15 서기 겸 부교수

한편 통감부에 의한 1906년부터 1910년에 이르는 보호정치시대에 한국정부는 일본정부로부터의 차관 중 50만 엔을 임시학사 확장비로 하고 보통학교의 확충에 무엇보다 힘을 쏟은 것은 앞 장에 상세히 기술하였다.

한성고등학교에도 1906년 학제개혁에서 그 해 9월 보통교실 1(22평), 특별교실 및 준비실 각 1(32평)의 증축으로 착공하고 11월에 낙성하였으나 기구 그 밖의 설비비를 포함하여 8,200엔 정도가 임시학사 확장비에서 지출되었다.[41]

이듬해 1907년에도 학교부지를 확장하고 구 교사에 접근하여 교실과 부속건물을 신축하였기 때문에 1906~1907년에 합 190평이 신축되고, 전년도 분을 합하여 공사비는 22,900엔 정도에 달했다.[42]

---

41) 앞의 『한국교육』, 27쪽, 앞의 『한국시정일반』, 214~215쪽.

또 1909년에는 다시 증축을 위해 화개동 민가 12호를 매입하고 4월에는 착공하였으나 이에 필요한 비용 약 22,000엔이 임시학사 확장비에서 지출되었다.43)

더욱이 동 학교의 세출경상예산액은 매년 증가하여 왔으나 다음과 같이 학부소관 세출예산 중 4%를 약간 넘는 정도에 지나지 않으며, 한성사범학교가 1908년 10.6%, 1909년 이후는 13.8%를 점유한 것에 비해 배분액이 적었으며 고등여학교보다는 약간 많은 정도였다.

〈표 3-3〉 세출예산경상부

예산 \ 연도	1907	1908	1909	1910
A 학부소관	286,853	298,735	384,320	429,198
B 한성고등학교	9,954	13,060	15,691	17,621
B/A	3.5(%)	4.4(%)	4.1(%)	4.1(%)

자료: 각 해 관보, 통계연보.

3) 졸업생과 진로 등

다음으로 각 해의 한성고등학교 졸업생을 보면, 다음과 같이 제3회에 4명이 가장 적고, 제5회의 30명이 가장 많다. 졸업생의 대다수는 진로를 관계로 정하여 탁지부주사, 재무서주사, 학부주사나 군주사 등 다양하였다. 그러나 모두 졸업하고 나서 채용까지 많은 기간 동안 대기하지 않으면 안 되었다.

정해진(3회)은 1908년 1월 1일에 재무서주사로 채용되었지만 부임하지 않아서 견책처분을 받게 되어 지방재무감독국 주사로 배치

42) 앞의 『제1차 한국시정연보』, 368쪽.
43) 앞의 『한국교육』, 27쪽, 『황성신문』 1909.4.27 雜報.

되었다(30). 또 김정희(3회)는 1909년 3월 31일이 되어서야 겨우 군주사 겸 내부주사로 발령받았다.

제5회 졸업생 중 이윤영 등 14명은 1909년 3월 탁지부로 채용이 내정되었으나, 부임지의 지방재무감독국 근무의 월봉 12엔이라는 박봉으로 생활이 곤란하다고 하여 채용을 사임하였다.44) 고등학교 졸업생이라는 당시 엘리트로서는 당연히 탁지부 등의 중앙관서를 지향하여 지방근무는 천대시하였다.

그러나 동기의 신효승·김유인·이원구·정재훈·이택종은 그 해 8월 이후 모두 재무서주사로 발령받았고 이각종은 학부주사로 임용되었다. 제6회 졸업생으로는 부인식이 1910년 4월 20일, 탁지부 주사로 발령되었으나, 졸업생 11명의 진로는 탁지부 5명과 일본유학 6명이었다.45) 게다가 당시 최근의 조사에 의하면 일본 유학생은 관비 76명, 사비 349명, 계 425명 상황이었다.46)

1907 제3회 졸업생 - 고등학교로는 제1회 - (『관보』 제3,839호 1907.8.8)
김정희 정태진 강한영 정해진

1908.3 제4회 졸업생 (『관보』 제4,079호 1908.5.21)
천윤식 김형배 이용진 이하 우등
서병두 김광현 임병유 윤태홍 황홍주

1909.3 제5회 졸업생 (『관보』 제4,380호 1909.5.19)
이각종 김유인 박노상 신효승 이윤영 원익상 이규행 이원구
정재훈 이종백 김교환 이택종 이원영 이우영 안상묵 이강제
서연학 이종환 윤위식 이관희 장석호 이원근

1910.3 제6회 졸업생 (『관보』 제4,678호 1910.5.14)
장석대 주영선 부인식 신필휴 원희상 강래원 송우식 장 백
유병준 정종익 유광렬

1910. 관립평양고등학교 제1회 졸업생 (『관보』 제4,678호 1910.5.14)

44) 『황성신문』 1909.3.30 雜報, 『황성신문』 1909.4.23 雜報.
45) 『황성신문』 1910.4.5 雜報.
46) 『황성신문』 1910.5.12 雜報.

김일홍 박승덕 조규혁 김병준 김경용 오세창 문태선 조동식
박명균 윤석온 정대원 김린정 장무일 이병옥 이은달 노춘근

당시 한국사회는 오랜 기간 동안 거친 정부의 횡포로 국민이 정부를 신용하지 않고 관립학교를 경원시하였다. 그런 중에 일본어 학습시간이 많고 일본인이 학교운영을 지배하는 상황에서는 반일감정을 고조하는 셈이 되었고 때문에 학생모집이 쉽지 않았다.

그런데 통감부가 한국의 내정을 지배하게 되자 그 인식을 바꾸어 1909년 경부터 고등학교 입학지원자가 급증하고 그 해에는 50명의 정원에 대해 약 4배인 194명이 응모하였다. 재학 중에는 학비가 지급되고 취직도 확실하였기에 인기가 많은 관립한성사범학교는 그 해 19.5배의 경쟁률을 기록하였으나 한성고등학교도 이듬해 1910년 1,019명의 응모자가 쇄도하였다. 그 해부터 정원을 급증하여 102명을 합격시켰지만 그래도 10배가 되는 경쟁률을 보였다.47)

덧붙여서 말하면 응모자 1,019명 거주지별 비율을 보면 다음과 같이 학교소재지의 한성부와 경기도의 거주자가 전체 응모자의 60%를 차지하고 한성에 비교적 가까운 충청남도가 10%를 넘어서고 있다. 그러나 평안북도와 함경북도와 같은 벽지를 비롯한 전국 각지에서도 응모하여 헛된 중앙遊學熱에 들뜬 감이 있었다.

평안남도의 지원자가 가장 적은 것은 그 지역에 평양고등학교가 있기 때문으로 그 학교에도 166명이 지원하여 78명이 합격하였다.

한성부 37.2% 경기 22.4% 충북 4.1% 충남 10.7% 전북 1.8% 전남 4.1% 경북 2.7% 경남 2.9% 황해 3.3% 평남 1.4% 평북 2.9% 강원 2.9% 함남

47) 통감부, 『제3차 통감부통계연보』 제93표, 1910, 조선총독부, 『조선총독부 통계연보』 제415표, 1911년. 더욱이 1910년 4월 입학자는 120명을 1주간 가입학시킨 후 학력시험을 통해 102명의 입학을 허가하였다(『황성신문』 1910.4.16 雜報).

3.1% 함북 0.5%
자료 황성신문 1910.4.15 雜報의 숫자에서 산출

정부는 고등학교 외에 일찍부터 사범학교·외국어학교·농상공학교를 개설하였으나 모두 한성부내에 소재하였으며 지방에 관립학교를 설치하려는 의지는 없었다. 이와 같이 중등교육기관의 한성중심주의는 지방의 보통학교 졸업생을 한성에 모이게 하고 관립학교의 좁은 문을 통과하지 못한 많은 자들은 사립학교로 입학하여 한성에 잔류한다는 풍속을 낳게 하였다.

이로 인해 정부는 1909년 관립고등학교를 평양에 1개교 개설하고 그 해 실업학교령을 공포하여 관립 인천일어학교를 관립 인천실업학교로 하고, 사립 부산개성학교의 헌납을 받아 이를 공립 부산실업학교로 하는 등 각 도의 중심지에 공립 농업학교를 설립하여 지방의 보통학교 졸업생이 거주지 가까이에서 교육 기회를 얻을 수 있도록 배려하였다.

하지만 사회에는 실업을 경시하는 풍조가 깊어서 실업교육이 일반에게 이해되지 않고 입학지원자는 소수에 그쳤다. 또 학부 아래의 한성부 내에서도 보통학교졸업생이 넘치고 유복한 집 자제의 일본유학도 증가하였다. 때문에 학부는 관립 교동보통학교 보습과 정원을 50명 늘려,[48] 한성부내의 관립어의동, 수하동, 미동의 3개 보통학교에 야간 실업보습학교를 부설하여 이에 대응하고자 하였다.

---

48) 관립보통학교 졸업생이 중등정도의 학교에 입학하고자 하여도 학력의 정도가 미치지 않아 입학할 수 없는 자가 많고, 이들이 무작정 도일하자 학부대신은 이를 듣고 개탄하여 관립교동보통학교에 지시하여 보습과 모집정원을 50명 더 증가시켰다(『황성신문』 1909.5.9 雜報).

제4장 외국어학교

1. 연 혁

1894년 교육개혁은 학무아문에 의해 한성에 먼저 소학교와 사범학교가 개설되고 이어서 그 해 12월에는 일어학교와 영어학교가 개교하였다. 당초 계획은 중국어학교도 동시에 개설할 예정으로 학생모집도 끝난 상태로 교사도 이전 러시아 공사관 통역관이었던 곽사성을 예정하고 있었으나 시대의 흐름이 청국인을 한국정부에 채용하는 것이 힘들게 되어 漢語학교는 개교할 수 없었다.

일어학교는 종래의 일어학당을 학교로 하여 교사 長島喦次郎, 조교사 학무아문 주사 안영중(일어학당 졸업생), 학생 40명으로 1894년 12월 1일에 개교하였다. 영어학교도 종래의 육영공원을 영어학교로 개칭하여 같은 날 개교하였고 교사는 영국인 허치슨과 육영공원 졸업생의 조교사로 학생수는 40명 내외였다. 그리고 각 학교 교장은 학무아문 전문학무국장이 겸임하였다.[1)]

그런데 그 해 갑오농민운동과 청일전쟁의 영향으로 정부의 稅收는 좋지 않고 학교운영이 곤란하여 경비절감에 의해 소규모 각 학교를 일어학교를 중심으로 통합하는 안이 검토되었고 이 일은 제1

1) 『아사히신문』 1894.12.6, 1895.3.20.

장에서 설명하였다.

이듬해 1895년 4월에는 학무아문이 학부로 개칭되고 외국어학교는 학무국 소관이 되었다. 정부는 1895년 5월 10일 칙령 제88호에서 「외국어학교관제」[2]를 공포하고 외국어학교에서는 여러 외국어를 가르치며(제1조), 가르치는 외국어 종류는 수시로 학부대신이 정하여(제2조), 필요에 따라서는 지방에 분교를 설치할 수 있도록 하였다(제3조). 또 직원으로는 교장 외에 교관(4명 이하), 부교관(5명 이하), 서기(3명 이하)를 두고(제4조), 분교를 설치할 시에는 분교장 외 교관(2명 이하), 부교관(3명 이하), 서기(2명 이하)를 두며(제8조) 또 외국인을 교관(주임), 부교관(판임)으로 고용하도록 하였다(제11조).

> 제1조 외국어학교는 학생을 널리 모집하여 여러 나라의 어학을 교수하는 곳으로 한다.
> 제2조 외국어학교에서 교수하는 외국어 종류는 때에 따라 학무대신이 정한다.
> 제3조 학무대신은 필요에 응하여 외국어학교의 분교를 지방에 둔다.
> 제4조 외국어학교에서 교원을 둔다.
> 학교장 1명 교관 4명 이하 주임 및 판임 부교관 5명 이하 판임 서기 3명 이하 판임 〈이하생략〉

이에 따라 학부는 1895년 중 신제도에 의해 일어학교와 영어학교를 발족하고 일어학교 인천항 분교가 개교하였다. 이 중 일어학교는 1891년 매동에 개설되었고 오카쿠라 유사부로(岡倉由三郞)가 수업을 담당한 일어학당을 전신으로 하였다. 또 영어학교는 1883년 독일인 외교고문 멜뢴도르프와 영국인 전신기사 할리팩스에 의해 개설된 英學校育英社(통역학교)로 1886년 정부에 의해서 설립된

2) 『관보』 제36호 1895년 5월 12일.

육영공원이 후신이었다고 할 수 있다.

육영공원은 근대교육을 시행하기 위해 뉴욕의 유니온신학교 졸업생 길모어·벵커·헐버트 3명을 초빙하였으나 1889년 귀국요청에 의해 3명이 육영공원을 떠나게 됨과 동시에 쇠퇴하였다. 이 후 1894년 2월 해리팩스와 허치슨을 교사로 영어학교가 재건되었다. 또한 1891년경 청국인 교사가 漢語수업을 담당하는 학교가 개설되었으나 그 후 청일전쟁 발발로 인해 사라졌다.

각 학교의 설립연월은 다음과 같고 그 전신을 포함하여 일어학교가 가장 오래되었으며 영어학교가 그 뒤를 잇고 다음의 순으로 개교하였다.[3] 그러나 제도로써는 전체가 하나의 외국어학교로 각 학교는 지역 내에 분산 배치되어 겸무 교장 1명에 의해 총괄되었다.

일어학교 1891년 7월, 인천항 분교 1895년 6월, 영어학교 1894년 2월, 불어학교 1895년 10월, 러시아어학교 1896년 5월, 한어학교 1897년 5월, 독어학교 1898년 9월

한편 1895년 윤5월 24일에는 겸임교장으로 학부학무국장 이응익이 발령되고 부교관으로 현 채·홍기모·현보운·김조현·양호묵이 그 해 중에 순차임용되었으나 겸임교장은 얼마 후 홍우관(학부참사관)으로 교체되었다. 또 그 해 6월 17일 관립 인천항외국어 학교분교가 개교하였으나,[4] 학교의 개설에 진력한 인천감리 박세환

3) 설립연월을 추정한 근거는 러시아학교는『관보』제257호 1896년 2월 25일 광고에 '러시아어학교를 창설'이라고 하고, 漢語학교에 관해서는『관보』제633호 1897년 5월 11일 학생모집 광고에 의해 그리고 독일어학교에 있어서는『황성신문』제11호 1898년 9월 17일 雜報에 "오전 11시에 독어학교의 개교식이 거행된다 …"에 따른 것이다.

4)『仁川府史』, 인천부, 1933, 1,293쪽. "본 학교의 기원은 明治 28년 1월, 인천감리 박세환씨의 부단한 노력과 인천 일본영사 珍田捨巳씨 및 일본공사대리 杉邨濬씨 등의 알선으로 당시 학부대신 이완용에 의해 4월

은 이미 윤5월 10일 덕원군수로 전임하였으나 7월 5일에는 인천부 관찰사로 인천에 귀임하여 학교 경영에 관여하였다.

학부는 그 해 11월 1일 학부령 제4호「각종학교 퇴학생도 학비환입조규」[5]를 제정하여 각 학교 입학자의 퇴학과 전학을 금지시키고 해당자의 학비 변제에 관하여 규정하였다. 그리고 외국어학교 재학 1개월 이내는 2원50전을 2개월 이내는 5원을 상환하지 않으면 안되도록 하였다.

이듬해 1896년 학부는 다음의 학생 모집광고를 하여 입학시험을 시행하였으나, 모집광고에 의하면 입학자의 연령은 16세 이상 25세 이하로 하고 시험과목으로는 국·한문의 독서 작문이었으나 입학 후 학습하게 되는 학과목과 수업연한 자체도 불명확하고, 이는 1900년 6월 외국어학교 규정의 제정을 기다리지 않으면 안되었다.

그리고 위의 설명과 같이 일어학교는 1891년 설립한 일어학당을

창립되어 岩崎厚太郎는 珍田 영사에 의해 조선정부에 초대되어 5월 인천감리아문 내의 구 경무서를 교사로 개축하고 관립 인천항 외국어학교로 명명하고 일본어로 수업하였다. 학부대신이 관리하고 인천감리는 교장을 겸임하고 우선 1년 계약으로 교사로 통역(한국인) 1명, 용역원(한국인) 1명을 채용하여 교사 내에서 기숙하게 하였으며 개교식은 6월 17일에 하였다. 먼저 예산이 적고 그 다음으로 교사가 협소하여 겨우 20~30명의 학생을 교육하게 되었고 교과서·노트·연필은 지급되었다. 수업기간은 3년간으로 하여 수업이 시작되었다 …"

5)『관보』제206호 1895년 11월 6일.

제1조 각종학교의 입학자는 퇴학 및 전학에 있어서 특별한 사유가 있을 시 보증인이 연서하고 퇴학을 원하는 자는 재학 중 학비에 준해 환입한다.

제2조 학교규칙에 고의로 위배하여 逃學한 자는 본인 혹은 보증인이 다음과 같이 환입한다. 단 질병이 있거나 재지능력의 부족하여 교원이 심사하여 퇴학을 명하는 자는 예에 따른다.

외국어학교 재학 1개월 이내 2원 50전, 2개월 이내 5원 (사범학교, 소학교 재학 생략)

그 연원으로 하고 영어학교는 1894년 발족한 영어학교를 전신으로 하였으므로 양교 발족시에는 전신 학교의 재학생을 그대로 받아들였다고 보여진다.

외국어학교학원권부광고 (관보 제260호 1896.2.28) 금번 러시아어학교를 병설하여 학원을 선발하고 영어 일어 불어 각학교 학원도 추가 선발하므로 입학을 원하는 자는 이 달 29일 내에 본부에 신청하여 3월 2일에 본부로 출두하여 입학시험을 거친다. 건양 원년 2월 21일 학부 외국어학교학원 시험과목 1. 입학자의 연령은 16세 이상 25세 이하로 한다 2. 입학시험은 다음과 같다 국문의 독서 및 작문 한문의 독서 및 작문 3. 입학시험에 응하는 자는 다음의 서식에 따라 신청한다 (신청서 서식 생략)

학부는 3월 28일 학부령 제2호[6)]에 의해, 퇴학처분을 받은 학생은 학비환입조규(전항)에 의해 학비를 상환받음과 동시에 그 이름을 관보에 광고하여 이후 관공립학교로 입학을 금지하였다.

그 해 중에 겸임교장은 홍우관에서 이상재(학부참서관), 한창수(학부편집국장)로 교체되었다. 또 인천에서는 감리 박세창이 4월 18일 자진사퇴를 하여 8월 6일에 후임으로 이재정이 인천부윤으로

6) 『관보』 제287호 1896년 3월 31일.
1896년 3월 28일 「학부령」 제2호. "관립 공립 각종학교에 있어서 퇴학처분을 받은 학생은 본부령 제4호 학비환입조규에 의해 해당 조규 중 제2조 제1항이 시행하는 학생의 성명을 관보에 광고함과 동시에 퇴학처분을 받은 후에는 관립 공립 각종 학교에 전학하는 것을 인정하지 않는다"고 하고, 만약 학비를 상환하지 않은 경우는 "학생을 궁내부, 내각 각 부에 조회하여 수용하지 않는다"는 조치를 취하였다(그 해 9월 24일 「학부령」 제6호 관보 제437호 1896.9.24).

착임하고 9월 1일에는 겸임관립인천항 외국어학교분교장으로 발령되었다.

1897년 5월에는 한어학교가 개설되었다. 그리고 그 해 11월 13일 칙령 제40호 「외국어학교 관제개정건」[7]에 의해 교관(4명 이하)과 부교관(5명 이하)의 정원이 "학생의 많고 적음에 따라 임시증감"으로 개정되어 증원의 발령이 있었다.

이듬해 1898년 9월 독어학교가 개설되어 외국어학교는 6학교가 되었으나 『독립신문』은 처음부터 학교의 통합을 주장하고 그 이점으로 ①국비의 경감, ②학생이 다른 과목을 함께 학습, ③학생간의 교류가 활발하여져 지식의 다양, ④규율과 복징의 단정, ⑤동문수학으로 형제와 같이 우애가 돈독하여 붕당이 없어진다고 하였다.[8]

『독립신문』은 외국어학교가 각국의 언어별로 개설되어 일어를 학습하는 자는 일본 편에 서고, 러시아어를 공부하는 자는 러시아, 영어를 공부하는 자는 영국 편에서는 식으로 서로 상대를 헐뜯고 당파를 만들게 되는 등 그 폐해를 주장하였다.[9] 그러나 재정난을 이유로 정부는 개혁에 힘쓰지 않았다.

1899년 1월 5일 칙령 제1호 「관립 각종학교 교관 교원 봉급개정」[10]에 의해 주임교관의 월봉은 1급 60원, 2급 50원, 3급 40원으로 판임교관교원은 1급 30원, 2급 25원, 3급 20원으로 개정되었다. 이에 따라 부교관 초임급은 월 20원으로 되었다.

이듬해 1900년 각 학교에 한문과목을 가설하고 6월 28일 부교원을 배치하였다. 학부는 6월 27일 학부령 제11호 「외국어학교 규칙」[11]을 제정하고 관제공포 후 5년이 지나서야 겨우 학교 관리운영의 준칙

7) 『관보』 제795호 1897년 11월 16일.
8) 『독립신문』 1898년 7월 8일(논설).
9) 『독립신문』 1898년 9월 19일(논설).
10) 『관보』 제1,152호 1899년 1월 7일.
11) 『관보』 제1,615호 1900년 7월 2일.

을 명확히 하였다. 규칙은 제1관 총칙, 제2관 학습학기, 제3관 정학, 휴학 제4관 입학, 재학, 퇴학, 처벌, 시상, 제5관 시험, 강사, 졸업에 관하여 규정하였다.

그러나 내용은 필요 최소한의 사항에 그쳐 외국어교육의 이념과 교육과정 등 교수방법 등의 상세한 설명도 기준이 명시되어 있지 않다. 그 중 주요한 사항을 들면 다음과 같다.

1. 교과목(제1관 제1조)
   외국어를 교수하는 것 외에 외국어에 의해 보통학도 교수하고 한문의 독서, 작문 및 본국역사, 지지를 교수한다.
2. 학교의 종류(제1관 제2조)
   일어, 영어, 불어, 러시아어, 한어 및 독어학교를 배치한다.
3. 수업연한(제1관 제3조)
   수업연한은 일어, 한어는 3년 영어, 불어, 러시아어, 독어는 5년으로 한다.
4. 교과서 · 학용품 (제1관 제4조)
   학생에게는 재학 중 교과서를 대여하고, 지필묵을 지급한다.
5. 학급(제2관 제1조)
   학급은 학생의 인원수와 학력에 의해 편성하고 교장이 교관, 부교관과 협의하여 결정한다.
6. 학기(제2관 제2조)
   학기는 봄학기(1월 4일부터 여름방학까지) 가을학기(가을 시업일부터 12월 30일까지)로 한다.
7. 입학자격(제4관 제2조)
   입학지원자는 15세 이상 23세 이하의 신체 건강한 자로 한다.
8. 퇴학(제4관 제7조)
   입학자는 중도에서 퇴학하는 일이 없다.

동 규칙은 재학생의 전 · 퇴학을 인정하지 않고, 다른 학교로 전학한 자는 학업 성취의욕이 없음과 동시에 "퇴학을 명하여 관보에 광고한다(제4관 제8조)"로 규정하고, "퇴학 명령을 받은 자는 관립 공립 각종 학교로 전학을 허가하지 않고 各府 部院에 수용하는 것으로 한다(제4관 제9조)"고 하였다.

또 10월 25일 칙령 제40호「외국어학교, 의학교 및 중학교졸업자를 해당 학교에 수용하는 관제」12)에 의해 각 학교의 졸업생이 그 학교의 교관으로 임명되는 길이 열렸다.

이 졸업생을 출신교 교관으로 임명하는 조치에 따라 1901년 1월 17일 일어학교 제1회 졸업생 11명 중 안상호·박응준·강필우·박정선 4명과 한어학교 제1회 졸업생 이옥·정우홍·오극선·조재승이 부교관으로 발령되고 1월 24일에는 일어학교 졸업생 유태경·조덕성·박용구가 추가로 발령되었다.

또 2월 23일에 인천지부 제1회 졸업생 중 이근호 외 6명이 부교관으로 발령되고, 4월 10일 일어학교 제2회 졸업생 주영환과 노재연 2명이 6월 18일 인천 분교 제2회 졸업생 함근혹이 7월 3일 일어학교 제3회 졸업생 2명과 한어학교 제2회 졸업생 6명이 부교관으로 발령되었다. 그런데 대다수는 실제내용이 갖추어지지 않은 형식상의 발령으로 정식 채용된 것은 오극선(한어학교 1회 졸업), 이근호(인천분교 1회 졸업), 노재연(일어학교 2회 졸업)과 오규신, 유광렬(모두 한어학교 2회 졸업) 뿐이었다.

1902년 3월 4일 학부칙령 제14호에 의해 종래 3년이었던 일어학교와 한어학교 수업연한이 1년 연장되어 4년이 되었다.13) 학습 실태로 보아 3년으로는 불충분하다고 판단하였기 때문이었다. 또 그

---

12) 『관보』 제1716호 1900년 10월 27일.
1900년 10월 27일, 10월 25일「칙령」제40호 '외국어학교, 의학교 및 중학교 졸업자를 해당 학교에 수용하는 관제'
제1조 외국어학교, 의학교 및 중학교 졸업자를 해당 학교 교관으로 서임하는 것은 해당 교관에 결원을 보충할 시에 졸업생 중 교관으로 서임하는 자는 특별시험을 거쳐 임명한다.
제2조 본령은 반포일부터 시행한다.

13) 『관보』 제2140호 1902년 3월 6일.

해 4월부터 각 학교에 사관 1명씩을 파견하여 병식체조 수업이 평일 오후에 실시되었다.[14]

이듬해 1903년 영어학교에서는 제1회 졸업생 4명이 탄생하였고 3월 18일에 한어학교 제3회 졸업생 5명과 함께 합동 졸업식이 거행되었다.[15]

1904년 2월 러일전쟁이 발발함에 따라 한국정부는 일어학교 졸업생 10여 명을 선발하여 일본군대의 북진 시에 통역요원으로 파견하였다.[16] 그리고 러시아 외교관이 러시아로 돌아감에 따라 러시아어학교 교관 비르코프도 귀국하여 러시아어학교는 얼마 후 폐쇄되었다.

1905년 7월 1일 관립일어학교 교관 등에 의해 학교 내에 私立日語夜學舍가 개설되었다.[17] 11월 17일 제2차 한일협약에 의해 일본이 한국 외교권을 박탈하여 각국 공사관이 폐지되고 각국 외교관은 전원 퇴거하였다. 11월 20일 『황성신문』의 논설 「시일야방성대곡」

---

14) 『황성신문』 1902년 4월 18일 雜報. 속보에 의하면 "최근 학부는 외국어학교 학생의 체조 수업을 매일 오후 3시 수업 후 15분으로 규정하고 사관에게 감독시켰으나 해당 교관은 앞을 다투어 퇴교하였으므로 일어, 러시아어, 불어, 독어학교 교관 전원이 하루 감봉처분이 되었다(『황성신문』 1902년 5월 22일)"

15) 『황성신문』 1903년 3월 19일 雜報.

16) 『황성신문』 1904년 2월 26일 雜報.

17) 『황성신문』 1905년 5월 31일(광고)

학원모집 교동관립 일어학교 내에 사립 일어야학사를 설치 6개월간 속성 교수하여 통어자재 개학은 6월7일 (음력 5월5일) 입학금 2원 월사금 1월 사립 일어야학사 감독 겸 강사 田中玄黃

『황성신문』 1905년 7월 3일 (잡보). "하루 전 오후 8시 교동 일어학교 교관 현헌, 회재익, 박영무, 교사 田中玄黃씨가 해당 학교내에서 야학사의 개교식을 거행"

이 발표되고 반일의 소리가 점점 고조되었다.

이듬해 1906년 2월 1일 통감부가 개청되고 배일여론이 들끓기 시작한 중 6월에는 경성학당이 관립 한성제2일어학교로 되었다.[18] 또 8월 27일 칙령 제40호「학부직할학교 및 공립학교 관제」[19]에 의해 각 학교는 독립학교가 되고 인천 분교도 독립하여 관립 인천일어학교가 되었으나, 관립 한성제2일어학교는 관립 한성일어학교에 흡수되었다.

신관제 시행일인 9월 1일을 기해 종래 관제는 폐지되고 교직원은 사령장을 받지 못해 자동적으로 면관되었고, 또 이날 다음의 칙령 제43호「외국어학교령」[20]이 공포되었다.

> 제1조 외국학교는 외국어를 유창하게 구사하고 실무에 적합한 인재를 양성하는 것을 목적으로 한다.
> 제2조 외국학교는 관립 공립 및 사립의 3종으로 한다. 국고의 지원으로 설치되면 관립으로 칭하고, 도 부 및 군의 비용으로 설치되면 공립, 개인의 비용으로 설치되는 것을 사립으로 칭한다.
> 제3조 공립 및 사립 외국학교의 설치 및 폐지는 학부대신의 인가를 받는 것으로 한다.
> 제4조 외국학교에 연구과를 둔다.
> 제5조 외국학교의 수업연한은 본과 3년, 연구과는 2년 이내로 한다.
> 제6조 외국학교에 입학하기를 원하는 자는 12세 이상의 남자로 하고 상당

---

18) 1906년 6월 14일「학부령」제19호. "개국 504년 칙령 제88호 외국어학교 관제 제3조에 따라 한성 남서명동 경성학당을 관립 한성제2일어학교로 정한다"(『관보』 제3,485호 1906년 6월 21일) 관제 제3조에서 말하는 분교의 형식을 취하였다.

19) 『관보』 제3546호 1906년 8월 31일. 학부직할학교 및 공립학교 관제 제1조 보통학교를 제외한 다른 학부직할학교는 다음과 같다. 성균관 관립한성사범학교 관립한성고등학교 관립한성일어학교 관립한성한어학교 관립한성영어학교 관립한성독어학교 관립한성불어학교 관립인천일어학교.

20) 『관보』 제3546호 1906년 8월 31일.

한 학력을 가진 자로 한다.
제7조 외국학교는 수업료를 징수하는 것으로 한다.
제8조 본령 시행에 관한 규정은 학부대신이 정하는 것으로 한다.

부　칙

제9조 본령은 광무 10년 9월 1일부터 시행한다.
제10조 본령에 저촉되는 종래의 여러 규정은 본령 시행일을 기해 폐지한다.

이는 외국어학교가 외국어를 교수하는 것 외에 보통학도 교수한다(외국어학교규칙 제1관제1조)는 종래의 규정을 고쳐 실무에 적합한 인재를 양성한다고 하는 교육목적의 변경이었다. 이는 한편으로 교양주의에서 실용주의로 전환한 것으로 여겨지나 실제로는 학교의 실태가 실용적인 통역 양성의 영역을 벗어나지 못했기에 오히려 현실을 받아들이는 것이라 할 수 있다. 따라서 실무자를 양성하는 데는 3년으로 충분하고 입학연령도 초등교육이 만8세부터 12세까지 4년제(보통학교령 제10조)가 되었으므로 이와 같이 15세 이상을 12세 이상으로 고치고, 남자에 한한다는 것을 명기하였다.

당시 초등교육의 보급상황에서 보통학교 졸업을 입학 조건으로 하지 않고 상당한 학력을 가진 자로 규정하는 것에 그치고 있다. 그러나 취학장려를 위해 무상이었던 학비가 수업료를 징수하는 것이 되었다. 이는 외국어학교가 세상에 평가되고 지원자 증가에 따라 정부의 자세가 바뀐 결과이다.

학부는 외국어학교령의 취지에 따라 8월 27일 학부령 제22호「외국어학교령 시행규칙」[21]을 공포하였는데, 주요한 규정은 다음과 같다.

제5조 외국학교는 수신, 국어, 한문, 산술, 역사, 지리, 이과, 법제경제, 부기, 체조를 교수한다(이하 생략).

21)『관보』제3548호 1906년 9월 3일.

제6조 학년은 4월1일에 시작하여 이듬해 3월 31일에 끝난다.
제7조 학년을 나누어 다음의 3학기로 하고 제1학기는 4월 1일부터 8월 31일까지, 제2학기는 9월 1일부터 12월 31일까지 제3학기는 1월 1일부터 3월 31일까지로 한다.
제16조 제1학년 입학시험은 국어 한문 산술을 시행하고 제2학년 이상의 보결시험은 해당학년의 정도에 따라 시행한다. 제1학년 입학시험은 당분간 산술에 관한 것으로 한다.
제21조 퇴학하고자 하는 자는 그 이유를 자세히 적고 보증인이 서명하여 학교장에게 요청하여 허가를 받을 것

선택과목으로 법제경제와 부기를 추가한 것은 실무와의 관련을 고려한 것으로 학년을 4월부터의 3학기제로 한 것은 일본 교육제도를 모방한 것에 그치지 않고 일본세력이 일본 교육제도를 모범으로 하여 개입단계에서 지배단계로 진행된 것을 보여주는 것이다.

외국어학교령 제7조가 수업료 징수에 관해 규정하였기에 이에 연동하여 학생의 퇴학에 대해서도 종래의 불허가주의에서 자세를 바꾸어 이를 인정하는 것으로 하였다(제21조).

더욱이 그 해 9월 3일 칙령 제45호「학부직할학교 직원정원령」[22]에 의해 각 학교의 교관, 부교관의 정원이 새로이 정해지고 한성내 각 학교 교장은 1명 또는 2명이 겸임하여 경우에 따라서는 각 학교마다 교장을 두게 되고 각각 발령되었다.

교관, 부교관 정원(제1조) 일어학교 8 한어학교 4 영어학교 6 독어학교 4 불어학교 4 인천일어학교 4

1907년 7월 24일 제3차 한일협약이 체결되고 일본인을 한국관료로 임명하는 것이 가능하게 되었다. 9월 28일 외국어학교 등의 졸업생을 그 학교에 임명하는 제도가 폐지되었다.[23] 그리고 12월 13일

22)『관보』제3553호 1906년 9월 8일.

칙령 제54호「학부관제」[24]에 의해 학부에 大臣官房 외에 학무국과 편집국을 두는 것으로 하여 학부서기관 이하의 정원이 정해졌다.

칙령 제55호「학부직할학교 및 공립학교관제」[25]에 의해 이듬해 1월 1일부터 한성내의 각 학교가 관립 한성외국어학교인 하나의 학교로 통합되었다. 그리고 칙령 제56호「학부직할학교 직원 정원령」[26]에 의해 교직원 정원이 다음과 같이 정해졌다.

	학교장	학감	교수 조교수	학원감	서기
관립한성외국어학교	1명	1명	29명	5명 이내	5명 이내
관립인천일어학교	1명	1명	5명	1명	1명
관립평양일어학교	1명	1명	4명	1명	1명

이듬해 1908년은 전년 제3차 한일협약 제5조(한국정부는 통감이 추천하는 일본인을 한국관료로 임명할 것)에 의해 한국정부에 다수의 일본인이 임명되었으나, 학부에서는 1월 1일 학부서기관으로 미츠치 츄조(三土忠造), 혼다 쇼키치(本田常吉)가 임명되었고,[27] 미츠치 츄조는 학교장을 겸임하였으나 얼마 후 쿠마모토 시게키치

23) 1907년 9월 28일「칙령」제24호. "광무학교관제 및 외국학교 의학교 중학교 졸업자를 해당학교에 수용하는 관제 및 종인학교(역자주: 宗人學校, 조선시대 종실의 교육을 관장하던 宗學 1899년 개편하여 만든 것으로, 1907년에 폐지되었다) 관제를 폐지하는 건"『관보』제3,887호 1907년 10월 3일.

24)『관보』1907년 12월 18일. 호외 시행은 이듬해 1908년 1월 1일.

25) 주 24)와 같음. 시행은 이듬해 1908년 1월 1일, 학부직할학교 및 공립학교 관제 제1조, 보통학교를 제외한 다른 학부직할학교는 다음과 같다. 성균관 관립한성사범학교, 관립한성고등학교, 관립한성외국어학교, 관립인천일어학교, 관립평양일어학교.

26) 주 24)와 같음.

27) 그 외 학부 사무관 澁穀元良, 上郵正巳, 小杉彦治, 柳田節, 학부기사 石原錠太郎가 임용되었다.『관보』제3970호 1908년 1월 14일.

(隈本繁吉)로 교체되었다. 그리고 교수·조교수에는 일본인이 임명되어 학교의 관리·운영의 실권이 일본측으로 넘어갔다. 일본세력침투에 따라 일본어 이용가치가 증가하고 이와 반대로 다른 외국어학습이 격감하였다. 이를 위해 1907년 이후는 일어부 입학지원자가 급증하고 다음과 같이 전교지원자의 66~84%를 차지하게 되었다.

〈표 4-1〉 입학지원자수 비교 (단위%)

年	日語部	英語部	漢語部	法語部	德語部
1907	65.8	18.8	5.1	4.7	5.6
1908	84.0	12.0	1.4	0.4	2.2
1909	83.6	12.7	1.5	0.8	1.4
1910	80.2	12.9	2.8	2.4	1.7

자료: 학부, 『한국교육의 현상』, 1910.

정부는 일본어 능숙자의 급격한 수요에 응하기 위해 1908년 5월 7일 칙령 제28호 「외국어학교령 중 개정건」[28)]에 의해 수업연한 2년의 속성과를 두는 것으로 하였으나 그 해 5월 11일 학부령 제12호 「관립 한성외국어학교속성과 규칙」[29)]에서는 속성과의 수업연한을 1년으로 단축하고 학습과목은 일본어로 하여 입학연령을 15세 이상으로 학생을 모집하였다. 게다가 속성과 학생의 정원은 50명, 수업료는 월 50전으로 정하였다.

이어서 1909년 4월 19일 칙령 제53호 「외국학교령 중 개정건」[30)]에 의해 제6조를 개정하여 입학자격을 "연령 12세 이상의 남자로

---

28) 광무 10년 「칙령」 제43호. 외국어학교령 중 다음과 같이 재정한다. 제4조 知友연구과 아래에 '또는 속성과' 5자를 추가하여 제5조 중 '연구과는 2년'을 '연구과 및 속성과는 각 2년'으로 개정한다(『관보』 제4069호 1908년 5월 9일).

29) 『관보』 제4072호 1908년 5월 13일.

30) 『관보』 제4355호 1909년 4월 20일.

하여 보통학교를 졸업한 자 또는 동등한 학력을 갖는 자"로 하였다. 이는 초등학교 교육의 보급에 의해 외국어학교로의 입학연령과 학력을 보통학교에 연동시킨다는 취지에서였다.

그리고 교과서에 관하여 "학부가 편찬한 것 또는 학부대신의 검정을 받은 것"을 사용하고 각각이 "학부대신의 인가를 받아"서 이 이외의 도서를 사용하는 것이 가능한 것으로 하였다(제6조의 2).

이에 따라 학부는 7월 5일 학부령 제5호「외국어 학교령 시행규칙」[31]에 의해 1906년 시행규칙을 전면적으로 개정하였다. 그 중 주된 것을 대비하면 다음과 같다.

	구 규 칙	신 규 칙
교 과 목	적의수신, 국어, 한문, 산술, 역사, 지리, 이과, 법제경제, 부기, 체조를 교수한다(제5조)	수신, 외국어, 국어 및 한문으로 한 수학, 이과, 역사, 지리, 법제 및 경제, 부기, 체조 및 그 밖의 학과목을 추가한다(제4조)
교육과정 수업시수	학교장이 정하고 학부대신의 인가를 받은 것으로 한다(제5조)	관립에 있어서 학부대신이 정하고 공립 또는 사립에 있어서는 학교장이 정한 것으로 한다(제5조)
교 과 서	규정없음	학부대신에 보고(령 제6조의 2) 또는 具申(동 조 제2항)
입학시험	국어, 한문, 산술(당분간 하지 않기로 한다)(제16조) 규정없음	국어 및 한문, 일어, 산술, 역사, 지리, 이과 중 학교장이 정한다(제22조)
시험면제		보통학교를 졸업한 자는 학력시험을 시행하고 다른 지원자보다 먼저 입학을 허가하는 것으로 한다(제23조)

학부는 10월 20일 학부고시 제14호「관립 한성외국어학교 학칙」[32]을 제정하여 학교의 목적, 구성, 수업연한, 정원, 수업료에 관해서

31)『관보』제4424호 부록 1909년 7월 9일.
32)『관보』제4512호 1909년 10월 23일.

규정하고 학과과정 및 매주 교수 시수표를 알렸다. 관립 평양일어학교는 4월 1일부터 조직을 변경하여 관립 평양고등학교로 하고,[33] 관립 인천일어학교도 그 해 5월 관립 인천실업학교로 개정하였다.[34]

1910년 3월 1일 학부는 다음의 모집광고로 학생을 모집하였다.

관립한성외국어학교 학원모집 광고 (관보 제4,623호 1910.3.10) 본교 각 부(일어 영어 한어 불어 독어) 학원을 다음과 같이 신규 모집하므로 입학지원자는 오는 3월 31일에 청원서(용지는 본교를 방문하여 청구)에 이력서를 첨부하여 본교에 제출할 것 단 일어 속성과 학원 모집은 사정에 의해 일시 연기한다

一. 모집인원: 일어부 제1학년 100명, 제2학년 약간 명, 영어부 제1학년 80명, 제2학년 약간 명, 한어부 약간 명, 불어부 약간 명, 독어부 약간 명

一. 응모자 자격: 연령12세, 이상 품행단정 보통학교 졸업정도의 학력 소지자

一. 입학시험과목: 제1학년 국어 및 한문 산술, 제2학년 국어 및 한문 산술 지리 역사, 일어부 지원자에는 특히 일어를 추가한다

一. 입학시험과목: 융희 4년 4월6일 오전10시, 융희 4년 3월 1일, 관립한성외국어학교

그러나 그 해 8월 29일 「한국합병에 관한 조약」이 공포되어 외국어학교의 학생모집은 이것이 마지막이 되었다. 지금까지 한국정부

33) 1909년 3월 24일 「학부고시」 제2호. "융희 3년 4월 1일부터 관립 평양일어학교의 조직을 변경하여 평양고등학교로 개칭한다" 『관보』 제4333호 1909년 3월 24일.

34) 1909년 5월 24일 「학부고시」 제6호. "관립 인천일어학교의 조직을 실업학교로 변경하여 관립 인천실업학교로 개칭한다" 『관보』 제4386호 1909년 5월 26일.

를 대신하여 일본이 爲政者가 되어 일본인 손에 의해 통치되게 된 이상 이후 학교교육과 사회교육을 통하여 일반 국민적 범위에서 국어로써 일본어를 보급하지 않으면 안되게 되었다.

물론 행정의 말단과 사법 · 경찰의 실무에서는 지금까지 이상으로 일본어 통역이 없으면 안 되는 존재였으나 이는 사립 일어학교 등을 공급원으로 기대할 수 있었다. 때문에 관립 외국어학교는 존재의식을 잃고 조만간 폐지되는 운명이 되었다. 이리하여 관립 한성외국어학교는 1911년 11월 1일 부로 폐교되었다.[35)]

2. 학습지도 · 학교행사 등

1) 학습지도

외국어학교 초기의 실태는 구체적이지 않으나 일어학교에 관한 다음의 자료(〈표 4-2〉)에 의하면, 당시의 수업이 외국어의 '독서, 번역, 받아쓰기, 회화'에 중점을 도고, 특히 1년차에는 이들의 과목을 집중적으로 학습하여 2년 차 이후는 '산술, 지리, 역사, 이과'를 추가하여 '체조'는 3년을 통해 수업에 포함되어 있었던 것을 알 수 있다.

체육은 1895년 2월 교육입국조서에서 말하는 덕양, 체양, 지양의 실천이며 개교당시부터 '체조'가 수업과목에 들어있었던 것은 주목할 만한 가치가 있다.

35) 1911년 10월 10일 「칙령」 제257호. "법학교, 성균관, 관립 한성사범학교 및 관립 한성외국어학교는 이에 폐지한다. 부칙 본령은 명치 44년 11월 1일자로 시행한다" 조선총독부 『관보』 제342호 1911년 10월 16일.

〈표 4-2〉 관립일어학교 1897년 6월 24일~26일 3일간 하기시험

학 기	재적	우등	급제	결석	낙제	시 험 과 목
1학년 전기	28	4	15	2	7	독서 번역 받아쓰기 회화 체조
2학년 후기	28	2	12	14	0	독서 번역 받아쓰기 회화 지리 체조
3학년 전기	11	3	7	1	0	독서 번역 받아쓰기 산술 지리 역사 이과 체조
합 계	67	9	34	17	7	

자료: 『관보』 제683호 1897년 7월 8일.

관립 일어학교 인천분교(3년제)에 관한 다음의 자료(〈표 4-3〉)에 의하면 일본어 '독서 회화, 문장'을 기본으로 하여 '수신, 산술, 체조'를 전학년에 배당하여 학년 진행에 따라 '지리, 역사, 이과'를 더하고 있다.

〈표 4-3〉 관립 일어학교 인천분교 교육과정표

교과목	제1학년	제2학년	제3학년
수 신	口授	口授	口授의 외동서몽구
독 서	심상소학 신체독본	심상소학 신체독본	고등소학 신체독본
회 화	번역 받아쓰기 습자 畵學		
문 장		日用往復文	기사 논설 및 日用往復文
산 술	주산가감승제 필산가감승제	주산가감승제 필산사칙 분수 소수	주산가감승제 필산비례
지 리		조선, 일본	소학외국지리
역 사		조선, 일본	만국근세사
이 과			소학이과신서
체 조	병식	병식	병식 및 격검

자료: 인천부, 『인천부사』 1900, 1,294쪽.

그리고 학습 정도는 심상소학교에서 높아야 고등소학교 정도에 이르렀으나 학생이 "한자를 잘 이해하지만 학과교수는 어려워한다"는 상황이었다. 개교 당초는 통역을 둔 수업이었으나 "지금은 통

역을 필요시 하지 않고 다음의 학과를 교수하고 일용 일본어는 이미 능력에 따라 읽고 들을 수 있게 되었다"고 하는 정도까지 진보되었다.

게다가 이 학교의 실질적인 교장인 이와사키 코타로(岩崎厚太郞)는 일본어와 새로운 과목을 학습하는 것 뿐 아니라 "본교에서 주지로 하는 것은 정신적 양성에 있으며 口授에 의해 사상을 견고히 하는 것에 힘을 쓴다"[36]고 하여 수신에도 역점을 두었다.

또 다음의 자료(〈표 4-4〉)에 의해 관립 일어학교 제3학년 학생의 성적에 대하여 검토하면 '독서, 받아쓰기'로 60점 미만의 자가 있으나 어느 과목도 평균점은 80점 전후로 양호하고 '번역'을 전원이 88점 이상의 고득점을 기록하여 전문과목의 학습정도가 거의 만족할 만한 단계에 달하였다고 추측된다.

'역사'는 다른 교과목에 비하면 조금 어려워하는 몇 명의 학생이 있고 '산술'은 전원이 70~80점을 얻을 수 있고, '지리, 이과'의 성취도는 높았다. 그리고 '체조(병식체조)'는 전원이 90점 이상을 득점하여 10명 중 7명까지는 만점이었다.

〈표 4-4〉 관립일어학교 1897년도 제3학년 전기생 夏期시험표

성명	연령	입학	독서	번역	받아쓰기	산술	지리	역사	이과	체조	평균	등급
유태경	24	1895.3	90	98	88	80	100	95	100	100	94	우등
박승원	24	.1	95	100	96	70	96	85	99	100	93	우등
조덕성	23	.3	92	99	94	80	90	87	96	100	92	우등
박응준	22	.1	87	95	91	80	90	90	96	100	91	급제
최호원	27	.2	83	94	89	75	97	85	100	100	90	급제
강필우	19	.2	90	92	85	79	87	70	91	95	86	급제
안기룡	27	.1	65	93	70	80	95	80	97	100	85	급제
최인용	21	.3	70	90	86	80	95	51	98	100	84	급제

36) 앞의 『仁川府史』, 1294쪽.

조원규	24	.1	70	97	68	80	93	55	94	90	81	급제
박정희	24	.1	50	88	57	70	85	65	92	90	75	급제

자료: 『관보』 제684호 1897년 7월 9일.

우등생의 인정기준도 최종학년이며 평균 92점 이상으로 수준이 높았다. 또 학생 연령은 19세부터 27세까지로 평균적인 24세가 4명이었다. 입학시기는 전원이 3년 전인 1895년으로 각각 1월부터 3월까지 수시입학하고 있다.

또 다른 자료(〈표 4-5〉)에 의하면 1학년 교과목은 전문과목과 체조만으로 평균점은 독서 88.7, 번역 82.3, 받아쓰기 87.4, 회화 86.8, 체조 91.0으로 높으며 학생이 일본어를 이수하는 열의를 느낄 수 있다. 그리고 우등의 인정도 평균점 98점 이상으로 극히 높다.

하지만 제2학년(〈표 4-6〉)에서는 독서 81.5, 번역 83.7, 받아쓰기 91.8, 회화 73.7로 회화의 저하가 눈에 띈다. 이 학년부터 학습하는 보통과목의 수업은 일본어로 시행되었기 때문에 회화력의 부족은 산술의 75.7, 지리 72.8로 득점에 반영하고 있는 것처럼 보여진다.

〈표 4-5〉 관립 일어학교 1897년도 제1학년 전기생 夏期시험

성명	연령	입학	독서	번역	받아쓰기	회화	체조	평균	등급
손관수	22	1896.3	100	100	100	90	100	99	우등
김준권	23	.1	100	94	100	97	100	98	우등
현 벽	23	.1	96	99	95	100	100	98	우등
박동원	17	.3	96	95	100	99	100	98	우등
그 밖 및 제 15명 평균점 97~60									
학년 평균점			88.7	82.3	87.4	86.8	91.0	87.3	

자료: 『관보』 제690호 1897년 7월 16일.

〈표 4-6〉 관립 일어학교 1897년도 제2학년 후기생 夏期시험

성명	연령	입학	독서	번역	받아쓰기	회화	산술	지리	체조	평균	등급
박용구	19	1895.4	100	98	100	96	100	100	100	99	우등
장영진	22	.5	98	98	100	91	98	80	100	95	우등
그 밖 및 제 12명 평균점 93~67											
학년 평균점			81.5		91.8		74.7		93.5	82.6	
				83.7		73.7		72.8			

자료: 『관보』 제686호 1897년 7월 12일.

이와 같이 학습지도의 실태를 추인하여 학보는 1900년 6월 「외국어학교규칙」[37]을 제정하고, 외국어학교에서는 외국어 외에 외국어로 보통학을 교수하고 한문의 독서, 작문과 본국역사, 지지도 교수하는 것으로 하였다(제1관 제1조). 그리고 동시에 수업연한에 관하여 일어, 한어학교는 3년, 영어, 불어, 러시아어, 독어학교는 5년으로 정하였다(제1관 제3조). 그러나 이 단계에서는 아직 교육과정과 수업시간수의 규정은 없었다.

일어학교와 한어학교의 수업연한은 1902년 3월 4일 학부령 제14호에서 3년에서 4년으로 개정하였으나 1906년 9월 1일 시행의 「외국어학교령」으로 모든 학교가 3년제로 되었다(제5조). 이는 외국어학교의 교육목적이 "외국어가 능숙하고 실무에 적합한 인재를 양성한다(제1조)"와 같이 실무자 양성으로 범위를 좁혔기 때문이다.

이에 따라 「외국어학교령 시행규칙」은 제5조에서 "외국어학교는 적당히 수신, 국어, 한문, 산술, 역사, 지리, 이과, 법제경제, 부기, 체조를 교수한다"고 규정하고 국어를 처음으로 등장시켜 실무관계과

37) 1900년 6월 27일 「학부령」 제11호 「외국어학교규칙」 『관보』 제1615호 1900년 7월 2일.
게다가 입학자격은 연령 15세 이상 23세 이하로 하고(제4관 제2조), 입시과목은 국문의 독서, 작문과 한문의 독서, 작문으로 하여(제4관 제3조), 종래의 입시과목을 법제화하였다.

목의 '법제경제'와 '부기'를 추가하였다. 그러나 과목의 학년배당과 수업시간수에 관해서는 논하지 않고 교장이 교육과정표와 매주교수시간수를 정하여 학부대신의 인가를 받는 것으로 한다.

학부는 1909년 4월 9일 칙령 제53호「외국어학교령 개정의 건」에 의해 제6조를 개정하여 입학자격을 "상당한 학력을 가진 자"에서 "보통학교를 졸업한 자 또는 이와 동등한 학력을 가진 자"로 개정하였는데 이는 초등학교 교육의 보급상황을 감안한 것이었다.

추가로 제6조의 2를 신설하여 사용교과서에 관해서 처음으로 규정하였으나 교과서는 "학부가 편찬한 것 또는 학부대신의 검정을 받은 것"을 사용하며 이외의 것을 사용할 때에는 "학부대신의 인가"를 받는 것으로 하였다.

이에 따라 개정「외국어학교 시행규칙(1909년 7월 5일「학부령」제5호)」은 제4조에서 '수신, 외국어, 국어 및 한문'을 필수과목으로 하고 '수학, 이과, 역사, 지리, 법제 및 경제, 부기, 체조 및 그 밖의 학과목'을 加設과목으로 하였다. 그리고 "학과과정 및 매주 수업시간수는 관립에서는 학부대신이 정하고 공립·사립에서는 학교장이 정하는 것"으로 하여 교육과정과 수업시간수에 관해서는 관립학교의 경우에는 학부가 구체적으로 명시하도록 하였다(제5조).

또한 이 규칙은 사용교과서의 보고, 신청수속에 관해서 개정하고(제7조), 입학선발에 관해서도 시험과목을 "국어 및 한문, 일어, 산술, 역사, 지리, 이과 중에서 학교장이 정한다"고 하여 교장의 자유재량권을 인정하였다(제22조). 그리고 보통학교졸업자의 우대조치로써 "보통학교를 졸업한 자는 학력시험을 시행하여 다른 지원자보다 먼저 입학을 허가하는 것으로 한다(제23조)"로 하였다.

학부는 그 해 10월 20일 학부고지 제14호「관립 한성외국어학교 학칙」을 제정하여 각 어학부마다 학과과정 및 매주교수시간수표를 처음으로 알렸다.[38] 먼저 이를 일어부에서 보면 선택과목을 제외한 총 수업시간수 95시간 중, 전문과목이 47시간, 보통과목이 48시간으로 각각 49.5%와 50.5%를 차지하여 거의 2분의 1씩 시간이 배분되어 있다.

〈표 4-7〉 일어부 학과과정 및 매주 수업시수

학과＼학년	제1학년	제2학년	제3학년
수 신	1 실천도덕	1 상동	1 상
독해	8 일상사용문자 및 보통문	6 상동	5 상동 및 근,고문
회화	4 독해에 준함	5 상동	3 상동
일어 받아쓰기	2 독해에 준함	1 상동	1 상동
번역	3 일문한역 한문일역	3 상동	3 상동
작문문전		1 구어문 문어문	2 상동 및 서간문 품사편 문장편
국어 및 한문	3 강독 작문	3 상동	2 상동
수 학	4 산술부 주산	4 상동	4 대수 기하초보
역사지리	2 본국역사 본국지리	3 외국역사 외국지리	3 상동
이 과		2 박물 생리	2 물리 화학
법제 및 경제			2 현대법규 경제대요
부 기			2 관청 및 상용부기
체 조	3 학교체조	3 상동	3 상동
선택과 영어		① 문자 간단한 보통	① 간단한 보통문
계	30	32 ①	33 ①

자료: 『관보』 제4512호 1909년 10월 23일(이하동일).

또 보통과목은 수신, 국어 및 한문, 수학, 역사지리, 이과, 체조로 직업에 관련된 2과목(법제 및 경제·부기)을 더하여 필수로 하고, 수학으로는 최종학년으로 '대수 기하 초보'까지 학습하고 선택과목으로는 영어를 학교선택으로 하였다. 전문과목으로는 일본문의 독해(19시간) 외에 회화(12시간)에 중점을 두고 번역(9시간) 즉 문장

38) 일어부에 관하여 "일어부 속성과 학과 과정 및 매주 교수시수표"를 추가하였다(『관보』 제4,512호 1909년 10월 23일).
讀方譯解 11시간, 일상 필수의 문자 및 보통문 反譯 3시간, 일문한역 한문일역 회화문전 8시간, 讀方譯解에 준거한다. 받아쓰기 1시간. 독방역해에 준거한다. 계 23시간.

의 전환에도 상당한 시간수를 배분하였다. 일본어 통역 혹은 번역자로서 기술적 능력이 높은 자를 양성하고자 하는 자세가 엿보인다.

여기에 비해 영어부에서는 총 수업시간수 94 중 전문과목이 57(60.6%), 보통과목이 37(39.4%)로 양쪽이 6:4의 비율로 배분되었다. 따라서 '국어 및 한문'과 '수학, 이과'의 수업시간수가 일어부보다도 적다. 그 만큼 전문과목의 충실을 꾀하여 영문의 독해(22시간)와 받아쓰기(18시간)에 많은 시간을 배분하였다. 그러나 회화는 겨우 4시간으로 적었고 번역은 커리큘럼에서 배제되어, 말하는 영어보다는 영문의 사무적 처리능력에 중점을 두었다.

〈표 4-8〉 영어부 학과과정 및 매주 수업시수표

학년 / 학과	제1학년	제2학년	제3학년
수 신	1 실천도덕	1 상동	1 상동
독해	7 일상사용문자 및 보통문	8 상동	7 상동 고등보통문
회화	2 독해에 준함	1 상동	1 상동
영어 받아쓰기	6 독해에 준함	6 상동	6 상동
작문문전	2 보통문	4 상동	5 서간문, 고등문법
습자	2 초서		
국어 한문	1 강독 작문	2 상동	2 상동
수 학	4 사칙	3 상동 및 소수	2 분수 및 비례
역사지리	2 본국역사 본국지리	3 상동 외국지리	4 상동
이 과		1 박물 생리	1 물리 화학
체 조	3 학교체조	3 상동	3 상동
선택과 일어		②假名 간단한 구어문	②간단한 구어문
계	30	32 ②	32 ②

漢語部는 총 수업시간수 94 중 전문과목에 44(46.8%) 보통과목에 50(53.2%)로 배분하고, 불어부도 동일하다. 한어부에서는 읽는 것과 독해에 25시간(전문과목의 50%)을 배분하고 1~2학년에는 매주 10시간을 부과하여 초보자에게 한어의 독해를 집중적으로 학습시키고자 하였다. 또 수학을 중시하여 15시간을 배분하였고, 모든

학년에 매주 5시간의 학습을 부과하고 있다. 하지만 이 내용은 보통학교 산술의 복습정도에 지나지 않았고 이는 청나라 상인을 상대로 하는 무역상과 일반상인이 필요로 하는 문서실무능력이 있는 인재의 양성을 염두에 둔 것으로 여겨진다.

〈표 4-9〉 한어부 학과과정 및 매주 수업시수표

학과 \ 학년	제1학년	제2학년	제3학년
수 신	1 실천도덕	1 상동	1 상동
학화	10일상사용문자 및 보통문	10 상동	5 상동
회화	1 학화에 준함	1 상동	3 상동
받아쓰기	1 학화에 준함	1 상동	2 상동
한어 번역	2 韓文漢譯 漢文韓譯	2 상동	2 상동
사성	1 圈四聲	1 編四聲	2 상동
독법			1 句讀法
정음	1 보통자음	1 상동	
문구		1 일상어법 및 문구	2 상동
국어 및 한문	3 강독 작문	3 상동	3 상동
수 학	5 사칙	5 상동 및 소학	5 분수 및 비례
역사지리	2 본국역사 본국지리	2 상동 상동	2 상동 외국지리
이 과		1 물리 생리	1 물리 화학
체 조	3 학교체조	3 상동	3 상동
선택과 일어		②假名 간단한 구어문	②간단한 구어문
계	30	32 ②	32 ②

불어부의 커리큘럼은 표준적으로 잘 편성되어 있어 특색은 없지만 프랑스어의 독해뿐 아니라 받아쓰기, 작문, 번역에도 어느 한 곳 치우침 없이 시간을 배분하고 있다. 그러나 회화는 영어부와 한어부와 마찬가지로 경시되어 적은 시간수만이 배분되어 있었다. 수학을 중시하는 경향이 있으나 그 내용은 한어부와 같은 정도였다.

독어부는 총 수업시간수 94 중 전문과목에 55(58.5%), 보통과목에 39(41.5%)를 배분하여 전문과목의 비중이 약간 크다. 전문과목에서는 독해의 시간수가 15로 비교적 적으나 회화에서는 13시간을 배분하여 1·2학년에서 집중적으로 학습하여 말할 수 있는 독일어를 목표로 하고 있다. 그 반대로 문장의 전환은 영어부와 동일하게 경시되었고 최종학년에서 3시간 학습하는 것뿐이었다.

〈표 4-10〉 불어부 학과과정 및 매주 수업시수표

학과 \ 학년	제1학년	제2학년	제3학년
수 신	1 실천도덕	1 상동	1 상동
독해	5 일상사용문자 및 보통문	7 상동	5 상동
회화	1 독해에 준함	2 상동	2 상동
받아쓰기	3 독해에 준함	3 상동	3 상동
불어 번역	2 불문한역 한문불역	2 상동	2 상동
작문문구	3 간단한 보통문 초등문전	4 보통문 상동	4 서간문 고등문전
습자	2 초서		
국어 및 한문	3 강독 작문	2 상동	3 상동
수 학	5 사칙	5 상동 소수	3 분수 비례
역사지리	2 본국역사 본국지리	2 상동 상동	5 상동 외국지리
이 과		1 박물 생리	1 물리 화학
체 조	3 학교체조	3 상동	3 상동
선택과 일어		②假名 간단한 구어문	②간단한 구어문
계	30	32 ②	32 ②

〈표 4-11〉 독어부 학과과정 및 매주 수업시수표

학과 \ 학년	제1학년	제2학년	제3학년
수 신	1 실천도덕	1 상동	1 상동
독해	6 일상사용문자 및 보통문	5 상동	4 상동
회화	6 독해에 준함	5 상동	2 상동
받아쓰기	3 독해에 준함	3 상동	2 상동
독어 번역			3 독문한역 한문독역
작문문전		3 품사편	4 상동 및 서간문
정자학		3 정자대요	1 상동
독어시			2 현대시 유행시
습 자	3 초서		
국어 및 한문	3 강독 작문	2 상동	2 상동
수 학	5 사칙	4 상동 및 소수	3 분수 및 비례
역사지리		2 본국역사 본국지리	4 상동 및 외국지리
이 과		1 박물 생리	1 물리 화학
체 조	3 학교체조	3 상동	3 상동
선택과 일어		②假名 간단한 구어문	②간단한 구어문
계	30	32 ②	32 ②

여기에서 각 어학부의 교육과정을 비교 검토하여 보자. 먼저 전문과목의 시간배분은 일어 47, 영어 57, 한어 50, 불어 50, 독어 55이고 영어부와 독어부가 많으며 일어부에서는 비교적 적은 편이다. 일어의 학습시간수가 다른 과목에 비해 적은 것은 일어부의 학생이 서당과 보통학교에서 한자를 습득한 점과 일본어 어순이 한국어와 같기 때문에 일본어가 배우기 쉽다는 이점이 있었기 때문이다.

수신은 각 어학부 모두 매 학년 1시간을 배분하고 학생의 도덕적 실천을 높이고자 하고 있다. 국어는 한문과 함께 되어 있으나 처음으로 빛을 보게 되었다. 또 수학은 각 어학부 공히 많은 시간수를 배분하고 있으나 내용은 보통학교의 복습정도에 그쳤고 일어부만이 대수 기하의 초보와 주산까지 학습하는 것은 이색적이었다.

역사에서 한국사 흐름을 학습하고, 지리에서 자국의 국토에 관한 인식을 높이고, 외국지리에서는 세계 속의 자국의 지위를 알 수 있었다. 그러나 이과는 형식적인 시간배분으로 이것으로는 자연과학의 초보적 교양마저도 쌓을 수 없었다.

이에 반해 체조는 학생의 건강 증진과 체력 향상을 꾀하기 위해 각 어학부 모두 각 학년에 3시간을 배분하고 있다. 체조 수업은 1907년 군대해산으로 직업을 잃은 前사관이 병식체조를 지도하였다.

전문과목에 대해서 각 어학부의 특징을 비교하면 영어와 한어가 독해에 역점을 두고 회화에는 약간의 시간만을 배분하고 있다. 이와 비교하여 일어와 독어는 회화에 12~13시간을 배분하여 말할 수 있는 일본어와 독일어를 지향하고 있다.

받아쓰기는 각 어학부가 4~9시간을 배분하고 있으나 영어는 받아쓰기를 중시하여 18시간이나 배분하고 있다. 번역은 일어가 좀 더 무게를 두고 있는 것 외에는 영어와 독어에서는 경시되어 있다. 작문은 영어와 불어가 많은 시간을 배분하고 있으나 일어는 거의 없고 한어는 제로이다.

직업에 관련된 과목(법제경제, 부기)은 일어부에만 특설되었으나 이는 전문과목의 수업시간 수를 비교적 적게 한 결과이다. 또한 선택과목은 일어부의 영어 이외는 모두 일어였다.

2) 학교행사 등

일어학교에서는 다른 학교보다 먼저 1898년 10월 20일 오후2시, 제1회 졸업식이 거행되었으나 식에는 각府 部大臣, 각국 외교관, 신문사사장이 출석하여 다음의 차례로 축사를 하였다.[39]

> 1. 학원착석 2. 내빈착석 3. 개회식 4. 졸업증서 및 상품수여 5. 본교 주임교사보고 6. 외국어학교장연설 7. 대신연설 8. 내빈연설 9. 학생답사 10. 폐회식 11. 내빈 및 학원 就宴
> 외국어학교장 홍우관, 학부대신 이도재 외 일본외교관 미즈노(水野)씨, 독립협회장 윤치호, 일본인소학교 교사 하야카와(早川)씨가 축사

또한 독어학교는 가장 늦은 1898년 9월 15일 개교하였으나 신문에는 "학부協辦 고영희씨와 외국어학교장 홍우관씨가 학원에 대해 학교개설의 본의를 연설하였다"고 하여 고영희씨의 연설요지를 보도하였으나, 고영희씨는 연설 중에서 영문은 萬國商會에 통용되고 불어는 交際상 널리 쓰이고 독어는 군법과 군제에 대해 유용하다고 말하고 있다.[40]

이와 같이 졸업식이나 개교식에는 학부대신이 출석하여 축사를

---

39) 『황성신문』 1898년 10월 19, 24일 雜報. 주임교사 일본인 長島巖次郎은 1893년 이래 재직하였고, 윤치호는 독립협회 회장으로 국정개혁 운동을 지도함과 동시에 『독립신문』 주필로서 순국문으로 자주독립과 교육진흥을 역설하여 민중을 계몽하였다.

40) 『황성신문』 1898년 9월 17일 雜報.

하고 대신에게 사고가 있을 경우에는 학부協辦이 대신하였다. 지금은 외국어에 능통한 자가 필요시 되고 외국어학교에서 배우는 것에 사회적 의의가 있다고 격려하였으며 엄숙한 의식을 통하여 학생은 애교심과 애국심을 기르고 훌륭한 교풍을 만들고자 한 것임에 틀림없다.

각 학교 학년말시험에서도 학부대신 이하 관리와 각국 공사가 임석하였고 면학장려를 위해 성석 우수자에게는 우등상품이 수여되었으며 이 상품은 각국 재외공관, 재한 상사, 독지가 등이 기부한 것이었다. 일어학교 인천분교에서는 일본담배 무라이형제상회, 독어학교는 독일의 世昌洋行이 그 후원자였고 우등상품이 호화로웠던 것은 다음의 신문보도에서도 알 수 있다.

> 관립독어학교에서는 어제 하기시험을 실시하여 1반 우등 장석중에게 금시계1개, 2반 우등 김일제에게 은시계 1개, 3반 우등 홍종무에게 담배 한 상자, 그 외 8명에게 탁상시계, 담배 및 서양칼을 시상하였다(『황성신문』 1900년 7월 3일).

학부도 다음의 신문기사와 같이 각 학교의 성적우수자를 학부로 집합시켜 표창하고 자명종시계, 우산 도서와 문구 등을 수여하여 장려하였다. 예로부터 우천시의 장비를 고려하지 않고 비가 오면 외출하지 않거나 비를 맞으며 다녔기 때문에 우산은 매우 신기하였다.

> 어제 학부는 영, 일, 불, 러, 청, 독 6학교의 하기시험 우등생 73명을 본부에 소집하여 진급장을 수여하고 상품으로 자명종시계, 우산, 『萬國地誌』 『大韓地誌』, 부엌칼, 지도, 대소 공책 각 1품목씩 상중하 3등급으로 나누어 지급하였다(『황성신문』 1900년 7월 7일).

체육행사로써 운동회가 기획되고 관립학교 연합운동회와 관공립소학교 연합운동회가 개최된 것은 이미 기술하였으나 외국어학교에서도 정기적으로 운동회가 개최되었다. 그 중 1899년 4월 30일(토요일) 오후 1시부터의 봄 대운동회는 학부대신 민병석이 출석하여 다음과 같이 화려하게 거행되었고 고가의 상품도 많이 준비되었다.41)

〈차례〉 1. 투포환 2. 200보 경주 대인 3. 200보 경주 소인 4. 넓이뛰기 5. 씨름 1차 6. 440보 경주 7. 높이뛰기 소인 8. 줄다리기 1차－휴식－ 9. 100보 경주 대인 10. 100보 경주 소인 11. 씨름 결승 12. 높이뛰기 대인 13. 줄다리기 2차 14. 100보 경주 내빈 15. 줄다리기 결승 16. 기마전－시상－애국가－

〈상품〉

경기종목	1등	2등	3등	경기종목	1등	2등	3등
줄다리기	국기 1. 칼 10(불어 우승)			투포환	금시계	탁상시계	앨범
100보 경주 대	금시계	파이프	은목걸이	200보 경주 대	금시계	액자	앨범
100보 경주 소	오르간	앨범	파이프	200보 경주 소	금시계	탁상시계	자명종
높이뛰기 대	금시계	은목걸이	앨범	넓이뛰기	오르간	파이프	자명종
기마전	파이프	빗	파이프	씨름	금시계	탁상시계	앨범
내빈100보 경주	가위	외국담배	책갑 석판	440보 경주	은시계	탁상시계겸온도계	파이프
교관100보 경주	『위생신론』	『일어제경』	석판	높이뛰기	금시계	탁상시계	은목걸이

대운동회를 위해 일본인 의사 古城梅溪(그 해 5월 관립의학교 교사로 취임)는 『衛生新論』 50권을 기증하고, 한성의 일본거류민이 석판 100장과 『日語提徑』 100부를 기부하여42) 이를 당일의 상품으로 하였다.

1899년은 부산, 원산, 인천, 진남포, 목포에 이어 옥구(군산), 창원(마산), 성진 3항이 개항하고 각 거류지에는 하루가 다르게 일본인이 증가하였다. 은연중에 반일 배외의 기운이 도는 중학생은 나팔을 불고 북을 두드리며 사기를 높이며 행사가 끝나면 전원 애국

41) 『황성신문』 1899년 5월 1일 雜報.
42) 『황성신문』 1899년 5월 1일 雜報. 古城梅溪는 1899년 개교한 관립 의학교 교사로 취임하였으나 이듬해 5월에는 사임하였다.

가를 제창하여 우국의 열정이 하늘을 찌르는 듯하였다.

시국은 1904년 제1차, 1905년 제2차 한일협약을 거쳐, 을사조약 반대의 의병이 봉기하고 1907년에는 제3차 한일협약이 조인되어 황제의 퇴위와 군대해산에 반대하는 장병이 민중과 함께 궐기하였다. 뒤이어 각지 각 학교의 운동회는 연합하여 지역을 확대하고 참가인원의 많음을 자랑으로 여겨 독립구국을 생각하는 청소년의 힘이 결집되었다.

3. 학교재정

학부의 세출경상비 예산은 〈표 4-12〉와 같이 매년 10만원 대로 추이하였으나 1907년 이후는 금액이 급증하였다. 이는 재정 개혁정리에 병행하여 국가재정의 팽창에 의한 것으로 학부예산만이 각별히 증가한 것은 아니다.

〈표 4-12〉 각 연도 학부 세출 경상부 예산

1896	1899	1900	1906	1907	1908	1909
126,752	141,627	154,942	163,005	286,853	298,735	384,320

단위: 1900년 이전은 元 1906년 이후는 圓.

〈표 4-13〉 각 연도 예산 세출 경상부 비교 (단위%)

점유율	1896	1899	1900	1906	1907	1908	1909
학부/정부	2.5	2.2	2.9	2.4	3.1	2.2	2.5
외국어학교/학부	4.3	6.0	5.1	21.7	13.4	13.9	11.0
군부/정부	20.0	23.6	29.4	21.8	14.1	2.3	2.0

자료: 『관보』 제226호 부록 1896.1.20, 『황성신문』 1899.3.21,22,
信夫淳平(노부오 쥰페이) 『韓半島』, 320~323쪽.
『관보』 1905.12.15 호외, 『관보』 제3617호 부록 1906.11.22, 『관보』 1907.12.20 호외, 『관보』 1908.12.28 호외에서 작성.

또한 학부세출경상비 예산의 정부예산 총액이 차지하는 비율은 〈표 4-13〉과 같이 2.2%에서 3.1%로 적다. 이에 대해 황실비는 항상 국가예산의 10%전후로 때에 따라 20%를 차지하며 군부의 세출예산은 국가예산총액의 20%를 밑도는 일은 없었다.

군부예산은 1907년 8월 군대해산에 의해 한성주둔 근위병과 지방군대 합계 약 6,000명이 해고되고 근위보병대원 644명과 근위기병 92명만이 남겨졌다. 때문에 군부예산은 학부예산 정도로 축소되었다. 그러나 이로 인해 학부예산이 증가되는 일은 없었다.

한편 〈표 4-13〉에서 학부세출예산 중 외국어학교예산이 차지하는 비율은 1896년에는 4.3%로 적었고, 그 후에도 5~6%정도에 그치고 있다. 하지만 그 후는 배로 증가하여 10% 이상을 유지하고 있다.

다음으로 외국어학교 세출예산액 중 봉급 등이 차지하는 비율을 보기로 한다. 〈표 4-14〉의 1906년도를 예로 보면, 예산총액에 있어서 영어학교가 가장 많고, 일어학교가 그 뒤를 잇고 있다. 이는 당시 각 학교의 인기가 학생수에 반영되어 있는 것으로 이듬해 1907년 이후는 일본세력의 침투에 의해 일어학교의 학생수가 급증하고 예산액도 증가하였다.

한편 일어학교에서는 봉급 등이 학교예산의 88%를 차지하고 일본인 교직원의 보수만 해도 학교예산의 63%에 달하고 있다. 일어학교에서는 창립 이래 같은 직책에 있었던 長島嵒次郎(월봉170원)가 급료 인상을 요청하며 1903년 가을 이래 집무를 보지 않아 이듬해 1904년 해고되었고,[43] 또 그 해 4월 오카 요이치(岡與一)가 신

---

43) 『황성신문』 1904년 1월 23일 雜報, 4월 14일 雜報. "일어교사 長島嵒次郎씨가 월급에 관계하여 지난 가을부터 집무하지 않고 교육상 많은 장해가 되어있으므로 학부는 외부에 조회하여 일본공사관으로 이동 조회하여 해당 교사를 해고하고 더욱이 다른 교사를 보내주도록 말을 하였고, 하루 전 일본공사가 학부대신에게 보낸 공문서에서는 본국 문부성에서 학식 고명한 인물을 보낸다는 것이었다"

문기자로 전임하여 후임으로 나가야마 오토스케(長山乙介, 월봉 70원)가 고용되었다.44)

〈표 4-14〉 각 학교세출예산액 중 봉급·외국인 급여가 차지하는 비율(1906년도)

구분	A 총액	B 봉급	C외국인급여	C/A(%)	B+C/A(%)
일어학교	7,170	1,800	4,560	63.6	88.7
영어학교	10,242	1,680	7,860	76.7	93.1
불어학교	6,948	2,280	3,255	46.8	79.7
한어학교	3,255	1,200	1,680	51.6	88.5
노어학교	-	-	-	-	-
독어학교	5,978	1,200	4,200	70.3	90.3
계	33,593	8,160	21,555	64.2	88.5

자료: 『관보』 1905.12.15 호외에서 작성.

1906년 당시 교사는 長山乙介(월봉 120원)외 田中玄黃이 학부참사관실 사무관으로 전출된 후 후임으로 白井重任(월봉 150원)45)과 한성중학교 교관으로 일어학교를 겸무한 長谷川鮑四郎 3명으로 이외에 잡무원 瀨谷道文(월봉 40원)46)가 있었다. 그러나 그 해 말에는 長山乙介가 해임 귀국하였고 田中玄黃(월봉 200원)이 다시 취임하였다.47)

영어학교에서는 1899년 주임교사인 허치슨이 해고된 이후, 부교사 할리팩스가 승진하고(월봉 300원),48) 1903년에 3년간의 계약갱신을 하였으며 팸프턴은 1901년 1월, 월봉 300원으로 4년간 계약하

44) 『황성신문』 1904년 4월 14일 雜報, 4월 27일 雜報.
45) 『황성신문』 1906년 6월 15일 雜報.
46) 『황성신문』 1905년 10월 14일 雜報.
47) 『황성신문』 1906년 12월 3일 雜報. 더욱이 長山乙介의 귀국에 따라 여비와 酬勞金 800엔이 지급되었다.
48) 『황성신문』 1899년 12월 2일 雜報. 더욱이 핼리팩스의 3년 계속 초빙은 『황성신문』 1903년 4월 17일 雜報.

였고,[49] 1905년에 계약을 갱신하였다. 각 학교 중 영어학교 세출예산액이 차지하는 봉급 등의 비율이 가장 컸다. 불어학교에서는 1900년 1월부터 교사 마텔의 월봉을 서양화폐 330원으로 개정하고,[50] 1903년 3개년의 계약갱신을 하였다. 프랑스 공사는 계속 채용함에 있어서 이견은 없었으나 고용한 지 8년이 되고 공적이 현저하므로 위로금 지급을 요청하였다. 그러나 정부는 외국인교사의 월봉은 300원을 넘는 자가 없다고 하여 이 요구를 받아들이지 않았다.[51]

한어학교에서는 胡文韋가 1904년 7월 귀국한 채 귀임하지 않아 학부는 대신 杜方域과 3년간 계약하고 월봉 은화 110원, 주택임대료 매월 20원으로 하였다.[52] 또한 러시아어학교에서는 비르코프가 1901년 2월에 고용기간이 만료되었으므로 3년 계약으로 이를 개정하고 월봉 300원으로 하였다.[53] 그러나 러일전쟁 발발로 귀국하여 학교도 자연 폐교되었다.

1904년 3월 학부는 독어학교 교사로서 볼리안을 채용하였으나, 1905년 8월 계속 계약을 맺어 연한은 2년, 월봉 금화 300원, 주택임대료 매월 50원으로 하였다.[54] 독어학교에서는 독일인 교사 1명의 보수가 그 학교 세출예산액의 70%에 달하고 있다.

이와 같이 외국어학교의 세출예산액은, 대부분을 인건비가 차지함으로써 학교 관리운영비는 항상 부족하였다. 그러나 이 경향은

---

49) 『황성신문』 1901년 1월 7일 雜報.
50) 『황성신문』 1900년 1월 11일 雜報.
51) 『황성신문』 1903년 4월 15일 雜報, 5월 18일 雜報, 5월 22일 雜報 또한 독일 공사도 독어학교교사 볼리안에 대해 월봉 외의 酬勞金을 추가 지급하도록 강제 요청하였으나 실현되지 않았다(같은 해 6월 27일 雜報).
52) 『황성신문』 1905년 2월 11일 雜報.
53) 『황성신문』 1901년 2월 27일 雜報.
54) 『황성신문』 1905년 8월 30일 雜報.

어느 학교도 마찬가지였으므로 외국어학교, 의학교, 중학교 3교장의 이름으로 "각 학도의 지·묵과 식비 혹은 제반경비가 궁핍하여 거의 폐교지경에 이르렀기에 교장의 임직을 그만둔다"고 그 사정을 호소하는 장면도 있었다.[55]

학부로서는 외국어학교의 교사확장을 위해 부근 민가의 매수를 계획하거나 승진·승급시기가 된 교직원과 교육확장을 위해 신임교원의 인건비 부족을 고하고 탁지부에 부족액 보충을 요청하지 않으면 안되었다.[56]

그런데 외국어학교 본교보다도 곤란을 야기한 것은 한성일어학교 인천분교였다. 그 학교의 예산조치는 1895년 5월에 설립경비로 1,535원의 예산외 지출이 있었고,[57] 이듬해 1896년도 예산에서 보조비 1,800원(월액 150엔)이 계상되었다.[58]

그러나 『仁川府史』의 기술에 의하면 1897년 9월 시점에서 "경비는 점차 삭감되어 본월 이후는 교사 봉급에서 薪炭 및 학생용 문구비에 이르기까지, 총계 1개월 85원의 경비를 가지고 동교를 유지하여야 한다. 종래의 계획을 계속 유지한다면 도저히 1개월 30원내외의 부족분을 면할 수 없고 이 부족분은 교사의 사재를 가지고 보상하던가 또는 규모를 축소하여 衰運에 일임하는가의 양자 중 그 하나를 선택하여야 한다"[59]는 상태에 처해있었다.

드디어 일본인 교사 岩崎厚太郎의 노력이 성과를 거두어 1899년 인천 부산 양 항에 일어학교 보조비 2,400원, 1900년 동 2,640원 후에 1906년 분교분으로 3,442원이 계상되고 12월 15일에는 교사 신축낙성식을 거행하고,[60] 1907년 이후는 독립학교로 다음의 예산조

55) 『황성신문』 1900년 11월 5일 雜報.
56) 『황성신문』 1906년 7월 22일 雜報.
57) 『관보』 제50호 1895년 5월 28일.
58) 『관보』 제226호 1896년 1월 20일.
59) 앞의 『인천부사』, 1292쪽.

치가 이루어졌다. 또 같은 해 신설된 관립 평양일어학교에도 인천일어학교와 같은 정도의 예산이 계상되었다.61)

인천일어학교	1907년 4,294원	1908년 6,344원	1909년 7,242원
평양일어학교	1907년 4,404원	1908년 5,409원	1909년 8,610원

4. 교원조직

1) 교 장

관립 한성외국어학교의 교장은 학부 학무국장, 편집국장, 참서관이 겸무하여 그 말기에는 일본인 학무서기관이 겸무하였으나, 1906년부터 1907년에 있어서의 단기간, 전임교장이 있었으며 그 4명 중 3명은 해당 교관이 임명되었다.

겸임교장의 임기는 일반적으로 단기였으나 이상재, 신해영은 최단인 2개월에도 못 미쳤으며 장기로는 전후 3번 겸무한 홍우관이 3년, 隈本繁吉는 2년 5개월, 한창수가 2년 1개월이었다. 조한벽도 홍우관과 같이 3번의 겸무를 경험하였으나 통산 1년 5개월에 지나지 않았다.

60) 『황성신문』 1906년 12월 14일 雜報.

61) 『관보』 제3616호 부록 1906년 11월 13일, 『관보』 제1907년 12월 20일 호외, 『관보』 1908년 12월 28일 호외. 1910년도 세출예산은 학교별이 아니라 일괄하여 "관립 제학교 224,296원"으로 하였다(『관보』 제4565호 호외 1909년 12월 27일).
게다가 1907년에 고용된 2명의 일본인 교사 중, 한성일어학교의 宗像鴨四郎의 고용조건은 월봉 120엔, 사택비 20엔, 여비 100엔, 식사비 100엔이며, 평양일어학교의 大西祐八의 경우는 월봉 90엔, 사택비 20엔, 여비 50엔, 식사비 100엔이었다(『황성신문』 1907년 3월 23일).

관보에 따라 교장의 인사이동을 정리하여 보기로 한다.

겸임교장

①이응익(학부학무국장) 1895.윤5.24~1895.10. 4 법부참서관으로
②홍우관(학부참서관) 1895.10. 4 ~1896. 1.15
③이상재(학부참서관) 1896. 1.15 ~1896. 2.24 내각총서로
④한창수(학부학무국장) 1896. 7. 3 ~1898. 7. 2 공사관 2등 참서관으로
⑤홍우관(학부참서관) 1898. 7. 2 ~1898.12. 9
⑥김옥현(학부학무국장) 1898.12. 9 ~1900. 9. 5
⑦조한벽(학부참서관) 1900. 9. 5 ~1901. 3. 8
⑧이규환(학부편집국장) 1901. 3. 8 ~1901.11.23
⑨조한벽(학부참서관) 1902. 1. 4 ~1902. 5.24
⑩홍우관(학부참서관) 1902. 5.24 ~1904. 6.27
⑪조한벽(학부참서관) 1904. 6.27 ~1904.10.11
⑫이종태(학부편집국장) 1904.10.11 ~1905.12.27
⑬장헌식(학부참서관) 1905.12.27 ~1906. 3. 8
⑭정 교(학부참서관) 1906. 3. 8 ~1906. 9. 3
관립 한어영어독어학교장 정 교(학부참서관) 1906. 9. 3~1906.10.24
관립 일어불어사범학교장 신해영(학부편집국장) 1906. 9. 3~1906.10.24
○三土忠造(학부서기관) 1908. 1. 1~1908. 4.25
○隈本繁吉(학부서기관) 1908. 5. 7~1910. 9.30

전임교장

관립 한성일어학교장	김한규(교관)	1906.10.24~1907. 9. 3
	김석기	1907. 9. 3~1907.12.31
관립 한성불어학교장	이능화(교관)	1906.10.24~1907.12.31
관립 한성영어학교장	윤태헌(교관)	1907. 3.19~1907.12.31

이와 같이 역대교장은 학부의 요직에 있는 자가 본 업무를 하면서 겸무를 하였기에 교장이라는 이름만으로 졸업시험에 입회하거나 졸업식에서 졸업증서를 수여하거나 훈시하는 것 외에는 학교의 관리운영에 직접 관여하는 일은 거의 없었다. 게다가 단기간으로

교체되기 때문에 학교의 운영은 일어학교의 長島嵒次郎와 田中玄黃와 같은 선임교원에 의해 이루어졌다.

그러나 1903년 이후의 외국인 교사와의 처우개선요구를 둘러싼 문제에 고심하던 학부는 외국인교사가 근무조건을 내세워 학교경영에 관여하는 것을 경계하였다. 하지만 결국 학부의 실권을 일본인에게 빼앗기고 한국인에 의한 자립의 싹도 꺾여버렸다.

한편 관보에 따라 인천분교의 경우를 보기로 한다.

관립 인천항 외국어학분교장

①이재정(감리겸 부윤) 1896. 9. 1~1897. 9.19
②강화석(감리겸 부윤) 1897.10.28~1898. 2. 8
③서상교(감리겸 부윤) 1898. 2. 8~1899.11.27(교동군수)
④하상기(감리) 1903. 6. 1~1905. 2. 1(주일공사관참서관)
⑤유 찬(감리) 1905. 2. 1~1905.11. 7
⑥하상기(감리) 1905.11. 7~1906. 3.31
⑦서병규(감리) 1906. 3.31~1906. 9. 3

관립 인천일어학교장

⑧서병규(감리 후 부윤) 1906. 9. 3~1906.12. 3(농상공부 공무국장)
⑨김윤정(부윤) 1906.12. 3~1909. 5.11(겸임 관립 인천실업학교장)

위에서 '감리'는 외부대신에 의해 임명되어 지휘감독을 하며 각 개항장의 각국영사와 교섭하고 거류지내 일체의 항내 사무를 관장하였다.[62] 그러나 1896년 8월에는 인천 외 3항을 府로 하여 부윤을

62) 1896년 8월 7일 「칙령」 제50호. '각개항장 관리부설관제 및 규칙' 『관보제』 400호 1896.8.10.
제1조 감리는 각국 영사와의 교섭 및 협조 안에서 일절의 항내 사무를 관장함.
제2조 감리는 외국대신의 인사권 하에서 지휘감독에 따라 사무를 처리한다.

두고 8월 6일자로 이재상이 인천부윤으로 발령되었다. 이어서 '각 개항장 감리가 해당 지방 부윤을 겸임하는 건'이 裁可되어 이듬해 8월 7일자로 이재상이 '인천감리 겸 인천부윤'에 임명되었다.[63]

그러나 "인천감리는 인천부사를 겸하는 외에 2~3개의 관직을 겸하는 예가 많아서 인천항에 주재하는 것은 1년 중 겨우 10일에 지나지 않았다"[64]고 하는 상황이었기에 역대 겸임 분교장이 학교의 관리운영에 관심을 보이는 일도 없었다. 아울러 1903년 7월에는 개항시장(開市場은 평양)의 10부가 폐지되어 군이 되고[65] '인천감리 겸 인천부윤'은 '인천감리'로 되었다. 하지만 1906년 10월 1일 인천군 외 10군이 다시 府가 되어 그날을 기준으로 각 개항시장의 감리를 폐관하고 그 사무를 부윤이 이어받았다.[66]

그런데 위의 분교장에 있어서는 제3대 서상교와 제4대 하상기 사이에 2년 반의 공백이 있다. 관보에는 이 기간의 겸임분교장의 발령이 게재되어 있지 않으나 이 기간 중 44일간을 제외하고는 하상기가 인천감리 겸 부윤이었다.[67]

1907년 4월 창립된 관립 평양일어학교는 다음과 같이 평안남도 관찰사가 교장을 겸임하였으나 1909년 4월 1일 조직을 변경하여 평양고등학교가 되었다.

---

63) 1896년 8월 7일 任인천감리 겸 인천부윤 서주임관 3등 인천부윤 이재상 『관보』 제400호 1896년 8월 10일.

64) 앞의 『仁川府史』, 265쪽.

65) 1903년 7월 3일 「칙령」 제10호 '지방제도 중 개정건' 『관보』 제2557호 1903년 7월 6일.

66) 1906년 9월 24일 「칙령」 제47호 '감리 및 목사를 폐지하는 건 및 그 사무의 후임에 관한 건'

67) 1899.7.4~1902.7.2 하상기, 1902.7.5~1902.8.17 서상, 1902.8.17~1905.1.15 하상기. 각 해 『관보』, 후루카와 아키라, 『군산개항사』, 30쪽.

①이시영(평안남도 관찰사) 1907. 4. 8~1907. 6.14
②박중양(평안남도 관찰사) 1907. 6.14~1908. 7. 1
③이진호(평안남도 관찰사) 1908. 7.29~1909. 3.31

2) 교 원

부교관, 교관, 부교수와 교수에 관하여 관보의 발령사항에 의거하여 각 語部(각 어학교)마다 정리해 보기로 한다.

일어학교

일어학교에서는 박영무(박영우는 오기), 김한규, 조원규, 최재익, 현 헌, 박종렬, 유일선, 어용선 8명이 본교 교관, 교수로 근무하였고 이 중 조원규(1회), 최재익(4회), 현 헌(6회), 박종렬(3회) 4명이 이 학교의 졸업생이었다.

전술과 같이 1900년 10월 25일 칙령 제40호 '외국어학교 의학교 및 중학교졸업생을 해당 학교에서 수용하는 관제'에 의해 외국학교 졸업생도 이 학교의 교원으로 임명되는 것이 가능하도록 되었다. 그리고 졸업생은 모두 부교관으로 발령되었다. 그러나 이는 실제의 직업이 동반되지 않은 형식상의 발령으로 단지 형식적인 우대조치였다.

이 형식상 발령의 효과는 2가지가 있었다. 제1은 그 후 교직 이외에 봉직할 경우에도 '외국어학교 부교관'의 경력으로 발령된 점이고, 제2는 형식상 발령된 당사자도 후일 본채용되는 경우에는 형식적 발령이지만 이미 발령이 끝난 상태이므로 채용통지를 한 다음에(受牒) 봉급의 발령을 하고 있다. 다음 중 최재익과 현헌이 그 예이다.

그러나 다수의 졸업생 중에는 형식상 발령의 혜택을 받지 못한 자와 형식상 발령이 아닌 그 본인만 즉시 채용으로 정식 발령을 받는 경우가 있었다. 조원규와 박종열이 후자의 예이다.

게다가 1905년 7월 1일에 교관 현 헌, 최재익, 박영무, 교사 田中玄黄이 학교내에서 야학사를 개설한 것은 이미 기술하였다. 또 이듬해 1906년 6월 14일에는 교내에 한성사범학교 교원 임시양성소(3개월 속성)가 개설된 것도 이미 기술하였으나, 시찰관 어용선과 학부주사 윤세용이 교과를 담당하고 보통학교에서 일본인교원의 수업을 통역하는 부교원을 양성하였다. 또한 시찰관 어용선은 다음과 같이 이듬해 1907년 본교 교관(주임)으로 전출되었으나 재직한지 10여 일만에 내각서기관이 되었다.

교관 교수

〈주〉 ①은 동교 제1회 졸업생 ③은 제3회 졸업생 이하 동일(이하 동일)

박영무	1897.11.29 교관(판임) ~1904.5.7 교관(주임) ~1906.8.27 관제개정 또는 『관보』 제3,792호 (正誤) '祐' 자는 '武' 자로 개정
김한규	1899.4.27 부교관 ~1903.9.3 중학교교관, 1905.2.20 교관(주임) ~1906.10.24교장 ~1907.9.3 학부서기관
조원규①	1899.8.29 부교관 ~1904.9.8 교관(주임) ~1905.1.31 백천군수
최재익④受牒	1904.4.21 부교관 ~1906.9.3 교관(판임) ~1907.4.22 교관(주임) ~1908.1.1 교수 ~1911.11.1 폐관
현 헌⑥受牒	1905.3.10 부교관 ~1906.8.16 자진사퇴, 1908.4.29 교수 ~1908.8.11 학부번역관 겸 교수 ~1909.9.1 免 兼 官
박종열③	1906.12.25 부교관 ~1907.2.16 함경남도 관찰도 통역관 1908.10.29 교수(도사무관에서) ~1910.9.30 자진사퇴
유일선	1906.12.29 교관(주임) ~1907.4.19 자진사퇴
어용선	1907.6.22 교관(주임) ~1907.7.4 내각서기관

다음으로 부교관, 부교수의 직에 있었던 자는 다음의 16인으로

이 중 일어학교 졸업생은 노재연(2회), 유제달(7회), 정대현(9회), 정운식(9회)와 김종권(4회)의 5명이었다. 5명 중 노재연과 유재달은 형식상 발령 후, 채용통지가 있어서(受牒) 정식으로 임용되었다. 하지만 졸업생 수용의 관제는 1907년 9월 28일에 폐지되고 실제로는 1907년에 들어서는 형식상 발령은 시행되지 않았기 때문에 정대현과 정운식 2명은 즉시 채용의 정식발령이었다. 또 김종권은 졸업시에 부교관의 형식상 발령을 받았으나 교직으로의(겸임) 채용은 1909년 6월이었다.

조중환이 1907년 1월 12일에 퇴직(함경남도 관찰도 통역관보로 임용), 후임은 재학생 중에서 우수자를 채용하게 되며 시험 결과 박종훈이 그날부로 부교관으로 발령되었다.[68]

이 학교의 교원조직은 관보의 기재사항을 검토한 결과 선행업적을 다소 수정하는 결과가 되었으나, 부교관으로는 여기에 더하여 최호선·박대서·조대희 3명을 들고 싶다. 그 근거는 최호선의 면관에 대해 『황성신문』(1905.11.10)은 '일어학교'로 보도하고 또 박대서는 '일어학교부교관'으로 발령, 조대희는 합병 후의 직원록에 한성외국어학교 '국어부'에 속해있었기 때문이다.

부교관 부교수 교사

〈주〉초임에 관직명이 없는 것은 모두 '부교관'(이하 동일)

김사중	1900. 6.28~1903. 3.13 正宗院주사
최호선	1903. 3.20~1905.11. 8 면관(교육자로 부적당) 『관보』 3295호
노재연②受牒	1903. 9. 8~1904. 4.14 자진사퇴
권영우	1906. 1. 5~1908. 1. 1 부교수 ~1911.11.1 폐교
유제달⑦受牒	1906. 6. 1~1907.12.31 관제개정

68) 『황성신문』 1907.2.25 雜報. 관립 일어학교 교관 박중동(저자 주 조중환의 오기)이 함남관찰도 통역관보에 임명되고 대신으로 해당 학교 일반 학생을 시험으로 서임한다.

조중환　　1906.12.14~1907. 1.12 자진사퇴
문응선　　1906.12.14~1907. 4. 5 자진사퇴
홍병선　　1906.12.14~1907. 5.14 자진사퇴
박종훈　　1907. 1.12~1908. 1. 1 부교수~자진사퇴
(1911.10.31 총독부군서기)
곽　진　　1907. 2.28~1907. 6.18 자진사퇴 관보 제3,798호(正誤) '명' 자를 '진' 자로 개정
김진준　　1907. 4. 5~1908. 1. 1 부교수~1911.11. 1 폐교
정대현⑨　1907. 5. 3~1908. 1. 1 부교수~1909. 3. 9 자진사퇴
정운식⑨　1907. 5.15~1908. 1. 1 부교수~1911. 5.29 자진사퇴
박대서　　1907. 8.28~1907.12.31 관제개정
조대희　　1909. 5.15 부교수~1911. 5.12 자진사퇴
김종권④　1909. 6.16(서기겸임) 부교수~1911.11. 1 폐교

인천항 분교 · 인천일어학교에서는 다음의 5명이 부교관 · 교관 · 부교수로 근무하였으나 이 중 본교 졸업생은 이근호 · 서병협 · 정규명 3명이었다. 이근호는 1897년 10월 제1회 졸업생으로 부교관으로 채용되었으나 그 후 교관으로 승진하였으나 부교수에 그친 것은 주임교관이 아닌 판임교관이었기 때문이다.

서병협은 1903년 5월 졸업시에 부교관으로 형식상 발령을 받고 그 후에 채용통지가 있어서(受牒), 정식 부교관으로 채용되었다. 이에 대해 정규명은 1907년 5월 졸업시에 부교관의 형식상 발령을 받았으나 수용관제가 폐지된 1907년 9월 이후 채용이었으므로 受牒의 형식을 취하지 않고 전 부교관의 직위로 정식발령되었다.

인천항 분교 인천일어학교 부교관　교관　부교수　학감
이용인　　1900. 1.27~1902. 3.20 자진사퇴
이근호①　1901. 2.23~1906. 9. 3 교관(판임)~
1908. 1. 1 부교수~1909. 5.24인천실업학교 부교수
최정하　　1901. 6.14~1906. 9. 3 교관(판임)~
1908. 1. 1 부교수~1909. 5.24인천실업학교 부교수

서병협③受牒 1903. 9.10 ~1907.11. 1 자진사퇴
정규명⑥ 1907.12.11 ~1908. 1. 1 부교수 ~
1909.5.24 인천실업학교 부교수

평양일어학교에서는 다음의 조낙홍과 제1회 졸업생 나영곤이 근무하였으나 학교는 일본인 교원에 의해 운영되었다. 이 학교의 교수 부교수 정원은 1909년 「칙령」 제8호 '학부직할학교직원 정원령 중 개정'에 따라 4명에서 6명으로 개정되었으나 그 후 실제 인원은 일본인 교원 3명을 포함하여 5명이었다. 이 학교는 1909년 4월 1일에 조직을 변경하여 평양고등학교가 되고 한국인 교원 전원이 이 학교 부교수로 발령되었다.

평양일어학교 부교관 부교수
조낙홍 1907.4.1 부교관 ~1908.1.1 부교수 ~1909.4.1 평양고등학교 부교수
나영곤① 1908.4.11 부교수 ~1909.4.1 평양고등학교 부교수

영어학교

영어학교에서는 확인할 수 있는 범위에서 다음의 13명이 교원으로 근무하였으나 주임교관·교수였던 사람은 윤태헌 단 1명이고 그는 영어학교 전임교장을 지냈다. 또한 신봉희 전규영, 최병욱 3명이 본교 졸업생이었다.

1901년 3월 영어·불어·독어 3학교의 부교관이 일제히 외교관과 번역관으로 전출되었으므로 학부는 각 학교의 재학생에게 시험을 시행하여 최우수자를 채용하기로 하였다.69) 영어학교에서는 이

69) 『황성신문』 1901.3.26 雜報. 최근 영, 불, 독어학교 교관이 일제히 다른 곳으로 전임하므로 어제 학부는 세 학교 학생을 모아 시험을 실시하여

한응의 후임으로 재학생 최상림이 부교관으로 임용되었다. 1903년 5월에 그가 퇴직하였기에 학부는 전회와 같이 시험을 거쳐 재학생 정일범을 부교관으로 임용하였다.70)

영어학교 부교관 교관 부교수 교수	
이한응	1897.11.29~1901. 3.14 공사관 3등 참서관
윤태헌	1899. 1. 9~1906. 9. 3 교관~1907. 2. 1 교관(주임)~1907. 3.19 교장~1908. 1. 1교수~1911.11. 1 폐관
김욱동	1899. 1. 9~1900. 2.19 자진사퇴
김우행	1900. 2.24~1906. 9. 3 교관~1907.12.31 관제개정
최상림	1901. 4. 1~1903. 5.15 자진사퇴
정일범	1903. 9. 3~1906. 9. 3 교관~1908. 1. 1 부교관~1911. 5.31 자진사퇴
신봉희②	1903.12.22~1904. 6. 7 자진사퇴
안병익(鳴濩)	1904. 3.28~1906. 9. 3 교관~1908. 1. 1부교관~1910. 4.26 자진사퇴
전규영③受牒	1905. 4. 9~1906. 8.27 관제개정
최병욱③受牒	1905.10.30~1908. 1. 1 부교수~1911. 3.18자진사퇴
최병헌	1906. 3.30~1906. 9. 3 교관 ~1907. 1.12 자진사퇴
최두영	1907. 1.12~1908. 1. 1 영평군수
이기룡	1908. 9.15 부교수~1911. 5.31 자진사퇴

불어학교

불어학교에서는 확인할 수 있는 범위에서 다음의 8명이 교원으로 근무하였으나 이 중 이능화는 주임교관에서 전임교장이 되고 한 학교로 통합된 후는 학감으로 1911년 폐교까지 재직하였다.

1901년 3월 부교관 이종엽이 공사관 3등 참서관으로 전출된 후

우등생을 교관으로 서임하도록 하였다.

70) 『황성신문』 1903.9.4 雜報. 영어학교교관 최상림씨가 그만두므로 어제 학부는 영어학생 1반생을 시험 선발하여 서임하게 되었다.

후임으로 안우상이 재학생 중에서 채용되었다. 그러나 불어학교에서는 이 학교 졸업생을 임용하지 않았다.

불어학교	부교관 교관 부교수 학감
이종화	1897.11.29~1901. 3.14 공사관 3등 참서관
이기철	1897.11.29~1898.10.22 공사관 3등 참서관
이능화	1900.10.10 교관(판임)~1904.5.7 교관(주임)~1906.10.27 교장~1908.1.1 학감~1911.11.1 폐관
김한기	1900.12.29~1906. 9. 3 교관~1908. 1. 1 부교관~1911. 5.31 자진사퇴
안우상	1901. 4. 1~1906. 9. 3 교관~1908. 1. 1 부교관~1910. 4.26 자진사퇴
나현구	1906. 5.28 교관~1907. 2.15 사망
김상천	1907. 3.20~1907. 5.31 자진사퇴
이범주	1907. 5.31~1908. 1. 1 부교관~1911.10.31 총독부군서기

러시아어학교

러시아어학교에서는 확인할 수 있는 범위에서 다음의 5명이 교원으로 근무하였다. 1901년 4월 부교관 곽광희가 공사관 3등 참서관으로 전출된 후 학부는 이 학교의 우등생에게 시험을 실시하여,[71] 후임으로 재학생 조광현을 임용하였다. 이 학교는 1904년 러일전쟁 발발로 러시아인 교사 비르코프가 러시아 외교단과 함께 귀국하여 곧 폐쇄되었다.

러시아어학교	부교관 교관
한구호	1896. 7.21~1903. 9. 3 교관(주임)~1904. 2. 1 공사관 3등 참서관
남필우	1897. 3.20~1897.11.28 자진사퇴

71) 주 8)과 같음.

곽광희 1897.11.29~1901. 4. 1 공사관 3등 참서관
현홍건 1900. 6.12~1904 폐교
조광현 1901. 5.24~1903. 6. 1 자진사퇴

漢語학교

한어학교에서는 확인할 수 있는 범위에서 적어도 다음의 10명이 교원으로 근무하였다. 이 중 오극선(1회), 오규신(2회), 유광렬(2회), 김원배(3회), 이명칠(3회) 5명이 본교 졸업생이었다. 이들은 졸업생 수용의 형식상 발령이 있은 후, 채용통지를 받아서(受牒) 임용되었으나 김원배만은 즉시 정식채용이 되었다.

부교관 김남식은 1902년 1월23일 외국인 교사 胡文韋의 근무태도를 힐문한 후 구타하여 2개월의 감봉처분을 받았다.[72] 게다가 1903년 4월에는 교무를 방치하여 면관 처분되었다.[73] 또한 부교관 김원배도 시험이 불공정하였다고 하여 면관 처분되었다.[74]

한어학교 부교관 교관 부교수
김남식 1899. 3.13~1903. 4.20 면관(교무전폐)
오극선①受牒 1902. 2.28~1906. 1. 3 무관학교 교관
윤영희 1902. 3.14~1905.10.31 자진사퇴 1906.1.5~
1906. 4.25 자진사퇴

---

72) 『황성신문』 1902.1.25 雜報. 이틀전 부교관 김남식이 해당 학교 교사 胡文韋씨에 대해 수업 중 근무태도가 게으르다고 질책하였기에 胡씨가 자신에게는 고관의 친구가 있다고 말하며 서로 치고 받는 일이 벌어져 머리와 의복이 상하였다. 같은 1.29 雜報 한어학교 교관 김남식씨가 해당학교 호문위씨와 싸운 건은 외국어학교장 조한벽이 조사보고하여 김교관의 큰 실수라 하여 2개월간의 감봉처분이 되었다.
이와 같은 일방적인 처분은 구 종주국에 대한 배려였다.
73) 『관보』 제2493호 1903.4.22.
74) 『관보』 제3502호 1906.7.11.

오규신②受牒	1902. 5.22~1906. 9. 3 교관~1908. 1. 1 부교수~ 1911. 5.29 자진사퇴
유광렬②受牒	1903. 4.20~1906. 9. 3 교관~1908. 1. 1 부교수~ 1911.10.31 군서기
김원배③본채용	1904. 9.21~1906. 7. 9 면관(시험불공정)
최영년	1906. 4.25~1907. 2. 2 자진사퇴
이명칠③受牒	1906. 8.16~1907.12.31 관제개정
이상원	1907. 8.28~1908.12.28 자진사퇴
이정재	1907. 2.23~1907. 6. 7 자진사퇴

독어학교

독어학교에서는 판명된 범위에서 적어도 다음의 14명이 교원으로 근무하였고 이 중 이인식(1회), 한상동(1회), 랑승익(신제1회) 3명이 본교 졸업생이었다. 1901년 1월 학부는 독어교원 1명을 추가로 배정하여 재학생 10여 명에게 시험을 실시하여 진학신을 채용하였다. 또 그 해 3월 부교관 장석준이 예식원으로 전출되어 학부는 재학생을 소집하여 시험을 실시하고 우기원을 부교관에 임용하였다.

이 학교는 1901년 11월 매주 토요일 오후에 학생이 집합하여 교육전반에 관하여 토론회를 행하였으나 그 때 부적절한 발언이 있었다고 하여 부교관 진 수와 학생 신흥우 등이 평리원에 체포되었다. 부교관 진 수는 무죄방면이 되었으나 사건의 책임을 물어 이듬해 1월 예식원 번역관보로 전출되고 겸임 교장 이규환도 경질되었다.75)

독어학교 부교관 교관 부교수	
신영익	1897.11.29~1900. 5.31 자진사퇴
홍현식	1900. 5.31~1900. 6.16 궁내부 번역관보

75) 『황성신문』 1901.11.22, 12.17, 1902. 1.6, 2.1, 2.6 각 雜報. 게다가 학생 신흥우는 役3년.

장석준	1900. 6.28~1901. 3.14 예식원 번역관보
진학신	1901. 1.17~1902.12.17 예식원 번역관보
우기원	1901. 4. 1~1904. 3.25 공사관 3등참서관
진 수	1901.10. 8~1902. 1.30 예식원 번역관보 1902. 2.26 부교관 ~1906. 9. 3 교관~1907. 1.12 자진사퇴
유 면	1902.12.29~1906. 9. 3 교관~1908. 1. 1부교수~ 1910. 4.26 자진사퇴
양재□	1906. 4.25~1906. 9. 3 교관~1907.12.31 관제개정
최태향	1906. 9. 3 교관~1908. 1. 1 부교수~1911.10.31 총독부군서기
김성희	1907. 1. 7 교관~1907. 5.13 한성사범학교 교관
이인식①	1907. 2.22~1907. 9.20 자진사퇴
김병기	1907. 5. 5~1907.12.31 관제개정
한상동①	1907. 9.20~1907.12.31 관제개정
랑승익(1)	1910. 4.26 부교수~1911.5.31 자진사퇴

외국인교원

일본인교원

한성일어학교는 1893년 이후 주임교사를 맡았던 長島嵓次郎가 월봉 170원(1900년 1월 개정)을 불만으로 1903년 가을 이후 수업을 방치하여,[76] 학부는 1904년 4월 해고하고 그 해 6월 그 후임으로 田中玄黄(치바현립 중학교장)과 고용계약을 체결하였다.

---

76) 『황성신문』 1904.1.23 雜報. 일어교사 長島씨는 薪水費를 청구하여 수개월간 임무를 폐지하였다. 학부는 일본공사에게 조회하여 해당교사를 해고하고 교사를 보내달라고 요청한 것은 이미 기술하였으나 해당 교사는 학교에 계속 근무하도록 요청한 듯하다.
같은 4.14 雜報. 일어교사 長島岩次郎씨가 월급 관계로 지난 가을부터 집무하지 않아 교육에 많은 피해를 주었다. 학부는 외부에 조회하여 해당 교사를 해고하고 다른 교사를 보내달라고 요청하자 이틀 전 일본공사는 학부대신에게 공문서로 본국 문부성의 보고에서는 문학에 고명한 인물을 보낸다고 하였다.

당시 외국인교사의 월봉은 팸프턴(영) 300원, 마텔(불) 330원, 비르코프(러) 300원, 볼리안(독) 330원이었으므로 근속기간이 긴 長島로서는 불만족스러웠던 것이다. 게다가 같은 동양인인 杜方域(漢)이 겨우 110원이었던 것을 감안하면 서구인에게 높은 급료를 아끼지 않았던 일본 메이지 정부와 궤를 같이하는 것이었다.

이즈음 교사 오카 요이치(岡與一)가 신문기자가 되기 위해 귀국하고 후임으로 개성학당 교사 長山乙介가 취임하였다.[77] 이듬해 1905년 9월 瀨穀谷文가 잡무원(40원)으로 고용되었으나,[78] 교무조수로 수업을 보조하였다. 또 그 해 11월에는 長谷川龜四郎가 한성중학교와 겸무로 이 학교교사로 고용되었다.

1906년 6월에는 田中이 학부 참여관실원으로 전출되고 후임으로 白井重任이 고용되었다.[79] 그러나 長山乙介는 그 해말 해임 귀국하였으므로 田中가 이 학교 교사로 재임되었다.[80]

또 1907년 3월 宗像鴨四郎가 채용되어 1908년 1월 1일 일본인의 한국관료등용에 의해 田中玄黃, 白井重任, 宗像鴨四郎이 이 학교 교수로 임용되고 信原巖虎가 부교수로 채용되었다. 이와 같이 일어학교(일어부)는 일본인 4명의 진용이 되고 1910년 합병을 맞아 1911년 11월 1일의 폐교, 폐관 시까지 재직하였다. 田中玄黃은 최종적으

---

77) 『황성신문』 1904.4.14 雜報. 일어부교사 岡與一씨가 신문기자가 되기 위해 학부에 청원하여 이를 해고하였다. 같은 4.27 雜報. 일어부교관 岡與一 대신으로 개성부 학교교수 長山乙介씨를 고용하고 월급은 70원.

78) 『황성신문』 1905.10.4 雜報. 일어학교 잡무원 瀨谷道文(세타니 미치후미)를 고용하고 월급은 9월부터 12월 매월 40원씩 합계 160원 해당 교사 田中玄黃의 급료 중 집세 240원을 지급.

79) 『황성신문』 1906.6.15 雜報. 일어교사 일본인 田中玄黃씨가 학부참사관실 사무관으로 전임하고 대신 白井重任를 고용하여 월봉 150엔씩 이달부터 지급.

80) 『황성신문』 1906.12.3 雜報. 관립 일어학교 교사 長山乙介씨가 해임 귀국하고 대신에 학정참여관방원 田中玄黃씨가 시무하였다.

로는 관립 한성외국어학교장 사무일을 보았다.

일어학교(일어부)

長島嵒次郎	1893.8	교사채용~1904.4 해고
田中玄黃	1904.6.26	교사채용~1906.6 학부사무관~1906.12 교사~
	1908.1.1	교수~1909. 4.24 교수(주임)~1911.11.1 폐관
白井重任	1906.6	교사채용~1908.1.1 교수~1909.4.24 교수(주임)
	~1911.11.1	폐관
宗像鴨四郎	1907.3	교사채용~1908.1.1 교수~
	1909.12.27	교수(주임)~1911.11.1 폐관
信原巖虎	1908.1.1	부교수~1911.11. 1 폐교
岡 與一	~1904.4	해고
長山乙介	1904.4	교사채용~1906.12 해고
長谷川龜四郎	1905.11	교사겸임~

경성학당이 정부에 헌납되고 1906년 6월 14일부터 2개월 반의 단기간이지만 관립 한성 제2외국어학교로 존속하였다.[81] 당시 일본인교원은 전 경성학당장인 渡瀨常吉만이 아니라, 松鬆本雅太郎 및 淸崎初雄 3명으로 추측된다. 그 이유는 渡瀨常吉의 해고귀국에 따라 1907년 1월 한국정부는 3명에게 보수금을 지급하고있기 때문이다.[82]

---

81) 1906년 6월 14일「학부령」제19호 개국 504년 칙령 88호 외국어학교관제 제3조에 따라 한성남서명동 앞 경성학당을 관립 한성 제2일어학교로 한다.『관보』제3485호 1906.6.21.
이 학교는 외국어학교 관제 제3조를 근거로 하여 제도상으로는 관립 한성일어학교의 분교였다.
1906년 8월 27일 칙령 제40호 '학부직할학교 및 공립학교관제'『관보』제3,546호 1906.8.31.
새로운 관제에 의해 관립 외국어학교는 관립 한성일어학교, 관립 한성한어학교, 관립 한성영어학교, 관립 한성독어학교, 관립 한성 불어학교, 관립 인천일어학교 6학교가 되었다.

82)『황성신문』1907.1.23 雜報. 도지부는 학부에 대해 한성일어학교 교사

제2 일어학교 渡瀨常吉 松本雅太郎 淸崎初雄

인천항분교(인천일본어학교)에서는 학교창립 이래 주임교사였던 岩崎厚太郎가 학교재정의 부족을 자신의 박봉을 나누어 보조하고 학교경영에 열정을 다하여 인천에 岩崎가 있다고 고군분투하여 1908년 1월 1일 학감으로 임용되었다. 그리고 같은 날 西村秀雄가 또 그 해 4월에는 茂田馫가 부교수로 임용되었으나 이 학교는 이듬해 1909년 5월 인천실업학교로 조직을 변경하여 岩崎厚太郎는 이 학교 교감으로 西村秀雄, 茂田 2명은 부교수로 발령되었다.

인천항분교 인천일어학교

岩崎厚太郎	1895.5.26 교사~1908.1.1 학감~ 1909.5.11 인천실업학교교감
西村 秀雄	~1908. 1.1 부교수~1909.5.24 인천실업학교 부교수
茂田 香奇	1908.4.17 부교수~1909.5.24 인천실업학교 부교수

평양일어학교에서는 1907년 3월에 大西祐八가 교사로 채용되고 이듬해 1월 1일 학감 眞籐義雄, 부교수 大西祐八, 楢木末實 3명이 되었다. 그 후 大西祐八는 교수로 승진하고 1909년 4월에는 평양고등학교로 조직을 변경하여 眞籐, 大西는 이 학교 교수로 楢木末實는 부교수로 발령되었다. 하지만 그 해 6월에는 楢木末實는 외국어학교로 전출되었다.

평양일어학교

大西 祐八	1907.3. 교사채용~1908.1.1 부교수~1909.2.4 교수~1909.4.1 평양고등학교교수
楢木 末實	1908.1.1 부교수 ~1909.4.1 평양고등학교 부교수~1909.6.18

渡瀨常吉, 鬆本雅太郎, 淸崎初雄 3명의 보수금 580을 예비금에서 지급한다는 의정부의 지령이 내려와 통첩하였다.

	한성외국어학교 부교수 겸 서기
眞藤 義雄	1908.1.1 학감 ~1909.4.1 평양고등학교 교수

이외에 한성외국어학교 교수 長谷了慶, 부교수 楢木末實, 겸임 부교수 三澤助次郎가 발령되었으나 三澤助次郎는 부설 임시 토지조사기술원 양성소 요원이었다.

長谷了慶	1909.7. 6 교수(판임)~1911.11.1 폐관
楢木末實	1909.6.18 부교수 겸 서기(평양고등학교 부교수에서) ~1911. 11.1 폐교
三澤助次郎	1909.5.30 서기 겸 부교수(토지조사국 기수) ~1911.11.1 폐교

그 외의 외국인

한국정부는 한국인교원의 10배나 급료를 부담하며 서양인 교사를 초빙하였다. 그러나 그들의 역할은 자국어를 한국인 학생에게 전달하고 외국어에 능숙한 직업인을 양성하는 것에 그쳤다. 게다가 학생과 당시의 사회도 외국어를 습득하는 것이 신학문이라는 오해를 가지고 있었다.

때문에 외국인교사를 높은 급료로 고용하면서도 일본의 메이지 정부가 서구의 과학을 받아들여 전문분야에서 이를 연구하도록 함과 동시에 국민 대중에게도 개방하고자 한 것과는 근본적으로 달랐다.

영어학교에서는 주임교사 허치슨(Hutchison)과 부교사인 할리팩스(Hallifax)가 있었으며, 1899년 말에는 이전부터 학부와 문제가 있었던 허치슨이 고용계약 만기로 해고되고 할리팩스가 주임교사로 승진하였다.[83] 그리고 1901년 1월 팸프턴(Fampton)을 4년 계약

83) 『독립신문』 1899.7.24, 7.31, 11.3, 11.9, 11.15, 12.2 각 雜報. 『독립신문』

으로 고용하였다.[84]

불어학교에서는 마텔(Martel)이 1895년 창립이래 계속 고용되었고 취임 8년 후인 1903년 5월 계약갱신 시, 프랑스공사가 별도의 위로금을 요구하였으나 이미 외국인교사 중 최고 급료였기에 한국정부에게 거절당하는 일이 있었다.[85]

러시아어학교가 창립된 1896년은 러시아공사 베베르가 국왕을 러시아공사관으로 이주시켜서 친러정권을 수립한 해이기도 하였다. 러시아어학교에서는 러시아군 대위 비르코프(Birukov)가 고용되었으나, 그 월봉은 170원으로 서양인 교사 중에서는 가장 낮았다. 월봉이 다른 서양인 교사 정도인 300원이 된 것은 1901년 2월의 일이다.[86] 그러나 전술한 바와 같이 러일전쟁이 발발하여 러시아외교관이 귀국하자 비르코프도 동행하여 귀국하였다.

한어학교에서는 胡文韋가 1904년 7월에 휴가차 귀국하였으나 그 후 귀임하지 않아 11월에 자연적으로 해고되었다.[87] 이듬해 1905년 1월, 후임으로 杜方域이 고용되었다.[88] 외국인교사는 모두 자국의 국위를 배경으로 각국공사를 방패막이로 하고 있었기 때문에 독어

의 보도에 의하면 당국은 총교사 허치슨이 1899년 10월 말일의 고용기한만료를 기다려 그를 해고하도록 서둘러 결단하고 그 후임에 부교사 할리팩스를 승진시킬 예정이었다.

『황성신문』 1899.2.24, 6.21, 12.2 각 雜報. 더욱이 『황성신문』(1899.5.31)은 "영어교사 허치슨씨는 다년에 거쳐 교육에 충실하고 공적이 크므로 종2품 금장을 하사하였다"고 보도하였다.

84) 『황성신문』 1901.1.7 雜報. 팸프턴이 계약한 월봉은 일화 300원, 숙사비는 월 30원이었다.

85) 『황성신문』 1903.5.18, 5.22 雜報.

86) 『독립신문』 1899.5.18 雜報. 비르코프의 월봉인상을 요구하였다. 『황성신문』 1901.2.27.

87) 『황성신문』 1904.11.25 雜報.

88) 『황성신문』 1905.2.11 雜報. 학부는 한어교사 杜方域과의 합동계약정서를 외부로 보냈다. 연한은 3년간 월봉 은화 110원 집세 월20원.

학교에서도 프랑스 공사와 마찬가지로 독일 공사가 고용교사 볼리안(Bolljian)에 대해 1903년 6월에 월봉 이외의 보수를 지급하도록 요구하였으나,[89] 이미 1900년 이후 월봉이 서양인교사의 최고액에 도달하였기에 이도 실현되지 않았다.

5. 졸업생과 그 진로

한국 청년들은 각국 세력의 정치적·경제적 개입에 따라 영향력 있는 나라의 언어를 학습하고자 하여 시세에 민감하게 반응하였다. 때문에 한성외국어학교의 각 어학부의 인기는 각국의 세력관계에 비례하여 그 학생수가 증감하였다.

학부도 "한국에 있어서 열강세력의 개입은 물론 각종 어학교의 입학지원자에게 영향을 주어 각국 어학교의 성쇠는 한국에 대한 각국의 세력이 일종의 '바로미터'가 된다"[90]고 하고, 또 "한국 내에 있어서 각국세력을 비교하려면 먼저 각국 어학교에 들어가 시대의 성쇠를 보는 것이 가장 좋다"[91]고 하고 있다.

각국 세력의 한국으로 진출은 자국 이권을 위해서 정치적 우위를 다투고 권모술수를 다하였다. 미국은 한성-인천간, 프랑스는 한성-의주간의 철도 개설권을 손에 넣어 이를 후에 일본측에 양도하고 러시아는 두만강, 압록강 상류지역의 삼림 벌채권을 얻었다.

각국은 각지의 금광 채굴권을 손에 넣고 러시아는 동해안의 포경권을, 일본은 서해 연안의 어업권을 얻었다. 더하여 영국은 재정고문 브라운에 의해 해관을 지배하고 러시아도 또한 재정고문 알렉세프에 의해 海關을 관리하여 露韓은행을 개설하였다.

---

89) 『황성신문』 1903.6.27 雜報.
90) 『한국교육의 현상』, 1910, 39쪽.
91) 앞의 『한반도』, 127쪽.

그렇다면 각국 세력의 개입과 각 학교의 인기도의 관계를 〈표 4-15〉를 통해 보기로 한다. 일본세력은 청일전쟁 후의 3국 간섭에 의해 그 면목을 잃어 정치적으로는 후퇴하였으나 경제적으로는 힘을 유지하였다. 그리고 일본은 러시아와 한국 지배를 겨루어 대립하였으나 일어학교는 1903년까지는 인기가 없었고 이듬해 1904년 러일전쟁 후부터 입학자가 증가하여 1906년 통감부개설을 거쳐 1907년부터 인기가 올랐다.

청은 종주국으로서 정치적으로는 은연중에 영향력을 가지고 경제적으로도 일본세력을 압도하였으나, 점차 종속관계에서 후퇴하였다. 그리고 한국사회가 본래의 유교문화 외에 서구문화를 수용하게 되자 급속히 그 세력을 잃어 1902년 이후에는 한어학교의 학생수도 감소하였다.

〈표 4-15〉 관립한성외국어학교 입학자수

구분	'97	'98	'99	'00	'01	'02	'03	'04	'05	'06	'07	'08	'09	'10
일어	-	-	10	8	20	16	14	72	49		201	250	174	136
영어	50	30	20	47	58	53	62	69	62	46	97	94	96	106
한어	120	150	141	82	70	52	34	56	63	67	27	12	17	36
불어	42	62	73	81	98	100	90	52	45	30	25	3	9	21
독어	-	50	-	-	40	20	20	20	20	20	30	18	10	17
계	212	292	244	286	286	241	220	269	239	210	380	377	306	318

자료: 학부, 『한국교육의 현상』, 1910, 40쪽.

영국과 프랑스는 정치적으로는 일본세력을 이용하여 러시아와 대립하는 일이 있었으나, 선교사의 포교활동은 민중의 생활에 침투하려고 하고 있었다. 그리고 영어와 불어는 국제어로 통용되고 이를 번역하거나 통역할 수 있는 인재의 수요가 있었기에 두 학교의 인기는 확고하였다.

그런데 이 표를 보면 영어학교가 1907년 이후에도 일어학교의 뒤를 잇는 위치를 차지하는 것에 비해 불어학교는 1904년부터 서서히 입학자 수가 감소하고 있다. 그리고 독일은 경제적 진출에 성공하였지만 정치적 영향력은 거의 없었기 때문에 독일어의 수요는 거의 없고 독어학교의 입학자 수는 적었다.

그러나 〈표 4-15〉의 수치에 대해서는 다소의 의문점들이 있다. 특히 일어학교의 1903년까지의 입학자수는 신뢰할 수 없는 부분이 있다. 예를 들면 『原敬日記』에 의하면 한국주재 공사였던 하라 타카시(原敬)가 1896년 9월 29일 기록에 "조선 관립의 일어학교를 순시하였다. 목하 학생은 2학년 후기 9명과 2학년 전기 31명 합해서 40명이었다"[92]고 일어학교의 순조로움을 전하고 있다. 『原敬日記』의 숫자는 『韓國誌』에서 "처음 학생수는 100명에 달하고 1896년 말에는 30명으로 감소하였다"[93]라고 하는 것과 모순되지 않는다.

이와 같은 당시 상황을 바탕으로 결정적인 논거로 앞에 게재한 〈표 4-2〉의 1897년도 제1학년 전기생 즉 그 해 전기(1~3월) 입학자의 재적수는 28명이었다. 이는 정부가 관보 학사란에 공표한 수치이지만 〈표 4-15〉는 이와 일치하지 않는다.

다음 〈표 4-16〉에 의해 재학생 수의 추이를 검토해보면 영어학교의 학생수가 1900년 당시 전체의 26%를 차지하고 일어학교가 그 뒤를 이어 21%를 차지하였으나 1909년에는 순위가 역전되었다.

〈표 4-16〉 관립 한성외국어학교 재학생 수

	1900	1909	1911
일어학교	57	260	168
영어학교	70	170	42
불어학교	47	13	4

92) 『原敬日記』 제2권, 乾元社, 1950, 184~185쪽.
93) 러시아 대장성, 『한국지』, 일본농상무성 산림국, 1905, 348쪽.

러시아어학교	37	-	-
한어학교	32	39	12
독어학교	25	23	3

자료: 1900년은 信夫淳平, 『한반도』, 1909년은 학부 『한국교육』, 1911년은 조선총독부 『관보』 제396호에 따른다.

일어학교가 영어학교의 수위를 빼앗은 것은 앞의 표에서 보았던 바와 같이 1907년을 기점으로 하였다. 이는 1905년 말의 보호조약과 이듬해 1906년 통감부 개청을 기해 반일기운으로 많은 학생들이 일어학교를 그만두었지만,94) 시대는 이미 일본세력의 실력지배를 확고히 하는 것으로 관직을 얻기 위해서도 사회에서 직업을 구하기 위해서도 일본어를 습득하는 자가 유리하였다.

이런 이유에서 1909년 6월 현재 학생수는 일어학교(본과만)가 51%, 영어학교가 34%를 차지하고 그 밖은 각각 3~8%에 지나지 않았다. 또 1911년 9월 말 즉 폐교직전의 상황은 일어학교(국어부)가 73%를 차지하는 데 비해 영어학교(영어부) 18% 외에는 한어학교(한어부) 5%, 불어학교(불어부) 2%, 독어학교(독어부) 1%로 쇠미하였다.

한편 관립 한성외국어학교의 학생은 초기에 중인출신의 자제가 많았고 그 후 점차 상민과 양반출신자가 급증하였다. 원래부터 역관, 의사, 측량, 천문 등의 일은 중인계급의 직업으로 양반계급은 "君子不器(군자는 그릇이 아니라 그릇을 사용하는 사람이다)"고 하여 이와 같은 기술직을 하는 일은 없었다. 그러나 결국 몰락양반과 상민조차도 역관으로 진로를 선택하는 사회가 되었다.

하지만 현실상 관직을 얻기 위해서는 지위나 재력이 뒷받침되는 사회였기 때문에, 관료등용을 바라지 않는 자는 학업보다는 매일

94) 『관보』 제3403호 1906.3.17 일어학교 퇴학자 30명의 이름을 공표.
『관보』 제3423호 1906.4.10 일어학교 퇴학자 23명의 이름을 공표.

밥값이라도 벌기 위해 학교에 나오는 자가 많았다고 한다. 그래서 외국어를 말할 줄 알고 문장을 조금이라고 쓸 수 있게 되면 학교를 그만두고 직업을 얻는 자가 많았다.

또한 한국인 학생은 외국어 습득에 뛰어난 능력이 있다고 평가되었으나 학력 향상을 방해하는 요인도 몇 가지 지적되었다. 예를 들면 服喪이 엄중하게 행해지고 친족은 그 촌수에 따라 1년에서 3년상을 지냈다. 부모가 사망하면 상기는 3년이었기에 적어도 23개월은 결석하여 학력의 저하를 면할 수는 없었다.

우천시의 결석도 마찬가지였다. 당시 한국인은 우산을 들지 않았기에 비가 오면 일을 쉬며 칩거하는 것이 통례였다. 우산을 가지고 다니는 것을 경멸하고 빗속을 외출하기 위해서는 도롱이를 걸치지 않으면 안되었다. 풀을 먹인 의복에 비는 금물이었다.

이와 같은 이유에서 중도에 퇴학하는 자가 많았고 학부는 학비를 되돌려 받는 방법을 취하거나 전학도 허가하지 않았던 것은 전술하였으며, 때로는 퇴학자의 재입학을 허가하는 일도 있었다.[95] 그리고 학력 우수자는 교원에 결원이 생기면 부교관으로 임용하는 예도 있었다는 것은 이미 설명하였다.

다음으로 각 학교의 졸업상황과 그 진로에 대해 검토해 보고자 한다.

일어학교에서는 다음과 같이 전후 12회, 총206명의 졸업생을 배출하였으나 그 내역은 제1회 11명, 제2회 2명, 제3회 2명, 제4회 5명, 제5회 2명, 제6회 11명, 제7회 8명, 제8회 9명, 제9회 35명 일어부 1회 34명, 2회 35명, 3회 52명이었다.

1909년 9월 신문에 보도된 바에 의하면 일어학교 졸업생 중 관직

95) 『황성신문』 1900.3.16 雜報. 영어학교 김영제 등 12명은 부령에 위반되는 행위를 하였기에 이미 퇴학처리 하였으나 본인 등이 반성하고 재입학을 청원하였기에 특별히 입학을 허가하였다.

으로 들어간 자는 勅任官 1명, 奏任官 32명, 判任官 86명이었다고 한다.96) 이는 이 학교 졸업생의 77%를 넘는 숫자로 이 중 졸업 후 모교의 부교관으로 채용된 자는 다음의 9명으로 조원규, 최재익, 현헌, 박종렬 4명은 교관(주임) 혹은 교수로 승진하였다.

조원규(1회) 노재연(2회) 박종렬(3회) 최재익(4회) 김종권(4회)
현 헌(6회) 유제달(7회) 정대현(9회) 정운식(9회)

모교 교원 이외에 관직을 얻은 자 중, 1908년도까지의 경향을 알기 위해 관보에서 살펴보면 다음과 같다(숫자는 졸업 회차). 탁지부주사가 많은 것은 1904년 말에 目賀田種太郎를 재정고문으로 맞아 재정개혁이 이루어져 일본어가 가능한 인재를 필요로 하였기 때문이다.

재판소와 감옥으로의 취직이 증가한 것은 1907년 제2차 한일협약 제3조의 규정에 의해 사법사무를 행정사무에서 분리, 3심 제도를 확립하고 대심원 이하 각 재판소와 감옥을 신설하여 일본인을 주요한 직위에 배치하였기 때문이다. 게다가 그 후 1909년 7월 양국 정부의 각서에 의해 사법 및 감옥사무는 전부 일본측에 위탁되었다.

탁지부주사 ①박용구(후에 번역관) ⑥윤봉식 ⑥함재원 ⑥민재호 ⑦민병승 ⑦박광희 ⑦민순호 ⑧이찬영
탁지부기수 ①최호원 ⑥송영운
주전원주사 ⑦한태원 ⑧유홍종
탁지부번역관보 ③신태부 ④이범익
내부번역관보 ⑧김종화
삼화부통역관보 ⑧최원식
재판소번역관보 ⑨윤선해 (1)조병록 (1)최주현 (1)장석조 (1)최광섭

96) 『황성신문』 1909.9.14 雜報.

재판소서기 (1)김익연 (1)이윤수 (후에 번역관보)
감옥통역 (1)이후향 (1)임희찬 (1)강영수
소학교보통학교교원 ⑤신기덕 ⑤김영배(후에 地裁번역관) ⑧윤상호
⑧강태균
중학교교관 ①박승원 ②송영환
농상공학교교관 ⑦임경재
농상공부서기 ⑨오두환
원예모범장서기 ⑧최원식
주 ⑧윤상호, ⑧강태균은 1906년6월 졸업과 동시에 한성사범학교 임시교원 양성소(3개월)에 입학하여 그 해 9월 수료함과 동시에 보통학교 부교원으로 채용되었다(『관보』 제3,557호 1906.9.13 (수료생 명단)).

일어학교
제1회 1897.12 조덕성, 유태경 우등2명 박응준, 최호원, 박승원, 박용구, 조원규, 강필우, 안상호, 최인용, 박정선 급제9명(『관보』 제844호 1898.1.12)
제2회 1901. 4 주영환, 노재연 급제2명(『관보』 제1851호 1901.4.3)
제3회 1901. 7 신태부, 박종열 우등1명 급제1명(『관보』 제1930호 1901.7.4)
제4회 1903. 4 최재익, 이범익, 윤태빈, 김종권, 김경식 급제5명 (『관보』 제2484호 1903.4.11)
제5회 1903. 6 신기덕, 김영배 급제2명(『관보』 제2553호 1903.7.1)
제6회 1905. 1 현헌 우등1명 유기덕, 김태익, 주영운, 윤붕식, 민재호, 박광희 이승춘, 조동현, 최학우, 함재원 급제10명(관보 제3051호 1905.2.1)제7회 1906.1 임경재, 한태원, 유제달, 이제붕, 민병승, 민인호, 정헌교, 유기준 급제10명(『관보』 제3359호 1906.1.25)
제8회 1906. 6 윤상호 우등1명 권태전, 이찬영, 김상덕, 유홍종, 강태균, 김종화, 박창진, 최원식 급제8명(『관보』 제3475호 1906.6.9)
제9회 1907. 3 홍승근, 정대현, 이규종, 정운식, 안종철, 김태욱, 최익상, 이범기, 전규석, 김동훈, 윤정섭, 최찬희, 김교철, 박홍진, 오태섭, 위관식, 양건식, 양범석, 오두환, 박제항, 윤선해, 김희성, 김준수, 지태관, 전규동, 최경식, 한상순, 유기호, 박봉로, 이명욱, 이영한, 윤정모, 권영직, 조용언, 이응운(『관보』 제3744호 1907.4.19)

한성외국어학교 일어부

제1회 1908. 5 조병록, 임성호, 이석영, 박영래, 이후향, 최용덕, 최주현, 이홍수 이상 우등. 민완식, 유희종, 한완교, 김익연, 한준호, 문명규, 박윤수, 최광섭, 정진환, 홍종복, 장석조, 이재학, 조재갑, 임희찬, 이교순, 강영수, 문징명, 이택진, 김교봉, 이근수, 이풍직, 안상훈, 박제승, 구봉회, 이종태, 한인호(『관보』 제4079호 1908.5.21)

제2회 1909. 5 김균조, 유진창, 최재조, 이태기, 김동형, 박봉현, 고대석, 예영수, 이장한, 지창일, 고희빈, 고우상, 정태형, 김장환, 이동선, 최호삼, 김교승, 고희환, 이동진, 이노수, 이대혁, 송갑수, 홍두표, 정학묵, 최 륜, 전봉기, 최봉기, 박종성, 김재명, 고희봉, 안익선, 이홍종, 채준석, 김익제, 양경환(『관보』 제4380호 1909.5.19)

제3회 1910. 3 김윤옥, 이성환, 정운석, 민영우, 여충현, 성익환, 황치영, 원광진, 황시청, 이계한, 박건종, 임정빈, 이순혁, 안창선, 김해석, 이도영, 조중현, 추홍규, 최병상, 박승하, 종정순, 조병선, 이범관, 이형열, 원영상, 김영덕, 함주영, 김영국, 윤경로, 안의선, 윤형식, 한상우, 이헌상, 강석규, 노병숙, 이상호, 최호철, 이광식, 민긍식, 이원교, 입성재, 채영석, 이기만, 이한석, 고영명, 오영순, 이순교, 유병원, 김병서, 이제국, 김락은, 홍형식(『관보』 제4678호 1910.5.14)

영어학교에서는 다음과 같이 제1회 4명, 제2회 2명, 제3회 7명, 제4회 2명, 제5회 3명, 영어부 1회(17), 2회 19명, 3회 25명 합계 79명의 졸업생을 배출하였다. 이 중 모교 교원으로 채용된 자는 신봉희(2회), 안병익(鳴濩 2회), 최병욱(3회), 전규영(3회) 4명이었다.

졸업생의 대다수는 영미계의 상사나 일반 상점에 취직하거나 사립학교 영어교사로서 직업을 얻은 자와 미국 등에 유학한 자가 대다수이고 관직에 취직된 자는 적었다.

영어학교

제1회 1903.2 김진식, 김영제, 정재성, 박영석 급제 4명(『관보』 제2443호

1903.2.23)

제2회 1904.2 신봉희, 안병익(鳴瀀) 급제 2명(『관보』 제2761호 1904.2.29)

제3회 1905.1 장두상, 현근, 전규영 우등3명 남궁염, 고병익, 최병욱, 권기옥 급제4명(『관보』 제3051호 1905.2.1)

제4회 1906.1 문명진, 박윤영 급제 2명(『관보』 제3359호 1906.1.25)

제5회 1907.3 윤고병, 김길훈, 임병삼(『관보』 제3744호 1907.4.19)

한성외국어학교 영어부

제1회 1908.5 송기석, 오건영, 이의상, 이건상, 홍병은, 최희관, 정은섭, 송이순, 김명규, 이의창 이하 우등 구자옥, 이의춘, 한규질, 이상규, 한태원, 전세진(『관보』 제4079호 1908.5.21)

제2회 1909.5 이원혁, 이준옥, 신정균, 이범영, 최명철, 고영일, 최상호, 박태진, 남상목, 남상협, 임필재, 이기봉, 남궁건, 이원순, 함병철, 고병성, 김의영, 김준선, 심훈택(『관보』 제4380호 1909.5.19)

제3회 1910.3 현윤, 권태선, 이도균, 윤시영, 권경환, 박규원, 정□욱, 태석언, 김봉규, 전완근, 종병섭, 민병덕, 김 황, 민영욱, 신 균, 방건태, 김정택, 김영익, 이명규, 김재규, 이명구, 김원용, 이치규, 최석모, 이주호(『관보』 제4678호 1910.5.14)

불어학교는 제1회 1명, 제2회 8명, 제3회 3명, 불어부 1회 8명, 2회 4명, 3회 2명 합계 26명의 졸업생을 배출하였다. 이 중 모교의 부교관으로 채용된 자는 없으며 다른 관직에 취직된 자도 거의 없었다.

불어학교

제1회 1906.1 한길수 급제 1명(『관보』 제3359호 1906.1.25)

제2회 1906.7 박용선, 홍순택, 최상목 우등 3명 태학선, 김용덕, 유명우. 박용구, 이경석 급제 5명(『관보』 제3496호 1906.7.4)

제3회 1907.3 오경환, 정연교, 김홍렬(『관보』 제3744호 1907.4.19)

한성외국어학교 불어부

제1회 1908.5 이윤제, 민완식, 백찬기 이상 우등 최봉교, 박태신, 임응철,

전재풍, 주재풍(『관보』 제4079호 1908.5.21)
제2회 1909.5 강한중, 김영권, 이용환, 김석배(『관보』 제4380호 1909.5.19)
제3회 1910.3 박성원, 이택영(『관보』 제4678호 1910.5.14)

한어학교는 다음과 같이 제1회 4명, 제2회 6명, 제3회 5명, 제4회 6명, 제5회 1명, 제6회 5명, 제7회 7명, 한어부 1회 9명, 2회 9명, 제3회 11명 합계 63명의 졸업생을 배출하였다.

이 중 모교 부교관으로 채용된 자는 오극선(1회), 오규신(2회), 유광열(2회), 이명칠(3회), 김원배(3회) 5명이었다. 그 밖에 김영갑(2회)이 학부주사로 채용되는 등 여러 명이 관직을 얻었으나 사립학교 교사 외에 對청무역상이나 일반상점으로의 취직이 많았다고 보여진다.

한어학교
제1회 1900.7 이옥, 정우홍 우등 2명 오극선, 조재승 급제 2명(『관보』 제1635호 1900.7.25)
제2회 1901.7 이완종 우등 1명 신□휴, 김영갑, 오규신, 조희재, 유광열 급제 5명(『관보』 제1930호 1901.7.4)
제3회 1903.1 임국승 우등 1명 이명칠, 김원배, 김영제, 윤해영 급제 4명(『관보』 제2419호 1903.1.26)
제4회 1905.6 윤상국, 송병덕 우등 2명 정영시, 황성재, 서극무, 서정준 급제4명(『관보』 제3178호 1905.6.29)
제5회 1906.1 최홍순 급제 1명(『관보』 제3359호 1906.1.25)
제6회 1906.7 장의환, 김완규, 이민응 우등 3명 김순용, 한봉호 급제 2명(『관보』 제3486호 1906.6.22)
제7회 1907.7 유익수, 신형호, 김윤기, 권찬규, 오경상 우등 5명, 홍우성, 조동식 급제 2명(『관보』 제3871호 1907.9.14)

한성외국어학교 한어부
제1회 1908.5 손희성, 윤선호, 조병규, 유봉열, 이유상, 김구영, 강용주, 고희태 이상 우등 최영호(『관보』 제4079호 1908.5.21)
제2회 1909.5 권태익, 이기성, 왕희림, 안성호, 육원봉, 정구동, 조원성, 한

효석, 이정구(『관보』 제4380호 1909.5.19)
제3회 1910.3 심세택, 정래진, 정은섭, 이성구, 이한종, 김세환, 정유진, 이희종, 김형기, 조유환, 이상철(『관보』 제4678호 1910.5.14)

독어학교는 제1회 4명, 독어부 1회 2명, 2회 2명, 3회 3명, 합계 11명이 졸업하였으나 모교 부교관으로 채용된 자는 이인식, 한상동, 양승익 3명으로 다른 관직에서의 구인은 거의 없었다.

독어학교
제1회 1907.2 이인식, 한상동, 김중화, 현 윤(『관보』 제3700호 1907.2.27)

한성외국어학교 독어부
제1회 1908.5 정동일, 량승익 이상 우등(『관보』 제4079호 1908.5.21)
제2회 1909.5 김성구, 이응재(『관보』 제4380호 1909.5.19)
제3회 1910.3 이 혁, 한경집, 이돈식(『관보』 제4678호 1910.5.14)

인천항 분교(인천일어학교)는 제1회 9명, 제2회 1명, 제3회 7명, 제4회 2명, 제5회 5명, 제6명 9명, 제7회 13명, 제8회 7명, 제9회 10명 합계 63명의 졸업생을 배출하였다. 이 중 분교의 졸업생은 제6회까지로 33명으로 독립학교가 되어서는 제7회 이후 30명이 졸업하였다.

졸업생 중 모교 부교관으로 채용된 자는 이근호(1회), 서병협(3회)와 정규명(6회) 3명이었다. 또 김원식(4회)은 황해도 통역관보로 최익하(6회)는 전라남도 통역관보로 채용되었으나 최익하는 그 후 인천부 주사로 이동되었다.

선행연구[97]는 초년도 제1기생 30명이 입학하여 겨우 9명의 졸업

97) 사쿠라이 요시유키(櫻井義之), 「『관립 인천일어학교』에 관하여」 『조선학보』 제81집, 1976. 사쿠라이 논문의 기술에 의하면 "광무 3년(메이지 32년) 6월에는 인천일어학교에 야학교가 병설되었다"고 하여 야학규칙을 소개하고 "야학교와 동시에 일어속성과를 두어 항내의 청년 및

생에 지나지 않았다고 하여 졸업생 취직은 제1기생부터 제8기생까지 53명에 대해 "관공료 26, 실업종사 16, 그 밖 9, 사망 2"였다고 한다.

인천항외국어학교 분교

제1회	1897.10	이근호, 이병창, 이동환, 김춘배, 박창호, 정원조, 김윤현 성명미상 2명(『관보』 제1,820호 1901.2.26)
제2회	1901. 6	함근혹 급제1명(『관보』 제1,906호 1901.6.6)
제3회	1903. 5	이종열, 송문수, 고주연 우등 3명 이성진, 신태연, 서병협, 이덕명 급제4명(『관보』 제2,525호 1903.5.29)
제4회	1904. 8	김원식, 최영휘 급제 2명(『관보』 제2,921호 1904.9.2)
제5회	1905. 5	이구연, 서정규, 김종대, 함희풍, 장봉의 급제5명 (『관보』 제3,145호 1905.5.22)
제6회	1906. 5	정규명, 최익하, 남상익, 이종□, 최봉주, 심의근, 박응래, 박용후, 김 삼 급제 9명(『관보』 제3,466호 1906.5.30)
제7회	1907. 3	이규용, 김상훈, 장도순, 윤병두, 이원옥, 김규상, 황문주, 최진하, 최성규, 배두성, 이장춘, 노건빈, 이희태 (『관보』 제3744호 1907.4.19)
제8회	1908. 5	김태영, 최영민 이하 우등 피교덕, 이종호, 이인용, 김석근, 채 린(『관보』 제4079호 1908.5.21)
제9회	1909. 5	김학인, 김규언, 정태국, 이명호, 박수호, 송만실, 김인정, 정 영, 이근영, 심능영(『관보』 제4380호 1909.5.19)

평양일어학교는 제1회 12명, 제2회 13명, 합계 25명의 졸업생을

관료 등 희망 입학자에게 문을 열었다. 이 해 광무 3년(메이지 32년) 6월 신학기에는 2학년 14명, 1학년 18명, 야학생 27명의 기록이 있으며 야학생이 압도적으로 많았다. 그러나 속성과는 졸업생이 겨우 4명이 불과하였다. 이듬해 광무 4년 6월에는 속성과는 폐지되었다"고 하였으나 인천부사는 "33년 6월 1일 새로 야학 속성과를 부설하고 학생 27명을 모집하여 더욱더 일어의 보급을 꾀하여 이듬해 졸업생 14명을 배출하였다. 이듬해 이를 폐쇄하였다(1,326쪽)"로 양자는 개설, 폐지시간, 인원 모두가 일치하지 않는다. 사쿠라이 논문은 이 학보편 『관립 인천일어학교 연혁사』를 자료로 하므로 이를 참조한다.

배출하였으나 이 중 나영곤(1회)이 모교 부교관으로 채용되었다.

평양일어학교

제1회 1908.5 나영곤, 이응철, 차정준, 양동환, 신윤성, 나창섭, 손수경, 황윤, 변인기, 송영상, 노인규, 정해염 이상 우등(『관보』 제4079호 1908.5.21)

제2회 1909.5 양제겸, 이정갑, 김종칠, 강원택, 윤동식, 김기영, 김복준, 김취학, 박선염, 최승연, 김정록, 선우노, 김영수(『관보』 제4380호 1909.5.19)

게다가 관립 한성외국어학교 일어 속성과는 1909년 5월에 37명, 1910년 3월에 34명 합계 71명이 수료하였다.

補註

1908.5.11「학부령」제12호 '관립한성외국어학교 속성과 규칙'『관보』제4072호 1908.5.13

제1조 관립 한성외국어학교에 속성과를 둔다.

제2조 속성과의 정원은 50명으로 한다.

제3조 속성과의 수업연한은 1년으로 한다.

제4조 속성과의 학과목은 일어로 한다.

제5조 속성과의 학과과정 및 매주시간수는 학교장이 정하여 학부대신의 인가를 받는다.

제6조 속성과에 입학하는 자는 다음의 자격을 가진 자로 한다.

一, 보통 국어 및 한문을 이해하는 자

二, 연령 15세 이상의 자

三, 신체건강하고 품행 단정한 자

제7조 속성과에 재학하는 자는 매월 5일 이내에 수업료 50전을 납입한다.

제8조 학년수업일수, 휴일, 입학, 퇴학, 그 밖 본령에 규정한 것은 모두 본교의 규정을 준용한다.

제5장 농상공학교

1. 연 혁

고종은 1895년 2월 교육입국조서에서 근대교육의 필요와 그 이념을 국민에게 알렸으나, 오랜 세월에 걸쳐 몸에 배인 유학을 떨쳐버리고 새로운 문물을 받아들이는 것은 용이한 일이 아니었다. 정부는 근대학교 설립을 위해 관제와 규칙을 제정하였으나, 교육개혁에 소극적으로 근대학교 설립은 저조하였고 그 발전도 기대할 수 없었다.

이와 같은 신교육의 부진에 걱정이 된 고종은 더욱더 절실한 심경에서 1899년 4월 다음과 같은 교육 독려의 조서[1]를 발표하였다. 여기에는 근대교육을 원하는 고종의 열의와 "상공학교를 개설하는 것이 더욱 급선무이다"라는 직업교육 진흥을 독려하는 열정이 넘치고 있다.

> 나라가 학교를 개설하여 인간교육을 하는 목적은, 지식교육을 높이고 또한 학문의 향상을 추구하는 것에 의해 결과적으로 국민생활의 질을 높이는 것이다. 현재, 세계 각국은 필사적으로 부국강병을 목표로 하여 두려울 것이 없는 강력한 국가가 되었다. 우리나라도 서둘러 일상생활의 기본이 되는 선악을 바르게 하고 그를 위한 학문의 열정으로 세상사의 진실을 확인

---

1) 『관보』 제1248호 1899.4.29.

하고 살필 필요가 있다. 지식이란 우수하면 우수할수록 학문의 깊은 뜻을 추구하는 것이다. 우수한 인재는 하루가 다르게 진보한다. 국가로써 이보다 중요한 것은 없다.
우리 국민의 능력은 외국과 비교하여 결코 뒤떨어지지 않으나, 교육이라는 관점에서 보면 기본이 없으므로 지식교양의 면에 있어서 발전이 없고 농상업의 발전에도 큰 성과를 볼 수 없다.
그것이 원인으로 국민의 생산고는 나날이 감소되고 국가재정은 축소되는 상황에서, 학교도 겨우 문구는 배급하여도 교육에 관해서는 무지였고, 과거 5, 6년 이래 아무런 진보도 없었다. 상공학교에 이르기까지는 급무를 필요로 하고 있다.
일찍이 年勅이 내려졌으나 결국은 학교개설에 대해서는 언급이 없었고 어찌하여 학교개설이 빠질 수 있었는가. 실로 슬픈 일이다.
정부가 이 문제를 바로잡은 후 종래의 인습에 따르는 일이 없도록 모든 일에 있어서 도리를 지키고 이후의 발전이 가능한 계획을 세우도록 한다.

詔書에서 상공학교 개설이 급무라는 지적은, 정부를 강제로 움직이게 하여 그 해 6월 24일 칙령 제28호를 계기로 「상공학교 관제」[2]가 공포되었다. 이 내용은 다음과 같이 상공학교는 상업과와 공업과를 두고 수업연한은 4년으로 하여 처음의 1년은 예과, 후의 3년을 본과로 하였다.

또 교육과정과 규칙 등은 학부대신이 정하고 교직원은 교장(주임) 외에 교관(주임 또는 판임) 10명 이하, 서기(판임) 2명으로 하고 외국인도 고용하도록 하였으나 지방의 정황에 따라서는 상공학교를 지방에도 설립하는 것으로 하였다.

제1조 상공학교는 상업 및 공업에 필요한 실학을 교육하는 곳으로 정한다.
제2조 상공학교에 상업과 및 공업과를 분리 설치한다.
제3조 상업과 및 공업과의 수업연한은 4개년으로 하고 처음 1년을 예과로 후의 3년으로 본과를 졸업하는 것으로 한다.
제4조 상공학교의 학과 및 정도 그 밖의 규칙은 학부대신이 정한다.

2) 『관보』 제1299호 1899.6.28.

제5조 상공학교에 다음의 직원을 둔다.
학교장 1명 주임 교관 10명 이하 주임 혹은 판임 서기 2명 판임

제6조 학교장은 학부대신의 명령에 의해 주무국장의 지휘에 따라 일절의 교무를 권장하고 소속 직원을 감독한다.

제10조 교관은 혹은 외국인을 충분히 고용하도록 하고 그 인원은 학부대신이 정한다.

제12조 지방 정황에 따라 상공학교를 지방에 설립하는 것으로 한다.

그런데 상공학교는 교직원의 인사가 대폭 늦어져, 이듬해 1900년 1월이 되어 겨우 서리 민긍호를 발령하여 개교사무를 보도록 하였다. 그리고 그 해 9월 교관 이병선, 현국, 서기 이문혁이 발령되었으나 겸무교장 김각현(학부학무국장)의 발령은 12월까지 연기되었다.

그 밖의 교관인사는 다음과 같이 그해 말까지 집중적으로 발령하였으나, 1900년 중에 임용된 교관 14명 중, 4명은 그 해 중에 자진 사퇴를 하여서 그해 말 현재 인원은 정원과 같이 10명이었다.

서기	민긍호	1900. 1. 9~1900.12.15	교관	김교현	1900.12. 4~1902. 2. 1
교관	이병선	1900. 9.25~1902. 2. 5	교관	최성환	1900.12.11~1901. 3.15
	현 국	1900. 9.25~1902. 2. 5		조정환	1900.12.11~1901. 3.11
서기	이문혁	1900. 9.25	(겸)교장	김각현	1900.12.13~1901.11. 9
교관	박정선	1900.11.13~1902. 2. 4	서기	권홍주	1900.12.19
	김영기	1900.11.13~1900.11.24	교관	이만봉	1900.12.19~1901. 3.11
	유조환	1900.11.24~1900.12. 4		김동응	1900.12.19~1900.12.29
	김창인	1900.11.24~1902. 2. 1		김봉희	1900.12.29~1901. 3.21
서기	박승갑	1900.12. 1		권재항	1900.12.29~1901. 3.15
교관	허 윤	1900.12. 4~1900.12.29			

1901년 이후는 단기간에 빈번한 인사이동이 이루어졌다. 발령 수일 후에는 사퇴하는 상황이 발생하고 결국에는 이틀 후 혹은 다음날에 교체되는 사례가 발생하였다. 1902년 2월 5일 상석교관 이병선 외 9명이 사퇴하였을 때에는 한번에 10명의 교관을 보충하였으

나 이것도 6개월 후에는 전원 모두 바뀌고 수일 후 혹은 다음날에는 교체되는 폐단이 끊임없이 계속되고 있었다.

이와 같은 사례는 실제로의 직업이 동반되지 않는 형식상 발령이었지만 표면상 직책만으로 존경받았고, 후일 관직을 얻었을 때에는 '前 교관'으로 발령되기 때문에 나름대로의 실리가 있었다. 그러나 본채용을 위해서는 출신 계급이 좋고, 연고가 있으며, 금전적인 면에서도 오고 가는 것이 있었다고 여겨진다. 여하간 상공학교는 외국어학교와 사범학교 등의 뒤에 가려져 존재감이 없었고 학생모집 광고를 관보에 올리는 것도 없었기 때문에 실태를 파악할 수 없었고 개교한 흔적도 없다.

정부는 1904년 6월 8일 칙령 제16호에서 「농상공학교관제」[3]를 제정 공포하였으나 「상공학교관제」를 답습한 내용에 그쳐 새로 농과가 추가된 것 뿐이었다. 하지만 그 해 8월에 「관립 농상공학교 규칙」[4]이 제정된 것은 일보 진보한 것이었다.

규칙 중 주된 것은 다음과 같고 이 학교가 실업에 필요한 학리뿐 아니라 기술을 교수하고 그를 위해서는 기계를 준비하여 실습을 시행한다고 한 것은, 학교에서 실업교육을 추진하는 데 있어서 당연한 규정이었다.

그러나 중요한 학습교과목은 예과에 대해서만 명시하고 본과에 대하여는 뒤로 미루고 있다. 또한 하루 학습시간을 5시간으로 하였으나 학년은 9월에 시작하는 봄·가을 2학기제로 이 단계에서는 아직 일본의 제도와는 다른 독자성이 유지되고 있었다.

입학은 예과를 거치지 않고 직접 본과로 입학하는 경우가 있으며

---

3) 1904년 6월 8일 「칙령」 제16호 '농상공학교관제' 『관보』 제2850호 1904.6.11.

4) 1904년 8월 18일 「학부령」 제16호 '관립 농상공학교규칙' 『관보』 제2911호 1904.8.22.

입학연령은 만17세 이상 25세 이하로 입학시험 과목은 국문·한문의 독서와 작문으로 하였다.

제1관 제1조 본교는 농상공실업에 필요한 학리와 기술을 교수한다.
제3조 본교는 수업연한을 4년으로 하고 처음 1년은 예과로 하여 학습하고 수업증을 받은 후 본과로 입학하여 3년에 졸업하는 것으로 한다.
제4조 본교 학원에게는 재학 중 교과서를 대여하고 필요한 지필묵을 지급한다.
제2관 제2조 예과의 과정은 본국역사 본국지지 만국역사 만국지지 화학 물리학 경제학 산술 도화 외국어로 정한다.
제3조 각과의 교수시간은 매일 5시간으로 정하고 절기에 따라 추이하여 개정한다.
제3관 제1조 학년은 9월 1일에 시작하여 이듬해 6월 30일에 끝난다.
학년을 나누어 다음과 같은 2학기제로 한다
一. 봄학기 1월 제4일부터 6월 30일까지
一. 가을학기 9월 1일부터 12월 30일까지
제4관 제1조 입학시기는 매년 가을학기 처음과 봄학기 처음으로 정한다. 단, 시기에 상관없이 필요한 자격을 가진 자는 임시입학을 허가한다.
제2조 본교 예과 수업학생 외에 본과로 직접 입학할 수 있는 학력을 가진 자는 시험을 거쳐 특별히 허가하는 것으로 한다.
제3조 입학을 지원하는 자는 다음의 자격을 가진 자를 허가한다.
一. 연령이 만17세 이상 25세 이하
一. 신체 건강한 자
제4조 입학을 원하는 자는 제1호 서식에 따라 신청증서를 교장에게 출원하고 입학시험을 거쳐 허가를 받는다.
입학시험과목
一. 국문 독서 작문
一. 한문 독서 작문

이에 따라 동교는 1904년 8월 24일부터 다음의 학생모집광고를 관보에 연재하였으나 모집학교는 먼저 '공업과'로 하고 9월 10일 광고부터는 '상공업과'로 하였다. 그리고 이듬해 1905년 8월 7일부터 동일한 학생모집 광고를 관보에 연재하고 있으나 여기에는 학과가 명기되어 있지 않다.

관립농상공학교 학원모집광고 (『관보』 제2,913호 1904.8.24)
금번 농상공학교를 신설하여 공업과를 먼저 교수하므로 입학을 희망하는 자는 9월22일(음력 8월13일)까지 신청증을 본부에서 교부받아 이날 정오 12시에 실시하는 입학시험에 응할 것
광무 8년 8월22일 학부
시험과목 一, 국문 독서 작문 一, 한문 독서 작문
一, 입학자의 연령은 17세 이상 25세 이하로 한다
신청증지는 본부에 와서 받을 것

더욱이 상공학교비는 1903년까지 정부예산에 전혀 계상되지 않았으나(학교의 실체가 없으므로 당연한 것이지만), 1904년도 예산으로 처음 22,350원이 배분되었다. 이 금액은 학부 소관 학교비의 16.5%에 해당하고 사범학교비의 5배, 중학교비의 약 10배에 상당하는 금액이었다. 여기까지 와서 정부도 겨우 실업교육에 적극적인 자세를 취한 감이 있다. 그러나 당시의 실업별 경시풍조를 반영하여 "학생수는 많게는 한 과 30명이고 적게는 10명에 미치는 가장 나쁜 상태"5)였다.

교직원은 1904년 6월에 전임교장 홍우관, 교관(주임) 이만규, 서기 권홍주, 송무용 4명이 발령되었다. 이 4명을 포함한 학교의 교직원 이동은 다음과 같이 이 학교가 폐지되기까지 약 3년간 21명 정도였다.

이 중 수석교관 이만규는 관립 소학교장에서, 교관 변지상은 탁

5) 『제1차 한국시정연보』 통감관방, 1908, 370~371쪽.

지부(조선후기의 국가 재정담당관청) 量地局기수에서 전임되었다. 또 교관 임경재는 한성 일어학교 제7회 졸업생이었다(따라서 발령은 졸업시의 형식상 발령에 의해 일어학교 부교관의 직책이 있었다). 그 후 이만규가 학부시학관으로 전출되고 후임으로 안형중이 주임교관으로 승진하였으나 1907년 2월 공업전습소 개설과 함께 공업전습소 기사로 전출되었다.

이 학교는 1907년 3월 21일을 기해 더 큰 발전을 위해 폐지되었으나 폐교 당시의 교직원은 교장 홍우관, 교관 김대희, 임경재・김진준, 부교관 이명구, 서기 권홍주, 이희문 7명이었다. 그리고 이 학교 고용 일본인교사는 1905년 9월 고용된 농과 赤壁次郎(월봉, 숙사비 합계 200원), 공과 久野末五郎(동일 200원) 외에 野澤採太郎와 大西中次郎가 있었으나 폐교함에 따라 해임 귀국하였다.[6)]

교장　　　홍우관 1904. 6.11
교관(주임)이만규 1904. 6.27~1906. 5.31(학부시찰관으로)
　(판임)현　국 1904. 7. 6~1905.10. 9
　(판임)안형중 1904. 7. 6~1906. 6. 6교관(주임)
　　　　　　~1907. 3. 5(공업전습소기사로)
　(판임)김상연 1904. 7. 6~1906. 5.31
　(판임)송재관 1904. 8.29~1904.10.12(탁지부주사로)
　(판임)홍인표 1904.10. 8~1906. 9.24
　(판임)변지상 1904.10.12~1905.10.10
　(판임)김택길 1904.10.12~1905.10. 9
　(판임)김대희 1904.12.30
　(판임)이장노 1905. 7. 1~1906. 9.15
　(판임)임경재 1906. 5.31

---

6) 野末五郎 및 일어학교 교사 長山乙介 해임 귀국여비 및 보수금 800원을 지출.
『황성신문』 1907.4.2 (잡보). 농상공학교폐지에 의해 野澤採太郎, 大西中次郎을 해고하여 위로금, 여비 500엔 지급.

(판임)유승겸 1906. 6.15~1907. 1.12
(판임)강세진 1906.10. 9~1907. 1.12
(판임)김진선 1907. 2. 4
부교관 이명구 1907. 1.12
서기 권홍주 1904. 6. 8
서기 송무용 1904. 6.14~1904.12.21
서기 김영선 1904.12.21~1905. 2.20
서기 김명수 1905. 2.20~1905. 4.25
서기 이희문 1905. 4.25

한편 1905년 7월 예과졸업생 25명의 이름이 다음과 같이 관보에 게재되었으나 본과 졸업생에 대해서는 이와 같은 형태로 그 이름이 공시되는 일은 없었다.

김재억 권석규 신현태 송달섭 윤시용 송정환 이강열 권□철 김윤환
이필희 송형선 신명균 김운용 권인수 이봉환 김진영 윤순용 유진두
신완식 유석준 이사진 홍재하 강대신 김영상 박송규
(『관보』 제3189호 1905.7.12)

그리고 1906년 1월 19일 「칙령」 제6호 '농상공부관제개정건'[7]에 의해 농상공부 관제가 개정되어 제10조 규정에 의해 농상공부기수에게 명예원 제도가 신설되어 농상공학교 졸업생이 실업장려를 위해 '명예기수'라고 하여 발령되었다.

제10조 농상공부 기수는 3명 기수는 8명을 정원으로 한다. 실업장려를 위해 명예원을 수시로 증설한다.
단 명예원은 농상공과 졸업자에게 한한다.

---

7) 1906년 1월 19일 「칙령」 제6호 '농상공부관제개정건' 『관보』 제3356호 1906.1.22.

이에 따라 다음과 같이 그 해 2월에 졸업생 9명, 3월에는 졸업생 1명에 대해 발령이 있었으나 12월에는 101명의 졸업생이 명예기수의 발령을 받았다.[8)]

이 중 2월 발령은 농상공 3과 졸업생이라고 명기되어 있으나 그 밖의 발령은 전원이 공과 졸업생이었고 본과의 수업연한에서 보면 2월과 3월의 졸업생은 구제 상공학교시대부터 재학생이었을 가능성이 있다.

그러나 12월 101명의 졸업생은 이 많은 인원이 구제 상공학교부터 이어져 4년간이나 재학하였다고는 생각되지 않는다. 오히려 이듬해 3월 폐교를 대비해 졸업시기를 대폭 앞당긴 것은 아닌가 보여진다. 이 학교가 실질적으로 이행한 농림학교나 공업전습소가 수업연한을 단축하고 양쪽 모두 2년으로 한 것에 해답이 있을 것이다.

1906. 2.22 임농상공업기수 서판임관 8급 이승한 박노한 현 장 이근호
최영국 김학신 이철태 김면희 윤시용
다음은 농상공3과 중 졸업자
1906. 3. 4 임농상공부기수 서판임관 8급 송태승 다음은 공과졸업자
1906. 8. 3 임농상공부주사 서판임관 7급 김두섭 다음은 공과졸업자
1906.12.15 임농상공부기수 서판임관 8급 박두환 외 100명 다음은 공과졸업자

2. 농림학교

농상공학교는 1907년 3월 21일을 기해 폐교되었으나,[9)] 전년 1906

8) 『관보』 제3390호 1906.3.2, 『관보』 3394호 1906.3.7, 『관보』 제3524호 1906.8.6, 『관보』 제3641호 1906.12.20.

9) 1907년 3월22일 「칙령」 제14호 '농상공학교 관제폐지건' 광무 8년 칙령 제16호. 농상공학교관제는 광무 11년 3월 21일을 기해 폐지한다. 『관

년 8월에는 농과를 분리하여 농림학교관제가 1907년 2월에는 공과를 이행하기 위해 공업전습소 관제가 제정 공포되었다.

그리고 실업교육기관은 농상공부 소관으로 하는 편이 편의상 좋다고 하여 양교는 학부에서 농상공부로 소관교체를 하였다. 또 상과는 재단법인 선린상업학교로 하여 학부감독 하에 재출발하게 되었다.

「농상공부소관 농림학교 관제」[10]에 의하면 다음과 같이 농림학교는 농림업에 필요한 교육을 시행하고 교장은 농무국장이 겸무하며 교수, 교수보, 서기의 교직원 외, 당분간 일본인 교사를 고용할 수 있도록 하였다.

제1조 농림학교는 농상공부대신의 관리에 속하며 농림업에 필요한 교육을 시행한다.
제2조 농림학교에 다음의 교원을 둔다.
교장 1명 주임 교수 전임 5명 주임 사감 1명 주임 혹은 판임 교수보 전임 2명 판임 서기 전임 3명 판임
제3조 교장은 농무국장이 겸임하고 농상공부대신의 지휘감독을 받아 학교 중의 제반사무를 본다.
제4조 교수는 상관의 지휘에 따라 교무를 본다.
제5조 사감은 교수 교수보 혹은 서기가 겸무하고 상관의 명에 따라 학생을 감독한다.
제8조 현 본교직원 중에는 일본국 학술가를 초빙하여 그 사무를 임시대리할 수 있다.

그리고 그 해 9월에는 「농상공부소관 농림학교규칙」[11]을 제정공

보』 제3723호 1907.3.26.

10) 1906년 8월 27일 「칙령」 제39호 '농상공부소관 농림학교관제' 『관보』 제3545호 1906.8.30.

11) 1906년 9월 10일 「농상공부령」 제48호 '농상공부소관농립학교규정' 『관보』 제3,557호 1906.9.13
연구과

포하였다. 그 내용은 다음과 같이 먼저 교육의 목적을 농림업에 필요한 지식기능을 교수하는 것뿐 아니라 덕성의 함양에도 중점을 두는 것으로 하였다. 본과의 수업연한은 2년으로 단축되었으나 졸업생을 위해 농학과 임학을 전문으로 하는 1년의 연구과를 준비하였다. 또 경우에 따라서는 농업과 임업에 관한 특수한 분야를 학습하는 속성과(수업연한 1년 이내)를 두는 것으로 하였다.

학생정원은 본과 80명, 연구과 40명으로 하고 속성과에 대해서는 수시 인정하는 것으로 하였다. 또 입학자의 연령을 만15세 이상 30세 이하로 제한하고 재학 중 학습에 전념하도록 가사에 관계없는 자를 자격조건에 추가하였다.

학교년도는 종래 9월 개시였던 것을 일본에 따라 4월로 개정하고 2학기제를 3학기제로 변경하였으나 이는 일본세력이 당시의 교육제도에 개입하여 결국은 이를 지배하는 과정의 한 장면이었다.

그리고 제10조에 교육과정을 정하고 전문과목 외에 수신, 일어, 수학, 이화학 및 기상, 박물을 배치하고 일어에 관해서는 1년차에서는 매주 6시간, 2년차에서는 매주 4시간 학습하도록 하였다.

제1조 본 학교는 농림업에 관하여 필요한 지식 및 기능을 교수하며 겸하여 덕성을 함양하는 것을 목적으로 한다.
제2조 본과에 본과 및 연구과를 설치한다.
제3조 본과의 수업연한은 2년으로 한다.
제4조 연구과는 본과 졸업생에 대해 농학 및 임학을 전문으로 하는 자를 위해 설치하고 그 연한은 1년으로 한다.
제5조 때에 따라 본 학교에 속성과를 두고 농업 및 임업에 관하여 필요한 학과목 중 특수한 것을 수업한다. 단 연한은 1년 이내로 한다.

농학: 토양학 2, 비료론 4, 식물생리 및 작물병충해 3, 축산학·양잠 및 제사 6, 농산제조학 1, 농정학 2, 계 18
임학: 삼림수학 5, 조림 및 삼림보호학 5, 삼림경리학 3, 삼림이용학 3, 임정학 2 계 18. 모두 실습은 정하지 않음.

제6조 본 학교 학원의 정원은 본과 80명 연구과 40명으로 하고 속성과 인원은 수시로 인정한다.

제7조 1학년을 3학기로 나누고 제1학기는 4월 1일부터 8월 31일 까지, 제2학기는 9월 1일부터 12월 31일까지, 제3학기는 다음해 1월 1일부터 3월 31일 까지로 한다.

제10조 학과과정 및 매주 일 교수시간은 다음과 같이 정한다

학과목	시 수	제1학년	시 수	제2학년
수신	1	인륜도덕요지	1	상동
일어	6	회화서취독서	4	회화받아쓰기독서작문
수학	3	필산주산	3	대수기하측량
이화학 및 기상	3	물리화학기상		
박물	3	동물 식물		
농학대의	2		1	
토양 및 비료			2	
작물	2	작물재배	2	작물재배원예병충해
축산			1	
양잠	1		1	
농산제조			1	
임학대의	3		1	
조림학			3	
수의학대의			3	
경제 및 법규			1	
계	24		24	
실 습	정하지 않음		정하지 않음	

제11조 입학을 지원하는 자는 다음의 자격을 갖춘 자여야 한다.

1. 만15세 이상 30세 이하의 자
2. 신체강건하고 품행 단정한 자
3. 재학 중 가사에 관계없는 자

이와 같이 농림학교는 1906년 9월 농상공학교 농과 재학생과 경성학당 농업속성과 학생을 제1학년에 편입시켜 새로이 임업속성과 학생을 모집하고 농상공학교교사에서 수업을 시작하였다.

아울러 경기도 수원 권업모범장 근처 토지에 이전부터 건축 중이던 교사가 준공하여 1907년 1월에 수원으로 이전하였다. 학교용지는 총면적 37,500여 평 중 교사대지로 4,300평을 쓰고 그 밖은 논, 밭, 뽕나무밭, 식물원, 과수원, 산림, 관사대지 등으로 건물 총 평수는 557여 평이었다.

그해 4월에는 다음의 임업속성과생 12명이 졸업하였으나 임업속성과는 정부의 모범조림사업의 기술자를 양성하기 위한 것으로 졸업생 전원이 농상공부에 채용되었다. 이 중 장두병·최태용·김정학·김화준 4명은 농상공부 書記郎으로 나머지 8명은 농상공부 기수로 발령되었다.12)

장두병 최태용 김정학 김화준 김의용 김종원 김상겸 김원일 조병채
김찬오 안규응 김광하

그 후 1908년 3월 규칙을 개정13)하고 수의속성과를 증설하며 졸업생 및 수업생의 취업의무에 대해서는 규정을 신설하여 학비의 지급 급액을 월 6원으로 증액하였다.

3월의 규칙개정과 함께 학교는 본과생 40명과 수의속성과생 20명을 모집하고 입학자격을 만15세 이상 30세 이하로 하여 4월 1일과 2일에 걸쳐 일어·수학·한문 시험과 신체검사를 실시하였다.14)

---

12) 『관보』 제3744호 1907.4.19 농림학교 제1회 시험방목 『관보』 제3801호 1907.6.25 임용발령은 6월 20일부.

13) 1908.3.4 「농상공부령」 제62호 '농상공부소관 농림학교규칙중 개정건' 『관보』 제4015호 1908.3.6.

제1조 광무 10년 농상공부령 제48조 농상공부소관 농림학교규칙 제5조 중 '및 임업'을 '임업 및 수의'로 개정.

제2조 동 제6조 다음에 한 개의 조항을 삽입하고 이하 제반 조건을 순차 배정한다.

제7조 본학교 졸업생 및 수업생에 대하여 직무을 지정할 시에는 졸업 또는 수업 후를 기산점으로 하여 학자급여를 받는 연수의 2배 기간 종사하는 의무를 부가하고 사임시에는 재학 중 급여받은 학자금을 전부 또는, 혹은 얼마간의 부분을 배상한다.

제3조 동 제20조 중 '5원'을 '6원'으로 한다.

제4조 동 제30조를 삭제한다.

14) 『관보』 제4012호 1908.3.3 농림학교 학원모집 광고.

그러나 이듬해 1909년 6월에는 규칙의 전문개정을 행하여,[15] 다음과 같이 본과의 수업연한을 3년으로 하고 학생정원을 본과 120명, 연구과 40명으로 하고 교육과정에서도 내용을 전면적으로 개정하여 더욱 전문성을 높였다.

또 수업료를 징수하지 않는 것을 명기하여 학생이 전원 기숙사에 들어갈 것을 원칙으로 하며 입학자격에 관해서는 본과생의 연령상한을 내려 25세 이하로, 속성과생의 연령하한을 올려 20세 이상으로 하며 성적평가에 관해서는 제25조 이하에서 상세히 규정하였다.

제3조 본과의 수업연한은 3년으로 한다.
제6조 본 학교 학생의 정원은 본과 120명 연구과 40명으로 하고 속성과 정원은 설치 시에 농상공대신이 정한다.
제7조 본 학교는 수업료를 징수하지 않는다.
제11조 본 학교 생도는 본교 기숙사에 들어가야 한다. 단 학교장의 허가를 받은 자에 한한다.
제15조 본과의 학과목 수업시수 및 그 과정은 다음과 같다.
단 실습의 필요에 응해 그 시수를 변경한다.

과목	시수	제1학년	시수	제2학년	시수	제3학년
수 신	1	인륜도덕의 요지	1	상동	1	상동
국 어	2	독서 작문	2	상동	2	상동
일 어	4	회화받아쓰기독서	4	회화 독서 작문	3	상동
수 학	4	주산 필산	4	대수 기하	3	측량
지 리	2	내국지리외국지리	1	외국지리		
물 리	2	역학 물성학 열학광학 음향학	1	자기학 전기학 기상학		
화 학	2	무기화학유기화학	1	유기화학		
박 물	3	동물 식물 광물	3	동물식물인체생리		
토양학			1	토양학		
비료학					2	비료학
작물학	2	농학통론보통작물론	2	원예작물론	1	공예작물론
축산학					2	축산학

15) 1909.6.1 「농상공부령」 제2호. 광무 10년 농상공부소관 농림학교규칙을 다음과 같이 개정한다. '농상공부소관 농림학교규칙' 전문개정 『관보』 제4393호 1909.6.3 『관보』 제3683호 1907.2.7.

잠사학	1		1	사육법 잠체병 조제종법	1	살충법 제사법
농산제조학		잠본해부 및 생리 사육법			1	농산제조학
작물병충학			2	작물병충학	2	작물병충학
임학통론	1					
삼림생산학	2	임학통론	3	조림학 이용학 임업제조	1	조림학
삼림경영학		조림학 보호학			2	측수학 경영학
수의학대의			1	해부학및생리학	2	병리학 위생학
경제및법제					2	경제 및 법규
계	26		27		25	
실 습		정하지 않음		정하지 않음		정하지 않음

제18조 입학지원자는 다음의 자격을 구비하는 것으로 한다.

1. 본과는 만15세 이상 만25세 이하의 자로 보통학교졸업이상의 학력을 가진 자
   속성과는 만20세 이상 만30세 이하의 자로 학력은 응모 시에 학교장이 정한다.
2. 신체건강하고 품행 단정한 자
   재학 중 가사와 관계가 없는 자

〈표 5-1〉 농림학교예산 (단위: 원)

	1908	1909	1910
A농상공부소관	535,546	952,028	721,146
B농림학교	26,786	33,889	34,594
B/A	5.0%	3.5%	4.8%

자료: 『관보』 1907.12.20 호외,
『관보』 1908.12.28 호외,
『관보』 1909.12.27 호외

〈표 5-2〉 농립학교 졸업상황

년차	속성과	본과
1907	임업① 12	
1908	임업② 7	①12
1909	수의① 20	②20
1910		③29
1911		④28

자료: 조선총독부, 『통계연보』, 명치 43년.

동교 예산은 〈표 5-1〉과 같이 1908년도는 농상공부예산총액의 5.0%를 차지하고 1908년도는 3.5%로 감소하였지만 1910년도는 4.8%로 회복되고 있다. 아울러 1909년도를 예로 보면 학부소관 각 학교의 예산은 관립 보통학교가 31,123원, 외국어학교가 42,252원이었다. 그리고 이 학교 예산을 비목별로 보면 봉급이 39~45%를 점유하고 교육비가 43% 정도를 차지하고 있다. 또 같은 농상공부소

관의 공업전습소 예산과 비교하면 농림학교는 공업전습소의 6할 정도의 배분액에 그치고 있다.

다음의 졸업생의 상황과 그 진로에 관해서 검토하면 〈표 5-2〉와 같이 1907년에 임업속성과(1년제) 제1회 수업생이 배출되어 이듬해 1908년에는 임업속성과 제2회 수업생과 본과(2년제) 제1회 졸업생이 배출되었다. 이어 1909년에는 수의속성과 제1회 수업생과 본과 제2회 졸업생(2년제 3년제)과 1910년에 본과 제3회 졸업생(2년제 3년제), 1911년에는 본과 제4회 졸업생(2년제 3년제)이 배출되었으나 그 이후는 3년제의 졸업생만이었다.

1908년 3월 졸업생에 관해서 신문은 "본과 졸업생은 모범장 및 기술원으로 채용되고, 속성과 졸업생은 산림국 기수로 채용"이라고 보도하고, 또 "본과생이 목포, 함흥, 진주, 군산, 함창, 평양, 해주, 영변, 공주로 각 1명씩 권업모범농장 2명, 농림학교 1명 및 농상공부 산림국에 1명 배치하였다. 속성과 졸업생은 평양에 3명, 대구 3명 경성에 1명 배치하였다"고 보도하였다.[16)]

돌이켜보면 농림학교가 그 전신인 농상공학교로 처음 농과생을 모집한 당시는 "나라의 풍습이 노동을 천시하고 경제를 말하는 것을 꺼려하며 오히려 노동·경제를 하는 것은 양반의 직업이 아니다", "학문은 古典과 古義를 말하며 관직을 얻기 위함이다"고 하여 "농상공학교를 설립하기에 앞서 먼저 농과학생을 모집하여 농업에 취업하게 하였으나 이에 따르는 자 없고 백방 의리를 설명하여 겨우 9명의 신입학생을 얻었다"[17)]는 상황이었다.

그러나 농림학교가 개설되고 겨우 농학의 취지가 사회로 수용됨

16) 『황성신문』 1908.3.14 (잡보) 및 4.28 (잡보). 그러나 본과졸업생의 인원수가 다른 자료와 일치하지 않는다.

17) 농사시험장 기사 小林房次郎·농상무 기사 中郵彦, 『한국토지농산조사보고 경기도 충청도 강원도』, 1906, 313쪽.

과 동시에 학교의 입학지원자는 매년 눈에 띄게 증가하여 1908년에는 170여 명, 이듬해 1909년에는 670여 명의 입학지원자가 몰려들었다.

이와 같이 농림학교는 농정의 중요성을 자각시키고 경지와 종묘의 개량을 위해 學理와 실천을 교수하고 농업근대화를 목표로 하는 지도자를 육성하는 사명을 다하고자 하였다. 후에는 조선 쌀의 품질이 향상되고 일본 쌀의 부족을 보완하고자 하는 상황이 닥쳐 결과적으로는 조선 농업의 식민지화를 초래하였으나 당시의 일본인 손에 의한 농업교육은 원래부터 조선을 생각하는 진지한 것이었다.

한편, 산림은 남벌에 남벌을 더하여 나무를 연료로 하였으며 이를 보호 증식하는 자도 없었기에 그 80~90%가 벌거숭이 땅이 되었다. "예전부터 조선에는 소위 林政에서 보아야 할 것도 거의 무시하며 특히 삼림산야에 관한 기관이 없고 따라서 법령규칙이 구비된 것도 전무하여 산림 보호단속과 시설경영에 관해 알아볼 수 있는 자도 없으며 방임의 상태"[18]였다.

그러나 1907년 한국정부는 전문기사를 고용하여 임업의 단서로 일본세력의 진출과 함께 산림국을 설치하고 삼림법을 제정하여 산야의 보호정리증식을 꾀하였다. 그리고 樹苗양성소를 설치, 이를 임업사무소로 개칭하여 각지에 증설하고 묘목육성과 나무심기업무에 종사하도록 하였다.

이를 위해 묘목육성과 나무심기의 제1선에서 일하는 기술자가 필요해지자 농림학교는 이와 같은 수요에 따라 임학 학리와 실천을 교수하고 지도자가 될 만한 자를 양성하였으나, 당시 사회전반이 산림에 무관심한 상황 속에서 삼림행정을 보급하는 것은 용이하지 않았다.

---

18) 山口精, 『조선산업지 상권』, 보문관, 1910, 772쪽.

농림학교는 1918년에는 수원 농림전문학교가 되어 1년간 농림학교를 부속 설치하였으나 1922년 수원고등농림학교로 개칭하여 문자 그대로 조선에서 농업교육의 중심이 되었다.

이 책에서 연구대상이 되는 구한말은 일본의 선진농업의 기술이전에 주력을 두고 일본인에 의해 경지와 종묘의 개량을 보급하고 산림의 묘목육성과 나무심기를 추진하고자 하는 시기였으므로 이 학교의 교원조직은 다음과 같이 교수 전원을 일본인이 차지하고 또 권업모범장 기사와 종묘장 기사와의 인사교류가 행하여졌다.

겸임교장 서병숙(농상공부농무국장) 1906.9.24~1907.4.1
〃 정진홍(〃) 1907.4.1~1907.12.31(농림학교관제 제3조개정에 의함)
〃 本田辛介(관업모범장 기감) 1908.1.1
교 수 宮原駐正 1908.1.1
〃 戶來秀太郎 1908.1.1~1908.4.21 권업모범장 기사로
〃 入交淸江 1908.1.1
〃 植木秀幹 1908.1.1
겸임교수 豐永眞里(권업모범장 기사) 1908.1.1
교 수 岸 秀次 1908.4.21~1910.2.15 종묘장기사로
〃 指宿武吉 1908.6. 1~1910.2.15 권업모범장기사 겸 종묘장기사로
〃 八田吉平 1910.3.27
〃 澤富四郎 1910.7. 1
교 수 보 변국선 1906. 9. 3~1907. 6.28 자진사퇴
〃 양진묘 1909. 4.23
〃 윤태중 1906. 9. 3~1909. 4.14 자진사퇴
〃 이정규 1910. 4.15
〃 한정교 1907. 8. 8
〃 원홍구 1910. 4.19
〃 이용훈 1909. 4.16
〃 송병태 1909. 4.23~1910. 4.19 전주 농림학교부교수로
겸임교수보 조정환(동 학교서기) 1908.4.7

3. 공업전습소

1906년 한국정부는 공학박사 平賀義美를 초빙하여 정부의 공업 고문으로 하고 농상공부소관의 공업전습소 설립계획을 위촉하였다. 드디어 이듬해 1907년 3월 이화동에 교사가 완성되고 다음의 요령으로 학생을 모집하였다.

공업전습소 학원모집광고 (『관보』 제3,708호 1907.3.8)
학원 모집실수는 50명으로 정하고 입학을 지원하는 자는 규칙에 따라 서식에 자세히 기재하여 이력서를 첨부하여 3월 30일(음력2월17일) 내에 한성동서 이화동 공업전습소에 와서 접수할 것
입학지원자는 재학 중 가사에 관계없는 다음의 자격을 갖는 자로 한다
1. 공업가 자제 및 장래 공업에 종사하고 공업에 관한 직무에 종사하는 지원이 확고한 남자
2. 품행이 방정하고 신체 건강한 자
3. 연령이 만15세 이상 25세 이하
입학시험과목: 국한문, 일어, 산술(간이한 가감승제)
입학시험은 4월1일(음력2월19일) 오전10시 본소에서 시행한다

이에 따라 입학지원자가 1,200여 명에 달하였으므로 정원 50명이었으나 74명을 합격자로 하여 1907년 4월 20일 개교식을 거행하였다.[19)]

이보다 먼저 2월 정부는 다음의 「농상공부소관 공업전습소 관제」[20)]

---

19) 『황성신문』 1907.4.2 (잡보), 4.18 (잡보). 앞의 『제1차 한국시정연보』, 378쪽.

20) 1907.2.1 「칙령」 제6호 '농상공부소관 공업전습소 관제' 『관보』 제3683호, 1907.2.7.

를 제정 공포하여 공업전습소를 공업에 관한 기술을 전습하는 곳으로 하고 소장 위에 '감독'으로 공무국장을 겸무시켜 소장이하 기사, 기수, 사감, 서기의 정원과 직무 내용을 규정하였다. 그리고 당분간은 일본인의 고용을 인정하는 것으로 하였다.

제1조 공업전습소는 농상공부대신의 관리에 속하여 공업에 관한 기술을 전습한다.
제2조 공업전습소에 다음의 직원을 둔다.
감독 1명 주임, 소장전임 1명 주임, 기사전임 1명 주임, 기수전임 20명 판임, 사감 1명 주임 혹은 판임, 서기 3명 판임
제3조 감독은 공무국장이 겸무하여 농상공부대신의 지휘 하에 소내 제반사무를 감독한다.
제4조 소장은 상관 지휘 하에 소내 제반사무를 본다.
제5조 기사 및 기수는 상관의 지휘 하에 전습에 관한 사무를 나누어 본다.
제6조 사감은 기사 혹은 기수 서기가 겸무하며 전습생을 감독한다.
제9조 현 본소 직원 중에 일본인을 초빙하여 그 사무를 임시 대리한다.

농상공부는 개교에 앞서 공무국장 서병규를 감독으로 하고 기수에 김유성 · 강재형 · 홍종국을, 서기에는 김택영 · 김교석을 발령하고, 기사에는 농상공학교 교관의 안형중을 전임으로 하였다.

그리고 이해 3월 「관립공업전습소 규칙」[21]을 제정하여 다음과 같이 염직 · 도기 · 금공 · 목공 · 응용화학 · 토목의 6과를 두어 수업연한을 2년으로 하고 학생에게는 수당을 지급하도록 하였다.

또 입학 자격조건으로는 사업주의 자제와 장래공업에 관한 일에 종사하고자 하는 자에 한하며 연령은 만15세 이상 25세 이하로 하였다. 그 외 학년 학기는 일본의 제도를 답습하여 춘, 하, 동계의 휴업기간을 두었다.

21) 1907.3.1 「농상공부령」 제50호 '관립공업전습소규칙' 『관보』 제3708호 1907.3.8.

제1조 공업전습소는 공업에 관한 기술을 전습하는 것을 목적으로 한다.
제2조 전습소에 염직, 도기, 금공, 목공, 응용화학, 토목의 6과를 둔다.
제3조 각 과의 수업연한은 2년으로 한다.
제4조 전습생에는 수당을 지급한다.
제5조 각과 전습과정은 다음과 같다.
염직과: 염색 기직
도기과: 도기 자기
금공과: 주공 鍛工부마무리 판금세공
목공과: 집짓기 가구
응용화학과: 화학제품 분석
토목과: 측량 제도
제6조 각과를 통하여 다음의 보조과목을 교수한다. 물리 화학 수학 도화 일어 간이영어
제8조 공업전습생인 자는 다음의 자격을 갖추어야 한다.
一, 공업가의 자제 또는 장래 공업에 종사하는 자 및 공업에 관한 직무에 종사하는 지망이 완고한 남자
二, 품행이 방정하고 신체 건강한 자
三, 연령이 만15세 이상 25세 이하
제20조 학년은 4월 1일에 시작하여 이듬해 3월 31일까지 끝난다.
제21조 휴업일은 다음과 같다. 단 특별한 이유가 있을 시 농상공부대신의 인가를 받아 휴업일을 증감하는 것으로 한다(략).
一, 춘계휴업 4월 1일부터 4월 10일 까지
二, 하계휴업 7월 11일부터 8월 31일 까지
三, 동계휴업 12월 29일부터 1월 7일 까지

당시 마을 변두리의 대장간에서 쇠망치 두드리는 소리가 나고 마을마다 옷감을 짜는 소리가 들리는 나라였으나 공업은 선조시대에 들어 점차 쇠퇴하여 대부분은 농가부업으로 명맥을 유지하고 있었다.

그 중 주된 것은 직물업으로 면포・견포・마포가 제직되고 면직물은 종래의 수방사를 대신하여 방적사의 수입이 증가되었다. 그리고 일상으로는 백의를 착용하였기에 색깔 옷은 수입된 열악한 인조염료로 주부들이 염색하여 만드는 등 전문업자의 염색업은 찾아보기 힘들었다.

또한 도자기 제조가 번성하여 각지에 분산된 도자기 제조촌락은 600개 이상으로 1,000개소를 넘는 수의 가마가 있었다. 그리고 제조·저장용기의 수요가 많고 그 원료도 전 국토에 걸쳐 도기용의 양질의 점토를 산출하고 자기의 소재로 최적인 백토를 쉽게 얻을 수 있었다.

이에 비해 금속기 제조는 조금 진보하여 좋은 품질을 제조하고 있었으며 철제의 농사기구나 眞鍮製의 일용기구와 은제 장신구는 좋은 것이 있었다. 특히 유기는 이미 15세기 경에는 일반민중의 일부가 집기로써 사용하였고 18세기에서 19세기에 걸쳐 유기제조업은 자본주의적 경영이 나타나기 시작하였다.

그리고 鑄공품으로는 가래·솥·주전자 등 鍛공품으로는 농구·발굽 등이 있으며 판금세공품으로는 유기판이나 양은판으로 장식장의 금장식 등이 만들어졌다. 그러나 일반에게는 자본과 기술이 없었고 일본의 수입품에 압도되어 겨우 일본인이 경영하는 일부의 공장에서 수입대체품 제조가 이루어지는 정도였다.

또한 목공은 예전부터 보급되지 않고 목기 대신 도자기나 유기가 사용되어 왔으나, 칠기의 나무나 가구제작과 가옥건축으로 전통적인 것이 보호 유지되어 왔다.

이와 같은 시기에 공업전습소는 염직·도기·금공·목공·응용화학·토목의 6과를 개설하여 각 분야 전문교사가 학리를 가르치고 선진적인 기술을 실습시키며 때로는 한성시내의 공장에서 그 설비와 실기를 견학하고 학생이 이에 숙달되었을 때에는 독립하여, 자영업의 길도 꿈은 아니었다.

예를 들면 1909년 봄 졸업의 도기과 1회생 수명은 평양자기제조주식회사에 고용되고 1910년 봄 졸업하는 함경북도 성진 출신의 2회생은 일본에서 불에 강한 기와 등을 수입하여 고향에 일본식의 신식개량 가마를 개설하였다. 그리고 예부터 자기제조의 중심지였던 경기도 분원에서는 졸업생 몇 명이 주식회사 자기제조소의 중심이 되었고, 부산에서도 졸업생이 합동으로 도자기 제조를 시작하였다.[22)]

한편 1909년 3월에는 다음과 같이 전공과 5명과 본과 42명이 졸업하고 이듬해 1910년에는 전공과 12명, 본과 59명이 졸업하여 관서나 민간에 취직하거나 자영업을 개업하는 일도 있었다.[23)]

1회 졸업한 이기호(목공)가 모교의 기수에 채용된 것 외 제2회 졸업인 윤태섭(염직전공)·배상언(응용화학전공)·성홍석(금공), 한태익(도기) 4명도 모교의 기수로 임용되었다.

제1회 졸업생 (1909.4.20 농상공부)『관보』제4386호 1909.5.26
토목과 전공생 5명 남회희 윤을병 한석우 성윤호 한익동
염직과 〃 8명 임환재 이창림 윤정섭 이승규 장익현 김의증 남기홍 김학수
도기과 〃 9명 김인섭 최익진 허병두 양희벽 박상순 김정희 김사설 지봉수 박용섭
금공과 〃 7명 김연필 박영진 이용훈 홍세환 최천필 정지섭 이종태
목공과 〃 7명 김원식 이기호 이원목 박한신 이기덕 이종승 안병욱
응용화학과 〃 3명 정해설 이필하 배상언

22) 앞의『조선산업지』중권, 431쪽.
23)『조선총독부 통계연보 명치 43년』. 제422표에는 다음의 기재가 있다. 1908년 졸업자 6명은 전신학교에서 받아들인 학생이었으나 1909년의 졸업자수 41명은 관보게재의 '제1회 졸업자 47명'과 일치하지 않는다. 아마 통계연보는 관보의 47명을 6명과 41명으로 나누어서 처리하였기 때문이었다. 또한 1910년 145명은 관보게재의 '제2회 졸업자 71명' 외에 그 해 10월에 앞당겨서 졸업한 토목과 졸업생과 그래 처음 개설한 실과졸업생이 합산되어 있다.

년	과	지원자	입학자	졸업자	중퇴자
1908	본과·전공과	631	85	6	27
1909	본과·전공과	1,281	100	41	20
1910	본과·전공과·실과	2,164	113	145	26

토목과 〃 8명 심상대 박승진 남정만 윤영규 이종선 유진두 이찬영

제2회 졸업생 (1910)『관보』제4677호 1910.5.13
염직과 전공생 6명 김의증 남기홍 임항재 장익현 이창림 윤대섭
도기과 〃 2명 김정희 임상순
금공과 〃 3명 김연필 정치섭 박영진
목공과 〃 1명 김원식
응용화학과 〃 1명 배상언
염직과 12명 김기홍 김재현 임훈재 이태희 이용위 유한흥 임찬익 박세진 박윤병 석송환 한국진 황대성
도기과 10명 구영비 김성준 장서규 정지형 이돈구 이남구 이응렬 안종만 한태익 권응민
금공과 10명 김원진 이광열 이용기 박은양 박명하 박태순 성홍석 심일균 최진찬 권태황
목공과 8명 강택선 김환중 김천경 임공완 장병태 유상렬 손형순 송효돈
응용화학과 10명 김문회 정한진 이주호 이종한 문재명 박승익 박정준 오석문 홍상의 홍종우
토목과 9명 고희철 김영시 김영식 장민현 이창훈 서홍룡 선영익 오학홍 원보겸

이어서 1910년 4월에 농상공부는 신규칙[24]을 제정하고 구규칙을 전문 개정하였으나 그 중 주된 것은 다음과 같이 실기를 습득하기 위한 실과(1년)를 새로이 설치한 것, 기숙사 입사에 관한 규정을 추가한 것, 졸업 후 취업의무에 관해서 다시 규정한 것, 입학자격을 연령 17세 이상 25세 이하로 한 점이다.

---

24) 1910.4.7「농상공부령」제3호 융희원년「농상공부령」제50호. 관립 공업전습소 규칙을 다음과 같이 개정한다. '관립 공업전습소 규칙' 전문 개정『관보』제4648호 1910.4.9.
명치 41년(1908)의 졸업생은 전 농상공학교 학생을 본 소 설립시 본과 2학년에 수용하는 것으로 한다. 동 43년(1910) 10월에 토목과를 폐지하고 제2학년 전습생은 소정의 과정을 종료하는 것으로 졸업하고 제1학년 전습생은 임시토지조사국원 양성소로 보내졌다.

또한 제10조에서 종래는 학년이 4월에 시작하고 이듬해 3월에 끝나도록 한 것을 개정하여 1월 시업 12월 졸업으로 하고 제11조에서 춘계 하계 휴업을 폐지하고 동계휴업만으로 하였으며 게다가 12월 28일부터 이듬해 2월 15일까지 장기간으로 하였다.

이상의 개정된 점 중, 하계 장기휴업을 폐지하고 동계에 장기휴업을 설정한 것은 학교의 학습내용에서 그 운영방법까지 일본식 일변도였던 당시로써는 획기적인 일이었다.

그것은 기계 기구를 사용하여 실기를 배우는데 있어서 한성의 추위는 혹독하고 난방시설이 없는 실습장에서는 학습이 곤란하여 능률도 오르지 않았기 때문이다. 오히려 하계의 더위 쪽이 지내기 쉬워서 시간을 유효하게 이용할 수 있다는 점에서 학교당국의 큰 영단이었다고 할 수 있다.

제2조 본 소에 본과정공과 및 실과를 둔다.

제3조 본과의 수업기한은 2년으로 하고 전공과는 본과 졸업자가 그 전습한 과목 중 전공하는 자를 위해 설치하며 그 수업기간은 1년 이내로 한다. 길과는 실기를 수득하는 자를 위해 설치하고 그 수업기간은 1년 이내로 한다.

제4조 소장은 학생의 성적을 참고하여 본과생에게는 졸업증서를 전공과생에게는 전공증서를 실과생에게는 수업증서를 수여한다.

제6조 학생은 기숙사에 수용한다. 단 본 소의 형편에 따라 통학하는 자도 있다.

제7조 졸업자 및 수업자는 전습을 받아 기술에 관한 업무에 종사하는 의무를 가진다.

제9조 본과의 과정은 다음과 같다.

염직과 염색 기직
도기과 도자기
금공과 주공 단공부마무리 판금세공
목공과 집짓기 가구 차륜
응용화학과 화학제품 분석
토목과 측량 제도 도로

본과는 각 과목을 통해 다음의 보조학과를 둔다. 물리 화학 산술 도화 일어 간단한 영어
전공과 및 실과의 과정은 소장이 정한다.

第10조 학년은 1월에 시작하여 12월에 끝난다.

第11조 본 소의 휴업일은 다음과 같다.

一, 일요일 一, 大祭祝日 一, 개소기념일 一, 동계휴업일 12월 28일에서 이듬해 2월 15일

第13조 입학지원자는 연령 만17세 이상 25세 이하인 남자로 하고 다음의 자격이 있어야 한다(구 규칙과 같다).

마지막으로 교원조직을 보면, 양국의 공업 실태를 반영하여 다음과 같이 교원의 대다수를 일본인이 차지하며 이들이 중심이 되어 일본의 공업기술을 전하고 있다. 이미 대륙을 통해 침투한 일본의 공업제품은 민중생활에 많은 영향을 주고 있었다. 이대로라면 이 나라가 일본의 공업제품 시장이 되는 것은 자명한 일이었다.

국내의 공업기술을 향상시키고 공업이 일어나려면 수입대체품의 제조를 가능하게 하고 공업의 진보는 산업을 발전시켜 물류경제를 자극하여 민생을 풍요롭게 하는 결과를 낳는 것이다. 그러나 솥, 자기(식기), 방적사, 판금, 양산, 거울, 담배 등 생활용품을 비롯한 개항 이래 일본경제력의 침투는 급격하였다.

그렇지만 이 시기에 일본측의 주도로 기술이전이 이루어진 것은 하나의 사실로 의의가 있는 것이다. 이 학교는 1915년에 같은 해 창립된 경성공업전문학교 부속 공업전습소가 되어 1918년에는 이를 3년제로 하였고, 1922년에는 분리독립하여 경성공업학교가 되었다.

겸임감독	서병규	1907. 2.7~1907.10.9	기수	高橋新三郎	1908. 1. 1
〃	상 현	1907.10.9~1907.12.31	〃	龍驤四郎	1908. 1. 1
소 장	野田 忠藏	1908. 1.1	〃	宇野 週平	1908. 1. 1

기 사	안형중	1907. 3.5	〃	吉田 四郞	1908. 1. 1
〃	更田 信彌	1908. 1.1	〃	小林 義重	1908. 1.15
〃	森 勇三郞	1908. 1.1	〃	김계홍	1908. 2.15
〃	越川銈太郞	1908. 1.1～1908.6.1	〃	小野 小助	1908. 3.31
기 수	김유성	1907. 2.7	〃	梶岡 武一	1908. 6.10
〃	강재형	1907. 3.1～1908.1.31	〃	김상영	1908. 6.20～1910.5.18
〃	홍종국	1907. 3.1～1908.2.29	〃	渡邊德之助	1908. 6.20
〃	이도영	1907. 3.19～1908.1.31	〃	淸水 敏郞	1908.10.9
〃	井野勇太郞	1908. 1.1	〃	中村經太郞	1909.10.5
〃	石井 泉	1908. 1.1	〃	貞包 多三	1909.10.25
〃	吉永彦太郞	1908. 1.1	〃	윤대섭	1910. 4.30(제2회졸업)
〃	山本由太郞	1908. 1.1	〃	배상언	1910. 4.30(제2회졸업)
〃	土田 貫	1908. 1.1	〃	성홍석	1910. 4.30(제2회졸업)
〃	德永 興一	1908. 1.1	〃	한태익	1910. 4.30(제2회졸업)
〃	白石 金八	1908. 1.1	〃	이기호	1910. 5.13(제1회졸업)

주) '감독'은 1907.12.30 「칙령」 제80호 공업전습소 관제개정에 의해 폐지 되었다.

4. 선린상업학교

농상공학교의 해체분리에 의해 농림학교, 공업전습소와 함께 상업학교의 창설이 필요하던 중 마침 大倉喜八郞가 사재를 기부하여 한성에 한국재단법인 선린상업학교를 설립하는 계획이 있었다. 이에 한국 정부는 구 농상공학교의 학교 대지와 교사를 제공하여 필요 경비의 보조를 약속하고 그 설립을 인가하였다.

大倉喜八郞는 각 종 사업에 성공하여 커다란 부를 쌓았으나 자제의 교육과 육영사업에 그 일부를 환원하고 1900년에 50만엔을 투자하여 大倉상업학교를 동경에 설립하고 1906년에는 고희(1906년 11월 23일)를 기념하여 오사카 大倉상업학교와 한국에 선린상업학교를 설립하였다.

선린상업학교는 大倉喜八郞의 기부금 20만엔을 기본재산으로 하여 농상공학교 구 교사에 농상공학교 상과생 5명을 받아들임과 동시에 다음과 같은 광고를 하여 신입생 50명을 모집하였다. 광고에 의하면 입학자의 연령은 12세 이상으로 하고 입학시험과목에 일어초보, 한문, 산술과 국내지리를 더하여 급비생에게는 매월 5원의 학자금을 지급하였다.

학 원 모 집 (『황성신문』 1907.4.1광고)

금차 본교 학원 약 50명을 모집하므로 지원자는 다음의 각 항에 따라 입학청원서에 이력서를 첨부하여 4월 15일(음력 3월 3일) 내에 본교에 제출할 것

一, 지원자 자격: 연령 만12세 이상 보통학교생 혹은 동등한 학력을 가진 자

一, 입학시험과목: 4월 18일(음력 3월 6일) 상오 9시에 학교에서 응시할 것

一, 시험과목: 일어초보 한문 산술(사칙연산) 국내지리

一, 학자급여학원의 지원에 따라 학자금을 매월 5원씩 지급한다

一, 입학지원자의 주의요건 그 밖의 상세는 본교에 와서 문의할 것

광무 11년 3월 일 경성명동 한국재단법인 선린상업학교

이와 같이 하여 교장으로는 에히메현립 마츠야마상업학교장 本宿家全을 초빙하고 교칙을 제정하여 제반 준비를 정비하고 신입생 1학급으로 개교하였다. 신문은 학부의 보조금이 2,908엔으로 내정되었다고 보도하고 있다.[25)]

이듬해 1908년 3월 제1회 졸업식을 거행하여 졸업생 4명을 배출하였으나 이는 전신학교에서 2년차로 편입학한 학생들 있었다. 이

25) 『황성신문』 1907.4.25 雜報.

학교의 인기를 반영하듯 1908년 학생모집에는 50명 정원에 150명의 입학지원자가 몰려들었으며 그 중 52명이 합격하였다고 한다.[26] 또 그 해 4월에는 일본인 자제를 대상으로 야간 전수과(2년제)가 개설되었다.

졸업생은 다음과 같이 본과생이 1909년 27명, 1910년 35명으로 입학자 50명에 대해 54~70% 정도에 불과하였다. 당시 본과생이 교과서와 학용품일절을 무상으로 배부받고 매월 5원의 장학금이 지급되었다는 것을 보면 아직도 신교육의 정착이 곤란하였다는 것을 알 수 있다.

〈표 5-3〉 선린상업학교 졸업생 상황

학과 \ 연차	1908	1909	1910
본 과(한국인)	4	27	35
전수과(일본인)		21	8

자료: 『선린80년사』, 1978, 652~653쪽.

1909년 4월 정부는 「실업학교령」[27]을 공포하여 그 해 7월 「실업학교령 시행규칙」[28]을 제정하고, 실업학교의 수업연한을 3년으로

26) 『선린 80년사』, 1978, 107쪽. 『황성신문』 1908.5.20 雜報.

27) 1909년 4월 26일 「칙령」 제56호 '실업학교령' 『관보』 제4361호 1909.4.27.

28) 1909년 7월 5일 「학부령」 제1호 '실업학교령 시행규칙' 『관보』 제4,424호 부록 1909.7.9.

또한 학부는 그 해 7월 10일 학부훈령 제7호에서 실업교육의 취지와 실업학교령 시행상의 주의 사항을 나타내었다(『관보』 제4427호 1909.7.13).

1. 실업학교의 목적은 각종 실업에 종사하는 자에 대해 적절한 교육을 시행하고 그들의 보통교육을 위해 설립하는 것은 기간에 따라 취지를 달리 할 수 있다. 따라서 시설에 있어서는 필수 기본을 고려하여 지방산업의 현상 및 장래의 취향에 비추어 적당한 경영을 할 것을 요한다.

하였다. 이로 인해 이 학교에서도 본과의 수업연한을 3년으로 하고 이듬해 1910년 4월 입학생부터 적용하는 것으로 하였다. 그리고 재학생에 관해서는 2년만에 졸업을 하던지 혹은 재학기간을 연장하여 3년에 졸업할 지 여부를 본인이 선택하도록 하였다. 그리고 야학 전수과 졸업생을 위해 1910년 4월부터 1년제의 야학고등과를 개설하여 일본인 학생을 받아들였다.29)

---

2. 실업학교의 종류에 관해서 실업학교령 제2조에 규정한 바와 같이 보통 분류에 기초하여 크게 나누고 실제의 시설에 따라 몇 종류의 학교로 한한다. 그 실업에 관한 학과를 교수하는 것은 균등하게 나누어 실업학교에 설치한다. 따라서 농업, 상업, 공업의 1종류를 선택하여 설치하는 것 혹은 2종 3종을 합하여 한 학교로 하는 것과 잠업에 임업을 추가하고 축산 및 수산과 같이 설치하는 것도 지방의 정황에 따라 참작의 여지가 있다. 그 종류의 선택은 특히 유의하여 법령의 취지를 벗어나지 않도록 한다.
3. 실업학교에 있어서 실업에 관한 과목은 그 학교의 종류에 따라 일정한 것으로 한다. 실업학교령 시행규칙 제2조에 게재된 것은 그 일반을 예시한 것에 불과하고 다른 과목은 적당히 분합하고 선택하며 예시 이외의 사항도 필요에 따라서 추가하거나 필수로 하거나 그 지방산업의 정황에 따라 적절한 과목을 선정하도록 한다.
4. 실업학교는 토지의 정황에 따라 그 종류 및 학과목을 다르게 한다고 위에서 말한 바와 같이 수업연한에 따라서도 한정하여 최장, 최단기간을 규정하고 혹은 3개년으로 하거나 단축 연장하여 4년 혹은 2년으로 한다. 또 입학자의 연령은 12세 이상으로 하고 학력은 보통학교 졸업정도에 따라 표준으로 하며 속성과는 주로 설립지방실업상 급한 수요에 따라 간이 속성의 목적이 있어 설치하는 취지로 특히 연령·학력의 규정을 둔다.
5. 유래교육의 폐단으로 智育에 편중되어 인격수양을 중시하여 학생을 부지불식간에 경시하게 되어 실천궁행을 꺼리는 풍조가 있어서 실제의 교육 본질에 어긋난다고 할 수 있다. 특히 실업학교에서는 그 취득한 지식기능을 가지고 취직하여 업무에 실제로 사용하는 것을 주안점으로 하여 학교로 하여금 실습의 미풍을 함양하고 신용 및 공익을 주요시 하여 노역 및 힘을 쓰는 일을 존경하는 습관을 가지도록 하는 등 교육지도자를 깨우칠 필요가 있다.

5. 실업학교

실업학교령은 실업학교의 종류를 농업학교, 상업학교, 공업학교와 실업보습학교로 하고 잠업, 임업, 축산, 수산에 관한 학과를 주로 하여 교수하는 학교를 농업학교로 하고 徒弟學校는 공업학교로 하였다.

수업연한은 3년으로 하고 지방의 정황에 따라서는 1년 이내의 단축, 연기제를 인정하여 지방의 사정을 배려하였다. 또 수업연한 2년 이내의 속성과를 설치할 수 있도록 하고(제6조), 속성과를 제외한 입학자격은 12세 이상의 남자로 보통학교 졸업자 또는 동등학력을 가진 자로 하였다.

사용 교과서는 학부편찬의 것 혹은 검정교과서여야 하며 그 이외의 것이라도 학부대신의 인가를 얻어서 사용할 수 있었다. 그리고 수업료와 입학금을 징수하는 것으로 하였다.

제1조 실업학교는 실업에 종사하는데 있어서 필요한 교육을 하는 것을 목적으로 한다.

제2조 실업학교의 종류와 농업학교, 상업학교, 공업학교 및 실업보습학교로 한다.

잠업, 임업, 축산 및 수산에 관한 학과목을 주로 교수하는 학교는 농업학교로 하고 徒弟學校는 공업학교의 종류로 한다.

제3조 실업학교는 2종류 이상을 합하여 한 학교로 할 수 있다.

제4조 실업학교는 그 설립의 구별에 따라 나라의 비용으로 설치하면 관립으로 하고 도, 부 또는 군의 비용으로 설치하면 공립, 개인의 비용으로 설치하면 사립으로 한다.

제5조 공립 또는 사립 실업학교의 설치 및 폐지는 학부대신의 인가를 받는다.

제6조 실업학교의 수업연한은 3년으로 한다. 단 지방의 정황에 따라 1년

---

29) 앞의 『선린 80년사』, 121·661쪽.

이내는 단축, 연기가 가능하도록 한다.
실업학교에 2년 이내의 속성과를 둔다.

제7조 실업학교에 입학하는 자는 연령 12세 이상의 남자로 하고 보통학교를 졸업한 자 또는 그와 동등한 학력을 가진 자로 한다.
단, 속성과에 관하여는 본문 규정에 따른다.

제8조 실업학교의 교과용 도서는 학부편찬의 것 또는 학부대신의 검정을 받은 것으로 한다.
학교장은 학부대신의 인가를 받으면 전항 이외의 도서도 가능하다.

제9조 실업학교는 수업료, 입학료를 징수한다.

제10조 실업보습학교 및 徒弟학교에 관하여는 학부대신이 특별한 규정을 설치한다.

제11조 본령시행에 관한 규칙은 학부대신이 정한다.

부 칙

본령은 분포일로 부터 시행한다.

이에 따라 본령시행규칙에서는 학과목과 그 정도(제2장), 교과용 도서(제3장), 학년, 교수일수, 휴업일(제4장), 설치, 폐지, 수업료, 입학료(제5장), 입학, 퇴학, 징계(제6장), 수료, 졸업(제7장)에 대해 규정하였으나, 이 중 학과목에 관한 것을 보기로 한다.

본과의 학과목은 실업에 관한 과목 및 실습 이외에 수신, 국어 및 한문, 일어, 수학, 이과로 하고 수학, 이과를 제외하고 지리, 역사, 도화, 법규, 통계, 측량, 체조 그 밖의 학과목을 더하기도 한다.

농업학교의 전문과목은 기후, 토양, 수리, 비료, 농구, 작물, 원예, 병충해, 농산물제조, 양금, 양잠 및 제종, 뽕나무 재배, 제사, 조림, 임산물제조, 양축, 수의, 어업, 양식, 採藻, 수산제조, 농업경제 등이었다.

상업학교의 전문과목은, 상업지리, 상업부기, 상업문, 상업산술, 경제, 상품, 상사요항, 상업영어 등으로 하고 공업학교의 전문과목은 용재, 용구, 측량, 제도, 회화, 기직, 염색, 제지, 화학제조, 분석, 집짓기, 가구, 칠기, 도자기, 채광야금, 주금, 단금, 판금세공, 죽세공,

공업경제 등으로 하였다.

또한 동 규칙 별표에서 다음의 교육과정표를 보였으나 국어는 '국어 및 한문'으로 실질적으로는 그 지위가 저하되었으며 학습시간도 일어가 더 많이 배당되고 특히 상업학교에서는 국어 및 한문의 3배나 되는 시간을 일어에 배당하였다.

이는 상업학교 졸업 후에는 일본인을 고객으로 하는 상점과 일본인이 경영하는 점포에 직업을 얻으려고 하였고 1909년 당시의 대일무역은 수출이 전체의 75%를 차지하고 수입은 60%에 달하여 일본어의 필요성이 높아졌기 때문이다.

전문과목의 시간수는 전체의 43%정도가 할당되어 있었으나, 상업학교는 33%로 적고, 그만큼 보통과목 시간수가 많이 배분되었다. 또 역사는 공통으로 할애하고 지리도 상업학교에서 2시간 학습하는 것뿐이었다. 수학은 전체 12~17%가 배당되고 이과는 10~13% 정도였다.

이는 말하자면 통감부에 의해 보호권을 확립하기 위해서는 불온한 정치사상을 고취시키는 위험이 있는 교과서를 단속하고 국어를 대신하여 일본어를 보급하여 계통적인 역사를 가르치지 않고, 학교교육에도 민족적 반항을 억압하는 방법을 취하는 것이 필요하였다.

그러나 그렇다고 하여도 이토(伊藤)통감이 "실업학교를 설치하여 청년에게 실업교육을 시키는 것은 좋은 것이지만 한국의 실업은 졸업생을 필요로 할 정도로 발달되지 않았다"[30]고 반대한 실업학교의 증설이 왜 이 시기에 실행되었는지를 해명하지 않으면 안 된다.

30) 조선총독부, 『조선 보호 및 병합』, 1917, 158쪽.

〈표 5-4〉 교육과정표 농업학교

학년 학과목	시수	제1학년	시수	제2학년	시수	제2학년
수 신	1	실천도덕	1	상동및실업도덕	1	상동
국어및한문	3	강독작문습자	2	강독 작문	2	상동
일 어	6	독법해석회화작문습자	3	독법해석회화작문	2	상동
수 학	5	산술 기하	4	기하 대수	4	대수 부기
이 과	4	박물 물리	3	물리 화학	2	화학 생리위생
도 화	1	자유화				
법 규					1	농업에 관한 법규 대요
농 업	9	농업에 관한 사항	15	상동	15	상동
실 습	(6~10)	농업실습	(6~10)	상동	(6~10)	상동
측 량			2	평면측량	3	평면측량고저측량
체 조	1	학교체조				
계	30		30		30	

비고: 학교장이 필요로 인정할 시는 휴업기간 중에도 실습을 할 수 있다.

〈표 5-5〉 교육과정표 상업학교

학년 학과목	시수	제1학년	시수	제2학년	시수	제3학년
수 신	1	실천도덕	1	상동및실천도덕	1	상동
국어및한문	4	강독작문습자	2	강독 작문	2	상동
일 어	10	강독해석회화작문습자	8	강독해석회화작문	7	상동
지 리	2	본국지리외국지리				
수 학	5	산술 주산	4	기하 대수	3	상동
이 과	4	박물 물리	4	물리 화학	2	지문 생리위생
도 화	1	자유화	1	용기화		
법 규					1	상업에관한법규
상 업	6	상업에관한사항	13	상동	13	상동
실 습					(3~6)	상업실습
체 조	1	학교체조	1	상동	1	상동
계	34		34		30	

〈표 5-6〉 교육과정표 공업학교

학년 학과목	시수	제1학년	시수	제2학년	시수	제3학년
수 신	1	실천도덕	1	상동실천도덕	1	상동
국어및한문	3	강독작문습자	2	강독 작문	2	상동
일 어	6	강독해석회화작문습자	3	강독해석회화	2	상동
수 학	5	산술 기하	5	기하 대수	5	대수삼각술부기
이 과	4	박물 물리	4	물리 화학	4	화학 생리위생
도 화	1	자유화				
법 규					1	공업에관한법규

공 업 실 습 체 조 계	9 (6~10) 1 30	공업에관한사항 공업실습 학교체조	15 (6~10) 30	상동 공업실습	15 (6~10) 30	상동 공업실습

실습학교의 개설은 1909년 4월 9일 공립부산실업학교의 설치(이날 학부고시 제3호)로 시작되어, 그 해 5월 24일 관립인천일어학교의 관립인천실업학교로 조직변경(이날 학부고시 제6호)이 있었고 함께 그 해 10월 16일부로 공립정주실업학교가 인가(11월 13일 학부고시)되었다.

그 후도 계속 실업학교가 다음의 표와 같이 인가 개설되고 구한말기의 학교수는 14개교에 달하였으나 관립 1개교 외 전부 공립으로 그 중 4개교가 도립이었다. 그리고 교장은 전원이 본직과 겸무였으나 부윤(부산－동래, 인천, 군산－옥구), 군수(정주), 도관찰사(춘천－강원도, 함흥－함경남도, 광주－전라남도), 군주사(촉탁 제주) 외, 일본인 5명은 권업모범장기사(평양, 대구)와 종묘장기사(전주, 진주, 공주)였다.

상업과는 관립인천실업학교와 공립부산실업학교의 2학교로 모두 3년제였다. 농림업 및 측량과는 평양, 대구, 전주, 춘천, 진주, 함흥, 광주, 공주의 8학교로 농림업과는 정주, 군산, 북청, 제주 4학교로 수업연한은 모두 2년이었다. 또 평양, 대구, 진주, 함흥, 광주, 제주의 6학교는 본과 이외에 1년제의 속성과를 같이 설치하였다.

〈표 5-7〉 실업학교개설상황 (1910.8.28 현재)

학교명	설치조직 변경인가	겸무교장	학 감	교 수	부교수
공립부산실업	1909.4.9	김장한	福士德平	坂井 嘉太郎 坂根久人	겸上野竹逸
관립인천실업	5.24	김윤창	高山經慶		이근호 최정하 茂田驕 정규명
공립정주실업	10.16	오태근	겸 森新助	福江久雄	정기도
공립제주농림	12.22	촉탁이재화	겸 小松兼吉	伊東五八郎	조병채 홍순영

도립평양농	1910.3.14	花井藤一郎	松尾辛太郎	安永牛之助 겸池田活之佑	최원경 이학림
공립대구농림	3.14	三浦直次郎	石澤雄右衛門	矢野八百藏 겸豊田四郎	겸 谷本貞辛 겸이완조 이종순
공립전주농림	3.14	岸 秀次	松村豐吉	齋藤 勤	겸 石川利政 겸종병태
공립군산실업	3.19	종기용	겸桑島兼三郎		겸김정봉
공립춘천실업	3.24	이규완	겸 堀 摠次郎	野村盛之助	허홍룡
공립진주실업	4.4	佐藤政次郎	船津至精		전진식(개정하여 하식)
도립함흥농업	4.8	이범래	高山 徹	御田尹太郎	겸 稻葉源太郎 김수오
도립광주농림	4.20	신응희	伊藤 繁		종국룡
공립북청실업	6.16		겸 樋口虎之助		
공립공주농림	7.26	指宿武吉	桑畑一平		김영진

자료: 『관보』 각호(학원 모집광고를 포함한다). 『조선총독부 통계연보』 (1910) 제417표.[31]

당시 한국 쌀은 품질이 좋지 않고 종종 협잡물이 있어서 오사카 시장의 가격 중에서 열등한 편에 속하였다. 일본측에서 본 한국농업은, 흉작을 피하기 위한 수리사업 등의 토지개량과 우량미를 증산하기 위한 품종개량이 필요하고 자급비료의 개선, 모내기의 방법, 파종의 기술 등 농사개량이 과제였다. 이는 한국 쌀의 일본 쌀화에 연결되며 이 모든 것이 일본의 미곡부족을 해결하기 위한 사명을 띤 것이었다.

1906년 일본정부는 「통감부 권업모범장」[32]을 수원에 개설하고 이듬해 1907년 한국정부가 이를 이어 권농사업을 추진하였으나 지방농

31) 『조선총독부 통계연보』(1910). 제417표의 대구 '실업'학교를 '농림'학교로, 수업연한 '3년'을 '본과 2년 속성과 1년'으로 수정하였다(『관보』 제4636호 1910.3.26 학원모집공고의 기재 사항에 의한다). 『통계연보』 제417표와 조선총독부 『관보』 제353호 1911.10.30 '실업학교일람표'의 기재사항은 일부 일치하지 않으나 연보를 자료로 하였다.

32) 일본정부는 1906년 4월 26일 「칙령」 제91호 '통감부권업모범장 관제'를 공포하여 그 해 6월에 이를 수원에 설치하고 1907년 한국정부로 이관하였다. 권업모범장은 ①실지지도 ②모범작업 ③시험검사 ④종묘 등의 육성배부 ⑤기술원 및 당업자의 양성에 있었으나 농업의 실지 지도에 종사하는 지방농업기술원은 한국에서는 구할 수 없어서 일본의 농업학교 졸업생을 초빙하였다.

업의 실지지도를 행하는 농업기술원이 부족하여 각지에 농업학교를 증설하여 지역농업의 핵심 지도자를 양성할 필요성에 이르렀다.

통감부 권업모범장은 일본농업을 '모범'으로 그 기술을 보급하는 것을 목적으로 하였으나 메이지 이후 일본에서 급속하게 발달한 것은 논농사 기술만으로 밭농사에 대해서는 오히려 한국의 재래농법에 주목하여야 했다. 한국의 재래기술에 대한 무시적 태도는 일본인의 지도자 의식에 의한 선입관에 지나지 않았다.

그리고 한편에서 정부의 무위무책에 의해 황폐해진 산림을 위해 1906년 일본인기사를 초빙하여 임정의 계획을 입안하고 이듬해 1907년부터 실행에 착수하였으나, 각지의 임업사무소[33]에서 묘목의 관리나 모범림을 비롯한 임야의 관리보호에 따른 기술원이 부족하였다. 때문에 농림학교를 증설하고 한국인의 요원을 양성할 필요가 있었다.

또한 개항 후 외국인의 급격한 진출과 함께 한국전역에서 토지, 건물을 확실히 취득할 수 있는 입법조치[34]가 취해졌으나, 토지 소

---

33) 1907년 정부는 먼저 사람의 눈에 띄기 쉬운 장소에 나무를 심어 모범을 보이고 이어서 모범림 등에 식림하는 묘목을 배양하기 위해 수원, 대구, 평양 3곳에 수묘양성소를 설치하였다. 수묘양성소는 일본에서 46종류의 묘목을 구입하여 한국원산종을 더하고 1908년 한성, 이듬해 1908년 목포, 경성에 증설하여 임업사무소로 개칭한 후 각 묘원을 관리하고 수묘의 시험검사와 모범림의 관리보호와 부근임야에 관한 제반 사무를 보았다.

34) 1906년 통감부는 한국정부로 하여금 「토지가옥증명규칙」을 공포하고 통감부 자체적으로 외국인을 위한 「토지건물증명규칙」을 제정하여 모두 그 해 12월 1일부터 시행하였다. 그 부족한 부분을 보완하기 위해 1908년 한국정부는 「토지가옥소유권증명규칙」을 제정하고 통감부도 또한 「토지건물소유권증명규칙」을 제정하여 모두 그 해 8월 1일부터 시행하였다. 그러나 이로 인해 근대적 소유권제도가 확립된 것은 아니고 토지대장은 불완전하고 토지의 소재지번 마저도 거의 정리되지 않았고 토지소유관계와 소유권이 여전히 불명확한 것에는 변함이 없었다. 이는 일본인 자

유관계와 소유권이 불명확한 것에는 변함 없었다. 이는 일본인 자본의 투자를 채우는 데는 큰 장해였다. 때문에 후일 악명 높은 토지조사사업[35]이 1910년 3월부터 시작되었다.

그 요원을 양성하기 위해 관립 한성고등학교와 관립 한성외국어학교에 각각 임시토지조사사무원 양성소(4개월)와 임시토지조사기술원 양성소(1년)를 부설하였으나 공립 실업학교에 있어서도 측량요원을 양성하는 것이 기대되었다. 이미 사립학교에서는 일찍부터 측량학교를 개설하고 일본에서 측량기술을 수득한 한국인을 강사로 하여 단기속성으로 하는 자가 적지는 않았다.[36] 때문에 정부는 「토지측량자 단속규칙」[37]을 제정하고 면허증을 발행하여 자격을

본의 투자를 재촉하는 데는 커다란 걸림돌이었다.

35) 토지조사사업은 1910년 3월부터 시작되고 토지의 소유권, 가격, 지형, 地貌 등의 조사·측량을 행하였으나 토지의 소유권이나 점유권을 부정하는 농민이 많았다. 때문에 광대한 국유지가 창출되고 이들 국유지는 동양척식주식회사나 일본인 지주에게 헐값에 불하되었다. 토지조사사업이 종료된 3개월 후에 일어난 1919년 3·1독립운동은 토지를 빼앗긴 농민들의 분노의 폭발이었다. 또한 이와 평행하여 실시된 '산림조사사업'도 삼림령에 의해 광대한 국유임야가 창출되고 일부의 대산림지주를 낳는 결과가 되었다.

36) 『황성신문』 1908.5.2 광고. 측량학교 학원모집(중서수동 홍사단내) 측량에 관한 학식·기술을 교수하고 교사는 동경공수학교 졸업생 김택길, 김두섭 일본동경참모본부에서 측량학을 졸업한 이주환 3명, 5월 12일 입학시험, 국한문 독서작문 算術四則以內 상당의 졸업증서를 가진 자는 면제, 수업기간 6개월.

37) 1910.2.1 「전라북도령」 제1호 '토지측량자 단속규정'
제1조 보수를 받는 토지측량에 종사하는 자는 원서에 다음의 서면을 첨부하여 본 청에 출원하여 면허증을 받아야 한다. 폐업 시는 면허증을 반납한다.
1. 이력서 1. 임금 및 제 비용의 예정액
제2조 다음의 각 항의 하나에 해당하는 자에게는 면허증을 교부한다.
1. 관청의 시험에 합격하고 그 증서를 가진 자
2. 측량의 기술을 교수한 관립학교 졸업증서를 가진 자

통일하는 것으로 하였다.

실업학교는 당시의 경제상황에서 필연적으로 생긴 것이 아니라 일본측의 식량사정에 의한 미곡의 개량증산을 위한 모방학습과 토지수취법을 위한 기술교육이 중심으로 속성적으로 그 요원을 양성하고자 아는 목적이 있었다.

한편으로는 많은 초등교육 수료자가 학비부담 때문에 시설이 좋지 않은 사립학교로 진학하였다. 하지만 사립학교는 격렬한 내용의 교과서를 가르치고 시국에 따라 애국가와 독립가를 고창하고 치열한 의병전쟁과 호응하여 마치 국권의 회복과 자주독립의 거점이 되었다.

때문에 보통학교에 직결되는 공립학교를 적은 경비로 준비하여 다소 그에 따른 불만을 누그러뜨릴 필요가 있었다. 학부는 실업학교보다도 더욱 간단한 공립 실업보습학교를 상정하고 1910년 4월 실업보습학교규정[38]을 제정하여 다음의 3학교를 공립 보통학교에

---

3. 1년 이상 측량 기술에 종사한 판임관 이상의 직에 있는 자
이하 생략

38) 1910년 4월 1일「학부령」제1호 '실업보습학교규정'『관보』제4643호 1910.4.4
제1조 실업보습학교는 간이한 방법에 따라 실업 종사하기에 필요한 교육을 시행하는 것을 목적으로 한다.
제2조 실업보습학교의 수업기간은 2년 이내로 정한다.
실업보습학교는 토지의 정황 및 직업의 종류 등에 따라 학생의 수업에 편리한 시간 및 계절을 선택하여 교수한다. 그 경우에는 전항의 수업기간을 연장하는 것으로 한다.
제3조 실업보습학교의 교과목은 수신, 국어 및 한문, 일어, 산술, 실업에 관한 과목으로 한다.
전항의 교과목 중 국어 및 한문, 일어, 산술을 빼거나 혹은 토지의 정황에 따라 다른 교과목을 추가하는 것으로 한다.
실업에 관한 과목은 실업학교령 시행규칙 제2조 제2항 이하의 과목 중에서 적당히 추가한다.
제4조 실업보습학교에 입학하고자 하는 자의 자격은 토지의 정황 및 실업의 종류에 따라 적당히 정한다.

부설하였다.

> 미동실업보습학교(농상업1년제) 수하동실업보습학교(상업1년제) 어의동 실업보습학교(농상업1년제)

그러나 국민의 실업학교에 대한 이해가 부족하고 1910년도 말 실업학교 14개교의 학생수는 542명으로 1학교 당 38명에 불과하였고 실업보습학교 3개교 학생수는 93명으로 1학교 당 31명이었다.[39]

더욱 실업학교는 병합 후도 증설되어 해주, 의주, 영변, 청주 4개소에 공립농업학교가 개교하였다. 또 실업보습학교를 간이 실업학교(및 간이농업학교, 간이상업학교)로 개칭하고 미동, 수하동, 어의동의 3학교 외, 명륜(수원), 공주, 홍주, 상주, 강릉, 원주, 성주, 진남포, 안주, 고원, 경성과 회령의 각 학교가 개설되었다.

제5조 실업보습학교는 보통학교, 실업학교 또는 그 외의 학교에 부설하는 것으로 한다.

부 칙

본 규정은 분포일부터 시행한다.

39) 『조선총독부 통계연보』 1910년 제417표 '실업학교교원 학원 및 경비' 더욱 경비는 실업학교 14학교에서 61,789엔 1학교 당 4,413엔, 실업보습학교 3학교는 1,226엔으로 1학교 당 408엔이었다.

또한 '실업학교교원에 관한 조사' 조선총독부 『관보』 제122호 1911.1.27 입학자의 출신교별: 관립9.3% 갑종23.3% 을종1.3% 보조지정1.5% 사립47.4% 그 밖17.2%

연령별: 12세 이상0.7% 14세 이상6.6% 16세 이상21.1% 18세 이상27.0% 20세 이상 37.7% 25세 이상6.2% 30세 이상0.7%

학부형직업별: 관공료8.0% 은행회사원0.9% 농업54.0% 상업26.8% 공업0.3% 그 밖10.0%

신분별: 양반33.8% 상민66.2%

결혼별: 미혼자31.8% 기혼자68.2%

1910년도 상업학교(관립1 공립1 사립1) 농업학교(공립12 실업보습3 사립4) 총계 22학교에 관하여 조사하였다.

제6장 한성고등여학교

1896년 발간된 독립신문이 여자교육의 기회균등을 호소하였으며 이에 동조하여 다른 신문도 여자교육을 논하고 정부에 여학교의 조기개발을 요구하였다. 이에 따라 1897년경부터 여학교 개설을 요구하는 소리가 높아지고 그 후는 讚揚會 등의 부인단체가 학부에 관립여학교 설립을 요청하게 되었다.

이들의 독려로 그제서야 학부도 1899년도 예산에 여학교비를 계상함과 동시에 이듬해 1900년 1월 여학교 설치안을 의정부회의에 제출한[1] 것은 제1장에서 이미 언급하였다. 그러나 원래 학부대신인 신기선은 중화사상에서 벗어나지 못하고 신교육은 야만인의 학문이라고 하여 반대한 인물이기도 하며, 그 외의 위정자도 대동소이한 인식밖에 없었기에 각의에서 부결되고 여학교 설치안은 빛을 보지 못하였다.

한편 이 시기에 제출된 「여학교 관제」의 주된 내용은 다음과 같으므로 학부가 설립하고자 한 학교는 '여학교' 즉, '여자학교(여자교)'의 의미로 심상과(3년)와 고등과(2년)를 둔 초등학교였으며 중

---

1) 「여학교관제」 안 제출의 취지 설명 "교육은 인민의 지식과 才藝를 발달시키는 것에 있으나 남녀가 평등한데도 나라의 각종 학교에 예산을 정하였으나 여학교에는 지금까지 예산을 정하는 일이 없어서 여성들이 상소하였으므로 이에 여학교비를 계상하여 장래 여학교를 설립하도록 의회에 제출한다"(손인수, 『한국여성교육사』, 238쪽).

등교육기관으로서 여학교는 아니었다.

제2조 여학교의 경비는 국고에서 지출한다.
제3조 여학교에 심상과와 고등과를 둔다.
제4조 여학교의 수업연한은 심상과 3년 고등과 2년으로 한다.
제5조 여학교 심상과의 과목은 수신, 독법, 서법, 산술, 綴法, 지리, 역사, 재봉, 과학, 도화로 한다.
제6조 여학교의 교과서는 학부가 편찬한 것 또는 학부대신의 검정을 거친 것으로 한다.
제7조 여학교 학생의 연령은 9세부터 15세까지로 한다.
제8조 여학교의 교수과목의 추가, 삭제, 학급편성, 교사의 시한 등 일절의 세부 규칙은 학부대신이 정한다.
제9조 여학교 교장은 교원 혹은 학부 판임관이 겸무한다.
제11조 여학교는 당분간 외국인 교사도 고용한다.
제12조 각 지방의 여학교는 공립으로 하고 사립도 적당한 범위에서 허가한다.

학부는 1908년이 되어 겨우 공립보통학교 4학교에 여자학급을 1학급씩 배당하여 개설함과 동시에 여자를 위한 중등교육기관으로 관립 고등여학교를 한성에 신설하고 필요한 법령과 그 시행규칙을 입안하여 통감부의 동의를 요청하였다. 이와 같이 하여 그 해 4월 학부는 다음의 「고등여학교령」[2)]을 공포하여 고등여학교가 여자에게 필수적인 고등보통교육과 기예를 교수하는 것을 목적으로 하고 수업연한 3년의 본과 외에 수업연한 2년 이내의 예과와 기예전수과를 둘 수 있도록 하였다.

본과의 입학자격은 12세 이상으로 보통학교 졸업자 또는 이와 동등한 학력을 갖춘 자로 하여 예과는 10세 이상으로 보통학교 제2학년 수료이상의 학력을 가지고 기예전수과는 15세 이상의 자로 하였으나 당분간은 연령과 학력의 제한을 하지 않는 것으로 하였다.

2) 1908년 4월 2일 「칙령」 제22호 '고등여학교령' 『관보』 제4039호 1908.4.4.

그리고 교과서는 학부가 편찬한 것 또는 학부대신의 검정을 받은 것을 사용하는 것으로 하고 수업료 징수와 부속유치원의 설치에 관해서도 규정하였다.

제1조 고등여학교는 여자에게 필수적인 고등보통교육 및 기예를 가르치는 것을 목적으로 한다.

제2조 고등여학교는 관립 공립 및 사립의 3종으로 한다.
국고의 비용으로 설립하면 관립으로 도 혹은 부 또는 군의 비용으로 설립하면 공립으로 개인의 비용으로 설립한 것은 사립으로 한다.

제3조 공립 및 사립고등여학교의 설치 및 폐지는 학부대신의 인가를 받아야 한다.

제4조 고등여학교에 예과 및 기예전수과를 둔다.

제5조 고등여학교의 수업연한은 3년이나 단 토지의 정황에 따라 1년 연장하기로 한다.
예과 및 기예전수과의 수업연한은 2년 이내로 한다.

제6조 고등여학교 본과에 입학하고자 하는 자는 연령 12세 이상으로 보통학교를 졸업한 자 또는 그와 동등한 학력을 가진 자로 한다.
예과에 입학하고자 하는 자는 연령 10세 이상으로 보통학교 제2학년 수료이상의 학력을 가진 자로 한다.
기예전수과에 입학하고자 하는 자는 연령 15세 이상으로 한다.
입학연령 및 학력 제한은 당분간은 위의 3항의 규정에 따른다.

제7조 고등여학교의 교과서는 학부 편찬의 것 또는 학부대신의 인가를 받은 것으로 한다.

제8조 고등여학교는 수업료를 징수한다.

제9조 본령의 규정에 따라 학교는 고등여학교로 칭한다.

제10조 고등여학교에 부속유치원을 설치한다.

제11조 본령 시행에 관한 규칙은 학부대신이 정한다.

부 칙

본령은 분포일로부터 시행한다.

이에 따라 그 해 4월 학부는 「고등여학교령 시행규칙」[3]을 제정

3) 1908년 4월7일 「학부령」 제9호 '고등여학교령 시행규칙' 『관보』 제

하고, ①총칙 ②학과목 및 요지 ③학년, 학기, 교수일수, 교수시수, 휴업일 ④설치, 폐지 ⑤입학, 퇴학 및 징계 ⑥수료 및 졸업에 관하여 규정하였다.

그리고 동시에 「관립 한성고등여학교 학제」[4]를 정하고 신설되는 관립 한성고등여학교에 본과(3년)와 예과(2년), 기예전수과(2년)를 두는 것으로 하고 학생정원을 합계 300명으로 하였다. 또 선택과목에 대해서 규정하고 본과에서는 자수, 편물, 매듭, 조화, 요리 중 1과목 또는 여러 과목과 교육 대요를 교수하고, 기예전수과에서는 선택과목으로 일어와 가사를 교수하도록 하였다.

매주 교수시수는 예과가 28시간으로 하였으며 본과와 기예전수과는 30시간으로 하였다. 입학자격에 대해서는 당분간 예과는 8세 이상, 본과와 기예전수과는 12세 이상으로 하고 본과와 예과의 입학시험과목은 국어와 산술로 하였지만 당분간은 산술을 제외할 수 있도록 하였다.

학부는 다음의 인사를 발령하였으나 일본인 여성학감 赤穗千春, 부교수 板野德惪, 溝部都奈의 3명은 5월 18일에 함께 착임하고 학부내에 임시사무소를 두어 빠른 개교준비에 착수하였다.[5]

4.15 임부교수(판임3등) 板野 德
5. 7 임부교수(판임3등) 溝部都奈
5.10 겸임교장 학부편찬국장 어윤적
5.11 임학관(주임4등) 赤穗千春

그리고 다음의 학생모집요강을 관보에 광고하여 본과 50명, 예과

4044호 1908.4.10.

4) 1908년 4월 7일 「학부령」 제10호 '관립한성고등여학교학칙' 『관보』 제4044호 1908.4.10.

5) 『황성신문』 1908.5.19 雜報.

50명으로 모집하고 입학자격으로는 본과는 만12세 이상, 예과는 만 8세 이상으로 하고 시험과목은 국문(독법과 받아쓰기) 1과목만으로 하였다.

> 관립 한성고등여학교 학원모집광고(『관보』 제4,083호 1908.5.26)
> 금번 본교 본과 예과 각 제1학년학원을 모집하므로 입학지원자는 다음의 학 항을 주의하여 입학청원서에 이력서를 첨부하여 학부내 관립 한성고등여학교 임시사무소에 제출할 것
> 단, 입학청원서 및 이력서 등 용지 그 밖의 질문사항은 수시로 학부내 임시사무소에 와서 물을 것
> 융희 2년 5월 23일 관 립 한 성 고 등 여 학 교
> 사 항
> 一, 모집인원: 본과 50명 예과 50명
> 一, 입학원서 제출기한: 융희 2년 6월 20일까지
> 一, 학원연령: 본과 만12세 이상 예과 만8세 이상
> 一, 시험과목: 국문(독법 및 받아쓰기)

그러나 5월이 지나도 응모자는 없고 학부 회계과장 김한규씨의 딸만이 예과에 출원하였다.[6] 이보다 빠른 5월 20일, 관립 한성고등여학교창립을 알게 된 황후는 徽旨[7]를 하사하여 "보통교육에 남녀의 구별은 없다. 여자는 부인으로서 남편을 보조하고 가정을 다스리고 어미로서 자녀를 扶育하는 책임이 있다"고 하여 "지금은 정부가 고등여학교를 한성에 창설한다면 실로 그 의를 얻는 것으로 그 부형들은 그 의로써 여아에 대한 옛 관습의 잘못된 습관을 바로잡고 학교에 들어가 교육을 받게 하여야 한다. 이는 혼자만을 위한 일이 아니다"라고 현모양처를 양성하기 위해 교육이 중요하다는 것을 깨우쳤다.

---

6) 『황성신문』 1908.6.3 雜報.
7) 『관보』 제4083호 1908.5.26 '궁정록사'.

이에 학부는 황후의 휘지를 인쇄하여 각 고등관에게 배포하여 여자의 여학교 입학을 권장하고 한성고등여학교도 취의서를 간행하여 각부 대신부인과 각 고등관부인에게 송부하였다.8)

하지만 모집기한 6월 20일이 지나도 응모자는 20여 명 정도로 이 때문에 학부대신 이재곤은 6월 22일 학부의 칙임관, 주임관, 판임관을 불러 대책을 협의하고 전원이 한 명씩 추천하는 것으로 하여9) 응모기한을 6월 30일까지 연장하였다.10) 그 사이에 6월 19일 부교수 이동초가 발령되어 개교사무를 보게 되었다.

이 같은 노력이 있어 입학시험일 당일에는 지원자가 50명에 달하였다.11) 이렇게 본과 36명, 예과 14명, 합계 50명의 합격자가 결정되었으나 지원자 중 21세부터 26세의 4명은 불합격 처리되었다.12)

7월 4일에는 오전 10시부터 전 영어학교의 교사에서 입학식이 거행되고 학부대신과 차관이 권학의 훈시를 하고 교장 이재적이 황후폐하의 휘지를 낭독하였다. 그 후 일반학생에 대한 교수방법과 학습시간에 대한 설명이 있었고 다음으로 내각법제국장 유성준이 학생과 학부형을 대표하여 답사를 하는 것으로 식을 마쳤으며, 다과가 제공되었다.13)

이어 앞서 6월 학부는 다음의 「관립 한성고등여학교 학과 과정 및 매주 교수 시수표」14)를 제정하고 수업 개시 준비를 하였다. 그러나 당시 한국에서 사립여학교는 다수 있었으나 관·공립보통학교에 여자학급은 없었으며 겨우 1908년에 대구, 함흥, 군산, 여주의

8) 『황성신문』 1908.6.10 雜報.
9) 『황성신문』 1908.6.24 雜報.
10) 『관보』 제4107호 1908.6.23.
11) 『황성신문』 1908.7.4 雜報.
12) 『황성신문』 1908.7.5 雜報.
13) 주 12)와 같음.
14) 1908년 6월 1일 「학부고시」 제4호 『관보』 제4090호 1908.6.3.

공립 4학교에 여자학급이 창립되려고 하고 있었다.

〈표 6-1〉 관립 한성고등여학교 학과과정 및 매주 교수 시수표 예과

학과목	시수	예과 제1학년	시수	시수
수신	1	인륜도덕 요지	1	상동
국어·한문	5	일상보통문의 독법서법철법 근이한 한문	5	상동
일어	5	회화 일어문독법서법철법	5	상동
산술	3	수법서법 간이정수의 가감승제	3	상동
이과	2	동식물 및 자연의 현상	2	상동
도화	2	임화	2	상동
수예(재봉)	6	운침법 보통의복의 재봉법	6	상동 봉재법
음악	2	단음창가	2	상동
체조	2	보통체조 유희	2	상동
수예(재봉이외)		편물		편물자수조화
계	28		28	

*선택과목의 교수시수는 전부 1주 6시간 이내로 한다.

〈표 6-2〉 동 본과

학과목	시수	본과 제1학년	시수	본과 제2학년	시수	본과 제3학년
수신	1	인륜도덕 요지 작법	1	상동	1	상동
국어·한문	6	강독작문문법습자 강독	6	상동	6	상동
일어	5	강독회화작문습자 문법	4	상동	4	상동
역사·지리	1	본국역사 및 지리 대요	2	본국역사관계있는 외국지리	2	상동 및 지문일반
산술	2	정수 및 분수 주산	2	분수 및 소수 주산	2	비례보합산 주산
이과	2	생리 위생 화학	1	화학 광물	1	물리
도화	2	임화 및 사생화	2	상동	2	상동 및 고안화
가사	1	의식주	2	상동	2	양로육아간호가사경제
수예(재봉)	6	운침법 봉법재법繕법	6	상동	6	상동 및 재봉틀 사용법
음악	2	단음창가	2	단음창가복음창가악기사용	2	상동
체조	2	보통체조 유희	2	상동	2	상동
교육						이론대요
외국어(除일어)				발음철자독법해석습자		독법해석회화문법
수예(재봉 외)		편물 자수 조화		편물자수조화매듭		자수조화매듭 요리
계	30		30		30	

*선택과목의 수업시수는 전부 1주 6시간 이내로 한다.

하지만 실제로는 학교교육은 중류이하 가정의 자녀들이 그 대상으로, 상류계급에서는 가정에 교사를 두어 여자에게 한글을 학습시켰기 때문에 이 학교 입학지원자는 겨우 국문의 소양이 있는 정도였다. 게다가 보통학교 졸업자와 동등의 학력을 가진 자는 없었다.

따라서 그 학습정도는 "일본의 소학교와 고등여학교를 절충하여 각종 기예를 더하였다"[15]고 하였다. 보통학교단계의 예과에서는 국어와 일어가 거의 대등하게 취급되고 한문은 독립과목이 아니라 여자교육의 성격상 경시되었다. 산술은 보통학교 시간수에 반 정도밖에 배분되지 않았고 그 시간만큼 재봉과 수예에 시간이 배당되었다.

또 본과에서는 보통과목을 망라해서 학습하였으나 산술과 이과의 시간수가 적고 과목의 학습효과가 기대되지 않았다. 그리고 가사와 재봉·수예에 중점을 두고 가정의 주부로서 필요한 실과를 교육시켜 현모양처형의 여자를 양성하고자 한 목적이 현저히 나타났다.

학부는 이듬해 1909년 7월 「고등여학교령 시행규칙」을 개정[16]하고 교육과정 및 매주 교수시수표를 정하였으나 본과에서는 일어의 수업시수가 3년간 14시간이 되고 전체의 17.5%가 배당되었다. 이에 따라 일어의 수업시수는 국어 및 한문과 같은 수가 되며 양자가 동격의 취급을 받게 되었다. 또 재봉은 3년간 14시간으로 하고 전체의 17.5%가 배당되었다.

예과에서도 일어에 국어 및 한문과 같은 수의 수업시수를 배당하고 각각 전체의 20.4%를 차지하였다. 그러나 재봉은 전체의 16.3%밖에 배당되지 않았다. 기예전수과에서도 일어의 수업을 할애하고 재봉에 전체의 42.9%를 수예에 35.7%를 배당하여 실기과목이 전체의 78.6%를 점유하였다.

---

15) 통감부, 『제2차 한국시정연보 명치 41년』, 1910, 152쪽.
16) 1909년 7월 5일 「학부령」 제2호 '고등여학교령 시행규칙' 개정 『관보』 제4424호 부록 1909.7.9.

이에 따라 그 해 10월 학부는「관립 한성고등여학교 학칙」을 폐지,[17] 신학칙을 제정하여,[18] 별도의 표에 의해 교육과정과 매주 수업시수를 다음과 같이 개정하였다.

신학칙의 교육과정표에 의하면 본과의 경우 '국어 및 한문'이 '일어'와 등등한 수업시수가 되었고 '역사 · 지리'는 특설되지 않고 국어 및 한문과 일어의 수업 중에서 지도하는 것으로 개정되었다. 또

학과목	본과			예과		기예전수과	
	1년	2년	3년	1년	2년	1년	2년
수 신	1	1	1	1	1	1	1
국어및한문	5	4	4	5	5	3	3
일 어	5	4	4	5	5		
역 사	2	2					
지 리			1				
산 술	2	2	2	3	3	2	2
이 과	2	2	2		2		
가 사	1	2	2				
도 화	1	1	1	1	1		
재 봉	4	5	5	4	4	12	12
음 악	2	2	2	2	2		
체 조	2	2	2	3	2		
수 예						10	10
외국어							
교 육							
계	27	27	26	24	25	28	28

본과 : 선택과의 매주 교수시수는 수예에 있어서는 6시간 이하로 하고 그 밖에는 모두 4시간 이하로 한다.

예과 : 선택과의 매주 교수시수는 6시간 이하로 한다.

기예전수과 : 선택과의 매주 교수시수는 6시간 이하로 한다.

17) 1909년 10월 20일「학부령」제7호 "융희 2년 학부령 제10호 관립 한성고등여학교학칙, 동교 학부령 제11호 관립 보통하교 보습과 규정 및 동년 학부령 제17호 관립 한성사범학교 보습과 규정을 폐지한다"『관보』제4512호 1909.10.23.

18) 1909년 10월 20일「학보고시」제17호 '관립 한성고등여학교 학칙'『관보』제4514호 1909.10.26.

한 '이과'는 '가사'와 조합하여 각 학년 매주 4시간이 배분되었다.

도화의 수업시수는 반감하였으며 음악과 체조의 수업시수는 구 과정과 변화는 없으나 '재봉'은 제2~3학년의 수업시수가 증가하였다. 또 선택과목은 외국어가 없어지고 수예와 교육만이었으나 '수예'의 수업시수가 3년에 17시간으로 규정되었다.

이들의 개정 중 가장 주목할 것은 '국어 및 한문'의 수업시수가 감소하여 '일어'와 같은 시수가 되었으나 더욱이 국어가 한문과 조합된 것을 고려한다면 국어보다도 일어가 중요시 되었다는 점이다. 이미 전술한 바와 같이 고등여학교령 시행규칙 제5조[19]에 의하면

---

19) 고등여학교령 시행규칙 제5조. 고등여학교 각 학과목 요지는 다음과 같다.

1. 수신은 도덕상 사상 및 정조를 양성하여 여자에게 적당한 淑悳을 기르며 실천궁행을 권장하는 것을 요지로 한다. 수신은 가언선행 등 학원의 일상행위에 따르는 도덕의 요령을 교시하고 또한 예법을 교수한다.
2. 국어 및 한문은 보통 언어문장을 이해하고 정확한 사상을 표출하는 능력을 기르며 지덕계발에 힘쓰는 것을 요지로 한다.
3. 일어는 보통일어를 이해하고 사용하는 능력을 키우며 처세상 필요한 지식의 증진에 힘쓰는 것을 요지로 한다.
   일어는 독법, 해석, 회화, 받아쓰기, 습자, 작문, 문법의 대요를 교수한다.
4. 역사는 역사상 중요한 사적을 알고 문화 유래지의 이해를 돕는 것을 요지로 한다.
   역사는 우리나라의 시초부터 현재에 이르기까지의 중요한 사적을 교수한다.
5. 지리는 지구의 형상, 운동 지구표면 및 인류생활의 상태를 이해하고 처세상 필요한 사항을 아는 것을 요지로 한다.
   지리는 본국지리 아울러 우리나라와 중요한 관계를 갖는 여러 외국지리의 대요를 교수하고 지문 지문일반을 교수한다.
6. 산술은 수량의 관계를 명백히 하고 일상계산에 익숙하게 하며 생활상 필요한 지식으로 사고를 정확히 하는 것을 요지로 한다.
   산술은 정수, 분수, 소수, 비례, 보합산을 교수하고 학교수업연한에

따라 기하 및 대수의 초부를 교수하는 것으로 한다.
산술은 筆算, 珠算은 병용한다.

7. 이과는 천연물 및 자연현상에 관한 지식과 그의 상호관계와 인생에 대한 관계를 이해하고 일상생활에 적용하는 것을 요지로 한다. 이과는 중요한 광물, 식물, 동물에 관한 지식, 인체의 구조, 생리 및 위생의 대요, 중요한 물리 및 화학상의 현상, 기계의 구조 및 작용, 원소 및 화합물에 관한 지식의 일반을 교수한다.
8. 가사는 가사 정리 상 필요한 지식을 가지고 勤勉, 節儉, 秩序, 週密, 淸潔을 더하는 사상을 양성하는 것을 요지로 한다.
   가사는 의식주, 양로, 육아, 간호, 요리, 가계부기 그 밖의 집안 정리, 경제 등에 관한 사항을 교수한다.
9. 도화는 물체를 정밀하게 관찰하고 정확 자유로 그리는 능력을 양성하고 意匠을 단련하여 미감을 기르는 것을 요지로 한다.
   도화는 자유화로 하고 사생화를 주로 하여 임화, 고안화를 추가한다.
10. 재봉은 재봉에 관한 지식기능을 얻고 근면, 절약, 이용의 습관을 양성하는 것을 요지로 한다.
    재봉은 운침법에서 보통의복의 봉법, 재법, 재봉기구 사용법의 일반을 교수한다.
11. 음악은 음악에 관한 지식기능을 기르고 미감을 양성하여 마음과 정서를 고결하게 하며 덕성함양을 기르는 것을 요지로 한다.
    음악은 단음창가를 주로하여 고아하고 교육상 유익한 가사, 악보를 택하여 교수하고 또한 편의복음창가를 더하여 악기사용법을 교수한다.
12. 체조는 신체의 각부를 균일하게 발육시키고 건강하게 하며 동작을 기민하게 하고 정신을 쾌활하게 하며 용의단정하게 규율을 지켜 협동하는 습관을 양성하는 것을 요지로 한다. 체조는 유희 학교체조를 교수한다.
13. 수예는 여자에게 적절한 수예를 가르쳐 손동작을 정밀하게 하여 근면한 습관을 기르는 것을 요지로 한다.
    수예는 종이세공, 편물, 조화, 자수, 매듭 등 토지의 상황에 적절한 것을 교수한다.
14. 외국어는 평이한 외국어를 이해하고 지식증진을 기르는 것을 요지로 한다. 외국어는 독법, 해석, 회화, 받아쓰기, 습자, 문법의 대요를 교수한다.

일어학습은 "처세상 필요한 지식의 증진"이 목적이라고 하여 이미 합병전의 이 시기에 일어가 일상생활에 없어서는 안될 것이 된 점을 강조하고 있다.

〈표 6-3〉 관립한성고등여학교 학칙 별표 학과과정 및 매주교수시수표

학과목	본 과			예 과		기예전수과	
	1년	2년	3년	1년	2년	1년	2년
수 신	1	1	1	1	1	1	1
국어및한문	5	4	4	5	5	2	2
일 어	5	4	4	5	5	(2)	(2)
산 술	2	2	2	3	3	2	2
이 과					2		
가 사	4	4	4			(2)	(2)
도 화	1	1	1	1	1		
재 봉	5	7	7	5	5	12	14
음 악	2	2	2	2	2		
체 조	2	2		3	2		
수 예	(5)	(6)	(6)	(5)	(5)	12	12
교 육			(1)2				
계	27 (5)	27 (6)	27 (7)	25 (5)	26 (5)	29 (4)	31 (4)

*본과 : 수예 · 교육은 선택과목, 역사 · 지리는 국어 및 한문 일어시간 중에 교수하고 별도로 시간을 정하지 않는다.
예과 : 수예는 선택과목
기예전수과 : 일어 · 가사는 선택과목

또 '역사 · 지리'를 국어 및 한문과 일어의 수업 중에 교육하고 가사 · 재봉 · 수예의 실기과목 등에 보다 많은 시수를 배분하고자 한 것은 너무나도 쉬운 방법이었다. 그리고 이과가 가사와 조합된 것도 교육과정 편성상의 편의주의에 불과하였다.

---

15. 교육은 교육에 관한 보통지식을 기르며 가정교육을 기르는 것을 요지로 한다.
교육은 교육에 관한 사항의 대요를 교수한다.

예과의 교육과정도 종래와 같이 일어 수업시수를 국어 및 한문과 같은 수로 하고 일부과목의 시간수를 감소하여 선택과목인 수예에 10시간을 배분하였다. 그리고 기예전수과에서는 2년간으로 재봉에 26시간(43.3%), 수예에 24시간(40.0%)을 배분하여 양자가 전체에 83.3%를 차지하고 있다. 그리고 일어와 가사를 선택 과목으로 각각 4시간을 배분하였다.

이와 같이 여자교육을 위해 교육과정이 형식적으로는 정비되었으나 전술한 바와 같이 보통학교 졸업자와 동등한 학력을 가진 자는 없었기 때문에 학습내용이 충분히 이해되지 않았고, 현모양처를 목표로 하는 신식 여자교육도 극히 곤란하였다고 여겨진다.

당시의 풍습으로 대낮에 얼굴을 내놓고 다니는 것은 하층계급의 부녀자나 기생으로 중류이상의 부녀자의 외출은 야간에만 이루어졌고 어쩔 수 없이 낮에 외출할 때는 가마를 타거나 머리부터 장옷을 쓰고 얼굴을 가리지 않으면 안되었다.

그래서 "학생은 학교에 오는 도중 사람에게 보이게 되면 부끄러워하여 가마로 왕복하거나 학교의 벽을 특히 높여 쉽게 들여다 볼 수 없도록"[20]할 필요가 있었다. 그렇지만 그 즈음 한성시내에서는 인력거가 보급되어 가마보다 간편한 인력거로 통학하는 학생이 늘었다.

학교당국은 이를 안 된다고 금지하였으나 내각총리대신 이완용의 딸만이 아직도 인력거 통학을 계속하였다고 신문은 비난하고 있다.[21] 이완용에 대해서는, 1910년 5월 13일 이 학교가 용산방면으

20) 앞의 『조선교육사고』, 283쪽. 당시는 중류계급 이상의 부녀자가 살을 드러내는 일은 없으며 또 위생사상이 없어 "종두를 시행할 때는 매우 곤란하였다. 여학생을 설득하지만 그들은 의복의 소매일부를 찢거나 혹은 실밥을 뜯어 필요한 극소부분의 팔을 보여주는 상황이었다"고 한다.

21) 『황성신문』 1910.4.16 雜報.

로 소풍을 갔을 때에 총리대신 스스로 따라와서 딸을 보호하였다고 하는, 그의 지나친 부정에 대해 보도하였다.[22] 이와 같이 상류계급의 자녀가 자택에서 학교까지 도보로 통학하거나 교외로 소풍을 나간 것은 당시의 풍조로는 상상도 할 수 없는 것이었다. 그리고 이 학교는 여자만의 운동회를 실시하여 한성시민을 놀라게 하였고 운동회장에는 황제와 황후가 함께 참석하였다.[23] 더욱이 이 학교 1910년도 말의 학생수는 본과 1년 32, 2년 32, 3년 31, 예과 1년 42, 2년 38 합계 175명이었다(『조선총독부 통계연보』 1910년 제416표).

그럼 마지막으로 교원조직에 대해 정리해 보면, 이 학교의 개교사무를 추진한 학감 赤穗千春와 부교수 板野德, 溝部都奈, 이동초 중 학감 赤穗千春는 1909년 10월 30일 자진사퇴하여 귀국하였고 후임으로 中川糸가 취임하였다. 또 부교수 板野 德도 결혼으로 1909년 8월 30일 자진사퇴하여 귀국하였다.

교수(주임)에는 윤효정씨[24]의 딸 윤정원이 유학하던 일본에서 귀국하여 취임하고 교수(판임)에는 淺野雪子가 발령되었다. 그리고 부교수로는 앞의 板野, 溝部, 이동초 3명 외에 강진희, 津江滿喜, 김혜곡, 한보원, 현학자가 취임하였다.

그러나 부교수 강진희는 얼마 후 이 학교 서기로 옮기고 부교수 이동초는 1910년 2월에 자진사퇴하고 교수 윤정원과 부교수 한보원도 사임하여,[25] 합병당시의 교원조직은 학감 中川糸, 교수 淺野雪子, 조교수 溝部都奈, 津江滿喜, 김혜곡, 현학자의 전임 6명으로 한국인 2명 외에는 일본인이 차지하였다.

---

22) 『황성신문』 1910.5.14 雜報.

23) 『황성신문』 1909.5.13 雜報. 관립고등여학교에서는 어제 북일영후 대보단에서 춘계운동회를 열어 황제 황후폐하가 참석하였다.

24) 윤효정은 공진회를 창립하고 헌정연구회, 자강회 등을 결성하였다.

25) 교수 윤정원은 1910.8.24 陞六品(『관보』 4768호 1910.8.29), 부교수 한보원은 1910.8.12 敍勳七等八卦章(『관보』 제4658호 1910.8.16).

(겸) 교장	어윤적	1908. 5. 7~1910. 9.30
학감(주임)	赤穗千春	1908. 5.10~1909.10.30(자진사퇴 귀국)
〃 (〃)	中川糸	1910. 1.31
교수(주임)	윤정원	1909. 3. 4
〃 (판임)	淺野雪子	1909. 8.20
부교수	板野德	1908. 4.15~1909. 8.30(자진사퇴 귀국)
〃	溝部都奈	1908. 5. 8
〃	이동초	1908. 6.19~1910. 2.23(자진사퇴)
〃	강진희	1908. 6.19~1908.12.28(동교 서기)
〃	津江滿喜	1908.10. 9~1911. 4.30(자진사퇴)
〃	김혜곡	1908.11.19
〃	한보원	1908.12.28
〃	현학자	1910. 6.30
서기겸부교수	심승필	1910. 3.23
교사촉탁	西尾 サワ	1910. 4. 2
〃	조숙정	1910. 4.22
〃	新宮馨子	1910. 5.16
〃	籐木 フク	1910. 9.20

제7장 의학교

조선시대는 예로부터 전해 내려오는 독자적인 의학이 계승되고 이와 더불어 중국의 의서도 많은 양이 번역되었다. 조선중기에는 명나라의 의서와 조선의 의서를 모아 편찬한 명저 『동의보감』이 간행되었고, 일본에서도 에도막부에 의해 이것이 출판되었다. 때문에 일본에서도 조선의 『동의보감』이나 『의방유취』가 많이 읽혀지고 조선통신사들을 수행하여 일본에 건너온 좋은 의사나 의원을 사관에 초대하여 일본의 의사가 의학 문답을 하여 공부하는 일이 많았다고 한다.

그러나 조선 개항 후는 미국과 일본계의 서양의학이 들어오고 조선의 의학은 새로운 국면을 맞이하게 되었다. 정부는 1899년도 세출예산에 의학교비 6,000엔을 계상함과 동시에 1899년 3월 24일 「칙령」 제7호 '의학교관제'[1]를 공포하여 학부직할의 관립 의학교를 설립하게 되었다. 동 관제에 의하면 다음과 같이 수업연한은 3년으로 하고 교육내용 그 외의 것에 대해서는 학부대신이 별도로 정하고 교장으로는 의학에 숙련된 인물을 임명하는 것으로 하였다.

그리고 경우에 따라서는 학부의 주임관이 교장을 겸무하거나 교장이 교관을 겸임하는 것이 가능하도록 하였다. 교관으로는 외국인을 고용하는 것도 예측하였고 정황에 따라서는 의학교를 지방에 설

1) 『관보』 제1220호 1899.3.28.

치할 수 있도록 하였다.

제1조 의학교는 국민에게 내외 각종 의술을 전문적으로 교수하는 곳이다.
제2조 의학교는 수업연한 3년으로 정한다.
제3조 의학교는 학부 직할로 하고 경비는 국고에서 지급한다.
제4조 의학교의 학과 및 정도 그 밖의 규칙은 학부대신이 정한다.
제5조 의학교에 다음의 직원을 둔다.
학교장 1명 주임 교관 3명 이하 주임 혹은 판임 서기 1명 판임
제6조 학교장은 의학에 숙련된 자를 임명하고 일절의 학무를 보고 소속 직원 및 학생을 감독한다.
제7조 교관은 학생의 교수를 담당하고 학생을 감독한다.
제8조 서기는 상관의 명을 받아 서무회계에 종사한다.
제9조 경우에 따라 학교장은 학부주임관이 겸임하고 교관을 학교장이 겸임할 수 있다.
제10조 교관은 혹은 외국인을 고용하여 충원할 수 있다. 그 수는 학부대신이 필요에 따라 정한다.
제11조 교관으로 외국인을 충원할 시는 교수를 담당한다.
제12조 지방의 정황에 따라 의학교를 지방에 두는 것으로 한다.
제13조 본령은 반포일부터 시행한다.

이에 따라 학부는 그 해 3월 28일 교장으로 지석영(최초로 종두법을 도입)을 임명하고 3월 29일 교관(판임)으로 경태협과 남순희 2명을 발령하였다. 그리고 7월 5일에는 「의학교규칙」[2]을 제정하고 다음의 학원모집광고를 하여 7월 16일에 입학시험을 실시하였다.

출원자격을 20세 이상 30세 이하로 하고 입학시험과목을 한문과 국어의 독서·작문 및 산술의 비례·식답으로 한 것은 의학교 규칙으로 정하여 있었으나 의학교 규칙의 주된 사항은 다음과 같았다.

2) 1899년 7월 5일 「학부령」 제9호 '의학교 규칙' 『관보』 제1307호 1899. 7.7.

의학교학원권부공고　『관보』 제1,313호 1899.7.14
금번관립의학교는 학원을 모집하므로 입학을 원하는 자는 본월 15일 내에 본부에서 신청하고 동월 16일 본부에 출두하여 입학시험을 치른다. 광무 3년 7월13일　학 부 의학교 학원 시험규목 一, 입학자의 연령은 20세 이상 30세 이하인 자. 一, 입학시험은 다음과 같다. 신체건강한 자, 한문의 독서 및 작문 국문의 독서 및 작문 산술 비례 식답

수업연한 3년은 속성과이므로 주로 중요한 부분만을 간추려 한다(제1관 제3조). 교과목은 동물, 식물, 화학, 물리학, 해부, 생리, 약물, 진단, 내과, 외과, 안과, 산부인과, 위생, 법의, 종두, 체조로 하고(제2관 제1조), 체조를 제외하고는 매일 5시간의 수업을 한다(동관 제3조). 교과서는 학부가 편찬한 것, 또는 학부대신의 검정을 받은 것을 사용한다(동관 제4조).

입학을 지원하는 자는 중학교 졸업장이 있고 연령이 만20세 이상 30세 이하로 신체 건강한 자로 당분간은 중학교 졸업생이 없으므로 文算에 밝고 才智가 총명한 자에게 특별시험을 실시하여 입학을 허가한다(제4관 제2조).

입학시험과목은 한문의 독서·작문, 국문의 독서·작문, 산술의 비례식답으로 한다(동관 제3조). 졸업장을 부여한 후, 내부대신은 의술개업 면허장을 부여한다(제6관 제9조).

정부는 서양의학을 교수하기 위해 1899년 5월 일본인 의사 古城梅溪를 초빙하고 또 동년 10월에는 의학교과서를 번역하기 위해 일본인 麻川松次郎를 초빙하였다.[3] 그러나 古城梅溪는 재직 1년 만

3) 『황성신문』 1899.10.16 雜報. 10월 14일 학부는 의학교과서를 번역하기 위해 일본인 麻川鬆次郎를 초빙하여 월봉 75원 薪水費 10원으로 정하

에 사직하고 후임으로 일본인 小竹武次郎(일본육군 3등 군의정)를 초빙하여 1900년 6월 1일, 2년의 기한에 월봉 150원의 고용계약을 체결하였다. 小竹武次郎는 다른 사람으로 대신하기 힘들어 고용된 것으로 2년 후인 1902년에는 계약을 갱신하고 월봉 200원으로 하였으나,[4] 1904년에는 계약연한을 3년으로 하여 월봉이 사택비를 포함한 270원으로 증액되었다.[5]

동교의 교원조직은 교장 지석영 이하 다음과 같으나 그 대부분은 보통과목을 담당하고 단기간에 사직하는 자가 많았으며 취임하여 얼마 지나지 않아 다른 관직과 다른 학교의 교관으로 전임하는 자도 있었다. 교관 중 김교준은 근대의학을 배운 동교 제1회 졸업생이었다.

당시의 위생기관으로는 광제원, 의학교, 적십자병원이 있었으며 광제원은 1899년에 창설되어 내부(역자주: 內部, 조선후기 내무행정을 관장한 중앙관청)에 소속되어 널리 민중의 병고를 구제하고 겸하여 종두를 보급하였으나 그 성과는 거의 없었다. 의학교도 의학을 교수하는 자가 일본인 교사 단 1명으로 1902년 7월 개원한 부속병원[6]도 유명무실하였다. 또 적십자병원은 1905년에 창설되고 궁내부에 소속되어 빈민의 치료에 힘썼으나 이도 좋은 성과는 없었다.

성적부진의 원인으로는 각 기관이 모두 소규모로 힘을 분산하였기 때문으로 오히려 이들을 모아 하나의 기관으로 하고 위생에 관한 각 반의 사항을 관리 시행해야 한다고 여겨졌다. 여기에서 그 개혁이 일본육군 군의총감 佐籐進에게 위촉되었다.[7]

였으며 번역이 종료한 후는 동교 교관으로 고용하는 것으로 하였다.

4) 『황성신문』 1902.6.3 雜報.

5) 『황성신문』 1904.5.27 雜報.

6) 『관보』 제2,271호 1902.8.6 개원은 1902.7.11.

7) 『황성신문』 1907.3.18 雜報에 의하면 "의학교를 폐지한다는 말이 있어 학생은 여러 날 등교하지 않았다. 해당 학교장 지석영씨는 참정대신

佐藤進총감은 1906년 7월 이후 계획설계에 힘써, 위원의 심의를 거쳐 위의 3의원 1학교를 폐지하고 치료·의육·위생의 3사업을 집행하여 대규모 의원을 설치하는 것으로 하였다. 이와 같이 하여 1907년 3월 「대한의원관제」[8]가 공포되었다.

박제순씨를 만나 이런 일을 설명하자 그 대신은 학무가 발달하고 있는 때에 이유없이 학교를 폐지하는 일은 없다. 학생은 공부를 그만두어서는 안된다. 등교하여 공부하라"고 하였다.

8) 1907년 3월10일 「칙령」 제9호 '대한의원관제' 『관보』 제3712호 1907.3.13
제1조 대한의원은 의정부에 직속으로 한성에 설치하여 위생 의육 치료의 일을 권장한다.
제2조 대한의원에 다음의 직원을 둔다.
원장 1명 고문 1명 의원 17명 교관 7명 학감 1명 약제사 9명 통역관 3명 통관보조 5명 사무원 10명 기사 3명
단 경우에 따라 의원 이하 직원을 증감하는 것으로 한다.
제3조 원장은 내부대신이 겸하는 것으로 한다.
제4조 원장은 고문과 협의하여 원무를 정리한다.
제5조 원장관방은 중요한 문서를 처리하고 원의 서무회계를 총괄한다.
제6조 대한의원은 다음의 3부로 나뉜다.
一, 치료부 二, 교육부 三, 위생부
제7조 치료부는 다음의 일을 관장한다.
一, 질병치료 二, 빈민치료
제8조 교육부는 다음의 일을 관장한다.
一, 의사양성 二, 약제사양성 三, 산파 및 간호사 양성 四, 교과서편찬
제9조 위생부는 다음의 일을 관장한다.
一, 의사 약제사 및 산파의 업무 와 약품 매약취급에 관한 조사
二, 전염병 및 지방병의 예방 종두 그 밖의 모든 공중위생에 관한 조사
三, 검역 및 정지한 선박에 관한 조사
四, 위생회 및 지방병원에 관한 조사
제10조 각 부원은 상호 겸무하는 것으로 한다.
제11조 지방의 정황에 따라 대한의원 지사를 두는 것으로 한다.
제12조 당분간 본원직원 중 외국인을 초빙하여 그 사무를 대리하게 한다.
제13조 대한의원은 한국적십자사의 촉탁을 받아 해당 병원에 속하는 일절의 업무를 관장한다.
제14조 각부의 세칙은 특별히 의정부령에 따라 정하는 것으로 한다.

이 결과 동교가 시행하여온 의학교육은 의정부 직속의 기관으로 대한의원에 이관되어 동 원의 교육부에서 의사 등을 양성하는 것이 되었다. 이를 위해 대한의원교관으로 다음의 지석영, 유세환, 유병필, 최규익 4명이 발령되었으나, 원장은 내부대신이 겸무하고 고문으로는 군의총감 佐藤進가 취임하여 실제 지도를 하였다.

교장 지석영 1899. 3.28→ 1907. 3.15대한의원교관(주임) → 1908.1.1 학생감
교관 경대협 1899. 3.29(판임)~1899.4.1(자진사퇴)
〃 남순희 1899. 3.29(판임)→1900.4.16(주임)
〃 심영섭 1900. 1. 8(주임)~1900.4.13(외부참서관으로)
〃 김익남 1900. 4. 2(판임)→1900.11.22(주임)
〃 홍종덕 1900. 4.16(판임)~1900.4.21(자진사퇴)
〃 윤태응 1900. 4.21(판임)~1900.4.28(자진사퇴)
〃 이병선 1900. 4.28(판임)~1900.9.25(상공학교교관으로)
〃 김하영 1900.11.28(판임)~1900.12.4(자진사퇴)
〃 이승현 1900.12. 4(판임)~1900.12.8(자진사퇴)
〃 전용규 1900.12. 8(판임)~1904.12.8(자진사퇴)
〃 박승원 1901. 8. 6(판임)~1901.11.14(중학교교관으로)
〃 이용환 1901.11.14(판임)~1901.11.30(자진사퇴)
〃 장 수 1901.11.30(판임)→1902.11.22(주임)
〃 김교준 1903.12.20 受牒(판임)
〃 유세환 1904.10.10(주임)→1907.3.15대한의원교관(주임)→1908.1.1 교수
〃 주창겸 1904.12.30(판임)~1907.3.5(육군 3등 군의로)
〃 안상호 1904.12.21(주임)~1905.1.6(자진사퇴)
〃 이우승 1904.12. 8(판임)
〃 유병필 1905. 1.19(주임)→1907.3.18대한의원교관(주임)→1908.1.1교수
〃 최규익 1906. 1.15(판임)→1907.3.15대한의원교관→1907.6.26(주임)→ 1908. 1. 1 교수

부 칙

제15조 본령은 광무 11년 3월 15일부터 시행한다.

제16조 본령 시행일을 기해 광무 9년 칙령 제10호 광제원 관제 및 광무 9년 칙령 제7호 의학교관제를 폐지한다.

그러나 그 해 12월에는 「대한의원관제」가 개정되어,[9] 동 원은 內部로 소속이 바뀌었으며, 원장으로는 일본육군 군의총감 佐藤進가, 부원장으로는 高階經本가 취임하였고, 이어서 동 원 의육부가 의사양성을 담당하여 小竹武次를 의육부장으로 하고 전임 6명, 학생감 전임 1명, 부교수 전임 3명의 정원이 규정되었다. 이에 따라 1908년 1월 1일, 교수에 일본인 小竹武次郎, 久保武, 長谷川龜次郎가 채용되고 한국인 교수는 위의 유세환, 유병필, 최규익이 발령되었다.

동시에 동 원에서는 의관으로 일본인 多多見五郎, 內田徒志, 金井豊七, 矢野兼吉, 淸水武文, 村上龍藏, 鈴木兼之助를 채용하고 일본의 근대의학을 전면적으로 도입하여 한성지역의 치료에 임하였다.

그리고 이듬해 1909년 2월 다시 「대한의원관제」가 개정되었으나,[10] 그 중 의학교에 관한 사항은 다음과 같다. 즉 종래의 의학교육은 대한의원의 기관인 의육부가 행하고 있었으나, 이후 대한의원 부속기관으로 의학교가 설치되고 대한의원 부속 의학교의 교원조직은 정원이 교수 5명 학생감 1명으로 규정되었다.

> 제1조 대한의원은 내부대신의 관리에 속하고 질병의 진료에 관한 사항을 맡는다.
> 제2조 대한의원에 부속의학교를 두고 의사 약제사 산파 및 간호부 양성에 관한 사항을 맡는다.
> 제3조 대한의원에 다음의 직원을 둔다.
> 원장 1명 칙임, 부원장 1명 칙임 혹은 주임, 의관 전임 12명 주임 중 2명은 칙임으로 할 것. 사무관 전임 1명 주임, 교수 전임 5명 주

9) 1907년 12월 27일 「칙령」 제73호 '대한의원관제' 『관보』 제3961호 1907. 12.29.

10) 1909년 2월 4일 「칙령」 제10호 '대한의원관제' 『관보』 제4311호 1909.2.26. 그러나 병원(진료)이 主이고 학교(교관)가 從인 것에는 변함이 없었다.

임, 약제관 전임 1명 주임, 학생감 전임 1명 주임, 주사 전임 6명 판임, 기수 전임 17명 판임.

第8조 교수 및 학생감은 원장의 명에 따라 교육에 관한 사항을 맡는다.

부 칙

第12조 본령은 융희3년 2월 1일부터 시행한다.

第13조 융희원년 칙령 제73호 대한의원관제는 폐지한다.

이보다 일찍 그 해 1월 31일 교수 유병필이 의원퇴관하고 교수진은 小竹武次郎, 久保武, 長谷川龜次郎, 유세환, 최규익 5명이 되었다. 그러나 이 진용으로는 부족하였기에 다음과 같이 동원 의국에서 동교 교수를 겸임하고 이들이 기초의학을 담당하였다. 또 원장 佐藤進 는 1909년 2월 4일 자진사퇴하고 후임으로 菊池常三郎가 취임하였다.

1909.2. 1 (겸) 교수 齊藤 謙次(內部技師)
〃 4.26 (겸) 교수 村上龍藏(의관 이하 동일) 鈴木謙之助, 內田徒志, 金井豊七, 多多見五郞, 矢野兼吉, 淸水武文, 兒島高里
〃 4.27 (겸) 교수 최국현(의관) 의학교 제2회 졸업생
〃 7. 1 (겸) 교수 籐井虎彦(의관)
〃 7.20 원장 菊池常三郞

동년 3월에는 다음과 같이 의학과 관비생 20명과 사비생 30명을 모집하고 신체검사에 합격한 자가 학과시험을 받았으나 학과시험은 한문(사서), 작문(국한문 혼용 작문), 산술(사칙 · 분수)과 일어(간단한 회화 · 번역) 4과목이었다. 또 연령제한은 18세 이상 30세 미만으로 정하였다.

대한의원부속의학교학생모집광고 『관보』 제4,319호 1909.3.8
금번 대한의원부속 의학교 의학과 제1학년 50명(중 관비생 20명)을 모집하므로 입학지원자는 입학청원서에 이력서를 첨부하여 본원사무실에 제출한 후 다음의 조규에 따라 응시한다

조 규
一, 신체검사
二, 학과시험: 한문, 四書, 작문, 국한문, 산술, 四則, 분수, 일어, 쉬운 회화, 번역
三, 시험기일: 4월1일, 2일, 5일, 6일, 7일
四, 연령: 18세 이상 30세 미만
五, 청원서 접수기한: 3월 30일 한
六, 신체검사에 합격한 자는 학과시험을 받는다
七, 신체강건 학력우수 품행방정 한 자는 관비생으로 하여 식비 및 의복을 지급한다
八, 입학청원서용지 및 이력서용지는 본원 사무실로 청구할 것
융희 3년 2월 27일 대 한 의 원

그러나 3개월 후 그 해 5월 학생모집광고[11]에서는 학과시험 과목이 한문(사서) 작문(국한문 교작), 일문번역, 산술(사칙 · 분수), 일어(독서 · 회화) 5과목으로 되고 연령제한이 18세 이상 25세 미만으로 변경되었다.

그리고 이듬해 1910년 2월에는 「대한의원부속 의학교 규칙」[12]이 제정되어 학교의 조직 운영에 대해서 다음과 같이 명문화되었다. 이에 따르면 의학교의 수업연한이 1년 연장되어 4년으로 되고, 학생정원은 의학과 50명, 약학과(3년) 10명, 산파과(2년) 10명, 간호

11) 『관보』 제4387호 1909.5.27.
12) 1910년 2월 1일 「내부령」 제5호 '대한의원부속 의학교규칙' 『관보』 제4596호 1910.2.7.

학과(2년) 20명으로 정해졌다(제2조, 제4조).

이 학교는 수업료를 징수하지 않고(제5조), 학생은 식비・피복과 잡비가 지급되는 관비생(제26조)과 사비생이 있으며(제27조), 입학자의 연력은 18세 이상 25세 미만으로 규정되었다(제12조). 또 입학시험과목은 의학과와 약학과는 국한문(사서강독작문), 산술(사칙분수), 일어(일본고등소학교 독본의 강독 회화 번역)의 3과목으로 산파과와 간호과에서는 독서(국문 오륜행실)와 작문(쉬운 국문 작문)으로 정해졌다(제13조).

의학과와 약학과의 졸업생에게는 각각 醫學進士와 藥學進士라는 칭호가 허가되었고(제25조), 의학과 3년 약학과 2년의 취업의무연한이 규정되어 산파과, 간호과에 관해서도 1년으로 하였다(제28조).

그리고 각과의 교육과정은 별도의 표에서 나타나있지만 의학과와 약학과에서는 수업을 일본어로 시행한다고 규정하였다(제6조).

제1조 대한의원부속의학교에 의학과, 약학과, 산파과 및 간호과를 둔다.
제2조 수업연한은 의학과 4년, 약학과 3년, 산파과 2년, 간호과 2년으로 한다.
제3조 각과 각학년의 학과는 별도의 표와 같다.
매주 교수시간수는 대한의원장이 정한다.
제4조 본학교 제1학년의 학생 정원수는 의학과 50명, 약학과 10명, 산파과 10명, 간호과 20명으로 한다.
제5조 본학교는 수업료를 징수하지 않는다.
제6조 의학과, 약학과의 교수는 일어로 행한다.
제12조 입학을 허가하는 자는 연령18세 이상 25세 미만으로 품행방정 신체검사 및 입학시험에 합격한 자에 한한다.
제13조 입학시험의 과목 및 그 정도는 다음과 같다.
의학과, 약학과는 국한문 사서강독 작문 산술 사칙분수 일어 일본고등소학교독본의 강독 회화 번역.
대한의원장은 필요에 따라 물리학, 화학을 추가하는 것으로 한다.
산파과, 간호과는 독서 국문 오륜행실 작문 간이한 국문 작문.
제25조 의학과의 졸업자는 의학진사, 약학과의 졸업자는 약학진사의 칭호

를 갖는다.

第26조 학생은 관비로 식비, 피복비 및 잡비를 급여로 받고 기숙사에 기숙하는 자에게는 식비를 지급하지 않는다.

第28조 학생은 졸업 후 다음의 기간동안에는 각 수득한 기술을 필요로 하는 직업 또는 업무에 종사하는 것을 명하며 때에 따라서는 거절할 수 있다.

一, 의학과 3년 一, 약학과 2년 一, 산파과 간호과 1년

第29조 사비로 입학을 청원하는 자가 있을 시에는 대한의원장은 학생정원수 외에 원외학생의 입학을 허가한다.

원외학생은 의학과 20명 약학과 10명 산파과 10명으로 한다.

당시의 일본은 이미 서양의학을 습득하고 의학용어도 일본에 맞게 번역한 것이 통용되어 있었다. 그러나 일본인 의사에 의한 한국으로의 의학기술 이전이 일본어로 행해진다는 것에 강한 반대의견이 있었고 이를 통역을 통해 시행하는 것도 실제로는 곤란하였다.

교과서도 일찍이 일본인 麻川松次郎가 한국어로 번역한 일본의 의학서를 사용하였으나 이전부터 학생의 일본어 학습의욕도 높았다.[13] 여기까지 이르자 학생들은 일본에서 간행된 의학서를 직접 읽지 않으면 안되었다. 그러나 외국어 습득에 우수하다고 한 한국인으로 학생들이 일본어를 듣고 내용을 이해하며 일본어 읽기에 익숙해지는 것은 그리 어려운 일이 아니었다고 보여진다.

한편 이 학교 의학과 교육과정표는 다음과 같았으나 이는 1903년 전문학교령에 의한 일본 제도에 따라 해부학, 조직학, 병리해부조직학, 세균학, 생리학, 위생학, 약물학 등의 기초의학의 강의실습 외에

13) 『황성신문』 1901.3.29 雜報. 動洞의학교에서는 뜻있는 인사 수십명이 모여 일어야학을 창시하였다.
『황성신문』 1901.4.17 雜報. 의학교 학도 최규수 등은 서명청원하여 위생사무는 인명생사에 관계된 것이나 현재의 의학은 모두 일본서책으로 그 언어를 안 후에 그 의미를 알게 되므로 算學의 시간을 일어로 대용하기를 원한다고 하였다.

내과, 외과, 안과, 부인과, 산과, 소아과, 이비인후과, 피부과, 정신과 등의 임상강의가 준비되었다. 당시로는 선진의학교육의 수준으로 필요에 따라 충분한 내용이었다.14)

이 표에 의하면 3학년이 되면 4학년과 함께 각과의 임상강의를 들었고 과에 따라서는 견학만이 아니라 교수의 지도로 내진과 간단한 수술을 실제로 경험할 수 있었다고 여겨진다. 그러나 그 시기의 일본 의학전문학교에서의 의학교육이 그러했듯이 서양의학을 보급하기 위해서는 어려운 이론은 접어두고 임상에 중점을 두는 속성주의도 어쩔 수 없었다.

---

14) 약학과

1년전기	물리학 화학 광물 동물학 수학 일어 체조
후기	물리학 화학 약용식물학 및 실습 분석학 및 실습 수학 일어 체조
2년전기	약국법 생약학 제약화학 및 실습 분석학 및 실습 일어 체조
후기	약품감정이론 생약학실습 제약화학 및 실습 일어 체조
3년전기	약품감정실습 조제학 및 실습 일어 체조
후기	위생화학 및 실습 조제학 및 실습 재판화학 및 실습 일어 체조

산파과

1년전기	수신 해부학대의 생리학대의 수학 일어
후기	수신 해부학대의 생리학대의 산파학 수학 일어
2년전기	수신 胎生學 소독법 및 실습 산파학 및 실습 일어
후기	수신 육아법 산파학 및 실습 일어

간호과

1년전기	수신 해부학대의 생리학대의 소독법 및 실습 수학 일어
후기	수신 해부학대의 생리학대의 간호학 및 실습 붕대학실습 기계취급법 수학 일어
2년전기	수신 수술간호 및 소독법 병실장치법 간호학 및 실습 붕대학실습 기계취급법 일어
후기	수신 수술간호 및 소독법 구급법 간호학 및 실습 붕대학실습 기계취급법 일어

의학과

학년 학기	학 과
1년전기	물리학 화학 해부학 조직학 수학 일어 체조
후기	물리학 화학 해부학 및 실습 조직학실습 및 태생학 수학 일어 체조
2년전기	국소해부학 및 실습 생리학 병리해부조직학 및 실습 약물학 진단학 외과총론 일어 체조
후기	국소해부학 및 실습 생물학 및 의화학 병리해부조직학 및 실습 약물학 처법 제법 조제학 및 실습 진단학 외과총론 일어 체조
3년전기	내과각론 임상강의 외과각론 임상강의 붕대학 안과학 및 임상강의 부인과학 및 임상강의 세균학 및 실습 일어 체조
후기	내과각론 임상강의 외과각론 임상강의 안과학 및 임상강의 부인과학 및 임상강의 세균학 및 실습 위생학 일어 체조
4년전기	내과각론 임상강의 외과각론 임상강의 안과학 및 임상강의 부인과학 및 임상강의 산과학 및 임상강의 소아과학 및 임상강의 피부병학 및 임상강의 일어 체조
후기	내과임상강의 외과임상강의 안과임상강의 부인과학 및 임상강의 산과학 및 임상상의 정신병학 및 임상강의 이비인후과학 및 임상강의 일어 체조

게다가 당시 한국에서는 의술에 관한 사상이 발달하지 않았고 사회 일반에 의술을 천시하는 폐습이 있으며 그 위에 보통교육이 아직 보급되지 않아 입학자는 給費生만으로, 그 학력도 낮았기 때문에 교수법을 공부하여도 충분한 학습효과를 기대하기는 어려웠다.[15]

한편 합병 이전 이 학교 졸업생은 관보에 게재된 다음의 의학교 제1회 19명, 제2회 12명, 제3회 4명, 대한의원의육부 제1회 13명, 제2회 5명 합계 53명이었다.[16]

15) 조선총독부, 『조선총독부시정연보 大正 2년』, 1914, 237쪽.
16) 의학교 제1회 졸업생 손진수는 '진'을 '창'으로 정정 『관보』 제2285호 正誤 1902.8.22.

의학교 제1회 졸업생 1902.7.4 (『관보』 제2250호 1902.7.12)
방한숙 김명식 유 필 손창수 김교화 이상 5명 우등
채영석 이제규 심상건 최진협 박희달 한경교 안우선 허 균 김봉관
김성집 이규영 한우근 윤상만 이병학 이상 14명 급제 합계 19명
의학교 제2회 졸업생 1903.7.7 (『관보』 제2565호 1903.7.15)
지성윤 김수현 최국현 이상 3명 우등
최익환 차현성 장홍섭 최원영 이기정 김달식 박세환 홍종욱 오장환
이상 9명 급제 합계 12명
의학교 제3회 졸업생 1904.7.2 (『관보』 제3326호 1905.12.18)
장기무 홍종은 홍석후 이상 3명 우등
윤중익 이상 1명 급제 합계 4명
대한의원 의육부 제1회 졸업생 1907.7.9 (『관보』 제3831호 1907.7.30)
우등생 김권태 정윤해 홍대철 이명흠
급제생 권태동 이규선 신태영 이석준 박계양 박경식 윤병학 이승정
박봉태 합계 13명
대한의원 의육부 제2회 졸업생 1909.7 ?(『관보』 제4537호 1909.11.24)
이관호 한민제 이범위 김효명 박세유 합계 5명

졸업생은 "외국어학교 및 의학교 및 중학교 졸업자를 해당 학교에 수용하는 관제'에 따라 동 관제가 1907년 9월 폐지될 때까지 전원이 본교 교관으로 발령되었다. 졸업생 중에는 러일전쟁과 함께 일본인 교사 小竹武次의 인솔 하에 위생대에 포함되어 평양방면으로 북상한 자도 있었으나,[17] 졸업 후 진로는 의술개업 외에 군의, 교관, 의원, 조수 등으로, 개업의 24명에 이어 군의가 된 자가 많았다.[18]

---

17) 『황성신문』 1904.2.26 雜報.
18) 1905.1.24 任侍衛 제1대 제3대대 육군군의보 손창수
1905.7.25 任陸軍 3등 군의 이제규
1907.3.5 任陸軍 3등 군의 안우선, 한우근, 윤상만, 이병학(이상 1회졸), 지성윤, 최국현, 차현성, 최원영, 이기정, 박세항, 홍종욱, 오장환(이상 2회졸), 주창겸(?), 장기무, 홍종은, 홍석후, 윤종익(이상 3회졸). 전후의 상황으로 보아 주창겸은 제2회 졸업생에 추가된 것인지, 그렇다면

補註

1. 이 학교는 병합 후는 조선총독부 의원부속의학강습소가 되었다.
   1910.9.30 「칙령」 제368호 '조선총독부 의원관제' 조선총독부 『관보』 제28호 9.30
   1911.2.20 「조선총독부령」 제19호 '조선총독부 의원부속의학강습소 규칙' 조선총독부 『관보』 제140호 2.20
2. 產婆科(후의 助產婦科)와 간호과는 1911년도에 처음으로 학생을 모집하였으나, 동년도 말의 학생 수는 각각 10명과 3명이었다. 사립의학교로는 1908년 6월 세브란스병원부속 의학교 졸업생 7명(한국인)에 대해 시험을 실시하여 처음 의술개업인허장이 교부되었다.

졸업생의 총 수는 54명이다.

결 론

관립소학교 개설은 1894년에 시작되어, 1895년에는 소학교령에 의거한 관립 소학교 4곳과 한성부 공립소학교가 창설되었고, 이듬해 1896년 이후 학부는 각지에 공립소학교를 설립하여 한성사범학교 졸업생을 배치하였다. 그러나 민중은 관설 교육기관에 반발하여 취학하지 않았고 공립이라고는 하지만 학교財源이 부족하여 폐교할 수밖에 없는 곳이 많았다.

지방의 공립소학교는 군수와 지방유지의 힘으로 민가를 개조 수리하여 교사로 사용하고 소학교령에 있는 새로운 과목을 교수하였다. 그러나 그 실태는 불충분하였고 법령은 효력이 없었으며 한학의 音讀暗唱에 불과하여 민간의 개인 서당과 별 다를 바 없었다고 한다.

하지만 이와 같은 지적이 다 옳다고는 할 수 없다. 학부는 각 학교에 한성사범학교 졸업생 1명을 배치하고 그 위에 각도 관찰사가 상신한 부교원 1명의 임용을 승인하였다. 부교원은 소재지에서 한학을 공부한 인물 중에서 선택되었고 소학교에서 국한문 등의 수업을 담당하였다. 따라서 정규 교원은 주로 그 이외의 과목에 전념할 수 있는 여유가 있었다.

때문에 공립소학교의 전부가 교원 1명의 1학급 조직이었던 것은 아니라 적어도 학부가 계획적으로 설치하고 국고지원의 교원을 배치한 공립소학교에서는 교원과 부교원의 복수제였던 것이 관보에 의해 명백해졌다. 따라서 최저 2학급 정도의 교실이 필요하고 여기에 체조용의 운동장이 있으면 충분하였다.

또한 한문은 원래부터 그러하였고 그 이외의 신과목들도 音讀暗唱식의 학습이 많았다고 전해지지만, "독서백편으로 그 의미를 자신이 터득한다"는 학습효과도 부정할 수는 없었다. 일본의 수신교육에서도 교과서의 "산이 높다고 좋은 것이 아니라 나무가 있어서 좋은 것이다"를 한 구씩 큰소리로 읽은 후 함께 따라 읽었으며, 이와 같이 음독하며 학습한 경험을 가진 자도 많을 것이다.

어떻든 방에 둥글게 앉아 교재를 큰소리로 읽는 전래의 교수법이 있는 한편, 교실에 책상과 의자가 있고 칠판 앞에서 교사가 학생을 보며 대면수업을 하는 것은 지방의 학교에서도 일반적으로 볼 수 있는 광경이었다. 그리고 소학교령과 소학교 규칙 대강의 경우, 일본의 제도를 직접 해석하고 그대로 시행하였기에 이미 신교육의 자주적인 싹이 자랐다고 할 수 있다.

그러나 일본세력이 한국 정치의 실권을 지배하게 됨에 따라 교육제도와 교육과정은 근대화되었지만 일본인 학무관료에 의해 교육정책이 왜곡되고 보통학교의 처음 학년부터 매주 6시간 일본어를 학습시키거나 각 학교에 일본인 교감을 배치하고 통역교원을 두어 모범교육을 시행하는 등 식민지교육의 색채가 짙어졌다.

입학 시에는 아직 모국어도 익숙치 않은 1학년생에게 외국어를 배우도록 하는 것에 대하여 교육계가 맹렬히 반대하였으나 이를 더욱 강행하게 된 이유는 통감부의 높은 지위에 한국인 없었고 한국정부와 학부가 거의 힘을 쓰지 못하여 저항세력이 될 수 없었기 때문이다.

단, 조금이나마 다행이었던 것은 일본인 교감은 일본 각지에서 소학교장과 군시찰관을 경험한 교육실천의 전문가가 많았고 그 중에는 한국어를 자유롭게 말하며 한국을 경애하여 이국에서의 초등 교육에 정열을 다하는 일본인도 있었다는 점이다.

하여간 일본인에게 지배된 공립보통학교는 국민에게 쉽게 받아들여지지 않았고 학교재정은 더욱 줄어 결국은 공교육 진흥을 위해서는 그 적대관계에 있는 사립학교에 압박을 가하는 수밖에 없었다. 정부는 지방비법을 실시하여 기부행위를 규제하고 사립학교의 재원을 고갈시키며, 학부는 사용교과서에 대해 간섭하는 등 그 존속을 위협하였다.

사범학교는 1894년에 야학으로 발족하여 이듬해 1895년 이후는 소학교의 개설에 맞추어 사범교육을 시행하고 관립소학교를 비롯한 지방의 공립 소학교에 속성 교원을 보내었다. 그러나 정부예산의 제약에서 학부에 의한 소학교 증설은 소규모에 그쳤으므로 공급과 수요의 평형이 이루어지지 않아 졸업생이 남는 경우가 많았다.

사범학교의 교육방침은 학생의 덕육을 중시하고 존황애국의 교육자를 양성하는 것을 제1로 하였다. 그리고 졸업 후 교육현장에서 신교육을 실천하기 위해서는 새로운 교과목을 학습하지 않으면 안되었으나, 이들 과목을 지도하는 陣容과 학생의 학습시간이 불충분하였으므로 결국은 졸업 후에 부임지의 학교에서 가르치며 스스로 신과목을 학습하지 않으면 안되었다.

그리고 교실도 단 1교실만으로 본과생(3학년 후에 4학년으로)과 속성과생(6개월)의 수업이 동시에 시행되었고 재학생의 졸업·수료를 기다려 신입생을 입학시켰으며, 본과생은 학습의 도달도에 따라 1년과 1년 반으로 졸업하는 것이 통례였다.

1906년 사범학교는 교명을 관립 한성사범학교로 개칭하고 법령규칙을 정비하여 학생에게 실제수업(교육실습)을 하는 등 교육과정을 대폭 쇄신하였다. 더욱 보통학교가 1학년생부터 일본어를 학습시키는 것에 따라 국어와 한문이 합하여 매주 3시간, 일어는 매

주 4시간을 배분하였다. 그리고 정신교육과 덕육이 사범교육의 가장 중요한 내용이라 하여 尊君愛國과 충효의 유교적 덕목이 강조되고 체육도 중요한 위치를 차지하였다.

그렇지만 언론이 민족정신을 고무하고 학교에서 兵式체조를 가르치며 대운동회를 열어 학생의 사기를 높인다는 환경 속에서 이와 같은 교육방침을 취하는 것은 일본인의 교육지배에 모순을 나타내는 일이었다.

학부는 1909년 규칙을 개정하여 이들의 규정을 전부 삭제함과 동시에 일어의 배당시간을 더 증가시켜 매주 6시간, 3년간 합계 18시간으로 하며 학습목표를 높이 설정하였다. 그 한편 국어와 한문은 합하여 '국어 및 한문'이 되고 합계 14시간을 배분하였다. 이로써 일어와 국어의 교수상의 중요성이 역전되었다고 할 수 있다.

이보다 먼저 1907년 제3차 한일협약에 의해 일본인을 한국관료에 임용할 수 있도록 하였기에 1908년 이후는 일본인이 학교 교수나 부교수로 채용되었고 최종적으로는 16명의 교원 중 11명이 일본인이었다. 그리고 학교부지와 교사를 확장하여 학생의 기숙사제를 도입하고 사범학교도 또한 일본의 사범교육을 본보기로 하여 일본정부의 식민지정책에 따른 방향으로 급선회하였다.

한편 중학교는 제도 밖에 놓여져 잊혀진 존재가 되었다. 중학교는 본래는 상급학교 진학의 예비단계였으나 정부가 고등교육기관을 마련하지 못하여 갈 곳이 없는 최종학교라는 억압된 존재였다. 이것이 학생의 학습의욕에 영향을 끼쳤을 뿐 아니라 결국에는 교원의 근태가 지탄을 받는 상황이 되었다.

중학교가 고등학교로 명칭을 바꾼 후 교양과목 외에 직업과목을 도입하여 최종학교로서 성격을 명확히 하고 직업인을 양성하고자 하였으나 이는 정부의 확고한 교육이념에 의한 것은 아니었다. 단 1909년 4월 고등학교령 일부개정 시, 수신에서 사회환경이나 공중도덕에도 눈을 돌리고자 하였으며 국어에서 현대문을 읽고 실용문을 만드는 등 신교육다운 몇몇의 진보가 보였다. 그리고 당시 이미 시작된 입학지원자의 급격한 증가는 중등교육기관의 지방분산을 촉진하여 이것이 이후 과제로 떠올랐다.

외국어학교는 각국어의 학습 인기가 열강의 정치적·경제적 진출 상황을 반영하였으나, 1908년 이후 다수의 일본인이 한국관료로 임명되어 정치의 실권을 장악하게 되자 각 학교가 한 학교로 통합되어 이때부터 일본어의 이용가치가 급증한 반면 다른 외국어의 이용은 급감하였다. 그 결과 외국어학교는 일어부의 입학지원자가 전체의 8할을 넘어 영어부 12%를 제외한 나머지 외국어는 쇠퇴하였다.

외국어학교는 열강과의 섭외사무, 외국인 관계의 상업활동, 통상무역사무를 처리하는 실무자를 양성하였으나 일어학교 출신자의 8할 정도가 官界로 진출하였다. 이는 일본인관료의 증가에 따라 집무상의 편의를 위해 일본어 능력을 가진 한국인 관료를 배치하였다기 보다는 일본인 관료만으로는 정치적 지배가 불가능하기 때문에 하급의 실무적 협력자를 필요로 했던 것이다.

게다가 각 언어 전문과목의 수업시간 배분은 영어와 독어가 많고, 일어는 비교적 적었다. 또한 영어와 한어는 독해력에 역점을 두었고 일어와 독어는 회화에 많은 시간을 배분하여 말할 수 있는 일본어와 말할 수 있는 독일어를 목표로 하였으며 작문은 영어와 불어가 중시되고 일어와 한어가 경시되어 있다. 한국인에게는 일본어가 비교적 배우기 쉽고 또 일본어를 유창하게 말하는 통역 등의 직업인을 구할 수 있었기 때문이다.

정부는 한국교원의 10배나 되는 높은 급료로 외국인 교원을 초빙하였으나, 이는 학교예산을 압박하여 학교관리운영비는 항상 부족하였다. 외국인 교원은 교실에서 단지 자신의 언어를 학생에게 전달하는 것뿐이었고 학생도 외국어를 습득하는 것이 신학문이라고 오해하였다. 메이지정부가 동일하게 외국인 교사를 파격대우로 초빙하고 서구의 과학을 흡수하여 국민교육으로 받아들이고자 한 자세와는 사뭇 달랐다. 일본측에서 보면 식민지화를 진행하는 과정에서 이와 같은 배려는 무용한 것이었다.

다른 학교가 지지부진한 가운데 외국어학교가 비교적 순조롭게 발전한 것은 열강이 한국을 무대로 서로의 영역을 넓히는 데 있어서 통역요원을 필요로 하였기 때문이다. 그리고 외국어학교에 상민과 양반계급 출신자가 응모하게 된 것은 통역관은 중인계급의 직업이라고 여기던 의식의 개혁을 의미하고 있다.

농공상학교의 경우, 1899년 교육독려조서가 직업교육의 진흥을 촉진하는 계기가 되었으나, 정부의 자세가 소극적이고 실업경시 풍조의 영향으로 부진하였다. 이와 같은 상황 하에서 정부는 1904년 경까지는 독자적으로 교육제도를 모색하였으나 1905년 이후는 일본인 교원을 고용하여 학교운영에 참가시켰다.

농공상학교의 분리 독립 후는 농림학교가 일본의 학제를 본보기로 교육과정을 편성하고 일본의 선진적 농업지식과 기술을 지도하여 한국의 농업근대화를 목표로 하였으며 동시에 산림의 養苗와 식수를 추진하기 위해 삼림행정을 보급하는 요원을 양성하고자 하였다. 이를 위해 교원 중 교수 전원이 일본인이었다.

하지만 농업의 근대화는 후일 일본 쌀의 부족을 보완하는 상황을 불러일으켜 농업의 식민지화를 촉진하는 결과가 되었다. 그리고 위정자와 학교당국의 관심이 수전농법에 집중되어, 밭농사에서 한국 재래농법이 우수한 점을 간과하였다. 그 후 식민지 농정이 성과를 거둔 것은 선진농업의 기술이전에 의한 것이 크나 그 일면에는 농민의 내재적인 발전수준에 힘입은 바가 있다.

공업전습소는 당초부터 일본인에 의해 계획·입안되었고 일본인 교원이 중심이 되어 공업 6개 부문의 기술이전이 행하여졌다. 이와 같은 후발이익의 흡수에 의해 수입대체품시장으로 전락한, 경제적으로도 식민지화의 단계에 있었다는 것은 자명한 것이었다.

그러나 구한말의 이전 단계를 거쳐 합병 후에 직업교육이 보급되고 직업훈련이 중시되는 시대를 맞아 기술자와 기능공이 증가하는 일련의 흐름 속에서 공업전습소가 기술 멸시의 인습을 타파하고 공업근대화의 단서를 열었다고 하여 그 의의가 크다.

또 종래 여성이 공교육에서 소외된 인습을 고치고 정부가 보통학교의 여자학급과 고등여학교를 창설하여 여자의 학교교육을 개시한 것은 개국 이래 처음의 일이었다. 지금까지 기독교계 학교에 의존하는 수밖에 없었던 여자교육은 종교활동과 무관한 입장에서 국민교육으로 시행된 것은 크게 평가해야 할 일이다. 이로 인해 여성의 근대적 자아가 확립되고 나아가 남녀평등사상이 대두되는 전망마저도 가능한 일이었다.

그런데 관립 한성고등여학교의 모범교육은 가정 주부로서 필요한 "재봉, 수예, 가사 등에 중점을 두고 여자에게 적절한 실제적 지식기예를 가르쳐(『한국교육』, 31쪽)", 현모양처형의 여자를 양성하는 것을 목적으로 하였기에 부인으로서는 남편과 시어른을 모시고, 자녀를 양육하는 책임이 있는 가부장적 윤리의 속박에서 해방되는 것은 아니었다. 당시의 학제가 유교윤리를 공통으로 하는 일본을 모범으로 하여 일본의 實科여학교를 구상하였으므로 신교육이라고는 하였으나 그것에는 한계가 있었다.

그리고 정부에 의한 초등교육의 기회가 없었고 기초학력이 없는 여학생에게 갑자기 중등정도수준의 교육을 하는 것은 쉬운 일이 아니었다. 학교 당국의 교육과정 편성상의 고심은 모든 곳에 있었으나, 동시에 일본어의 학습이 처세상 필수적이라 하여 국어보다도 더욱 일본어가 중시되었다.

이와 같이 부정적 평가와는 반대로 일본인 여자교원의 지도에 따라 상류계급의 자녀가 자택에서 학교까지 도보로 통학하고 때로는 교외로 소풍을 나가거나 운동회에 참가하는 것은 중류이상의 여자가 대낮에 얼굴을 드러내고 외출하는 것을 금기시하는 당시에 상상도 할 수 없는 일이었다. 이는 확실히 여성차별로부터 해방되는 제1보였다고 평가할 수 있다.

의학교 설립 당시는 아직 중학교 졸업자가 없고 의학 학습에 필요한 기초학력을 구비한 자가 없었다. 때문에 입학 후에 동물·식물·화학·물리·생리 등을 학습하지 않으면 안되었다. 이 상태로는 전문과목의 학습시간이 줄어들고 계통적인 이해가 없는 채 졸업생을 배출하는 결과를 초래하였다.

그 위에 일본의 의학서를 번역본으로 읽고 일본인 교원의 강의를 통역을 통하여 듣는 것은 극히 효율이 떨어지고 학습효과를 방해하였다. 그러나 학생의 일본어 학습의욕은 왕성하여 일본어 학습시간의 특설을 요청하여 학습하고 의학서를 원서 그대로 읽고 통역 없이도 강의를 들을 수 있도록 노력하였다.

그 후 조직의 개편을 거쳐 1909년에는 교수진에 일본인을 대량으로 투입하는 시기를 맞이하여도 입시과목은 국한문, 산술, 일어에 그치고 물리나 화학이 입시과목에 포함되는 일은 없어 학생의 기초학력은 불충분하였다. 그러나 이 시기에는 일본어로 수업이 진행되는 등 학생의 어학력이 진보되었다.

이런 일은 보통학교에서도 같아서 학생은 일본어를 예상외로 쉽게 습득하였고 학습능력도 꽤 높았다고 한다. 후일 합병후의 보통학교에서도 학생의 학습능력이 높아 총독부로써는 통치상 위기의식을 느꼈음에 틀림이 없다. 그렇기 때문에 중등교육의 확충에는 힘을 쓰지 않았으며, 한국인 자제의 중등학교 진학은 일본인 자제의 경우보다도 훨씬 어려웠다.

그 간에는 3·1운동 직후, 1920년대의 보통학교 입학지원자의 급증이 있었으며 1933년 이후에는 제2의 급증이 있었으나, 이미 병합 전 1908년 이후에도 관·공립 여러 학교에 입학지원자가 쇄도하여 교육열이 급격히 높아졌다. 이는 일본세력이 정치적·경제적 지배를 이루고 그에 따라 학력과 지식 능력에 대한 평가가 일변한 것에 의한 것으로 1930년대의 교육폭발과 동질의 것이었다. 이와 같이 통감부에 의한 4년간의 보호국 시대를 식민지화 이전 단계로 이에 연속하여 정리할 필요가 있다.

그리고 40년 동안 학교교육을 받은 사람들은 일본통치 하에서 직업을 얻어 일을 하였으며 전쟁에도 협력하였다. 관립일어학교 제4회 졸업생 윤태빈은 강원도지사를 거쳐 충청북도지사로, 같은 기의 이범익도 강원도지사를 거쳐 충청남도지사에 취임하였고, 제9회 졸업의 김동훈은 충청북도 지사로, 같은 기의 안종철은 충청북도 참여관으로, 또 인천일어학교 제6회 졸업의 최익하는 평안북도 참사관으로 승진하였다.

1945년 해방 후는 이들 유력한 친일협력자는 추방되거나 혹은 용서받았으나 실제로 국민 모두가 아주 적게나마 친일협력자였으므로 친일행위의 탐색은 흐지부지된 채로 조국의 부흥을 서두르지 않으면 안되었다. 이렇게 하여 한국은 박정희시대에 「한강의 기적」이라고 불리는 경제부흥을 성공시켰다. 생각하면 당시의 학교교육이 異民族에 대한 극단적인 同化주의교육이었다고 하여 비난받는 일도 많으나 높은 학습능력으로 습득한 신지식과 근대기술이 그 성공의 조건이지는 않았을까.

追 記

광무학교는 광업에 필요한 실학을 교육하는 3년제 학교로(1900.9.4

칙령 제31호 광무학교관제), 열강의 이권획득을 막기 위해서는 자본과 기술이 필요하였다. 1900년 11월에 궁내부 번역과장 현상건이 겸무교장으로 임명되었으나, 이는 유망한 광산지의 대부분이 궁내부 소관(황실재산)이었기 때문이었다. 그러나 이 학교의 실태는 명확하지 않다.

후 기

나와 조선근대사와의 관계는 내가 1925년 대구부 三笠町 30번지에서 태어난 그날부터였고 인간형성의 큰 시기를 보낸 전라북도 군산은 한국근대사 연구의 원점이었다. 군산은 1899년 5월에 개항하여 1999년 5월에 개항 백주년을 맞았으며, 이에 맞추어 『군산개항사』를 간행하였다.

그로부터 3년의 세월이 경과하였고 지금 제2편째를 완성하게 되었다. 하지만 나는 불과 얼마 전까지 舊製 군산중학교 동기생 중에 같은 한국근대사를 연구하는 사람이 있는 것을 알지 못하였다. 동창회 명단에서 동경도 메구로구의 요시토메 로쥬(吉留路樹)라는 이름에도 기억은 없었다. 명단에는 단지 作家라고만 되어있었다.

최근 그의 논픽션 『日韓併閤의 眞相』을 읽고 개성이 강한 사람이라는 인상을 강하게 받았다. 특히 합병조약에 조인한 내각총리대신 이완용에 대해서 "사람들은 모두 매국노라는 오명을 쓰기보다는 애국자의 입장에 서고 싶었을 것이다. 그러나 이완용은 그 반대를 선택하였다. 이는 어떤 이유에서인가?"라고 하여, 만약 일본이 강요하는 "합병을 거부하였다면 몇 백만의 희생 끝에 결국 무력 병합이 되었을지도 모른다. 그렇다면 정치를 하는 사람 입장에서는 무력 합병을 피하기 위해서는 무리를 해서라도 그렇게 하지 않으면 안되었다"라고 하여 이 인물을 다시 한번 생각해 볼 필요가 있다고 하였다.

이완용이 아직 지방장관으로 전라북도 관찰사였을 때인 1898년 11월 17일 『황성신문』은 다음과 같이 보도하고 있다.

> 전라북도 관찰사 이완용씨는 늦은 楓菊을 즐기기 위하여 최근 정읍, 순창, 장성, 남원, 부안 다섯 군을 유람하였고 기생 4명, 주사 6명, 통인 3명과 衙客이라고 칭하는 자 몇 십명이 말 혹은 가마를 타고 그 전후를 나졸 수십 명에게 보호받으며, 사람 말 합계 백 여명이 명산대천과 遠浦落照를 차례 차례 돌아보았다. 그 중에서도 부안군은 명승지로 연일 밤낮 계속 체재하여 그 비용은 4천량을 넘고 나졸 등의 횡포로 부안군민은 지쳐갔다. 이제는 비난의 소리가 높아져 이 관찰사의 명예를 생각한다면 유감스러운 일이다.

그 후, 이완용은 입각하여 학부대신이 되었을 당시, 1905년 11월 제2차 한일조약(을사조약)에 조인하고 을사 5적의 한 명으로 자객에게 목숨을 잃었다. 『황성신문』은 조약체결을 규탄하는 논설을 게재하여 정간이 되었으나, 그 후도 권력에 영합하지 않는 강직한 자세를 가지고 통감부 압력에 의해 여러 차례 정간과 기사삭제 등의 처분을 받았다.

그러나 이에 굴하지 않고 황성신문은 1910년 4월 한성고등여학교가 학생의 인력거 통학을 금지하였음에도 불구하고 총리대신 이완용의 딸만이 지금도 인력거를 타고 다닌다고 보도하고, 그 해 5월에는 고등여학교의 용산방면의 소풍에 총리대신이 따라갔다고 비난하였다.

이와 같이 이완용은 황성신문의 공격 대상이었으며 지금도 한국인 백명 중 백명이 '매국노'라고 말하는 인물이지만, 요시토메(吉留)씨는 그 자신의 인생관이 있어, 당당하게 이완용을 변호하고 있다. 문필로는 다른 사람을 두려워하지 않는 이 용기는 도대체 어디에서 나온 것일까라는 생각이 든다.

1997년 6월 큐슈에 사는 지인이 요시토메(吉留)씨가 사망하였다는 소식을 전하며 신문의 부고란을 보내주었길래 부랴부랴 동경의 동창회장 泉(이즈미)씨에게 알렸다. 이즈미씨는 "몇 번이고 충고했는데, 듣지않고 행방이 묘연하더니 큐슈에 가서 있었느냐"고 절규하였다. 이즈미씨도 그 해 11월 뒤를 따라 急逝하였다.

큐슈라고 하면 문단에서 저명한 모리자키 카즈에(森崎和江)씨가 계신다. 10년 정도 전에 읽은 문고판 『慶州は母の呼び聲(경주는 어머니가 부르는 소리)』는, 식민지 한국에서 태어난 일본인 소녀가 한국인과 관계를 통하여 예민한 감수성으로 흔들리는 자신을 표현하였고 지금도 아직 자신을 키워준 異鄕의 사람들을 경애한다는 내용이다.

조선에 있는 일본인의 대부분이 조선인을 멸시하고 이를 깔보며 우월감만이 횡행한 이 시대에 왜 지배당하는 편의 사람들을 수평한 시선으로 보는 것이 가능하였는지. 읽는 중에 그것이 아버지이신 모리자키(森崎)씨의 가정교육에 의한 것이라고 알 수 있었다. 그는 대구공립고등보통학교에서 학교창립을 위해 경주공립중학교장으로 옮기고 다음으로 기독교계 학교에서 공립으로 전환되는 김천 공립중학교장으로 옮겼으나, 모두 초대교장으로 자신의 위험을 느끼는 정도의 곤란한 사정이 있었던 것 같다. 그러나 다른 민족이라는 점을 넘어서 애환을 공유할 수 있는 사람이었다. 그리고 그 아버지의 손에 이끌려 경주박물관으로 관장 오오사카 킨타로(大坂金太郎)씨를 방문한 것은 홋카이도의 소학교 훈도였던 오오사카 킨타로씨가 메이지 말년 지원하여 국경 함경북도 회령보통학교로 부임한 경위에 나타나 있다. 그의 인품을 말해주는 다음의 내용은 확실히 충격적이었다.

친구들과 오오사카 선생님의 집 근처를 지나갈 때, 친구가 말했다. "이 집 사람, 이상한 사람이야. 조선사람을 좋아해. 일본사람보다도 조선사람 편을 들어. 어머니들을 모아서 글을 가르치거나 재봉을 가르치거나 하고 자기도 조선옷을 입어. 그래서 일본 사람들은 친하게 지내지 않으려고 해. 우리 아버지도 친하게 지내지 않아"

보호국으로 4년, 합병 후 36년 합하여 40년에 이르는 일제지배의 역사를 겨우 이 몇 줄로 다 표현했다고는 할 수 없다.

그 책이 문고판으로 출판된 1991년 11월, 나는 부산을 경유로 대구시 동산동 대구신명여자고등학교(김경호 교장)를 방문하였다. 이 학교 전신인 미션스쿨 대구신명여학교에서, 돌아가신 어머니께서 1924년 전후의 단기간, 국어를 가르치신 적이 있다는 인연이 있다. 이런 이유로 대구도 마음 한 귀퉁이에 자리잡고 있는 고향이다.

이번 출판에는 전주시의 畏友 강재균씨에게 한문번역 등의 많은 신세를 졌다. 여기에 감사의 마음을 표시하고 싶다. 그의 조부 강동희씨는 중추원참의를, 장인어른이신 최운교씨는 제헌국회의원을 지내셨다.

古川 昭

1925年大邱府三笠町に生まれゐ
岡山大学大学院文化科学研究科(博士課程)修了
学術博士 岡山大学非常勤講師
現住所 岡山県倉敷市上富井238-1

◦ **主要論著**

『群山開港史』ふゐかわ海事 1999年
「朝鮮開国後の開港地におけゐ日本人の経済活動」(学位論文)
「群山各国居留地(共同租界)の研究」『朝鮮学報』第160輯 1996年
「公立普通学校におけゐ朝鮮人校長登用問題」『アジア教育史研究』第4号 1995年

구한말 근대학교의 형성

초판 1쇄 인쇄 : 2006년 5월 20일
초판 1쇄 발행 : 2006년 5월 25일

저 자 : 古川 昭
역 자 : 李成鈺
발행처 : 景仁文化社
발행인 : 韓政熙

주 소 : 서울시 마포구 마포동 324-3
전 화 : 02-718-4831
팩 스 : 02-703-9711
등록번호 : 제10-18호(1973.11.8)

홈페이지 : 한국학서적.kr / www.kyunginp.co.kr
E-mail : kyunginp@chollian.net
ISBN : 89-499-0405-5 93910

값 : 16,000원